遗产新知文丛
New Heritage Studies

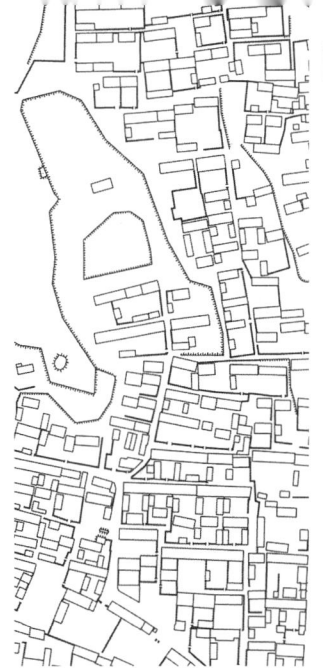

清华同衡系列专著

# 暖泉古镇

罗德胤　刘文炯
张雅沛　编　著
毛　葛　测绘指导

文化遗产·记录人类文明之路　知识传承·点亮未来世界之灯

中国建材工业出版社
北京

图书在版编目（CIP）数据

暖泉古镇 / 罗德胤，刘文炯，张雅沛编著 . -- 北京：中国建材工业出版社，2024.8

（遗产新知文丛）

ISBN 978-7-5160-3887-1

Ⅰ . ①暖… Ⅱ . ①罗… ②刘… ③张… Ⅲ . ①乡镇－概况－蔚县 Ⅳ . ① K922.25

中国国家版本馆 CIP 数据核字（2023）第 228328 号

### 暖泉古镇

NUANQUAN GUZHEN

罗德胤　刘文炯　张雅沛　编著

毛　葛　测绘指导

| | |
|---|---|
| 出版发行： | 中国建材工业出版社 |
| 地　　址： | 北京市西城区白纸坊东街 2 号院 6 号楼 |
| 邮政编码： | 100054 |
| 经　　销： | 全国各地新华书店 |
| 印　　刷： | 北京印刷集团有限责任公司 |
| 开　　本： | 787mm×1092mm　1/16 |
| 印　　张： | 20.5 |
| 字　　数： | 350 千字 |
| 版　　次： | 2024 年 8 月第 1 版 |
| 印　　次： | 2024 年 8 月第 1 次 |
| 定　　价： | 98.00 元 |

本社网址：www.jccbs.com，微信公众号：zgjcgycbs

请选用正版图书，采购、销售盗版图书属违法行为

**版权专有，盗版必究。**本社法律顾问：北京天驰君泰律师事务所，张杰律师

举报信箱：zhangjie@tiantailaw.com　举报电话：（010）63567684

本书如有印装质量问题，由我社事业发展中心负责调换，联系电话：（010）63567692

# 《遗产新知文丛》
## 编委会
（按姓氏笔画排序）

| | |
|---|---|
| 顾　　　问 | 王　军　吕　舟　朱良文　关瑞明<br>张玉坤　陆　琦　戴志坚 |
| 编委会主任 | 罗德胤 |
| 编　　　委 | 王志刚　王新征　何　崴　张力智<br>陈　颖　陈瑾羲　林祖锐　周政旭<br>郭　巍　潘　曦　薛林平 |

# 总序
## PREFACE TO THE SERIES

  文化遗产的保护从二十世纪八十年代后期到二十一世纪前二十年，和整个人类世界一样处在一个快速变化的过程当中。认识这种变化，理解变化的根源，使文化遗产的保护能够促进人类社会的可持续发展，是今天人们必须注意到的问题。

  遗产保护源于对具有重要价值的历史遗存的保护，这是一种对"物"的保护，保护本身也更多地表现出研究性和专业性。这种保护是一种专业的行为，也在很大程度上排斥了社会的广泛参与。这种状况在二十世纪八十年代后半叶开始发生变化。这时开始快速发展的经济全球化引发了人们对文化多样性保护的关注。仅仅依靠专业的方法和技能已难以完成文化多样性的保护，文化多样性的保护需要公民和社区的普遍参与。从这时开始，文化遗产就不再仅仅是对于研究者的具有"历史研究价值"的对象，或是对于旅游者的具有"审美价值"或"异国情调"的游览对象，人们开始关心遗产对于所在社区和民众的意义。对社区和当地民众而言，遗产更多表现出记忆的价值和情感的价值，这些价值把遗产与社区、地方的文化多样性密切地联系起来，文化多样性又使被"物化"了的遗产，重新获得了活力，成为"活态遗产"。在中国，通过乡土遗产的变化——从民居建筑到村落古建筑群，再到传统村落，到哈尼梯田、景迈古茶林这样的对象的保护，就可以看到这一变化过程。从传统的保护方法的角度，对于民居建筑，甚至村落古建筑群都有可能采用赎买的方式，采用传统的专业保护管理方式，但对传统村落，对像哈尼梯田和景迈古茶林这样的对象，没有当地社区的参与，没有传统生产和民俗体系的延续，没有传统价值观的支撑，对它们的保护是无法实现的。文化多样性的保护不仅仅是依靠对物质遗存的保护，它更需要作为构成这一文化组成部分的社区和公民的参与并发挥核心的作用。从中国的角度看，被列入世界遗产名录的哈尼梯田、鼓浪屿是这样，正在申报世界遗产过程中的景迈古茶林也是如此；从世界的角度看，1992年文化景观作为一种文化遗产的类型被纳入世界遗产的申报体系，1994年《奈良真实性文件》强调文化多样性语境下的真实性标准，再到2012年在庆祝世界遗产公约颁布40周年时，联合国教科文组织把菲律宾的维甘古城评为世界遗产保护的最佳案例，这些都反映了遗产保护的发展趋势。

从世界的角度看，注重把原本被人为分割了的可移动文物与不可移动文物、物质和非物质遗产、文化与自然遗产重新融合为一个整体；把原本被保护的遗产，转变为推动人类可持续发展的积极力量，把遗产所承载的传统文化的智慧，融进今天人们的社会生活中。活态遗产概念的提出把社区与遗产结合在一起，使原本受到保护的处于被动状态的物质遗产能够与社区的文化传承融为一体，使被动的保护转化为更为积极的传统文化的延续和传承。事实上，对文化多样性而言，人是最重要、最核心的载体，离开人和社区的传承，物质遗存所能保存的仅仅是对文化多样性的记忆。

从中国的角度看，我们同样处在一个遗产融合与跨越的过程中，这个过程不仅反映在从文物保护向文化遗产保护的跨越，反映在保护观念的变化，从相对封闭的价值认知体系向更开放的价值认知体系的突破，从单一的专业修缮到与城乡发展相融合，从专业保护力量单打独斗到社会各方面的共同努力，从被动的保护到让文物活起来，发挥更为积极的社会功能和价值。这种发展已完全和世界的发展融为一体，尤其是中国的大量实践不仅为中国的遗产保护创造了更多的可能性，也为世界提供了中国的经验。

对遗产的认知促进了人们对人类文化多样性的认识和理解，促进了文化间的相互尊重，进而促进了对人类命运共同体和需要共同面对未来挑战的理解。对遗产的认知和研究不仅促进了社会对遗产价值的理解，促进了社会参与遗产保护实践，同时也促进了对遗产所承载和表达的传统文化的认知、体验和传承。新的文化创意产业从遗产中提取传统文化的要素，把传统文化与当代生活更为紧密地结合在一起，赋予遗产新的生命力，也促进了新的产业发展，是促进社会可持续发展的重要方面。

遗产的保护、传承、促进可持续发展，构成了关于保护理念、技术、科学的新探索，成为社会教育的重要途径，影响了新的产业发展，它带来了知识的融合、新的观念和技术。今天的遗产保护充满了"新知"。《遗产新知文丛》从多种角度讨论遗产保护的问题，带给我们关于遗产的新的观念和体验，促进我们理解当代遗产保护与文化传承多样而复杂的发展。希望这套丛书能够使更多的读者去传播遗产保护、传承的思想，参与遗产保护、传承的实践，为当代可持续发展注入更多的传统文化精神和智慧。

吕 舟

2020 年 3 月

# 前言
## PREFACE

23年前，受陈志华先生和清华乡土组[1]安排，我承担了蔚县古堡的研究课题。课题大约开始于2000年夏，结束于2002年秋，成果是一部大约10万字、200余幅建筑测绘图的书稿。2007年12月，《蔚县古堡》一书由黄永松先生领导的台湾汉声杂志团队编辑出版。

位于内外长城之间的蔚县，曾经在农耕文明和游牧文明对抗激烈的明代修建了众多防御型村堡，又在人口大幅增长的清代延续了这一建筑传统，由此形成"八百村堡"[2]的壮观局面。毫无疑问，这是一个极具研究价值的课题，它深刻地体现了农耕文明和游牧文明之间的对抗与交流。10万字的一本书，对刚入行的新手来说已属不易，但还远不能展现蔚县古堡的文化内涵。

好在学界同行们也已经认识到蔚县古堡的价值，近20年来涌现了不少很好的研究成果。天津大学建筑学院张玉坤教授的研究团队在考察长城防御体系时将蔚县作为一个重要基地，从2004年开始就陆续发表了相关论文。中国政法大学邓庆平在2006—2012年期间发表的一系列论文，从社会史和制度史的角度研究了蔚县的堡寨、庙宇、卫所等内容。蔚县文物局李新威局长作为一名基层文物工作者，在完成大量文物基础工作的同时，出版了《千年古韵蔚州城》《蔚县剪纸》等著作。邓庆平和李新威于2009年合作出版的《蔚县碑铭辑录》（赵世瑜审订），已经成为蔚县历史研究者都必须参考的基础资料。中央美术学院刘文炯于2014年完成的博士论文《水中堡——明清之际蔚州村堡空间的结构转型》，对一座具有典型意义的蔚县村堡进行了长达五年的深入研究，提出了不少有洞见的观点。北京建筑大学汤羽扬教授、范霄鹏教授的研究团队，在蔚县也有较为深厚的积累。

---

1 清华大学建筑学院乡土建筑研究组的简称，成立于1989年，创始人为陈志华、楼庆西、李秋香三位老师。李秋香老师和贺从容老师也指导了蔚县古堡课题的建筑测绘。

2 乾隆版县志和州志共记录有大约557个村堡的名称，八百并非虚数。见：王育橡，李舜臣.中国方志丛书·乾隆蔚县志·卷八[M].台北：成文出版社，1968；杨世昌.新修方志丛刊：边疆方志之二十九·蔚州志补[M].台北：台湾学生书局，1969.

同行们的研究对我们是巨大的启发，也是强烈的激励。2021 年初，我们决定重启蔚县的研究计划，希望做出更有深度的成果。基于 20 年前的工作，我们有两个拓展方向。一个方向是对全县域的村堡进行广泛调查，然后开展有统计分析的讨论。我们就此做过一些尝试，发现结果不甚理想。经费不充裕是一方面，更重要的原因是我们对此类研究方法不擅长，总感觉思考只能流于表面。另一个方向是继续清华乡土组的传统，即对一个聚落展开"解剖麻雀"式的考察，这是我们更擅长、做起来也更有效率的研究路径。

　　蔚县确实有不少"麻雀"，值得我们去深入"解剖"。经过一番比较，我们选择了暖泉镇。暖泉是蔚县保留最完整的古镇，建筑遗存极为丰富，它的信息量足以撑起一部有分量的研究报告。暖泉镇上有三个相互毗邻的城堡，较之普通的蔚县村堡，它们更能反映农耕民族在面临游牧民族军事压力时的心态。暖泉镇上有规模可观的集市和数量众多的商铺，说明它的商业曾经很繁荣，而商业又在很大程度上源自和平时期农牧之间的交流。暖泉镇上还有很多的庙宇，它们大部分是规模不大的乡土庙宇，同时也有几座规模相当可观的正规佛寺和道观。这些庙宇建筑，一部分建于明代，体现了农耕民族的防御心理（最明显的是真武庙），但更多的是建于长城内外成一家之后的清代，体现的是农牧合作交流所带来的经贸发展。

　　暖泉课题大约开始于 2021 年 9 月，初稿完成于 2022 年 8 月，其后经过一年时间的修订和统稿，于 2023 年 8 月底交付出版社。

　　全书分为五篇、十八章。

　　第一篇的主题是"镇集"，主要从宏观的角度来研究暖泉镇的形成和发展。第一章探讨暖泉镇本身的历史性演变。根据明崇祯版《蔚州志》，暖泉三堡在明代就已经形成。考虑到三堡的空间布局是以暖泉集市为中心，因此可以推测集市形成早于西古堡和中小堡。暖泉商业于何时走向兴盛，地方志没有记载。西市关帝庙的四通重修供器碑和华严寺的一通重修布施碑，为我们提供了关键线索。我们由此判断暖泉镇是在清乾隆前期崛起，在嘉庆、道光年间发展至鼎盛。上述信息跟逢源池泉水、华严寺、龙王庙、十方院、老君观、王敏书院等重要节点的空间关系相结合，就能分析出暖泉镇从明初到清中期的五个发展阶段。

　　第二章是将暖泉镇放置于广阔的农牧交错带，来考察其产业运行的深层逻辑。我们发现暖泉产业有"空间梯度"的特点。它以镇中心的泉水提供生活用水和灌溉用水为出发点，在空间逐步扩大的同时卷入更多的农业要素，又让牧业与农业之间形成互动，从而实现较大地理范围的资源整合。劳动人民在农业接近极限的境况中所展现出来的艰苦卓绝和聪明睿智,其精彩程度不亚于一部史诗。

最先让我们萌生"梯度"这一概念的,是农民们习以为常的一个种植策略。在气候干旱的华北北部,蔚县壶流河盆地因为有河流滋润,面积又比较大,农业生产相对要好一些。耐旱的小米(即稷)是这里最主要的粮食作物。不过,小米只占到粮食作物的六七成,另一种旱地作物黄米(即黍)也占到三四成。黄米亩产低于小米,为何也有这么高的比例?原因是黄米的生长期比小米短,在应对旱灾时有概率上的优势。农民们同时种植小米和黄米,可以分散风险;而且,小米的播种时间早于黄米,如果播种后遇到春寒,还可以立即改种黄米,这就不只是分散风险了,还是个补救策略。

小米和黄米的"梯度策略",让我们对暖泉泉水的使用产生了思考。泉水是否也存在"梯度"呢?果然有。泉水的用途大致上是生活第一、灌溉第二、生产第三。[1] 作物灌溉的优先次序,又是根据经济价值来定的。第一是水稻。民国时期的蔚县,水稻售价是小米的四五倍,因此在条件允许的地方有少量种植,暖泉就有两亩(约0.13公顷)左右的水稻田。第二是蔬菜。蔬菜耗水量也比较大,但是生长期短,还可以一年四季都种,经济价值要远高于普通粮食作物。第三是白麻。蔚县自古产白麻,并在中国开启近代工业化之后发展成大产业。白麻虽为旱地作物,适度灌溉也可增产。第四才是小米和黄米。

跟灌溉用水的优先次序相匹配,暖泉的作物种植在空间分布上也呈现为以泉水为中心,按水稻、蔬菜、白麻、稷黍的顺序,逐级向东和向南扩散(西和北为居民区和商业区)。种植业的"物种梯度",同时也是"空间梯度"。

这种"空间梯度"是不是可以进一步扩大呢?当我们把眼光拉远到蔚县的南北山时,发现了更有组织性的"空间梯度"。首先是羊。暖泉镇上的居民养绵羊,绵羊以粮食作物秸秆和草料为食,羊粪又作为粮食作物的肥料,这是畜牧业和农业的一次"就地合作"。暖泉镇上的秸秆和草料是不够的,在夏天羊倌会把绵羊赶到南山上去,那里有充足的青草作为饲料,同时还能避暑。南山村民也养羊,以山羊为多。山羊有更好的爬坡能力,啃食青草的范围比绵羊大。[2] 南山的土地贫瘠,

---

[1] 灌溉也属于农业生产,但这里说的生产主要是工商业方面。暖泉的泉水也用于沤麻、碾米、酿酒、榨油、鞣皮、擀毡等手工业,这些用水量不及农业灌溉,还可以通过打井来解决。

[2] 关于绵羊和山羊在南山吃草,我们在采访中得到三种说法。第一种说法是绵羊上山吃草时,山羊要赶到更陡的山上去吃草。第二种说法是绵羊是到大南山最高处的高山草甸(即现在被称为"空中草原"的旅游景区),并不影响山羊吃草。第三种说法是南山地广人稀,绵羊和山羊都可以随处吃草。各山村的具体环境不一样,可能三种情况都存在。

羊粪正好给庄稼地施肥。绵羊和山羊除了给暖泉人提供肉食之外，它们的皮和毛还让暖泉镇形成了鞣皮、毡帽等行业。通过羊，暖泉和南山之间实现了畜牧业和农业之间的"跨地合作"。

其次是酿酒和榨油。这是除了粮食交易之外，暖泉最重要的两大支柱产业。当地称酿酒作坊为缸房，称榨油作坊为油房。在农业条件如此不利的华北北部，居然有余粮来供应成规模的酿酒业和榨油业，说明暖泉在自己的小区域里创造和吸收了很多的粮食。蔚县的河川地（即壶流河盆地）出产主粮小米和黄米，南北山出产高粱、豌豆、大麦、胡麻等杂粮。这些粮食需要交易。暖泉地处蔚县县城、广灵县城、南山、北山的中心位置，正是理想的交易地点。杂粮除了当人们的辅粮之外，最大的作用就是酿酒和榨油。酿酒还用到暖泉的水，又将北山的煤作为燃料。胡麻油除了家庭食用，还用于饼铺做饼、饭店烹饪；北山煤矿用来井下照明的油灯，烧的也是胡麻油。酿酒业和榨油业是蔚县河川地和南山、北山之间合作的结果。

"空间梯度"的最高一级，是运输业。运输业的主角——骡子，是暖泉本地的公驴和口外张北草原的母马配种的产物。骡帮把胡麻油等物产送往张家口、大同等地，把酒、白麻等物产运到涞源、易县等地，从南方返程时再带回小麦。从这个角度看，暖泉镇凭借以粮食为中心的产业组合，已经成为勾连黄土高原、华北平原和蒙古高原三大地理单元的一个重要节点。

第二篇的主题是商业。实际上，本篇可视为第二章的深化与拓展。暖泉产业的"空间梯度"，已经为我们勾勒出一个个值得挖掘的分主题。第三章是对暖泉商业类型的概述。基于暖泉以粮食为中心的商业特征，我们将暖泉的商业类型分为五种：集市交易与粮行、粮食加工业、交通运输业、基本手工业与服务业、金融业。本章还探讨了西市关帝庙和当铺之间的微妙关系。

第四章从地理交通、运输工具、运输从业者、运输业务、集市店铺这几个角度，系统地探讨了暖泉的运输业。地理交通包括张库大道和蔚县交通。运输工具包括牲畜、骡车和独轮车。运输从业者包括脚户、高脚骡帮、车马户、贩马户、养骡户和修车匠。运输业务包括跨越南北山的长途运输、连通暖泉与南北山的中途运输、河川地内交流的中途运输、暖泉镇附近的短途运输、煤矿下的运输和客运。集市包括米粮市、草市街和煤市店。铺包括旅馆、车马大店、修车铺、马掌店等。仅仅是罗列这一个个名称，就足以体现暖泉运输业的内部分化程度。暖泉运输业之发达，使得民国时期的北官堡成为骡马大车的"半专业村"。

第五章的研究对象是缸房和油房。缸房管酿酒，油房管榨油。从暖泉西市关帝庙清乾隆三十一年至光绪六年（1766—1880年）的四通重修供器碑和蔚州玉皇阁清光绪二十三年（1897年）的一通重修碑，我们能大致了解到清中期时暖泉缸房和油房的数量和实力。张沛老人的回忆，则为我们提供了民国时期缸房和油房在经营者、生产状况、建筑布局等方面的信息。暖泉的缸房已经无存，油房也只留下一处，这是本书的一大遗憾。

第六章写豆腐房。暖泉的豆腐在蔚县负有盛名，不但豆腐房的数量多，而且其兴盛状态持续至今，是我们的调研工作中能实地观察到现场操作的少数行业之一。

第七章写皮毛业，包括"皮都"张家口、暖泉养羊业、暖泉皮房、毡行和帽铺这五节。第一节梳理"皮都"张家口、蔚县、暖泉三者之间的关系。第二节讲述暖泉的养羊业。第三节分析暖泉的熟皮工艺和宋秉泽皮房的建筑布局。第四节从羊绒和羊毛、毡帽和毡子、擀毡工艺这几个角度梳理暖泉毡行和毡帽业。第五节交代郭家帽铺的建筑布局和张有家"改装"毡帽的故事。

之所以是上述四个分主题，除了因为它们对暖泉很重要之外，还因为它们具备可研究性——或者是留存有实物，或者是老人能提供口述史。有的商业类型，比如粮行和当铺，对暖泉也极为重要，但是由于能了解到的信息太过有限，就只能简单交代了。这是本书的第二个遗憾。

第三篇的主题是"堡与宅"。村堡是蔚县乃至广大长城沿线地区的典型乡土聚落。暖泉镇的三堡鼎立，更是具有特殊价值。2007年的《蔚县古堡》已经对暖泉三堡有过初步研究。本次研究的深化体现在以下四个方面。其一，三堡各自独立成章（即第八、九、十章），并在对比中呈现其各自特点：北官堡历史最久、规模最大；西古堡最规整，是蔚县唯一有着南北两个瓮城的村堡；中小堡规模小，发育不充分，体现出小堡对大堡的依附性。其二，堡门空间和北官堡住宅，可谓是暖泉三堡中最具特点的部分，我们也将其作为小专题（第十二、十三章）。暖泉三堡的堡门空间既有与蔚县其他村堡相似的共同点，也有围绕暖泉集镇而做出的各不相同的调整；北官堡的住宅，不但建造质量在整个蔚县范围之内属于最高，其超大进深的特点还充分体现了商人建堡的性质。其三，西太平庄作为堡外社区，也成为一个小专题（第十一章）。暖泉镇由三堡五村构成，堡外的五个村社也是镇区的有机组成部分，其中以西太平庄的发育最充分，跟暖泉镇集的关系也最密切。其四，张沛老人口述的家族史（第十四章），尽管只能上溯三四代人，但作为众多暖泉人家的一个缩影，难能可贵地从微观视角体现了暖泉的社会史和商业史。对暖泉镇这位给我们提供了最多有效历史信息的90岁高龄老人，记录下他的个人历史和家庭历史，或许是我们能做的一点点暖心之举。

第四篇的主题是"庙宇"。街市、村堡和庙宇作为三个主要部分，犹如鼎之三足，共同支撑起暖泉这个繁华集镇。暖泉的庙宇数量多（六十多座），其中规模大且质量高的不在少数。第十五章是关于暖泉庙宇的概述。基于暖泉庙宇的特点，我们将其分为佛教系统、道教系统（含乡土庙宇）和儒教系统这三类。

乡土信仰具有杂糅性和实用性，暖泉的宗教也不例外，因此镇上有很多小型的庙宇，它们大多供奉一个主神（及若干配祀神）；神灵们或是有一项主要功能，又或是一专多能，从方方面面护佑着当地民众。

暖泉有两座正规的佛寺（华严寺和十方院）和一座正规的道观（老君观），它们占据着全镇的关键位置，规模宏大，占地面积都在2000平方米以上，在暖泉社会生活中发挥着非常重要的作用，也最能反映暖泉镇在历史上的繁荣。两座大型佛寺还提醒我们，暖泉处在一个佛教传统极为兴盛的地区（北魏和辽代都将佛教作为国教，前者的平城和后者的西京就是今天的山西大同，距离暖泉只有150公里）。这两座佛寺和一座道观还体现了一种精神上的超越性，使得暖泉区别于一般的商业聚落。如果暖泉只有讲究实用性和充满杂糅性的庙宇，我们就很难说它是一个发育充分、有深厚文化内涵的集镇。在蔚县境内，甚至放眼整个宣大地区（明朝宣府镇、大同镇合称宣大），我们很难找出另一个类似的集镇，其级别低于县城，却"养得起"也"愿意养"几座规模很大、形制很高、实用性又不明显的正规佛寺和道观。

关于华严寺和十方院，我们在调研中未能采集到足够信息，无法将它们写成单独一章，这是本书的第三个遗憾。

暖泉规模最大的庙宇是三座正规的佛寺和道观，但是要说最有特点，那还要数位于镇区核心位置的一座乡土庙宇——龙王庙（第十六章）。这座消失于40多年前的庙宇，我们原本以为顶多能根据老人的回忆写上几百字，但是在采访中却意外得到了最丰富的信息和最有启发的思考。

在靠近长城、农业条件接近极限的地方，什么东西最重要？毫无疑问，是雨水。暖泉因泉成镇，不过泉水在农业灌溉上的作用仍远不及降雨。如何保证这本就少得可怜的降雨？古人的办法是求助龙王。暖泉建龙王庙，在华北地区属常规之举。但是暖泉龙王庙又很特殊，因为它选址于逢源池（即泉水）的北侧。这个位置反映了龙王庙和泉水之间的紧密关系，也体现了当地民众对龙王庙的重视，还让龙王庙跟逢源池东西两侧的集市产生了互动。庙宇和集市互相借力，增加了香火，提升了人气。当暖泉成长为一个拥有三堡五村的大型集镇时，龙王庙也成为全镇人民共同信仰的一座大庙。每年在龙王庙定期举办的圣诞庙会和不定期举办的祈雨仪式，是塑造暖泉集体认同感的强力纽带。

以逢源池为中心，北侧是龙王庙，东西两侧分别是草市街和米粮市。逢源池的南侧自然也不能空着，暖泉人在这里修建了一座王敏书院。王敏书院最初只是一座三开间的书房，后来发展成规制颇为完整的"学宫"。学宫一般只出现在县城或更高级别的城市之中，暖泉镇有学宫，颇为特殊，是让暖泉人深感自豪的事。但这么一来，作为官方意志代表的学宫和作为民间信仰象征的龙王庙，就形成了相当微妙，甚至是略带矛盾的关系。关于这个问题的探讨，是本书饶有趣味的内容之一。

第十七章的研究对象是老君观。老君观是暖泉唯一完整保留下来的大型庙宇，我们可以对它进行较为详尽的建筑测绘和文字描述。通过采访老人，我们还了解到老君观的部分历史和大致的庙会情况，这就让古建筑的"硬知识"和"软知识"有了结合，"可读性"大为提高。通过分析测绘图和建筑现状，我们还发现老君观的空间布局采用了一种可谓是煞费苦心的"双中心制"。老君殿位于总平面的中心位置，这维持了它作为全观之正殿的地位。作为后殿的真武殿，面阔、进深和高度均略大于老君殿，于是从建筑形式上又让人感觉真武殿才是这里的"一号主角"。之所以形成这种建筑布局，跟暖泉所在地区曾经极度兴盛的真武信仰有紧密关系，而真武信仰的背景又可追溯至农耕文明和游牧文明之间的对抗历史。

第五篇的主题是"外围"。《古镇碛口》是清华乡土组的经典著作之一，陈志华先生和李秋香老师在碛口镇的课题中，将外围的若干村落也纳入了研究范围，因为这些村落跟碛口镇之间形成了密切的经济关系，它们共同形成了一个社会网络。笔者作为一名研究生，也加入了当时的碛口课题组，并且为三个村落撰写了小论文。将碛口镇的经验映射到暖泉镇，我们自然也就产生了这样的猜测：暖泉镇和周围的村堡是不是也形成了类似的社会网络呢？

带着这个疑问，我们选择了距离暖泉镇最近的一组村堡，即苏官堡、苏邵堡、苏贾堡和苏田堡（第十八章）。四堡均坐落于壶流河南岸。从平面布局上看，它们各有特色。苏官堡和苏邵堡的平面都呈正方形，前者朝北开堡门，并且有瓮城，庙宇主要分布在瓮城内外和北边沙河两岸；后者朝南开堡门，没有瓮城，庙宇主要分布正街北端和南堡门附近。苏邵堡的平面布局符合蔚县村堡的一般性特征，而苏官堡的平面布局和庙宇分布则明显受到了暖泉镇的影响，它以向北的姿态迎接从暖泉过来的人。苏贾堡和苏田堡，历史上都经过"扩堡"；前者往东扩了将近一倍，因此呈东西向较宽的横长矩形，正街位于偏西侧，庙宇仍主要分布正街北端和南堡门附近；后者向南扩了一倍，因此呈南北向较长的竖长矩形，无南门，新、旧区之间正好以东、西堡门及东西向主街相隔（拆原南堡墙而成主街），原正街保留但不延长[1]，庙宇除真武庙位于正街北端、关帝庙位于东堡门外，其余分布在西堡门内外。

苏贾堡和苏田堡的"扩堡"，据当地老人们回忆，大约发生在20世纪初。从形式上看，如此"扩堡"是大大破坏了村堡原有的规整性和均衡性的。为什么是"扩堡"而不是另建新堡呢？一个直观的理由是，"扩堡"的成本要低于另建新堡（可以少砌一面堡墙，庙宇也能共用）。这个问题也可以反过来问：为什么其他的村堡，或者说之前的村堡，在遇到人口增长时是选择了另建新堡，而不是"扩堡"呢？两相对比，我们或许能给出这样的解释：在传统时代，保持村堡的规整性和均衡性已经成为一种观念上的习惯，为此人们宁可付出多一些成本，而在清末这个从传统向现代过渡的阶段，这一习惯观念也开始发生松动。

作为暖泉镇的外围村堡，"苏家"四堡中的苏官堡、苏贾堡和苏邵堡都形成了各自的优势副业。位于大南山和暖泉镇之间的苏官堡，把柳编做成了一项颇有规模的产业。南山植被好，这里的村民为苏官堡的柳编手艺人提供了充足的柳条、荆条等原料。苏官堡的柳编产品除了供应附近村堡，更多是卖给南山村民。苏贾堡有村民擅长做麻绳和毡帽；做麻绳的麻坯子购自暖泉镇，做好的麻绳少量在暖泉集市上销售，大多也是卖给南山村民（南山畜牧业比较发达，对麻绳的需求量较大）；毡帽则主要销往暖泉镇和北山煤矿区。苏邵堡钉马掌的产业虽然没有直接服务于暖泉镇，但是这项手艺显然是受暖泉运输业的辐射而产生的。"苏家"四堡还曾有多家养骡驹的，他们用自家养的母马跟暖泉镇上的公驴配种，生下的骡驹在家里养一个月之后再送到暖泉镇出售。

总体而言，除了距离暖泉最近的苏官堡，其他三堡的副业并未形成规模化，因此它们跟暖泉镇的关系算不上紧密。由于口述史采访很难得到准确数据，所以这个结论也只是根据有限的采访信息而得出的大致判断。我们还可以从另一个角

---

[1] 如果仍然保持开南侧堡门的惯常做法，则堡内北侧居民（即老居民）的进出会很不方便，因此改为开东门和西门。与此同时，由于不开南门，所以也就没必要将正街延伸至南堡墙，否则正街会显得太长。

度来看这个问题。暖泉镇是由三堡五村组成的大型集镇,街道商铺只是它占比不高的组成部分。这一点跟碛口镇是很不一样的,碛口镇的主体部分是各类商铺和街道,居住建筑比较少。也就是说,商业集镇的外延功能,暖泉镇上的三堡五村基本上就给承接住了,较少溢出,因而外围村子能得到的产业机会就不是很多。外围村子发展副业,还可能跟暖泉镇形成竞争关系,比如苏邵堡钉马掌的铁匠,因为无法在暖泉镇上营业,只能去到更远的集镇。

通过以上五篇、十八章的内容,我们希望为读者呈献一个尽可能全景式的、立体的而且是特点清晰的暖泉古镇。

本课题的整体筹划和全文统稿由罗德胤负责。刘文炯博士负责口述史采访。毛葛负责测绘指导。参与写作者包括:罗德胤、张雅沛、左玥、曾艳阳、马傲雪、王萌、何禧、周爽、施鸿锚、容欣桐、杨翟、潘一航、龙奕、唐文、李岩。参加测绘的同学包括:曲仲扬、曲图良睿、崔致远、郝天泽、刘梦凡、姚奕然、石佳、关翔宇、陈弘轩、柳昂。

2023 年 8 月

# 目录
## CONTENTS

## 第一篇　镇　集

### 第一章　暖泉空间格局变迁　　1
暖泉镇的选址　　2
因泉而集　　3
集镇兴起　　7
以泉水为核心的空间序列　　11
三堡鼎立　　16
空间变迁　　18

### 第二章　暖泉泉水和产业梯度空间　　20
泉水与产业梯度空间　　21
暖泉镇的泉水系统　　24
稷和黍　　27
水稻、蔬菜和水碾房　　28
麻　　32
羊　　34
油房和缸房　　36
骡帮　　38

## 第二篇　商　业

### 第三章　暖泉商业类型　　40
暖泉商业概述　　41
集市交易　　43
斗行　　46
粮食加工业　　47
基本的手工业和服务业　　50

|  |  |  |
|---|---|---|
|  | 金融服务业 | 53 |
|  | 西市关帝庙与暖泉商会 | 58 |

## 第四章　暖泉运输业　　68

　　张库大道和蔚县古道　　69
　　运输工具　　72
　　运输从业者　　74
　　运输业务　　78
　　集市与店铺　　81

## 第五章　缸房和油房　　84

　　暖泉缸房　　86
　　恒吉顺缸房　　89
　　暖泉油房　　90
　　苑多秀油房　　92

## 第六章　暖泉豆腐房　　95

　　产品和销售　　97
　　两个家族史　　102
　　豆腐房"打栏"　　104

## 第七章　暖泉皮毛业　　105

　　"皮都"张家口　　106
　　暖泉养羊业　　108
　　暖泉皮房　　111
　　毡行　　113
　　郭家帽铺和"改装"毡帽　　115

# 第三篇　堡与宅

## 第八章　北官堡　　117

　　从卢家小堡到北官堡　　118
　　内部结构　　120

| 人口与姓氏 | 124 |
| 庙宇与公共生活 | 126 |

## 第九章　西古堡　139

| 人口和姓氏 | 140 |
| 防御功能 | 141 |
| 区块划分 | 142 |
| 住宅 | 146 |
| 庙宇 | 154 |

## 第十章　中小堡　161

| 内部结构 | 162 |
| 人口与姓氏 | 164 |
| 白喜庄院 | 166 |
| 刘氏武举人院 | 170 |
| 信仰空间与公共生活 | 175 |

## 第十一章　西太平庄　182

| 村庄边界与街巷结构 | 184 |
| 人口与姓氏 | 188 |
| 西市街后的住宅 | 190 |
| 西市街上的店铺 | 195 |
| 庙宇 | 199 |

## 第十二章　从堡门到堡门空间　201

| 堡门空间的共同特征 | 202 |
| 北官堡的堡门广场 | 204 |
| 西古堡的南北瓮城 | 208 |
| 中小堡的北堡门 | 210 |

## 第十三章　北官堡的住宅　214

| 张沛宅 | 215 |
| 刘木匠宅 | 220 |

　　　　张启才宅　　　　　　　　　　　　　　　224

## 第十四章　张沛家的故事　　　　　　　229

　　　　家族人物关系　　　　　　　　　　　230
　　　　曾经的五进大院　　　　　　　　　　230
　　　　夭折的三爷爷　　　　　　　　　　　231
　　　　卖布小分队　　　　　　　　　　　　232
　　　　分家之后　　　　　　　　　　　　　233
　　　　瞎眼的"大太爷"　　　　　　　　　233
　　　　四叔张启才　　　　　　　　　　　　234
　　　　张沛的生活　　　　　　　　　　　　235
　　　　张沛的儿女们　　　　　　　　　　　236

# 第四篇　庙　宇

## 第十五章　暖泉的庙宇　　　　　　　　240

　　　　概述与分类　　　　　　　　　　　　241
　　　　佛教系统　　　　　　　　　　　　　243
　　　　道教系统　　　　　　　　　　　　　247
　　　　儒教系统　　　　　　　　　　　　　250
　　　　庙会和演戏　　　　　　　　　　　　251
　　　　"大刀会"　　　　　　　　　　　　252

## 第十六章　龙王庙　　　　　　　　　　254

　　　　龙神信仰　　　　　　　　　　　　　255
　　　　龙王庙和祈雨　　　　　　　　　　　256
　　　　庙会与地方认同　　　　　　　　　　262
　　　　龙王庙、泉水和书院的互动　　　　　263

## 第十七章　老君观　　　　　　　　　　270

　　　　建筑　　　　　　　　　　　　　　　272
　　　　塑像和壁画　　　　　　　　　　　　277
　　　　信仰活动　　　　　　　　　　　　　278

# 第五篇 外 围

## 第十八章 "苏家"四堡 281
### 概况 282
### 苏官堡 284
### 苏邵堡 289
### 苏贾堡 292
### 苏田堡 294

## 参考文献 299

## 后 记 302

# 第一章
# 暖泉空间格局变迁

暖泉镇位于河北省张家口市蔚县西部，与山西广灵县接壤，镇域面积 57 平方公里，镇区面积约 1.3 平方公里。蔚县，即古时的蔚州，位于河北省西北部，属冀西北山间盆地，被恒山、太行山、燕山三座山脉环抱。蔚县坐落于雁门关以北，处于内外长城之间，东邻北京，西倚山西大同，南由飞狐峪连接河北保定，北经张家口直达坝上蒙古草原。这里靠近我国北方农耕地区与游牧地区的分界带，也是中原农耕民族和北方游牧民族对峙的前线。在明代，蔚县与大同、宣化等地共同组成了抵御北方游牧民族的防线；在清代，它的县城蔚州镇成为张家口地区重要的工商业市镇，是连接邻近各地的商路枢纽。

由蔚县县城西行 13 公里，便到了暖泉镇。作为一处重要商埠，暖泉镇是晋商走出山西、走上张库大道的中转站之一。暖泉镇的繁荣不仅受益于它通达四方的优越地理条件，也得自赋予其"暖泉"之名的一眼泉水。以这处水源为核心，在商业与军事的双重影响下，至迟在明崇祯年间形成了北官堡、西古堡和中小堡三堡鼎立的格局，并在堡外形成了丰富的集市、街道与庙宇空间。

## 暖泉镇的选址

壶流河盆地位于华北地区的北部，这里的海拔约 900 米。越过壶流河盆地的北侧丘陵，就登上了另一级台阶，即平均海拔 1500 米的蒙古高原。壶流河盆地的南部及东部山区，将它与海拔仅 50 米的华北平原隔开，也形成了抵御草原民族南下的天然屏障。穿越南部山区而连通华北平原与壶流河盆地乃至蒙古高原的各条峪道，也因此具有了相当重要的战略意义。蔚州城守卫的正是其中尤为险峻的一条峪道——飞狐峪的北口。所谓"京师之肘腋，宣大之喉襟"[1]，描述的就是蔚州城对京城、宣府、大同三地的军事意义。

京师的安危系于蔚州城，蔚州城的安危又与西面的暖泉镇密切相关。恒山余脉和太行山余脉在壶流河盆地西侧趋于合拢，留出一道狭窄的山口，暖泉镇便伫立在这道山口上，是从大同地区进入壶流河盆地、进而通向华北平原的必由之地[2]。边防紧迫的年代里，联络东西、沟通南北的暖泉镇自然成为一处军事要冲。镇内修筑了北官堡、西古堡、中小堡三个呈"品"字形鼎立的堡寨，其中西古堡设有瓮城，北官堡修有地道。入清以后，边事渐平，商业往来愈加频繁，暖泉镇作为

---

1 杨百之.蔚州志（光绪丁丑版）[M]//重修蔚州城楼记，台北：成文出版社，1969：129.

2 王肖艳.蔚县军事堡寨聚落形态研究[D].北京：北京建筑大学，2017：43.

图1-1 暖泉镇地理位置

东西和南北两条商路上的重要节点，崛起为蔚县西部重要的商镇。

壶流河经暖泉镇南向东流入蔚县。北面有高起的丘陵，南面有适宜耕种的河滩地，暖泉镇坐落在二者过渡的缓坡地上，整体地势西北高东南低，符合古时居民防洪宜耕的选址考量。历史上村镇发展的趋势，也是从北边较高的卢家小堡及北官堡蔓延向较低的西古堡和中小堡。夏天雨季时，南边的壶流河水涨，北山也可能形成洪水直冲而下。暖泉镇西侧的沙河，就是因洪水冲刷而形成的河道。清乾隆年间，蔚州知州靳荣藩曾组织暖泉民众修沙河坝，以抵御洪水。北官堡的张沛老人（生于1932年）回忆，1930年至1950年间暖泉镇几乎年年都洪水泛滥，这种情况直到1951年沙河坝加固工程竣工后才有所好转。从现存的镇区轮廓看，暖泉镇的南侧边缘呈西南—东北走向，基本与壶流河平行，这是为了少受壶流河水患而形成的结果；西侧的边界，就是由沙河防洪堤所限定。（图1-1～图1-7）

论及暖泉镇的选址，当然离不开这里的泉水。光绪版《蔚州志》记载："出城西三十里暖泉堡中，泉之源以石氅分东西流，曰东角、西角，村人习称也"[1]，并且泉水"澄清如鉴，三冬不冻"[2]。早年壶流河水"沙寒水劲，无开渠者"[1]，暖泉水既作生活用水，又供洗涤灌溉，冬天还可沤麻。在干旱的边塞地区有这么一处水源，自然会吸引人们在它周边聚集，而后逐渐形成集镇、街市和村堡。

## 因泉而集

暖泉地区在唐朝和辽金时期就已经有人定居，但早期建筑可能在元末大乱中被毁，今天的暖泉镇基本上是在明朝以后发展起来的。可以肯定的是，无论在何时，

---

1 庆之今.蔚州志（光绪丁丑版）[M].台北：成文出版社，1969：15.
2 庆之今.蔚州志（光绪丁丑版）[M].台北：成文出版社，1969：60.

图1-2 暖泉镇鸟瞰（倾斜摄影模型，张智 提供）

图1-3 北官堡鸟瞰（倾斜摄影模型，张智 提供）

图1-4 西古堡鸟瞰（倾斜摄影模型，张智 提供）

图 1-5　暖泉保障堤（罗德胤　摄于 2001 年）

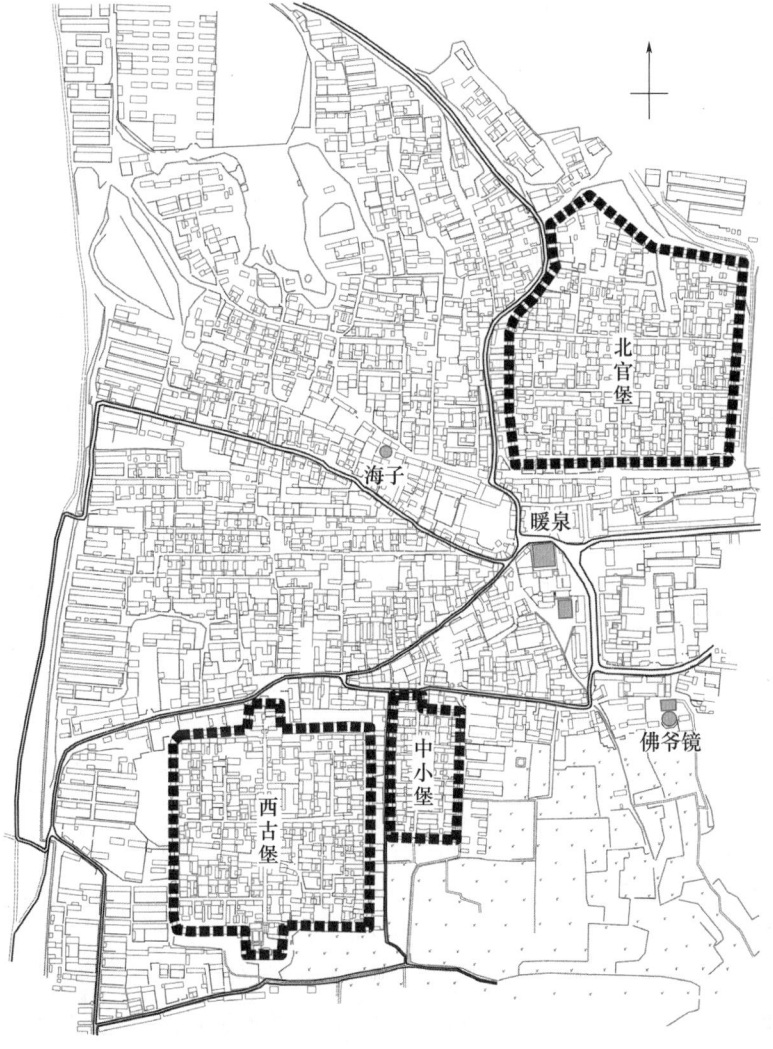

图 1-6　暖泉镇平面图

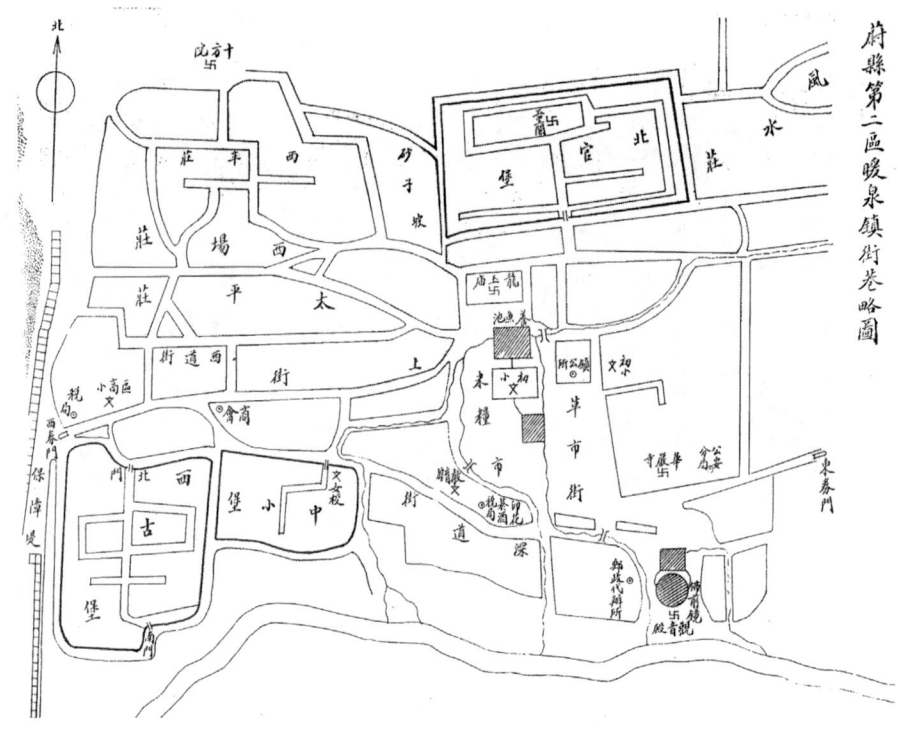

图 1-7 1937年杨震亚绘制的暖泉街巷图

暖泉对人们的吸引力在很大程度上源于这里的泉水。暖泉镇实际有三处泉眼。一眼"当源处有书院,别为池,覆以亭,亦引泉水注之"[1],这水"夏凉冬温"[1],因而得名"凉亭",也是俗称的"暖泉"。书院门前有中华民国七年(1918年)碑记提到:"传言曰靠泉之南即凉亭,初皆为元尚书王公敏之别业,后乃为阖镇之学宫。"[2]凉亭的泉水分别由东、西两个石洞(称为"龙口")流出,日均水流量可达1500立方米[3]。镇南华严寺前的泉眼名为"佛爷镜"或"佛镜",日均水流量350立方米[2]。在镇西北部的西辛庄村内,还有一处叫"海子"的水池,是附近居民主要饮水之源。海子的水位自1987年开始下降,于2006年干涸。[4]

在当地传说中,古时是没有"佛镜"的。有一天一个"南蛮子"[5]拿着宝葫芦来偷暖泉水,得手后经华严寺门口返回,不料被寺中的老和尚发现。老和尚追赶

---

1 顾我鲁. 蔚州志(光绪丁丑版)[M]//游暖泉记. 台北:成文出版社,1969:61.

2 中华民国七年《重修暖泉凉亭并买地址麻潢记》墙碑,见:邓庆平等. 蔚县碑铭辑录[M]. 桂林:广西师范大学出版社,2009:522-523.

3 郭德忠等. 蔚县志[M]. 北京:中国三峡出版社,1995:98.

4 蔚县地方志编纂委员会. 新蔚县志[M]. 北京:九州出版社,2021:1434.

5 蔚县人对蔚县以南地区人们的一种蔑称。

不及，欲敲钟警示乡民，情急之下找不见钟槌，只好以头撞钟。钟声洪亮，"南蛮子"惊慌之下把葫芦摔在地上，泉水洒出，触地变成一池清泉，自此华严寺门口就有了一眼"佛镜"。和尚撞钟的传说从侧面印证了暖泉在乡民们心目中的重要性——他们如此重视暖泉，以至于到了担心外人把它偷走的地步。人们说"偷水"而不是"借水"或"取水"，因为他们相信水一旦被偷到别处，那里就有了泉水，而暖泉本地的泉水则会减少甚至干涸。偷水的容器是宝葫芦，这就更有了魔法或妖术的色彩。至于为何是和尚而非乡民来扮演泉水守护者的角色，也许旨在强调华严寺也是暖泉的守护者，从而使它成为当地社会文化不可分割的一部分。

从宏观尺度看，暖泉镇集市的出现缘于它连接各地理单元的枢纽地位；从微观尺度看，集市形成的初期一定是围绕"泉"的——在干旱的边塞，一眼清澈温暖的泉水正是最好的饮马解渴、消解疲乏之所。在停留过程中，物资交易自然发生。待到交易规模逐渐扩大，交易的时间和地点也逐步固定，暖泉水边的集市就形成了。最初的集市没有固定的店铺，只是划出一片较大的空场成为约定俗成的集市地点，人们自发地聚集其中、撂地摆摊，是这处公共空间的早期状态。

## 集镇兴起

明崇祯八年（1635年）编纂的《蔚州志》共记录了蔚州境内的十处市镇集场：长宁村（废弃）、鸦儿涧村（废弃）、黄梅寺（废弃）、小关村（废弃）、西合营、吉家庄、桃花堡、水泉儿村、白乐村和暖泉村，"俱正德年起立"[1]。没有废弃的六处集市再加上蔚州镇和代王城，就是现在所说的蔚州八大集镇，它们均匀地分布在壶流河沿岸。暖泉镇坐落于其中的最西面，向西可通广灵县，向东连接蔚州镇。此后的县志文本中，除清乾隆四年（1739年）《蔚县志》和乾隆十年（1745年）《蔚州志补》不曾提及暖泉集外，顺治十六年（1659年）和光绪三年（1877年）的两本《蔚州志》[2-3]都对暖泉集有记录。光绪年间的暖泉堡集，更是所有镇集中唯一每旬三集的（其他镇集为每旬两集），足见彼时暖泉的商业地位之高。（图1-8）

除县志以外，碑刻材料是了解暖泉商业史的另一途径。现存的碑刻年代多集中在清中后期，最早为乾隆四年（1739年），最晚至中华民国二十六年（1937年），

---

1  来临. 日本藏中国罕见地方志：第1册 [M] // 蔚州志（崇祯乙亥版）. 北京：北京图书馆出版社，2003：322.

2  李英. 蔚州志（顺治己亥版）[M]. 上卷子集"疆域".

3  庆之今. 蔚州志（光绪丁丑版）[M]. 台北：成文出版社，1969：81.

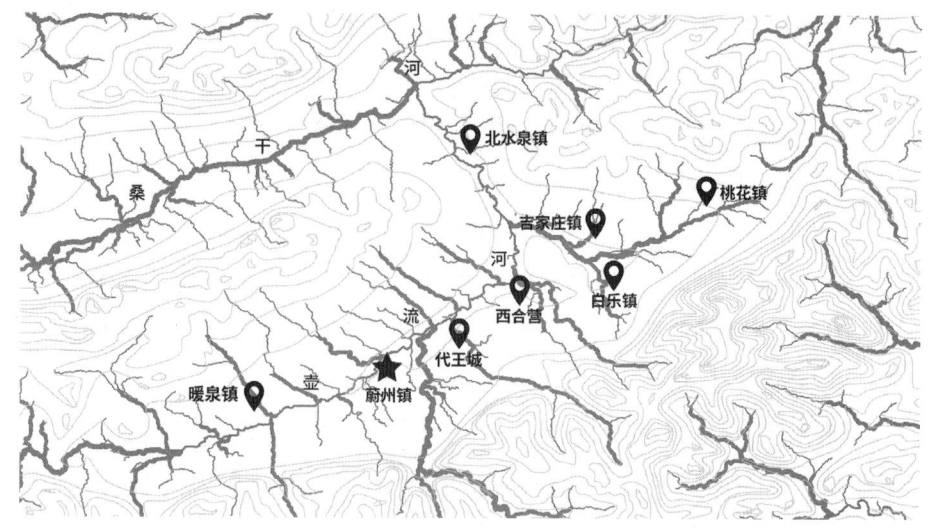

图 1-8 蔚州地区八大集镇分布图

其中乾隆四年至光绪六年（1739—1880 年）的五通碑刻记录有较详细的商号和个人捐款信息，恰好填补了县志材料从 1745 年到 1877 年间一段较长的空白，可供我们推测这段时间内暖泉镇工商业的发展情况。

位于华严寺的清乾隆四年布施提名碑，布施者共 174 户（缺损部分不计），其中 171 户为个人，仅荣字铺、功字铺和□字铺 3 家为商号。捐款总额 283 钱 4 分，单户捐款最多 6 钱，最少 1 钱（缺损部分不计），捐款 1 钱的有 99 人，占到总捐款人数的近六成。3 家商号中，1 家捐款 2 钱，2 家捐款 4 钱，跟个人捐款相比并无太大差别。为何只有 3 家商号捐款？分析其原因，一方面可能是当时的店铺数量还不多，另一方面或许是当时店铺的组织性也不强，布施更多是以个人名义来进行。另外，此次捐款的个人和商号大多不属于暖泉镇，而是来自周边各村落，其中较远的荞麦川村，位于暖泉镇以南 25 公里处。[1] 这些村落有居民给华严寺布施，说明它们与暖泉镇存在较为密切的关系，这也能从侧面反映暖泉镇商业的辐射范围。（图 1-9）

除《布施提名碑》外，其余四通碑文都是对中小堡村关帝庙供器重造或重修的记载。清乾隆年间的两本县志在"境内集"条目不写暖泉，但从四通碑文记载的状况来看，暖泉镇的商业活动在乾隆时期是很活跃的，应是县志编写有所疏漏。乾隆三十一年（1766 年）的《暖泉西市关圣庙重造供器碑记》，记有捐款商号 58 家，总额 5373 文，捐款个人 41 人，总额 3801 文，商号的捐款户数和额度均

---

[1] 乾隆四年《布施提名碑》墙碑，见：邓庆平等. 蔚县碑铭辑录［M］. 桂林：广西师范大学出版社，2009：494-495.

图 1-9 《布施提名碑》捐款来源

占总数的六成左右。从这一点上看,这时的商号可能规模尚小,财力与普通家庭相差不大。58 家商号中,有手工业 20 家、当铺 3 家、服务业店铺 3 家(1 家药铺,2 家肉房),另外 32 家商号难以从名称判断行业类型。手工业又以缸房(即酿酒房)为最,有 16 家之多。[1]

到清乾隆四十五年(1780 年)的《暖泉西市关圣庙重造供器碑记》,虽然商户从业类型构成变化不大,但捐款商号的比例增加到了总数的九成(商号 47 家,个人仅 4 人,另有 4 户字迹完全缺损,无法判断是商户还是个人)。捐款的 47 家商号中,可辨认从业类型的有 33 家,包括手工业 18 家,当铺 4 家,服务业 3 家(1 家饼铺,2 家肉房),还有 8 家某某局,推测为账局[2]一类的商号。手工业中,依然是缸房占绝大多数,有 12 家,另有油房 1 家。捐款数额上,共有三种捐款数额,较低的两档是 30 文和 33 文,最高一档数额字迹不清,含商号 31 家,个人 4 人,另有 3 户无法辨认。[3]与乾隆三十一年碑记相比,这通碑记中商号的数量和类型变化不大,但财力已经远超普通家庭了。

暖泉镇作为商业集镇的巅峰大约在清嘉庆年间。嘉庆三年(1798 年)的《暖

---

[1] 乾隆三十一年《暖泉西市关圣庙重造供器碑记》墙碑,见:邓庆平等.蔚县碑铭辑录[M].桂林:广西师范大学出版社,2009:496-497.关于这几通碑文的分析,也见于:刘秋根,杨伟东.清代中后期暖泉镇商业概况及其变迁——暖泉镇中小堡村关帝庙碑文研究[J].保定学院学报,2017,30(1):13-18.

[2] 从事商业存放款业务的旧式金融机构。

[3] 乾隆四十五年《暖泉西市关圣庙重造供器碑记》墙碑,见:邓庆平等.蔚县碑铭辑录[M].桂林:广西师范大学出版社,2009:500-501.

泉西市关圣庙重修供器碑记》中，捐款商号63家，个人仅1人。手工业商号24家，除缸房（12家）和油房（8家）以外，还增加了染房、草帽铺、麻铺和纸房等行业。服务业商号增加到了13家，行业种类的增加更是明显，有饼铺、肉铺、饭铺、成衣铺、米店、烟铺、房铺等，可能这一时期有较多外来人口涌入，使暖泉镇的商业愈发繁荣起来[1]。这通碑刻刻下的六年前（1792年），中俄双方续签《恰克图界约补充条款》和《恰克图互市条款》，停战带来的和平贸易和人口增长，为整个北方地区商业的兴起提供了条件。蔚县地处明内外长城之间，这意味着它基本到达了农业生产的极限边界。蔚县南面的华北平原，顺应自然条件从事农业生产；蔚县北面的高原地区，农作物难以生长，人们更倾向于选择游牧生活；蔚县居于二者之间，河川区主营农业，南部高山区农牧兼营。畜牧业不仅弥补了蔚县农业上的劣势，甚至让它具备了仅从事农业或畜牧业所没有的优势。暖泉镇作为蔚县的重要集镇，也可以通过贸易调动周边相当广阔的资源。

清光绪六年（1880年）的《重修关帝庙供器碑》是第四通，也是最后一通关于关帝庙供器的石碑。碑文中捐施商号数量（64家）和数额（商号捐资合19150文）虽多，行业的多样性却大不如前，又回到了清乾隆年间手工业为主、有少量服务业和当铺的组成结构[2]。虽说捐款数额普遍比清嘉庆时期更大，但这更可能是清咸丰朝以来通货膨胀导致的结果。

清乾隆至光绪年间，暖泉商铺对蔚县浮图村玉泉寺的捐款次数也非常多。浮图村位于暖泉到飞狐峪入口的商路上，而飞狐古道正是连接山西和华北平原的"太行八陉"之一。

上述碑记中提及的商号信息，结合如今看到的镇内商业空间格局，我们大致推测出暖泉镇商业空间的发展历程。暖泉镇的商业起于人们在泉水旁休憩时自发进行的物资交易；后来交易规模扩大，又形成了规律的交易日期，终于在明朝正德年间得到官方承认，成为正式的"暖泉集"。进入清朝，农牧业间的和平贸易使商业进一步发展。清中前期，店铺数量还比较少，规模也较小，而后商号数量增长，并且在供器修造这样的公共事业中显示出较强的组织性；至清中期，商号数目和类型达到了一个高峰；清晚期受战争影响，暖泉商业有所下降；中华民国年间，铁路和公路的出现使暖泉商业再次兴起（根据张沛老人回忆，民国时期的暖泉镇

---

1 嘉庆三年《暖泉西市关圣庙重修供器碑记》墙碑，见：邓庆平等.蔚县碑铭辑录[M].桂林：广西师范大学出版社，2009：504-505.

2 光绪六年《重修关帝庙供器碑》墙碑，见：邓庆平等.蔚县碑铭辑录[M].桂林：广西师范大学出版社，2009：508-509.

有商铺 160 余家）。

## 以泉水为核心的空间序列

暖泉水因为对人们的生产生活有诸多贡献，久而久之被居民神化，明崇祯年间《蔚州志》有记载："遇旱祷雨辄应"，而且"池内产瑞藻，其岁必发高科"[1]。从前文"南蛮子"偷水的故事可以看出，乡民们是相当忧虑外乡人窃取暖泉水的神性的，因此随着商业发展、外来人口增多，需要把两处泉眼保护起来，使它们既为当地带来繁荣，又无被侵扰之虞。人们在泉眼周边挖出水塘，竖起围墙，使闲杂人等无法接近。凉亭处的水塘名为逢源池，呈方形，边长约 27 米，面积 500 平方米，蓄水 566 立方米；佛镜的水塘呈圆形，直径约 15 米，面积 254 平方米，蓄水 400 立方米。在两处水塘的基础上，泉水出现了两条分别以暖泉和佛爷镜为核心的空间序列。（图 1-10）

图 1-10　分别以逢源池和佛爷镜为核心的两条空间序列
逢源池空间序列：1 龙王庙；2 龙王庙戏台；3 逢源池；4 王敏书院；5 沤麻池；6 米粮市；7 草市街
佛爷镜空间序列：8 华严寺菜园；9 华严寺大雄宝殿；10 华严寺过殿；11 华严寺早期范围；12 佛爷镜；13 观音殿

---

1　来临. 日本藏中国罕见地方志：第 1 册 [M] // 蔚州志（崇祯乙亥版）. 北京：北京图书馆出版社，2003：340.

第一个空间序列以逢源池为核心。在逢源池北面，与逢源池一街之隔的是龙王庙，它在 1982 年被拆除并改作电影院。据张沛老人回忆，龙王庙有前后两进院。从南面山门进入前院，院中央有一座方亭，名为龙亭，穿过龙亭就到了龙王庙的正殿。正殿三间，供奉龙王，东西配殿分别是梓潼阁（供奉文昌）和老爷庙（供奉关帝）。后院比前院小，分为左中右三个小院，居中的后殿供奉龙母，东北角的小院是住持道人的住处。龙王庙的戏台位于逢源池西面，曾是暖泉全镇最大的戏台。

龙王庙占据了逢源池的北方，说明其修建年代很可能是逢源池周边建筑中最早的。张沛老人说，直到 20 世纪 40 年代末暖泉镇还会在龙王庙举办祈雨仪式。龙王庙紧临集市，赶集者顺路就能入庙参拜，龙王庙和集市互相为对方提供人气，促进了集市的发展。

如果只有逢源池和龙王庙，我们还很难说这是一条经过有意识规划的空间序列，但王敏书院的加入，使得这条空间序列正式成立。王敏书院位于逢源池南面，坐北朝南，由前后两进院组成。前院较小，无厢房，有南面五间门房和北面五间正房（亦即后院的倒座房），院中有泮池和牌楼。后院的正房和东、西厢房，均为五开间，正房南檐下有一口八角形古井。正房东侧是魁星楼，高三层，首层为砖结构楼身，二三层为木结构，二层四周有环廊围绕。正房之北即逢源池。书院围墙将逢源池围起，只在东面、西面和北面各开一小门。（图 1–11）

王敏其人在《元史》中没有记载，但崇祯及其后的县志都认为他曾任工部尚书。崇祯《蔚州志》写书院"在城西三十里，元工部尚书王敏建，遗址犹存"[1]。清乾隆三十九年（1774 年）任蔚州城文蔚书院山长的顾我鲁，在游暖泉看到的还只是"老屋数间"[2]，那么现在的书院规模就是后来扩建的结果。把书院置于暖泉南面，一方面借暖泉保佑书生们"发高科"，另一方面强调出"龙王庙—暖泉"这条原来不甚明显的轴线，在表明书院地位的同时，也使其让位于乡民们心中更尊贵的龙王庙。中华民国七年的《重修暖泉凉亭并买地址麻潢记》墙碑，甚至将王敏书院称为"学宫"，可见它已经不只是文教功能的建筑，而成了一处文化胜地。[3]

以"龙王庙—暖泉—王敏书院"为中轴线，南面是"米粮市"，即粮食自由交

---

1　来临. 日本藏中国罕见地方志：第 1 册 [M] // 蔚州志（崇祯乙亥版）. 北京：北京图书馆出版社，2003：496.
2　顾我鲁. 蔚州志（光绪丁丑版）[M] // 游暖泉记. 台北：成文出版社，1969：61.
3　中华民国七年《重修暖泉凉亭并买地址麻潢记》墙碑，见：邓庆平等. 蔚县碑铭辑录 [M]. 桂林：广西师范大学出版社，2009：522–523.

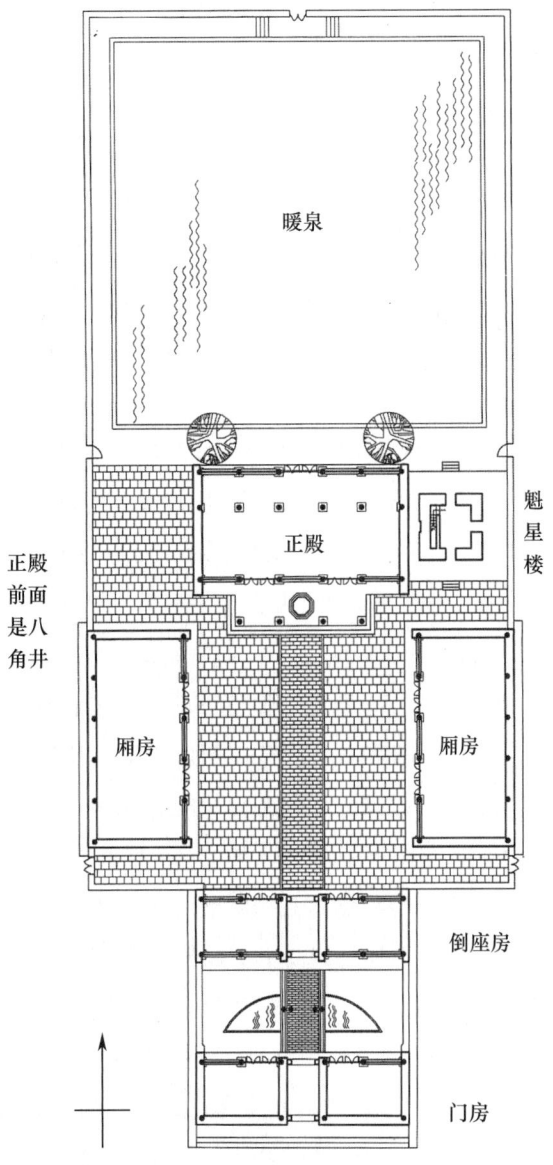

图 1-11　王敏书院复原平面图
　　　　（清华乡土组　提供）

易的广场；东面是"草市街",面向暖泉作为交通要道产生的需求（草市,即草料市场）,配有车马大店和打马掌店等；书院东南面还有一方"沤麻池"（因为暖泉水源不能被污染,所以需要一个专门用于浣洗沤麻的地方；此水池也常用于洗衣服）。集市与重要的公共建筑相结合,有利于聚集人气。直到今天,"米粮市"和"草市街"在赶集时依然商贩汇集,是重要的交易和交流场所。（图 1-12）

　　第二个空间序列以佛镜为核心。北面的华严寺和佛爷镜隔街相望,南面有一座观音殿。华严寺,当地人称"大寺"。华严寺占地约 3400 平方米,坐北朝南,

图 1-12　王敏书院东南侧的沤麻池，也用于洗衣服（罗德胤　摄于 2001 年）

轴线上自南向北有天王殿（已毁）、过殿、大雄宝殿，两侧有钟鼓楼、配殿、禅房等。如今山门、天王殿、钟鼓楼已毁，其余建筑尚存。（图 1-13）

不同于乡民们自发修建的各种神庙，华严寺是暖泉镇唯一在古代官修县志中被记录的寺庙（县志里叫"崇教寺"）。县志没交代其建成年代。乡民传闻，大殿脊檩下原有一块木匾，上书"大明洪武三十二年"字样，这和华严寺的建筑风格是吻合的。虽然"南蛮子"偷水的传说里是先有华严寺后有佛爷镜，但泉眼的位置不以人的意志为转移，华严寺的修建一定晚于佛爷镜的出现。我们甚至可以推测，在初建选址时因为更好的地点已经被龙王庙和王敏书院占去，华严寺这才退而求其次，选择了佛爷镜北面的位置。这个位置其实也不错，沿华严寺和佛爷镜之间的街道向东 200 米，就是过去暖泉镇的东券门，为过往人流必经之处，自然使华严寺香火旺盛。对暖泉人来说，华严寺所在的位置可能还有另一层重要的意义：它围合出集市的开放空间，同时划定了暖泉镇的东部边界。华严寺作为一道强力的界限和屏障，将不安定因素排除在边界之外，保卫镇内居民和商业活动不受侵扰。

华严寺受益于暖泉的泉水和商业，寺中的神明又反过来庇佑泉水的安全。可能乡民们还担心华严寺在泉水北侧，护佑的作用不够，因此又在佛爷镜南面造了一座三开间的倒座观音殿，观音殿两侧还有影壁，这样佛爷镜的水源就安全无虞了，空间序列也变得完整。从华严寺北端到观音殿南端，长度达到了 240 米。（图 1-14）

在逢源池空间序列的西面，有一块西边窄、东边宽的三角地。三角地的南北两侧就是现在说的"上街"和"下街"，上下街交会处往西是西市街，西市街的西头即西券门。过去从广灵方向来的人都得从西券门进入暖泉。据镇上老人回忆民国时期暖泉商业布局，上下街和西市街的店铺主要包括粮食加工业、手工业和服务业三种业态。最初这些行业可能也以摆摊的形式出现，后来逐渐发展为固定店铺，最终形成了镇东绕泉水摆摊、镇西沿街道开店的格局。

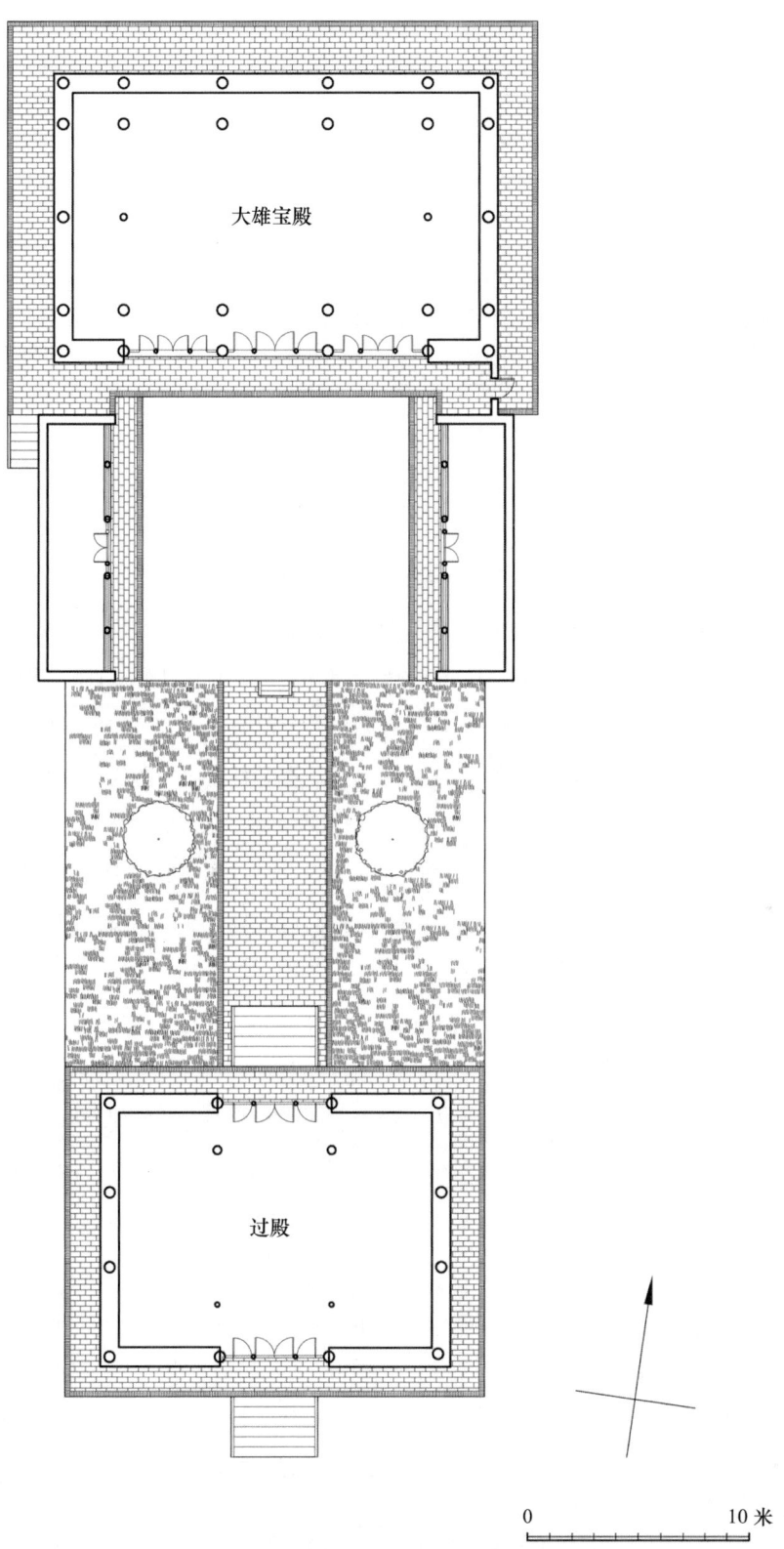

图 1-13 华严寺现状平面图（清华乡土组 提供）

图 1-14 妇女们在佛镜边洗衣服
（罗德胤 摄于 2001 年）

## 三堡鼎立

明初蒙古势力退居塞外，明王朝为了巩固边防，实施"以军实边"的屯军政策，同时修筑城堡、修复长城。明代蔚县实行州卫分设的行政管理制度。蔚州卫和蔚州同城而治，卫署和州署分别位于蔚州城内的东侧和西侧。在边境囤积大量兵力，必然要修建相应的堡垒。在官府主导下，蔚州境内众多由士兵修建的卫堡（即军堡，由蔚州卫管辖）应运而生。同时，对于身处北方游牧民族南下侵略首当其冲的蔚州普通百姓而言，为了自守，他们也纷纷以自发的方式修建州堡（即民堡，由蔚州管辖）；官府对此持鼓励态度，而且也可能参与其中某些村堡的修建过程。入清之后，士兵都已就地转化为普通百姓，军堡也就与民堡难以区分了[1]。

暖泉三堡中，以北官堡为最早。在北官堡内部，又是先有西北边的卢家小堡，之后向外扩张形成了北官堡。卢家小堡面积大约 7500 平方米，北官堡的面积则是 8.3 万平方米。卢家小堡可能是在明初出现，对应着前文"因泉而集"的时期，这时暖泉已开始有商业活动。卢姓人家迁入后选择在北边台地修建村堡，既受益于商业，又不受洪涝影响，南面还有适宜耕作的河滩地，这都是符合古时选址条件的。后来宗、刘、侯、张四个家族迁入，卢家小堡无法容纳众多人口，便合力在卢家小堡外修起一圈更大的堡墙，形成现在的北官堡。一个流行的说法是"宗家人做的底，刘家人修的腰，侯家人盖的帽"，意思是说宗姓、刘姓和侯姓分别修建了堡墙的底部、中部和顶部。实际上不大可能如此泾渭分明，但借着这个说法，我们可以知道最早在北官堡定居的几个姓氏。北官堡的修建可能与龙王庙的初建在同一时期——若非已经有活跃的集市交易，人们是很难有足够的财力和意愿在

---

1 李严，张玉坤.明长城军堡与明、清村堡的比较研究[J].新建筑，2006（1）：36-40.

这里建造这么大一个城堡的。

　　随着时间推移，定居暖泉的人口越来越多，超过了北官堡所能容纳的极限。堡外虽然也能建房，但一旦遭遇洪水或敌袭，这些房屋的防御能力不足，容易造成人员伤亡和财产损失，因此需在别处另建新的城堡，即西古堡和中小堡。有了这两个堡，商贩们便能白天在堡外经商、晚上回堡内居住。也可能有部分商贩住在堡外，遇突发情况也可迅速避入堡内。

　　西古堡位于全镇西南角，规模小于北官堡，但仍属于蔚县境内较大的村堡（一般村堡边长100余米，西古堡边长有230余米）；中小堡长约150米，宽50米左右，紧邻西古堡东侧，一条小巷将二者隔开。就空间位置来看，在北官堡已经存在的前提下，西古堡的最佳选址应是北官堡西南侧、西市街北面的区域，也就是现在的西太平庄村。这一区域离泉水不远，地势又比如今西古堡所处的位置高，更少受壶流河涨水的影响。西古堡没有选择在这里建堡，可能因为当时这里是坟场，而且已经有一些村民和商户定居。北官堡东面和东南面的地块又太靠近壶流河岸，不利于防洪。那么剩下最好的选择，就是南边地势较低的空地。在此处建堡，可以得到一个受洪水侵扰不太多，并且完整属于西古堡人自己的地块。

　　西古堡开南北两城门，门外设瓮城。北门可直接到达西市街，南门通向河边耕地。两门之间被贯穿全堡的正街连接，堡内居民得以兼顾务农与经商。蔚县村堡很少在北面开门，这是为了防止北方游牧民族的侵扰。西古堡敢于设置直接通往商业街的北门，一是对瓮城防御有信心，二是由此获取的商业利益已经超过了被侵扰的风险。

　　西古堡占据了临近西市街的地块，中小堡只能选择西古堡东面临近下街的位置。中小堡仅开一北门，开门位置正对下街中部。因为缺少瓮城的防卫，北面堡墙在城门西侧向外凸出，使城门转向东面，正对堡外一座观音寺。中小堡不开南门，可能有三方面的原因。一是商业已经完全超越农业，成为居民生活的重心。二是中小堡尺寸较小，南北进深仅为西古堡的三分之二，即使出北门再折向南面耕地，绕行的距离也是可以接受的。三是洪水多从南面来，取消南堡门可以在很大程度上减少洪水造成的损失。西古堡对农业和商业平等对待，中小堡则有更明显的商业主导倾向，说明中小堡建成时暖泉的商业化程度比西古堡修建时更高。

　　崇祯《蔚州志》的"州堡"条目已有"暖泉三堡"的记载。[1] 考虑到人口增长需要时间，我们推测北官堡的出现可能是在明中前期，其余两堡是在明中晚期。

---

1　来临.日本藏中国罕见地方志：第1册［M］//蔚州志（崇祯乙亥版）.北京：北京图书馆出版社，2003：325.

崇祯以后,堡内的建筑可能有加建或重修,但三堡鼎立的格局一直保留到今天。

## 空间变迁

上文根据县志和碑记的文献史料,并结合镇区现有空间格局,分别梳理了暖泉镇街市、沿泉水的空间轴线和村堡的发展历程,这三条发展脉络又各有几处较为确定的时间节点,通过这些时间节点间的横向比较,我们便能知道整个暖泉镇的大致发展脉络。(图1-15)

暖泉镇的集市自明正德年间起立;商号从清乾隆初年开始小规模出现,此后数量和种类渐增,于嘉庆年间达到高峰;清晚期商业受战争波及而有所回落,但在民国时期受铁路和公路的带动又获得发展。沿泉水两条空间轴线上的建筑,大致出现次序为龙王庙—华严寺—早期王敏书院—王敏书院扩建,其中华严寺为明代所建,王敏书院的扩建完成于清中后期。暖泉北官堡内的卢家小堡大约出现于明初,北官堡、西古堡和中小堡三堡鼎立的格局至迟形成于崇祯年间。

由以上若干时间节点,我们可将暖泉镇的发展大致分为从明初到清中期的五

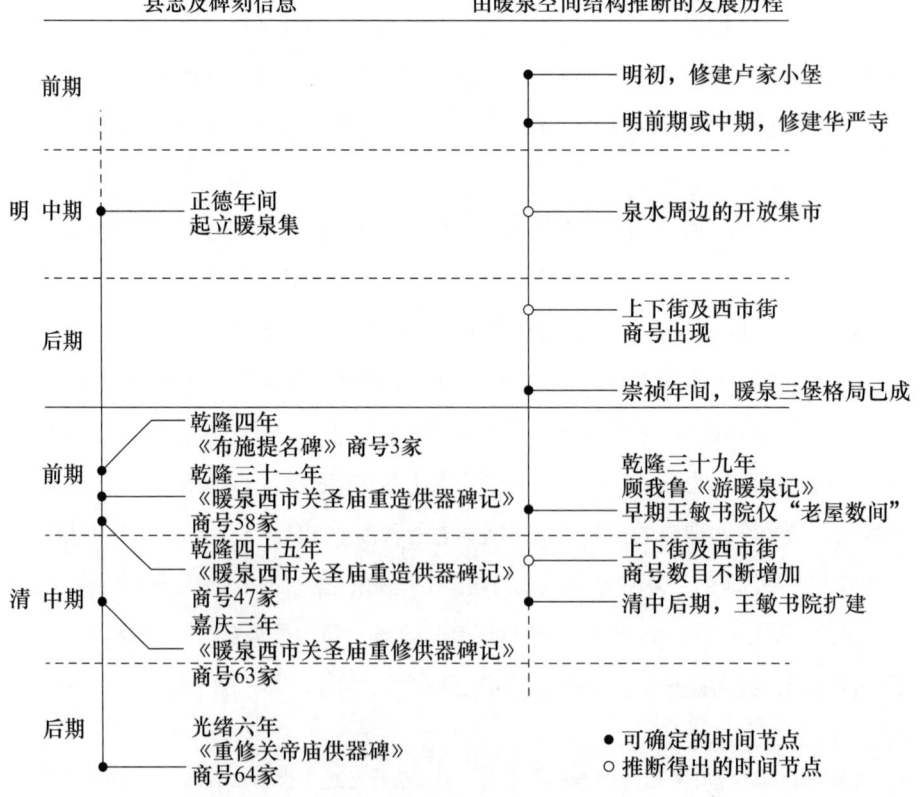

图1-15 暖泉镇发展时间线梳理

个阶段。最初，仅有少量人口定居在地势较高的卢家小堡，人们围绕泉眼周边自发进行物资交易；后来交易渐成规模，形成固定日期的集市，吸引更多人口迁入，在卢家小堡外修建了更大的北官堡，此时沿逢源池形成了"龙王庙—逢源池"的早期轴线；随着商业进一步发展，出现上街、下街和西市街，形成"大寺—佛爷镜"空间序列，西市街以北、北官堡以西的地区也开始有人口定居；此后暖泉镇人口进一步增加，在西市街以南修建了西古堡和中小堡，老君观修建于北面台地；再后来，王敏书院扩建，堡外民居规模也逐渐扩大，西辛庄北崖头修建了十方院，这基本上就是民国时期暖泉镇的空间格局了。（图1-16）

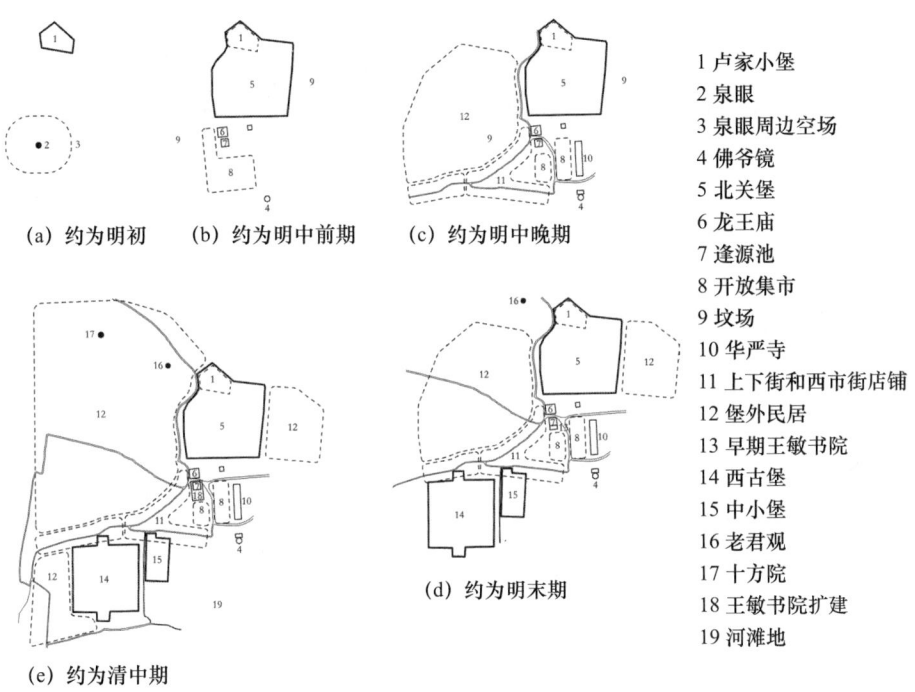

图1-16 暖泉镇发展的大致时间顺序

因泉而集，因集而街、而堡，暖泉镇的形成是自然和人为共同作用的结果。几处重要公共空间及其轴线关系的保留，为我们揭示出较为清晰的暖泉空间发展历程。暖泉镇的产业始于人们在泉水周边聚集，衍生出以粮食为中心的交易、运输、加工行业，又进一步产生众多服务行业。由居民和商户自发形成的商业空间和两条自上而下规划形成的轴线空间，共同组成了暖泉镇的空间格局。

（张雅沛）

## 第二章

# 暖泉泉水和产业梯度空间

暖泉所在的蔚县，被恒山、太行山、燕山三座山脉环抱。从更大的地理尺度来看，蔚县大致居于华北平原、黄土高原和蒙古高原三大地理单元的交界地带。华北平原平均海拔在50米，黄土高原海拔800～1200米，蒙古高原则在1500米以上，三者形成由东南向西北逐级上升的三级台地。华北平原地势平坦，可耕作面积广，土质较肥沃，属温带季风气候，水热条件较好，农作物可两年三熟甚至一年两熟，发展出较为完善的灌溉系统，这些条件都非常有利于种植业发展，其代表性物种是小麦。黄土高原土地广阔，光、热资源充足，但气候干旱，且水土流失严重，代表性作物是耐旱的稷（即小米，也称粟）。蒙古高原尽管土壤肥力不佳，降水稀少，农业难以开展，但是凭借广阔的草地孕育出发达的畜牧业，牛、羊、马为其标志性物种。（图2-1）

沿着蒙古高原的南侧边缘，就是农业和畜牧业的分界线，同时也是农耕文明和游牧文明的分界线。游牧民族在遭遇恶劣天气时，不得不靠南下掠夺农耕民族的粮食和财产来维持生计。农耕民族为了保护粮食和财产，则以修建长城的方式来抵御游牧民族入侵。农耕民族从战国时期就开始修建长城，到明代形成了完整的"九边"防御体系。

三级台地并不是完全的平行关系，而是大致呈现为蒙古高原自西向东横亘于北方，黄土高原和华北平原分列于其南面的西方和东方。这个分布特点，导致三大地理单元的交界区域，也就是从张家口至北京一带，成为农牧之间的激烈对抗地带和交流关键地带。明代在这里修建了内外两道长城，以加强京师防卫。

## 泉水与产业梯度空间

暖泉镇所在的蔚县，处于农牧交错带。蔚县属东亚大陆性季风气候中的温带亚干旱区，冬长夏短，气温较低，寒暑变化剧烈；降水少，季节分配不均，水蒸发量是降水量的两倍以上，春季经常发生干旱，有些地区也有夏旱或短时洪涝；境内日照多集中在农作物生长的4—9月；无霜期短，干旱、霜冻、冰雹、寒潮、大风等自然灾害较多。[1] 从农业生产的角度看，蔚县的优势在于日照充足、昼夜温差大，夏季雨热同期，利于一年一熟的作物生长；劣势在于降水少、变率大、季节分配不均，且蒸发量大于降水量，春旱时有发生，对作物播种不利。就自然条件而言，蔚县已经接近农业生产的极限。蔚县地处内外长城之间，也体现了这一点。（图2-2）

---

1　郭德忠等. 蔚县志［M］. 北京：中国三峡出版社，1995.

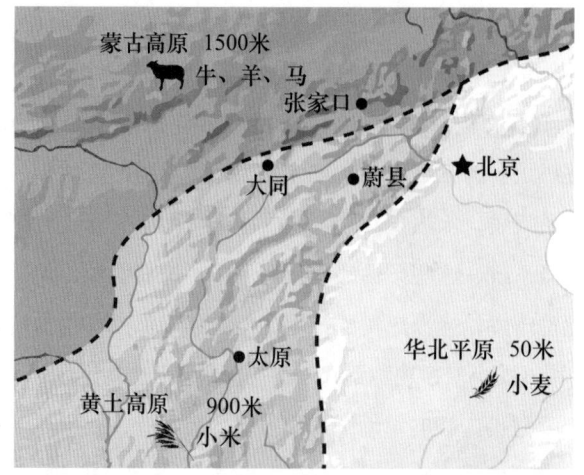

图 2-1 三级台地示意图

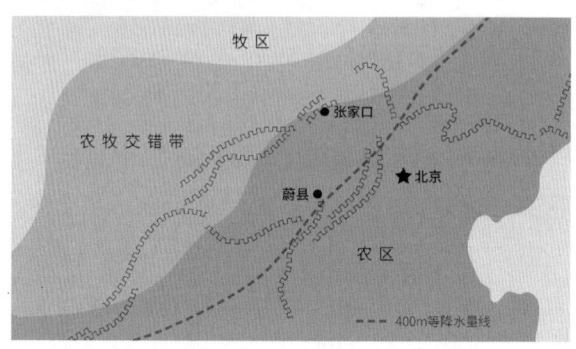

图 2-2 明代长城、农牧界限与 400mm 等降水量线

　　壶流河自西向东贯穿蔚县，使其形成南部深山、中部河川和北部丘陵三个区域。中部河川地势较为平坦，土壤相对肥沃，灌溉条件和热量条件较好，是蔚县主要的产粮区；北山丘陵区的煤炭矿藏丰富；南部山区在海拔较低处有高粱等杂粮种植，海拔较高处热量条件差，但气候较湿润，草场面积广阔。（图 2-3）

　　据 1935 年由宋哲元修、梁建章纂的《察哈尔省通志》（后文中出自此书的种植业相关信息，应当都是 1935 年前后的情况）："蔚县境内旱地一万二千六百八十六顷三十一亩，水地二百顷，山地六百七十五顷五十二亩，均为可耕之田。"[1] 到 1989—1993 年间，蔚县旱地面积维持在 142.3 万～142.8 万亩（约 9.48 万～9.53 万公顷），水地面积从 1.96 万亩（约 1307 公顷）增加到 2.26 万亩（约 1507 公顷）。从古至今，蔚县都是旱地占绝大多数，水地是极少而珍贵的。蔚县种植的作物，《察哈尔省通志》记载的有："旱地所宜，为稷，为黍，为高粱，为黑豆，为胡麻，为菜籽，为荞麦，为马铃薯，为各种瓜类。水地，为麻、稻，为大麦，为蓝草，为各种蔬菜。山地，为莜麦，为小麦、大豆，为豌豆、扁豆。然山地或种胡麻、菜籽，

---

1　宋哲元等.察哈尔省通志［M］.出版地不详，1935.

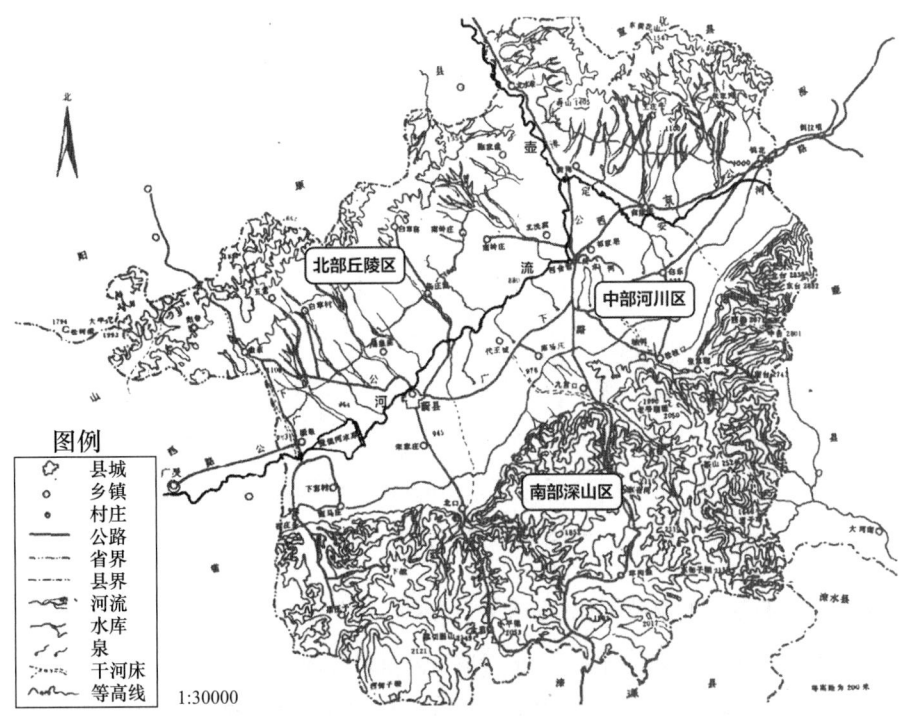

图 2-3 蔚县地形图（图片来源：郭德忠等.蔚县志 [M]. 北京：中国三峡出版社，1995：91）

旱地或种小麦，谷、黍、高粱等或亦种于水地。"虽然地处农业极限的边缘地带，蔚县的农作物还是很多样的。

蔚县的南部高山区不适宜农作物种植，但有广阔的草场，为开展牧业提供了条件。草资源无法直接被人类利用，但通过牛、羊的放牧，被转化为用途多样的动物资源。蔚县的农、牧业相互补充，反而具备了仅从事农业或仅从事牧业的地区所没有的优势。

暖泉镇选址于壶流河北岸。依照农业气候区划，暖泉镇属河谷暖温干旱区。该区是蔚县的主要产粮区，但农业生产依然受限于自然降水的稀缺，一旦发生干旱，很可能导致作物减产甚至绝收。暖泉镇因为拥有三眼流量颇大且稳定的泉水，种植业得以从"靠天吃饭"转为"泉天并举"。镇上老人张沛回忆，1940 年前后镇上田地大约 1/5 为水地，其余 4/5 为旱地，远高于蔚县全境的水、旱地比例。从如今的地图看，暖泉镇的农田主要分布在镇区东部、东南部的河滩地。（图 2-4）

虽然泉水可以用于灌溉，但水量毕竟无法和自然降雨相比，人们使用泉水时需精打细算，尽量发挥出它的最大效益。暖泉镇的种植业及相关行业，由此呈现出以泉水为中心的六级空间梯度策略。这六级梯度的前三级梯度在暖泉镇内，由逢源池、水渠和水井组成的水系，满足居民对泉水不同程度的需求；随后两级梯度扩展至蔚县南、北部山区——南部山区的牧业、北部山区的矿业与暖泉镇的农

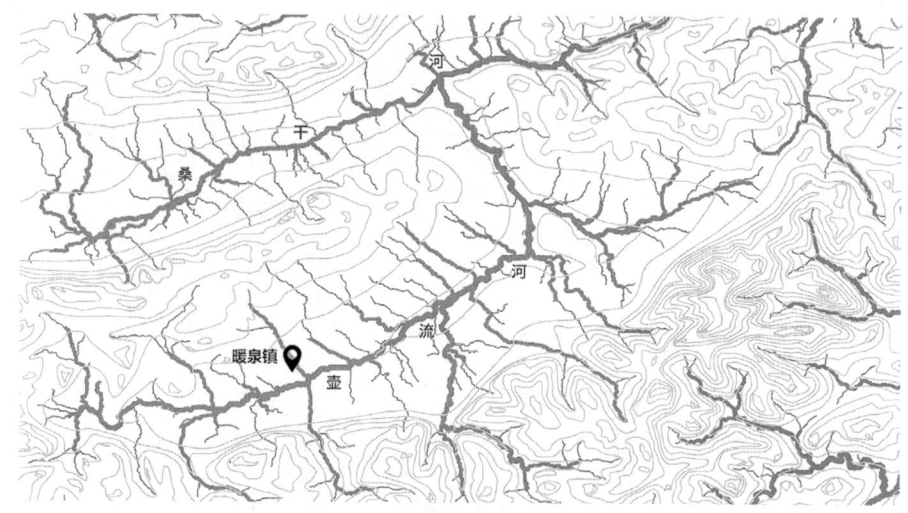

图 2-4 暖泉镇在蔚县盆地的位置

业相配合，催生了暖泉镇的多个手工业；最后一级是由骡子、骡车形成的运输业，连接起暖泉镇所在的黄土高原、北面的蒙古高原和南面的华北平原。

上述梯度从小、中、大三个地理尺度展现出暖泉对自身资源的合理分配，以及它作为一处重要集镇对大范围资源的调动。在这个空间梯度逐级扩大的过程中，它所牵涉的行业也从种植业扩展至畜牧业、运输业和工商业。

水在各级梯度中都扮演了重要角色。一旦缺水，暖泉各行业都将难以开展。由于"缺水焦虑"，暖泉人在泉水周边建造了崇水的精神空间，并在一年中最需要雨水的时段举行祈雨仪式。

## 暖泉镇的泉水系统

在论述六级空间梯度前，有必要先了解暖泉镇的泉水系统。该系统由三部分组成：首先是水源和围绕水源开凿的水池，然后是以三处水池为起点、延伸到镇南的各条水渠，最后有为满足局部社区或家庭用水而打的水井。

暖泉镇的水源有三处。最重要的一处名为"凉亭"，也就是俗称的"暖泉"，位于镇中心位置；第二处名为"佛爷镜"，位于镇区东南角，与华严寺的山门隔街相望；第三处叫"海子"，位于镇西北部的西辛庄村内。"凉亭"的出水量较大，日均水流量将近 1500 立方米；"佛爷镜"出水量较小，但也达到了日均 350 立方米；[1]"海子"的出水量也不大，主要供附近居民使用。[2] 在降水极不稳定、常有旱

---

1　郭德忠等. 蔚县志［M］. 北京：中国三峡出版社，1995.
2　蔚县地方志编纂委员会. 新蔚县志［M］. 北京：九州出版社，2021.

情发生的蔚县，拥有这样三眼泉水的暖泉居民在生活和农业用水上就不必完全依赖自然降水了。泉水如此重要，以至于一个集镇以它为中心建立起来后，也被赋予"暖泉"之名。

稳定而较为充足的泉水，在古人看来是上天的恩赐。他们为泉眼开凿了规整的水池。逢源池呈方形，边长约 27 米，面积 500 平方米，蓄水量 566 立方米，泉水从东、西两个被称为"龙口"的石洞流出。佛爷镜，正如它的名字所暗示，池为圆形，直径约 15 米，面积 254 平方米，蓄水量 400 立方米。海子水池也呈圆形，面积 127 平方米，深 5 米。可能是担心水源被污染，也可能是出于对外乡人的防卫心理，暖泉人觉得有必要避免闲杂人等直接接触水源，于是建围墙将逢源池围起。为了水源不被居民日常取水、洗衣和沤麻所污染，又在逢源池东南面和佛爷镜北面各修了一方沤麻池。逢源池东南面的沤麻池长约 20 米，宽约 15 米，面积 300 平方米；佛爷镜北面的沤麻池长约 17 米，宽约 11 米，面积约 190 平方米。（图 1-10）

有泉水固然好，但"凉亭"与镇南适宜耕种的河滩地相距超过了 200 米；佛爷镜虽然邻近种植区域，但出水量远不及"凉亭"，灌溉量有限；海子出水量小，且位于镇西北角，距种植区域更远，对灌溉助益也不大。如何将"凉亭"水便捷地运送到种植区域，就成了需要解决的问题。早年种地不多时，或许是可以靠人力挑水来灌溉的，但这对农户们也是不小的负担。

清道光十三年（1833 年），以逢源池的东西两"龙口"为起点，开凿了正东、西南、东南三条干渠，总长 2 公里。三渠穿过镇南农田，引"凉亭"水灌溉田地约 1000 亩（约 66.7 公顷），最终泄入壶流河。正东方向的水渠靠近北官堡南侧堡墙，平行于道路向东延伸；东南干渠与沤麻池连通，向南流至三角形商业区的东南角后，再折向东南；西南干渠沿上街流过一小段距离后，很快分出两条支流，一条沿商业区店铺与东部米粮市的交界处向南，另一条穿过商业区向西南，与中小堡堡墙相遇后，顺墙向南流去。佛爷镜和海子也各有自己的水渠。佛爷镜的水渠以沤麻池为起点，也向南穿农田而通往壶流河。海子的水渠向东经北官堡门流进田地。（图 2-5）

中华民国二十六年的《公议渠水浇地碑记》对渠水的使用做了规定："不论何地户，均应先由头道渠起，至西坑里止，依次轮流灌溉，不能任其自便，乱用渠水。"[1] 张沛老人回忆他小时候渠水灌溉的惯例，是清明后水开到南渠浇菜地，立夏后开到东渠浇白麻。

暖泉镇这样泉水环绕的景象，在干旱的北方可以说是一种奢侈，难怪它会被

---

1 邓庆平等.蔚县碑铭辑录［M］.桂林：广西师范大学出版社，2009.

称为塞北江南。如今所有水渠均被道路覆盖,昔日胜景也无法得见。

三条水渠,其实只覆盖了暖泉镇区的东南部分。放眼整个镇区,有很大一部分区域的居民用水是不直接依赖水渠的。张沛老人回忆,"凉亭"和佛爷镜两眼泉水虽好,但无法满足全镇需求;暖泉镇区所辖的八个村,除北官堡外都有自己的水井。这些水井的水量不大,但足以满足小社区使用;西辛庄有些人家的水井,水质甚至比凉亭水还好。北官堡没有自己的水井,村民曾试图打井多次,但都是"水太苦"而无法饮用。北官堡是暖泉镇上建堡时间最长、人口密度也较大的社区,或许这导致它的地下水污染较为严重。北官堡居民到逢源池的"龙口"取水,中小堡外临近逢源池的居民也来此取水,在用水的高峰期还经常出现排队的状况。

一些需水量较大的店铺,也会选择临近水井的位置,甚至打一口私人使用的水井。太平庄有一家白家帽铺,用羊毛做毡帽,水的消耗相当大。白家帽铺的作

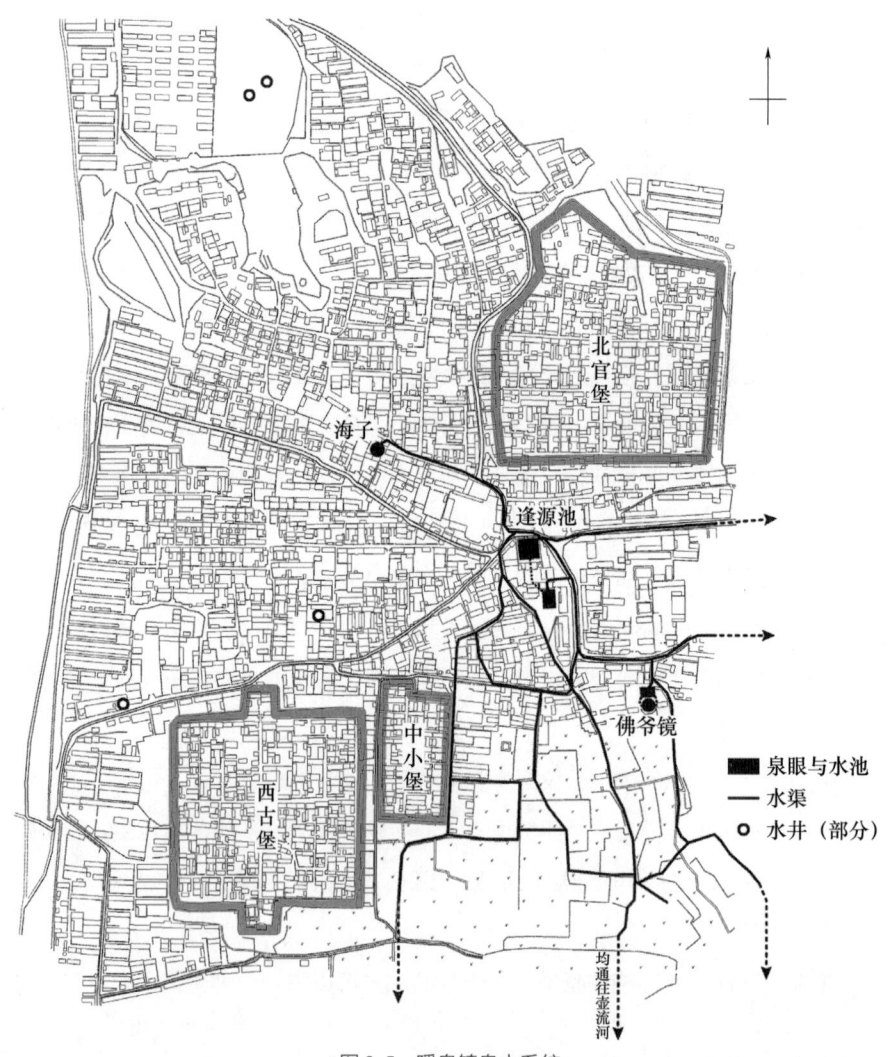

图 2-5　暖泉镇泉水系统

坊就在临近水井的位置。西市街的皮房巷内,有一家皮房的老板叫宋秉泽。宋秉泽皮房的院子里有一口井,用来熟皮(鞣制毛皮)。张沛老人回忆,这口井"收拾得非常干净,还配有井盖,不打水的时候就严严实实地盖着"。

20世纪50年代,暖泉镇曾为了抗旱而打了很多口井,打完后安装抽水机或人工取水设备。这些井对缓解干旱的作用不大(靠挑水来灌溉的效率太低),但也有一些沿用到现在。比如暖泉中学院子里的两口深井;又比如南留庄的涧塄南边,距北官堡四五里处有一口大井,是北官堡人所挖,如今作为涧塄的养鸡场使用。

## 稷和黍

蔚县种植粮食作物的历史悠久,品种繁多,主要有稷(小米)、黍(黄米)、玉米、高粱、莜麦、大麦、小麦、筱麦、水稻,另有大豆、荞麦、马铃薯和其他各类杂粮。暖泉镇最主要的粮食作物是稷和黍,它们在六级梯度中位居第一梯度。其他种类的粮食作物,如高粱、大麦、荞麦、土豆等,在蔚县的种植比例较高。这些作物会被运到暖泉,在逢源池和王敏书院南侧的米粮市和西侧的草市街完成交易,或进入饼铺、油房、豆腐房等食品加工业的店铺、作坊。

在不同种类的粮食作物之间,又有因生长期长短(主要是播种时间早晚)和获利高低形成的梯度策略,即首先选择播种日期最早、产量也最高的品类,如遇旱情,再根据其持续时间长短,播种日期更晚的作物进行补救。暖泉镇的稷和黍,播种期从早到晚为白谷、黄谷、大日期黍和小日期黍。

白谷和黄谷都属于稷,也就是小米。稷是蔚县种植量最大的粮食作物。蔚县桃花镇产的桃花米,被称为"四大贡米"[1]之一。《元史》记载,元至治二年(1322年)八月壬申,"蔚州民献嘉禾"。[2] 据1995年《蔚县志》,全县小米种植面积在1949年占到粮食作物总面积的43%,河川地小米的种植比例可能占到六七成。[3]《察哈尔省通志》记载:"黄谷成熟期较长,约一百四十余日,立夏前播种,秋分后收获,丰年每亩可收五六斗,每斗价五角二三。白谷成熟期稍短,约一百二十余日,立夏后播种,秋分前收获,丰年每亩收六七斗,价四角五六。"[4]

小米一般煮成小米粥(当地"粥"即干饭之意,稀饭称作"稀粥"),是暖泉

---

1 沁州黄小米、金乡金米、蔚县桃花米、章丘龙山米。
2 宋濂等.元史本纪卷二十八[M].北京:中华书局,1976.
3 蔚县地方志编纂委员会.新蔚县志[M].北京:九州出版社,2021.
4 宋哲元等.察哈尔省通志[M].出版地不详,1935.

人早晨的主食。小米粥耐饥，能支撑农民上午的劳作。小米的茎叶是优质的骡马饲料。谷糠可用于喂养猪和鸡。

黍，即黄米，是当地种植量第二大的粮食作物。黍的种类甚多，按成熟时间长短可分为"大日期黍"和"小日期黍"。两类黍均在白露后收获，大日期黍播种在芒种前，小日期黍播种在夏至前。黍亦适合旱地种植，且生长期比稷短，播种时间也延迟到了夏季，这使它成为无法种植白谷和黄谷时的次一级选择。正常年景，黍的种植面积占粮食作物面积的10%左右，多时可达到20%以上，在河川地的种植面积可能占到三四成。黍丰年每亩可收五斗上下，每斗价五角一二。

将黍去皮，磨成面就是黄米面，用黄米面可做成黄糕，是蔚县人的主食。磨面时不去皮的叫毛糕，比黄糕便宜。张沛老人记忆中，人们平常吃的是毛糕，过节时才吃黄糕。黄糕尤其耐饥，晚上吃了不易消化，影响睡觉，一般是中午吃。当地有俗语："三十里莜面四十里糕，二十里荞面饿断腰。"说的就是黄糕最顶饿，吃了黄糕可以走四十里路。过去暖泉人都会自己在家中做黄糕，吃后干农活有力气。黄糕直接吃的口感不太好，人们就发明了用豆腐白菜炖肉沫来配黄糕的吃法，这反倒成了当地一大美食。

从白谷、黄谷、大日期黍到小日期黍的优先级次序，是人们在种植粮食时应对当地旱情的梯度策略。当地俗话讲："五月旱，是小旱，六月旱，是大旱。"五月的旱情可以通过更换播种日期更晚的粮食作物来减少损失，到了六月，最晚的小日期黍也已下种，这时的旱情会导致很严重的减产。张沛老人说，泉水跟天雨"根本没法比"，仅靠泉水浇灌是无法缓解旱情的。（图2-6、图2-7）

## 水稻、蔬菜和水碾房

稷和黍需水量小，因此是包括蔚县在内的北方旱地普遍首选的粮食作物。暖泉镇因为有了泉水，种植业有所改善。暖泉镇种植策略区别于一般旱地的三个变化是水稻的种植、蔬菜业的繁荣和水碾房的出现。这三者形成了用水的第二级空间梯度。

水稻是耗水多但价值高的特殊粮食作物，因需水量极大，在蔚县很少种植。不过明崇祯年间的《蔚州志》中山川卷的"暖泉"条目有记载："故云民利灌溉，种植稻麻"[1]，说明水稻的种植在当地是古已有之的。这条信息出现在"暖泉"条目，又暗示了稻之所以能成功种植，离不开泉水的灌溉。

---

1 来临.蔚州志.日本藏中国罕见地方志［M］.北京：北京图书馆出版社，2003.

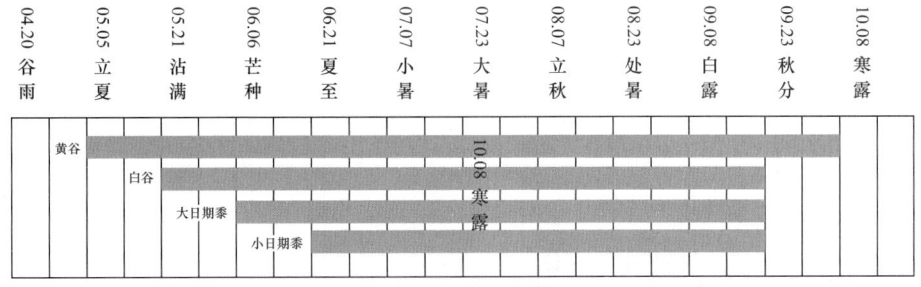

图 2-6 不同种类稷和黍的成熟时间

图 2-7 暖泉南边是适合耕作的河滩地

据张沛老人回忆，暖泉镇仅有两亩（约 0.13 公顷）水稻田，都在非常接近水源的位置。水稻于立夏前播种，立秋后收获，在苗长五六寸（约 20 厘米）时移栽，其后需随时在地内灌水，因此需要紧邻水源。水稻丰年每亩可收八斗上下，稻米每斗价银二元左右，远高于其他粮食作物。即使富户，稻米也是节日时才能享用的奢侈品。1948 年后，蔚县与南方地区有公路和铁路相通，水稻可以从南方地区调运，不必在当地种植。

泉水导致的第二个变化是诞生了蔬菜业。暖泉的粮食作物均为一年一熟，种植时间大致从五月初延续到九月底。这种种植方式的经济效益不高，因此部分暖泉居民在满足基本粮食需求后，会转向种植周期更短、一年可多次收割的蔬菜。蔬菜收益比粮食作物高，用水量和用水时长也大于粮食作物，因此菜地在空间规划上比粮地的优先级更高。暖泉镇的菜地分布在除水稻外最靠近"凉亭"和佛爷镜的地方。

蔚县的蔬菜种类不少，光是张沛老人列举出来的就有白菜、莲花白、箭杆白、

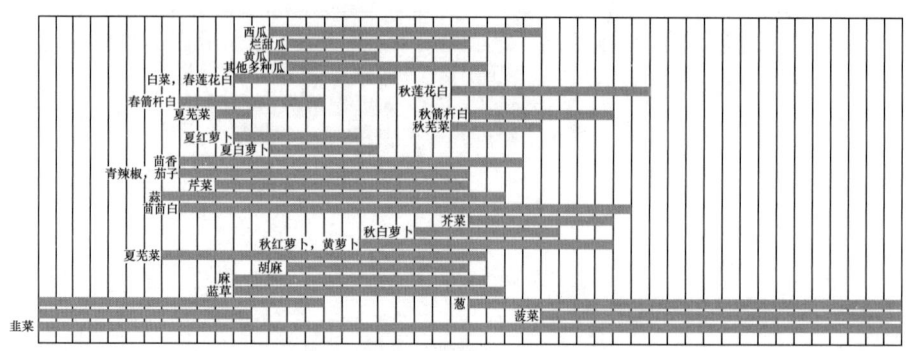

图 2-8 不同种类蔬菜的成熟时间

芫菜、萝卜、茴香、辣椒、茄子、芹菜、蒜、茴茴白、芥菜、菠菜、韭和葱等[1]。蔬菜的种植时间从春分后持续到霜降前后，种植周期从半个月到半年不等，菠菜、韭和葱还可过冬。（图 2-8）

在民国时期，有专门种植蔬菜的菜农。如果地主有几亩水地，就会有几个菜农合力将其租下。各种蔬菜的种植时间和收获时间不同，这很考验种植者对二十四节气和蔬菜习性的掌握。菜农通过调配蔬菜种类和种植时间，实现精打细算和精耕细作，以获取经济效益最大化。这种调配相当地耗心费力，所以一名菜农很难照料面积太大的地块。

暖泉镇的菜地多用"凉亭"水浇灌。水渠从菜地附近流过时，如果需要浇水，菜农便将水渠挖开一口，将水引向菜园里，等水浇满后，再把口堵上。张沛老人回忆的清明后引水到南渠浇菜地，和最早一批蔬菜的下种时间是相符的。

菜农们白天种菜，晚上就住在菜园内的小房子里，这是为了在夜里看守菜地。张沛老人回忆，曾经有个刘姓偷菜贼，外号"干巴羊"，一家九口人住在菜地附近的窑洞里。他经常偷菜，让菜农和主家很伤脑筋。后来菜农们联合起来，在一天夜里用火烧了他家的窑洞。

民国时期暖泉镇比较出名的菜农有段氏三兄弟，名叫段子成、段子顺和段子敬，他们是北官堡人，据说祖上三代都是菜农。

与蔬菜业紧密关联的另一职业是菜贩。张沛老人回忆了20世纪40年代的两个菜贩，一个叫刘发士，是西场庄人；另一个叫杨发，是北官堡人。暖泉镇的菜

---

1 蔚县种植蔬菜历史较长，种类也繁多。据1985年统计，全县种植各类蔬菜30余种（郭德忠等.蔚县志[M].北京：中国三峡出版社，1995：147），这些蔬菜在暖泉的菜地应该都有种植。

农并不零售自己种植的作物，而是将它们批发给专门的菜贩，由菜贩在集镇上零售给消费者。虽然看似多了一道程序，但这种"菜农—菜贩"的安排其实是合理的。蔬菜不同于粮食，粮食可以较长时间地贮存，蔬菜长熟后如果不及时收割，或者收割后不能及时卖掉，很快就会腐烂。如果菜农自己出售蔬菜，一方面会分散本应用在耕作上的时间，另一方面也很难保证在蔬菜变质前全部售出。蔬菜送至集市上售出，这便形成了"泉水—市集—种植"之间的良性循环。暖泉因地处交通要道且临近泉水而发展出集镇；泉水灌溉水地，菜农在水地耕作，为集市提供多样的蔬菜；赶集人受到暖泉蔬菜品类多样的吸引，更喜欢在赶集时前往暖泉镇，这又促进了商业发展。

泉水导致的第三个变化是出现了水碾房。碾房的作用是给谷物去壳和磨成粉。村民收获粮食以后，运到碾房加工成米或面，之后再做成小米粥和黄糕等各类食物。碾房的构造，一般以地面为界分为上下两部分：下层为承接水力的动力装置，一般是木轮；上层为生产装置，即石碾。水流带动木轮，再通过传动装置带动石碾转动，将谷物去皮、碾碎。水碾房是泉水给当地带来的又一项便利，水碾虽然也可由河水驱动，但河水雨季泛滥、冬季结冰，且距离镇区较远，导致其使用大受限制。泉水驱动的水碾可以常年运转，并可修建在镇区范围内。

暖泉镇曾有七盘水碾。这些碾均在镇区南部，分别为桥碾、董家碾、新碾、老碾、南盘碾、北盘碾（老碾、南盘碾和北盘碾合称三盘碾）和杨家碾。张沛老人说，1940年前后，暖泉镇受来自石门峪、广宁和大湾三个方向的洪水冲击，冲垮了杨家碾，碾房所在的高台也被洪水破坏，导致无法修复。杨家碾以外的六盘水碾，在1975年以后全部废弃，现已不存。

使用碾房，要向碾房主缴纳一笔费用，换得碾房一白天或一晚上的使用权。有时一家的粮食不多，用不了一天或一夜的时长，便会凑若干家共同使用，以分摊成本。一白天或一晚上，大约能磨两到三石粮食（一石为100斤）。夏天白天和冬天晚上，因为时间比较长，收费一斗至一斗半米[1]；夏天晚上和冬天白天，就收得少一些。

张沛老人回忆了四位碾房主：董家碾的主人叫董祯，比张沛年长约十岁，是中小堡人（后搬到北官堡）；杨家碾的主人叫杨绍顺，北官堡人；北边一位碾房主叫付好义，是西场庄人（后搬到风水庄）；还有一位叫刘思魏的碾房主，也是中小堡人。大部分碾房主的经济实力在暖泉属中等水平。其中董祯的财力在暖

---

[1] 一斗粮食约35斤，这个收费比例太高，可能系张沛老人误记，较合理的收费应为一升至一升半。

泉属中等偏上,他不仅有水碾,还有几亩菜园出租给菜农,菜园边上还盖有两进的院子。

董家碾还有一位股东,姓郭,西场庄人,是一位石匠。石碾依靠碾盘和碾砣接触面上錾的碾齿磨碎粮食,使用一段时间后,碾齿会被磨平,需要请石匠重新刻过。

张沛老人说,暖泉镇的碾房和油房也有合作关系。油房炒好胡麻和菜籽后,把原料带到碾房,磨完后再带回油房做成麻饼。《察哈尔省通志》中也有记载,蔚县的榨油工"用水力磨胡麻菜籽,蒸造成饼"。有的油房自己磨料,就要配牲口拉磨的磨房。磨料交给碾房解决,油房就不必自备磨房了。

麻

前文已提到崇祯《蔚州志》载:"故云民利灌溉,种植稻麻。"我国各地对麻尤其是白麻的需求,是从近代工业化之后开始大幅增长的。也是在这一时期,暖泉镇种植白麻的优先级进一步提高。张沛老人的记忆中,暖泉镇有大约 1/5 的水地,主要就用于种植白麻。麻不仅种植需要用水,沤麻和造纸等加工步骤也需要用水。(图 2-9)

蔚县麻类有白麻、青麻和红麻三种,以白麻为主,青、红麻零星种植。白麻在立夏前四五天播种,立秋后收获。种植过程中需浇三次水:苗高两尺(约 0.7 米)时浇头次水;约五尺(约 1.6 米)高浇第二次;到七八尺(约 2.7 米)高时浇第三次。尤其是在植株比较低矮的阶段,水分受日晒蒸发快,这时的白麻最需要水。较干

图 2-9 水稻、蔬菜、麻和粮食作物在暖泉的空间梯度

旱的地块，也有浇四次水的[1]。张沛老人所说的立夏后引水到东渠浇白麻，对应的就是最重要的头次水。

白麻收获后先晒干，然后堆放成草垛（质量较次的麻堆在外部，防止好麻被雨淋湿）。秋收以后将麻彻底晒干，然后以15斤为一捆，在入冬后放入沤麻池。浸泡好的麻捞出后，麻纤维和麻秆分离，再晒干，获得松散柔软的麻纤维，进而加工成各类产品。沤麻剩下的麻秆可以用作点灯的灯草，也可用来盖房。麻秆做成的苫背，质量轻、保暖、美观。麻纤维可生产的产品很多，主要是麻纸和麻绳。在蔚县，白麻的价格是每斤六角到一元，运到天津就变成三到四元，上涨约三倍。

张沛老人说，民国时期暖泉农户普遍种麻，但种植面积不大，多是从本家的土地中匀出少量来种。种白麻较多的是北官堡一个叫赵明胜的人，有七八亩（约0.53公顷）白麻地。一亩地产白麻200到300斤，能创造相当高的收入。

从自家田地中匀出少量来种白麻的策略，是在保证口粮和获取最大经济效益之间获得平衡。暖泉的普通人家有8～10亩（0.53～0.67公顷）地，这些地多数用来种植小米和黄米等粮食作物以保证口粮；白麻虽然价格较高，但是市场风险也比较大。

从白麻到麻纤维，沤麻和剥麻是两项关键技术。沤麻需要体力和经验。逢源池前的沤麻池水温较低，需要泡七天；佛爷镜的沤麻池水温稍高一些，泡六天。泡好后的麻在后半夜捞出，这时温度最低，麻被冻成冰棍，方便后续搬运和剥麻。张沛老人回忆，1949年以前暖泉镇有专门的沤麻人，各家将种好的麻交给沤麻人，轮流放入沤麻池。种麻较多的人家单独泡一池，种麻较少的就几家人合泡一池。这样一次泡六到七天，几乎整个冬天两处沤麻池都不会闲着。张沛老人说，从事沤麻的人，刘、张、王、李、宗、赵各姓都有，最出名的两个是西古堡一个姓刘的和北官堡一个姓宗的，他们是张沛的爷爷张有那一辈的人。

白麻加工成麻纸和麻绳，对应的建筑分别为纸房和麻店。根据张沛、王涣等老人回忆，全镇有麻纸房两家（另有一家草纸房，草纸由秸秆和青草制成，不属于麻类加工产品），一家位于佛爷镜前沤麻池西侧，另一家在北官堡前向东的水渠边上（店主温保成）。麻店有一家，位于下街北东侧。

造纸的用水量大，所以两家纸房都紧邻水源。麻纸的制作大致分为备料、制浆和抄纸三个步骤。备料，即整理废麻并将其切碎；制浆，分碾麻、蒸麻、清洗

---

1 察哈尔蔚县白麻（大麻）栽培典型调查[J].中国农业科学，1952（4）：27-28.

和碾压四个环节；抄纸，即将纸浆放入槽中并打匀，再用抄纸模框将纸浆抄起，晾晒干后揭下，就得到了一张麻纸。[1]麻纸的原料为废旧麻制品，有人专门回收后卖给纸房。在暖泉，这些废旧麻制品主要是用坏了的麻绳。

　　白麻纸在蔚县有多种用途。糊窗户是其中一大项。蔚县的窗户多为方格窗棂，旧时一般每年更换两次窗纸。一次是入冬前，糊一层厚实的白麻纸御寒；另一次是春节前，换掉用了一冬的旧窗纸，重新裱糊上亮堂的新窗纸迎接新年。裱糊顶棚是另一大项，这活儿比较辛苦，而且技术性强，要由专门的裱糊工匠操作，才能使顶棚方正美观。商业店铺记账用纸，和人们日常写约立契、抄书记账，都用麻纸。一些笔铺、药店和茶叶庄用麻纸做包装。另外，因为韧劲强、不易开裂，麻纸被用于制作各种家庭用具，如纸笸箩、纸酒篓子、纸酱篓子等。[2]

　　麻绳由沤麻得到的麻纤维搓制而成，非常结实耐用。晚清近代工业化开始后，麻绳作为重要的工业和战略物资，是蔚县向东、向南运输的最大宗货物。在没有便捷运输工具的年代，主要靠骡帮把白麻运往京津地区，交付麻庄，再销往全国。后来广昌[3]与易县修通铁路[4]，骡帮就先把白麻运到广昌火车站，再转发往京津。白乐镇和吉家庄镇一带的农民，甚至会背着麻绳徒步前往北京出售。

# 羊

　　位于农牧交错地带的暖泉，居民的食谱是比较丰富的，相比于南方的农耕区有更多的牛、羊等肉类，相比于北边的游牧区则有更丰富的主粮、杂粮和蔬菜。谷黍、蔬菜和白麻，都是暖泉镇及其附近的农作物。暖泉南部的山区有广阔的草场，适合养羊。羊作为六级梯度的第四梯度，让适合发展农业的镇区与适合发展牧业的南山产生了互动。南山丰富的草资源喂养了羊，羊粪也为农业提供了肥料，羊肉进入肉铺，羊皮和羊绒是皮毛加工业的原料；镇区农业产出的秸秆和干草，是冬季羊群缺乏草料时的食物。

---

1　张学津. 北方地区传统手工造纸工艺研究［D］. 上海：复旦大学，2013.

2　河北新闻网. 美丽河北 人文之美｜麻乡纸歌［EB/OL］.http：//hebei.hebnews.cn/2020-07-24/content_8012633_0.htm?spm=zm1018-001.0.0.1.XPql3Z，2020-07-24/2022-04-17，2020.

3　1914年，广昌县改名涞源县。

4　高易铁路是高碑店至易县梁格庄的一条铁路，始建于1903年，为清光绪皇帝和慈禧太后拜谒西陵的专用线。1927年高易铁路被军阀破坏，后经修复1931年12月重新通车，抗日战争期间又遭到严重破坏。

由于羊的加入，暖泉镇的产业空间梯度从镇区扩展到了南山，行业构成也在种植业和食品加工业的基础上增加了畜牧业和皮毛业。

暖泉镇养的羊以绵羊居多，南山养的羊以山羊居多。张沛老人回忆，20世纪40年代末暖泉的三个村堡中，北官堡有约300只羊，西古堡有1000余只羊，中小堡人不养羊。

养羊业对两个小地理单位（镇区和南山）的连接作用，主要是通过因季节变化的放羊方式完成的。夏天庄稼处在生长期，在镇上放羊可能毁坏庄稼，所以每年立夏以后，羊倌会把羊群带到南山草场。草场上的草喂养了暖泉镇的绵羊，而陡坡上的草可以被山村居民养的、爬坡能力强的山羊吃到，这样就最大程度地利用了草资源。山区土地比河川地贫瘠，更需要羊粪来改善土壤。南山的村子会主动请羊倌把羊群放到附近的草场，村里的每家每户以抓阄方式确定到各家地里放羊的次序。羊群每天上午在某家地里，下午前往草场，夜间进入几户人家提供的羊圈。过了大暑，山上温度开始降低，羊倌就赶着羊群回到暖泉镇，秋冬时节就在镇区附近放羊了。秋天，羊会吃收割后地里残留的粮食，同时也需要额外人力来看管它们（防止它们啃食未收割的作物）。冬天，户外草料更少，羊会啃食地里剩余的草根，但主要依靠各家提前攒好的秸秆和干草。（图2-10）

养羊产生的羊肉进入肉铺，皮和毛进入皮毛业。暖泉镇的皮毛业，相较于受"皮都"张家口影响的蔚州镇来说，更偏向于满足当地居民的御寒需求。不过张沛老人也提到，蔚州镇的帽铺遇到较大订单而无法满足供货时，也会介绍客户到暖泉，补上订单缺口。另外，在县城开帽铺的大多是乡镇上的有钱人。这说明蔚县的皮毛业存在县城与乡镇之间人员的流动，在这种流动中皮毛加工的手艺也完成了传递。

暖泉的皮毛业主要有皮房和毡行。毡行以毡帽为主要产品。皮房的主要工

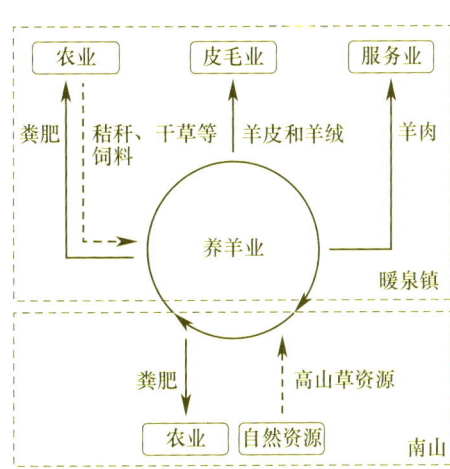

图2-10 养羊业与农业、皮毛业及服务业的互动关系

艺是熟皮，也叫鞣皮，可以送到大毛行（指做皮裤、皮袄等大件皮制品的皮房）里做，也可以请熟皮匠上门。毡行的原料是羊毛，把羊毛加工成毡子的工艺叫"擀毡"。

皮房和毡行加工时都需要大量使用水，因此会选择靠近水源的位置。宋秉泽的皮房有自己的水井，郭家帽铺门口是逢源池引出的水渠，白家帽铺附近也有一口井。

## 油房和缸房

第五梯度是油房和缸房。油房所用的胡麻，部分来自镇内种植，更多是从南北山运来，榨油用到暖泉镇的七盘水碾。缸房的原料也来自镇外，主要是南山的高粱、大麦和豌豆；酒的加工过程，又需要用到镇区的泉水和北山的煤；除供人饮用外，缸房产出的酒糟和酒，也分别在牧业和农业中发挥作用。

暖泉镇作为蔚县盆地自然条件较好的地方，种植的是经济价值较高的作物，获利较低的作物由南北山区种植。又因为暖泉镇商业发达，南山的粮食和北山的煤，会用骡驮、大车、驴驮和牛车等交通工具运入暖泉。到这一梯度，蔚县三个小地理单位（北山、镇区和南山）的物产就被整合在一起了。

暖泉油房榨油的原料主要是胡麻，也用少量菜籽。胡麻是旱地作物，生性耐寒，适合在蔚县种植，胡麻油也成为当地最普及的食用油。然而胡麻的亩产不高（据张沛老人回忆，不足一斗，即 30 斤），暖泉人多是在自家地里划出一小片来种，满足自家用油即可。地少的人家不种胡麻，而是从市集上购买胡麻来榨油，或直接从油房买油。暖泉人购买的胡麻大多是南北山种植的。

暖泉镇有大小两种油房。大小油房的规模和设备差距很大，但采用的方式都是油梁榨油法。油梁榨油一般需四名工人，两人制作油坯，一人压榨，另一人打杂。张沛老人回忆的榨油工序是，先将成熟的胡麻籽用水碾磨成浆，然后放入粗麻布包成饼状进行压榨。加工时胡麻籽"不煮也不炒，否则会破坏油性"。关于油梁榨油设备的具体构造和操作方式，后文有专门论述，此处不再展开。使用油梁榨油，每斤胡麻籽大约能榨取三两胡麻油。榨油剩余的渣滓（当地称"麻糁"）做成饼状晒干得到油饼，可做肥料，麻糁也可用作牲口饲料。

油房生产的胡麻油，主要供应给饼铺和煤矿。饼铺做饼、点心和各种油炸食品，用油量较大。过去煤矿的照明灯，烧的就是胡麻油。当时普通人家只有在逢年过节和红白喜事时，才舍得在饭菜中放一些油，平时的用油量是很少的；夜间照明也主要用麻秆，基本不点油灯。（图 2-11）

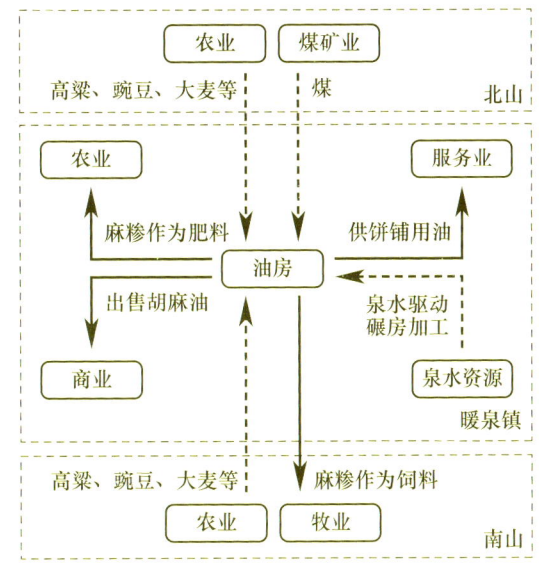

图 2-11　油房与南北山及暖泉镇各行业互动关系

缸房即酿酒售酒的作坊。暖泉本地出产的粮食都作为主食，用这些粮食来酿酒是过于浪费的。酿酒的原料大多以高粱为主，豌豆和大麦为辅，这三类作物都产于南北山区。有一种黄米酒，用黄米酿造，通常在端午节喝，或用于治病。它使用的原料是黄米，价格较高（张沛老人说，20 世纪 40 年代黄米价格为一毛五一斤，小米一毛三，高粱一毛），产量小，仅占缸房产酒比例的 10% 左右。

酿酒时，先用石磨将原料磨碎，然后上锅蒸煮，冷却后与研磨过的酒曲混合，反复搅拌均匀。发酵完成后，将原料装入木桶放上蒸屉蒸馏。蒸馏时木桶顶部放一金属桶，桶内不断更换凉水，蒸发出的酒精遇金属桶底冷却成液体流入酒缸。

暖泉镇出售的酒，向北用大车（即骡车）运往张家口一带，向南用骡驮经南山运往涞源、易县等地。张家口的农业不及蔚县，粮食产量不高，酒的产量也较低，因此需要从蔚县进口。一年里较集中的售酒时间是春节后，大部分售往南边涞源、易县一带。这批酒需在春耕之前运达，主要用来给小麦种子消毒，减轻病虫害的发生。

酿酒剩余的酒糟是优质的牲畜饲料，养殖牲畜或出售酒糟给附近的牲口养殖户也是缸房的收入来源之一。

缸房酿酒的原料来自南北山地区；酒的酿造过程需要用到大量水，且水的品质对酒的质量有影响，有优质泉水的暖泉镇就成为理想的缸房选址地点；酿酒时需要消耗的另一种资源是煤，由北山地区的煤矿提供；酿成的酒满足本地消费以后，更多是外销。（图 2-12）

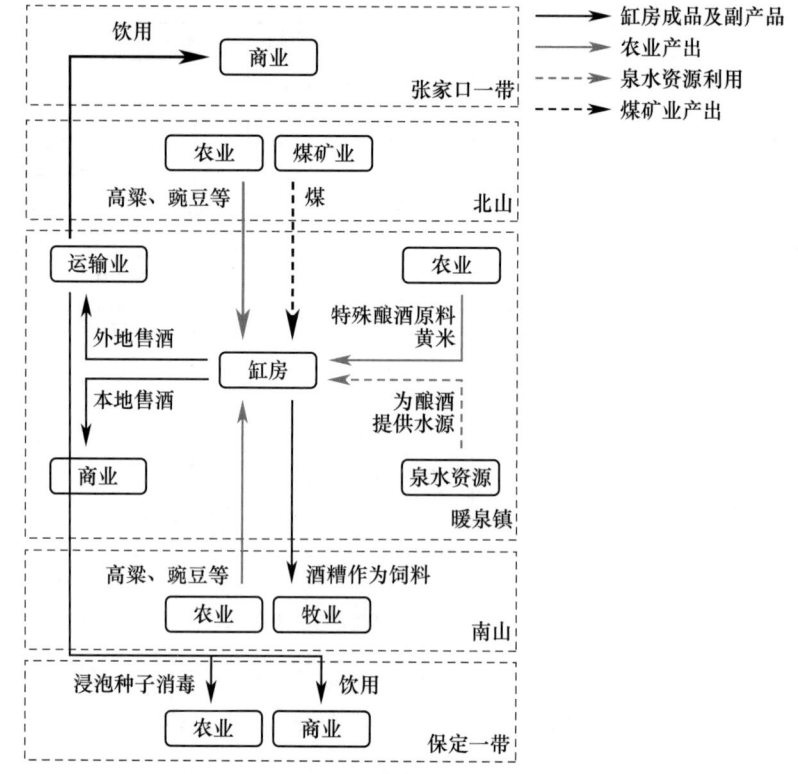

图 2-12　缸房与暖泉镇周边各地区的行业互动关系

## 骡帮

缸房汇集资源和销售产品的过程，已经为第六级产业空间梯度拉开了序幕：南北山的粮食和北山的煤，靠骡驮或骡车运入暖泉，暖泉生产的酒也用同样的方式运到外地出售。骡车（尤其是三套车和四套车）是在中华民国初期修通公路之后才开始普及的，而且主要是在蔚县境内的河川地使用，往山区和外地的运输大多还是靠骡驮。骡驮运输的物资比较多时，需要一批骡子同行，这就形成了骡帮。在交通不发达的年代，骡帮正是第六级空间梯度中连接蒙古高原、黄土高原和华北平原的关键因素。

骡帮用的骡子，是暖泉（蔚县）当地与北面牧区互动的结果。骡子是驴和马交配的产物，暖泉人通常是用公驴和母马配种。母马来源于口外，也就是张家口以北地区。

骡帮从暖泉镇向外运输的货物，较大宗的是胡麻油、酒和白麻。胡麻油是农牧交错带的特产，其味道不为华北平原人所喜欢，因此主要销往北面的张家口和关外，或是向西运往大同；酒部分运往北面的张家口，更多是销往南面涞源、易县等地，除饮用以外，也用于种子消毒；白麻（主要是白麻制成的麻绳）为工业

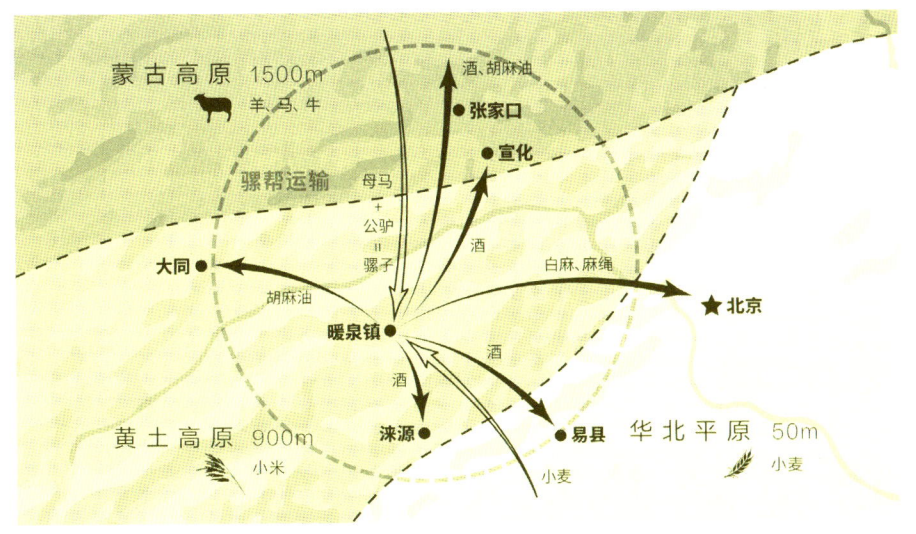

图 2-13 暖泉镇在大地理尺度下可调动的资源示意图

化需要，主要是运到京津一带，再发往全国。骡帮返回时，也带上当地物产，如前往华北平原的骡帮会带回小麦；小麦磨成的白面，是一种高档食品。（图 2-13）

此前的五个空间梯度，从农业、牧业到手工业，主要是把蔚县境内出产的物资汇集到暖泉镇，利用暖泉的人力、技术和泉水资源进行加工，再出售到蔚县各地。到第六空间梯度，暖泉调动和输出资源的能力又上了一个台阶：北面牧区的良马进入暖泉，孕育出品质优良的骡子，从而为运输业的开展奠定基础；这些骡子向外运出酒、油和白麻，向内运入小麦等外地物产。在这个尺度下，暖泉镇实际上成为黄土高原、华北平原和蒙古高原三个大地理单位的结合点。

暖泉镇以泉水为中心而层层扩大的六级产业空间，是特定自然条件下人们为了最大程度利用资源形成的结果。暖泉镇内的三级空间梯度，表现在不同作物种植区域和面积的选择。经济效益高的作物，在用水上具有优先权。从暖泉镇区到南北山，再到蒙古高原—黄土高原—华北平原的三级空间梯度，主要表现在镇外资源运入暖泉进行加工后，再将成品销往镇外。这三个梯度通过牧业、手工业和运输业的结合，将暖泉镇与更大的地理单元连接起来，使它成为整合资源的一个中心。

（张雅沛）

# 第三章

## 暖泉商业类型

暖泉地处山西进入蔚县的孔道，这个特殊的交通位置使得暖泉成为蔚县的粮食交易中心，粮食交易量在历史上曾占到全县的90%以上。基于粮食交易，暖泉又发展出与粮食密切相关的手工业和运输业。作为一个集镇，暖泉也具有一般农业聚落所没有的人口规模优势，这又促进了生活服务业的发展。

## 暖泉商业概述

罗德胤曾于2001年根据暖泉上街王涣老人（其曾祖父迁居暖泉并经商）的回忆，绘制了一份暖泉镇20世纪40年代的商业空间分布示意图。2021年，研究团队通过采访北官堡张沛等老人，补充和修订了该示意图，并制作了一份暖泉商业类型的统计表。基于口述采访的整理难免存在误差，这主要体现在：第一，部分商店的名称和种类可能不准确；第二，可能会将不同时间段的店铺混淆；第三，一些家庭作坊并不在街上设立门店，而缸房等大作坊又分布在西场庄等社区内，以及北官堡内有多家不属于店铺、但却从事运输业的车马户，这些都未能标记在示意图上。

集镇商业一般分为集市、手工业和服务业这三大类。基于暖泉以粮食为中心的商业特征，本文将暖泉的商业类型分为五种：以粮食为核心的集市交易与粮行、粮食加工业、交通运输业、基本的手工业与服务业、金融业。暖泉有三个集市，除了镇中心的米粮市和草市外，还有一个煤市，位于龙王庙西北方。粮食加工类的店铺，散布在上街、下街和西市街，其中油房多位于下街。交通运输类的店铺，多靠近东券门，同时也有几家车马大店位于上街、下街和太平庄。基本的手工业和服务业店铺，分布较为均匀。金融业主要是2家当铺和1家票号，当铺分别位于龙王庙后街西侧和西市关帝庙西侧，票号位于下街西侧。（图3-1）

暖泉商业类型的统计表，尽管与当时的真实情况存在出入，但也能反映基本情况。暖泉的五大商业类型中，共计101家。从占地规模看，集市面积较大。从店铺数量看，基本的手工业与服务业（指非粮食类）数量最多，共计47家。粮食加工类共34家，包括油铺（10家）、豆腐房（6家）、面铺（4家）、饼铺（4家）等。交通运输类共有14家。金融服务业有3家。（表3-1）

米粮业是暖泉镇工商业的核心。清光绪二十三年（1897年）的《斗行永义社规章碑记》中说"暖泉有斗行久矣"。大约在1937年之前，斗行（即粮行）一直是暖泉的支柱产业之一。暖泉的三处集市，米粮市的米粮交易除了提供口粮，还用于粮食加工业，草市为来往车马提供草料，煤市售卖的煤则服务于生活取暖和酒、饼等粮食产品的制作。繁荣的米粮交易推动了粮食加工业的发展。暖泉米粮

暖泉古镇

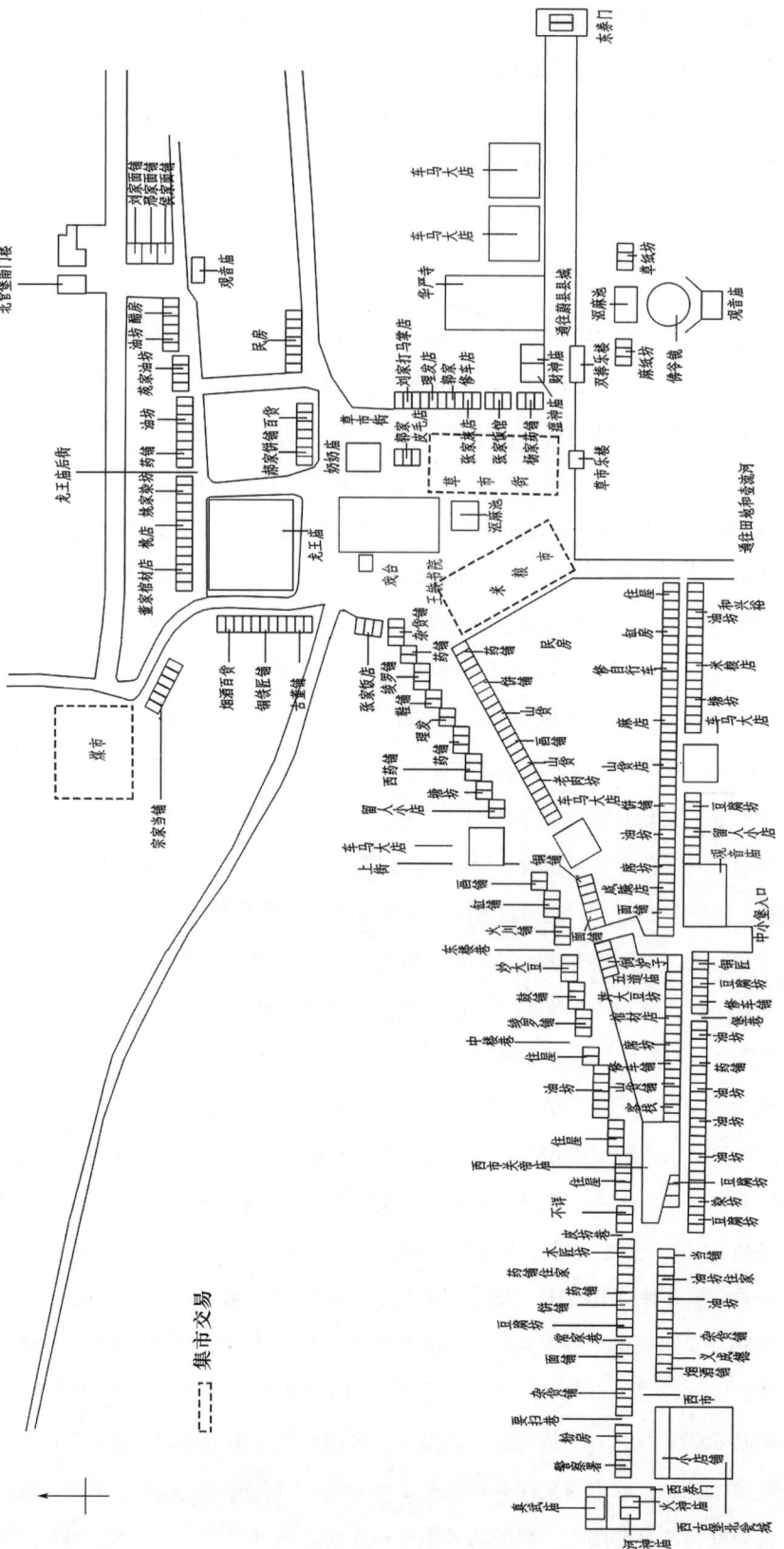

图 3-1 暖泉商业分布示意图

表 3-1 暖泉商业种类统计

| 交易集市 | 数量 | 粮食加工 | 数量 | 交通运输 | 数量 | 手工与服务业 | 数量 | 手工业与服务业 | 数量 | 金融服务 | 数量 | 总计 |
|---|---|---|---|---|---|---|---|---|---|---|---|---|
| 煤市 | 1 | 油铺 | 10 | 修车店 | 4 | 烟酒杂货铺 | 6 | 铜铁匠铺 | 3 | 当铺 | 2 | |
| 米粮市 | 1 | 豆腐房 | 6 | 车马大店 | 5 | 绫罗铺 | 2 | 染房 | 3 | 票号 | 1 | |
| 草市 | 1 | 面铺 | 4 | 留人小店 | 1 | 画铺 | 2 | 董家棺材铺 | 2 | | | |
| | | 饼铺 | 4 | 旅店 | 2 | 理发铺 | 2 | 席房 | 2 | | | |
| | | 炒大豆 | 2 | 饭店 | 1 | 西药铺 | 1 | 腌肉房 | 2 | | | |
| | | 缸铺 | 2 | 打马掌店 | 1 | 修自行车铺 | 1 | 翻砂 | 1 | | | |
| | | 糖房 | 2 | | | 鼓铺 | 1 | 草纸房 | 1 | | | |
| | | 粉房 | 2 | | | 火川铺 | 1 | 麻纸房 | 1 | | | |
| | | 醋房 | 1 | | | 古董铺 | 1 | 麻店 | 1 | | | |
| | | 米粮店 | 1 | | | 桃店 | 1 | 木匠 | 1 | | | |
| | | | | | | 药房 | 7 | 鞋铺 | 1 | | | |
| | | | | | | 山货铺 | 4 | | | | | |
| 合计 | 3 | | 34 | | 14 | | | | 47 | | 3 | 101 |

加工业以缸房、油房为主，其次是饼铺、面铺和豆腐房，产出远近闻名的高粱酒、胡麻油和饼面点心及豆腐。缸房和油房需要附近地方提供原料，其产品又需要销往外地，这又催生了骡帮和车马户为代表的运输业[1]。

粮食种植与交易所提供的口粮，加上粮食加工业所提供的就业机会，产生了人口的聚集和规模效应，从而也推动了暖泉其他手工业和生活服务业的发展。比如，制造农具的生铁业和熟铁业，也成为暖泉的特色产业之一，它们还衍生出"打树花"这一极富特色的民俗节庆活动。

资金流转是工商业的命脉。当铺和票号作为原始形态的金融业，在暖泉集镇上也寻得一席之地。在西市关帝庙的四通清代捐赠供器碑文中，从捐款数额可知暖泉商业分为三层：第一层是以当铺为首的金融业，第二层是以缸房、油房为首的米粮加工业；第三层是其他手工业和生活服务业。

# 集市交易

暖泉的粮食交易有两种，一种是集市交易，另一种是粮行交易。暖泉每逢二、

---

[1] 交通运输业是暖泉商业中的重要组成部分，详见下一章。

五、八赶集，一旬三集。米粮市是粮食的露天交易场所，这是暖泉商业的最初形态。由露天交易场所发展出专门的粮食交易店铺，即粮行，也称斗行。草市是为运输业的骡马等牲口提供食料，而粮食和煤又是骡马运输的大宗物资。

米粮市和草市分别位于王敏书院的南面和东面。米粮市所在之处是暖泉的中心位置，反映出米粮交易的核心地位。草市的东侧有一排店铺，因而这里被统称为草市街。草市街靠近暖泉的东券门，方便服务交通运输业。粮草不仅喂养本地牲口，也服务以暖泉为中转的骡帮和车马户。

名义上，米粮市交易的是各类粮食，草市街交易的是牲口食用的秸秆、青草和干草，但实际上很多其他物资和产品也会在这两个地方交易。粮食交易的种类包括蔚县河川地生产的谷、黍和南北山区生产的大麦、高粱、豆。来自南面保定、易县等地的小麦，也会被骡帮运到暖泉集市。米粮交易中，掌握中间信息、撮合生意的牙子（也称牙纪）有重要作用。

米粮市的交易物资还包括很多生活用品。比如，附近居民养的兔子、羊、鸡、鸭、鹅等家养禽畜，河川地村庄的桃子、葡萄、黄果子和北山的杏、苹果等水果，郑家窑村[1]出产的大缸大瓮，以及来自保定、易县的辣椒、生姜、花椒、小茴香等佐料。

张沛老人回忆，20世纪40年代，每逢暖泉集市的前一天，几家车马大店便已被远道而来的商家住满。集市当天，暖泉本地的商贩会用小车推着商品来售卖，铁匠们也会在现场打铁。

张沛老人的二叔张启宝，就是个摆摊卖布的商贩。张启宝出生于1901年，他原本跟着父亲卖毡帽。40多岁的时候，张启宝开始从县城布店倒卖布匹到暖泉镇，赶集时在米粮市上摆摊，平时则挑担到附近村子去售卖。他不但自己做此项买卖，还拉着兄弟们一起做。从县城布店倒卖的布匹是工厂生产的，他同时也收购附近村子的手工布。这些布是村里妇女们织的白布，由丈夫送到暖泉镇，卖给张启宝。他再将这些布拿到染房，染成蓝色或黑色后出售（白布也卖，但是量少，主要用于白事）。靠着贩卖布匹，张家大大改善了经济状况。

草市北侧的一小块地方用于牲口交易，20世纪50年代这里建起了一排房子，牲口交易就改到西券门外。张沛老人说，西券门外的牲口交易在每个赶集日不过是几头的规模，其中以骡子为多，也有马。羊一般是通过羊倌作为中间人来达成交易的，数量不少，但不需要送到牲口交易市场。在交易骡、马等大型牲畜时，牙子为买家提供信息和鉴定质量。买家购买后如不满意，可以找牙子协调解决。

---

1 位于暖泉西北方向，距离暖泉37公里。

图 3-2 暖泉草市街，至今仍相当热闹（罗德胤 摄影）

1978年改革开放后，骡马交易的规模变大，主要原因是煤炭运输业蓬勃发展导致骡子需求增加。（图 3-2）

煤市位于龙王庙的西北方。蔚县的煤炭质量高，自古有盛名。蔚县文史资料集有文章说蔚县煤的特点是易燃、无烟、不易熄，而且煤层浅、煤质优。[1] 明代文人徐渭（1521—1593年）在给自己的好友兼上司——宣府巡抚吴兑（1525—1596年）的书信中说"诸边竞用蔚州之炭"，还请求"惟蔚州炭多赐几块"。[2] 暖泉北面山区的狼窝、五岔、西细庄、白草、南留庄等村镇，是蔚县煤的主产地。北山煤大多是用驴运到暖泉的煤市上交易。煤主要用于居民生活取暖和缸房、饼铺等粮食加工业的蒸煮加工，用量较大的店家会用自家的骡马大车去北山拉煤。

蔚县籍作家曹森在《家乡暖泉如周庄》一文中描述了暖泉热闹的集市："熙熙攘攘的人流在集市上穿行，商贩在完成一份交易后坐在铺子边上来上一碗热腾腾的豆腐脑，配上一份白面大饼，或者在煎饼摊子上来一份小米煎饼。"[3] 豆腐脑、白

---

[1] 赵立国，赵清深. 蔚县煤炭［J］. 蔚县文史资料选辑：第4辑，1990：132-133.
[2] 佚名. 原国立北平图书馆甲库善本丛书 第807册 徐文长文集三十卷［M］. 影印本. 北京：国家图书馆出版社，2013.
[3] 选自《蔚县文史资料选辑》第十五辑，《家乡暖泉如周庄》，作者曹森。

面大饼和小米煎饼都是深受当地人喜爱的特色小吃。大小饭铺在赶集市时也是热闹非凡。有钱的商人会在赶集结束后去饭店请客吃饭。张沛老人说，1940年代暖泉规模最大的饭店位于东路口奶奶庙的西边，老板名为刘乐顺，因为善选厨子，饭菜味道好；第二大的饭店位于草市街，老板名为张黑子，同时也做旅店。

## 斗行

在清代和民国时期，暖泉有专门收购粮食的斗行。斗行，即粮行。《蔚县志》载，民国十四年（1925年）暖泉镇有20家粮行；民国二十四年（1935年）粮行减少到6家，"年经营粮食5万50石，米麦8万余石、豆类580石、黍子200石"，占蔚县粮食交易的主要部分。在蔚县1935年粮油行统计表中，粮行总数为7家，暖泉占了6家（另一家在白乐镇）。[1]

粮食交易要用到量具，即斗和秤，在粮行中交易是由粮行提供，在集市中交易则由牙纪提供。斗行和牙纪在清代便已存在。西市街关帝庙中有一通清光绪三十年（1904年）立的《斗行永义社规章碑记》，记载了暖泉斗行的行商规则和违规使用"散牙"的惩罚机制。（图3-3）

这份《斗行永义社规章碑记》说明：

1. 碑记说"暖泉有斗行久矣"，这应该是符合实情的。但在西市关帝庙的四通供器碑文中，我们只找到清嘉庆三年（1798年）有一家米铺。米铺是不是等同于斗行，尚待考察。考虑到西市关帝庙在暖泉镇的重要性，斗行似乎不应该在四次重修供器碑中都缺席。唯一合理的解释，是斗行出于某种原因，"集体退出"了由当铺主导的四次关帝庙供器重修活动。

2. 斗行规模较大。斗行有行业组织，名为"永义社"。结成行业组织，说明交易规模较大和从业人员较多。斗行为此专门刻录行业规范的碑文，置于西市关帝庙内。结合民国十四年到二十四年（1925—1935年）暖泉粮行交易数额，可以知道暖泉作为米粮交易的重镇已有较长时间。但是形成正式的行业组织，则是较晚的事。

3. 斗行与牙纪有合作关系，也要共担交税义务。在碑文中说明了斗行需要向政府交税，其中光是固定税额就达每年170两白银。另外还有不定期的义务，比如清光绪二十九年因为某个事项，暖泉村（即暖泉镇）的经费不敷使用，斗行"帮经费钱一百千文"。斗行之所以立此碑，或许就是为了让斗行和牙纪共同分摊税银，

---

1　蔚县地方志编纂委员会，蔚县志［M］.北京：中国三峡出版社，1995：315.

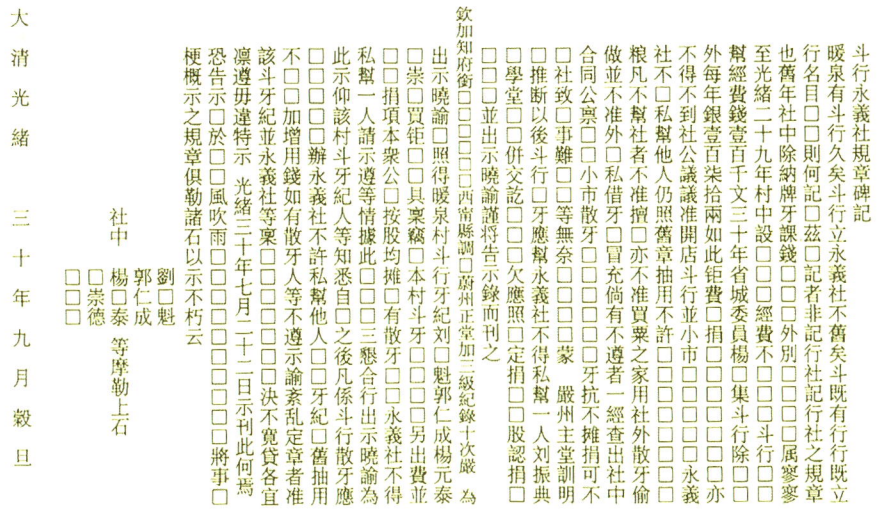

图 3-3 光绪三十年斗行永义社规章碑记（引自邓庆平等编《蔚县碑铭辑录》）

而定下各斗行都不得跟"散牙"做交易的规矩（因为散牙不登记在册，难以向他们收税，而斗行又不得不依赖牙纪来提供信息和促成交易）。

4. 斗行与关帝庙行会存在一定联系。西市关帝庙是一处重要的公共建筑，也是暖泉商会所在地，立碑于此可以塑造米粮行的良好商业形象。

抗日战争期间，日军占领蔚县，实行粮食"统制"，民间粮食交易被禁止，这直接导致暖泉的粮行消失。抗日战争之后的1945—1948年间，米粮交易也是政府统购为主、民间交易为辅。政府统购粮食的部门叫粮站，位于西市关帝庙西面的一处店铺里。粮站过秤后的粮食，存放到华严寺西侧新建的几个粮库。粮站收购粮食，也需要依靠牙子。张沛老人回忆说20世纪40年代末期的北官堡有两个米粮牙子，名为宗可明和宗宝英。

1948年之后的几年，暖泉依然实行政府统购粮食。张沛老人年少时，曾经被二叔安排去舅舅家所在的杜家堡卖布。根据他的回忆，杜家堡的村民通常不会现付布款，而是等赶集日才把作为买布钱的小米送到暖泉镇；张沛领这些村民去到粮站，将小米过秤，粮站再把相应的纸币付给张沛；村民们带来的小米跟布款有些误差，"一般是会多一点，一天下来我常背着多出来的一小袋米回家"。

## 粮食加工业

发达的粮食交易催生了暖泉的粮食加工业。暖泉的缸房、油房、饼店、面店是其中主体，它们在暖泉庙宇修缮时也常是捐款大户。

在暖泉商业空间示意图中，与粮食加工相关的店铺共有34家，数量上以油房为首，共有 10 家，占 23%。较大的饼、面铺分别为 4 家，各占 12%。

缸房和油房曾经是暖泉的支柱产业。虽然在商业分布图中缸房仅为 3 家，但是在关帝庙供器捐赠碑文中，清乾隆三十一年（1766 年）有缸房 17 家、油房 2 家，捐款占比 31%；乾隆四十五年（1780 年）有缸房 11 家、油房 2 家；嘉庆三年（1798 年）有缸房 13 家、油房 8 家，捐款占比 40%；光绪六年（1880 年）有缸房 3 家、油房 2 家，捐款占比 8%；光绪二十三年（1897 年）有缸房 6 家、油房 6 家。清光绪年间的缸房和油房数量较少，可能跟太平天国动乱有关。20 世纪 40 年代缸房只有 3 家，也可能是受常年战争的影响。（表 3-2）

表 3-2 暖泉清代粮食加工业数量变化表

| 时间 | 乾隆三十一年 | 乾隆四十五年 | 嘉庆三年 | 光绪六年 | 光绪二十三年 |
| --- | --- | --- | --- | --- | --- |
| 数量 | 18 | 16 | 24 | 5 | 14 |
| 名称 | 杜廷缸房 | 某运缸房 | 源金缸房 | 德诚缸房 | 德诚缸房 |
| | 三某缸房 | 卢某缸房 | 东双全缸房 | 福隆缸房 | 广盛缸房 |
| | 杜婷缸房 | 某某缸房 | 永源缸房 | 文林缸房 | 德顺缸房 |
| | 张子缸房 | 侯珍缸房 | 某之缸房 | 郝息油房 | 德某缸房 |
| | 郭旭缸房 | 刘兴缸房 | 杜廷缸房 | 永兴油房 | 广盛缸房 |
| | 李某缸房 | 梁兴缸房 | 杨法缸房 | | 四盛缸房 |
| | 乔缸房 | 贾信缸房 | 集成缸房 | | 德顺缸房 |
| | 张耀缸房 | 张林缸房 | 苏家缸房 | | 张宝油房 |
| | 乔先缸房 | 某某缸房 | 西双全缸房 | | 王端油房 |
| | 贾广缸房 | 郭旭缸房 | 梁兴缸房 | | 忠福油房 |
| | 张林缸房 | 杜杰缸房 | 堆金缸房 | | 郝济油房 |
| | 侯盛缸房 | 刘恒油房 | 卢正缸房 | | 永兴油房 |
| | 王良缸房 | 刘见油房 | 刘乾酒房 | | 惠顺油房 |
| | 某缸房 | 郑计油房 | 杨法油房 | | 李载油房 |
| | 刘林缸房 | 郭位饼铺 | 和盛油房 | | |
| | 宇宗缸房 | 张升粉店 | 刘俊油房 | | |
| | 武国缸房 | | 双金油房 | | |
| | 刘恒油房 | | 董正油房 | | |
| | | | 郭盛油房 | | |
| | | | 白仲油房 | | |
| | | | 杨周油房 | | |
| | | | 张升粉店 | | |
| | | | 李某饼铺 | | |
| | | | 郭位饼铺 | | |
| 排名 | 第二档 | 第一、二、三档 | 第一、三档 | 第一、二档 | 第二、四、五档 |
| 捐款额 | 1886 文 | 未知 | 1800 文 | 1800 文 | 95205 文 |
| 平均捐款额 | 99 文 | 未知 | 75 文 | 360 文 | 6800 文 |
| 捐款额占比 | 31% | 未知 | 40% | 8% | 12% |

缸房、油房、豆腐房另有专文，此处主要展开面铺、饼铺的信息。

清乾隆四十五年和嘉庆三年的《西市关帝庙重造供器碑记》中，饼铺在乾隆时期有一家，在嘉庆时期有两家。在张沛老人的记忆中，暖泉在20世纪40年代有七家饼铺，其中三家较大的是义同和、常盛永和"铁猫"。饼铺的产品有白大饼（白面）、米面饼（小米面）、金刚楼（粗面粉和饴糖）、甜黄（糜子面）、油炸馓子等；所用小麦主要是骡帮从南边的保定和易县等地运输而来；大型饼铺的工作人员有20～30人，包括从原料采购、磨面到做饼等环节。

义同和是暖泉最大的饼铺。掌柜是郝老顺（当地方言中"郝""贺"同音，他们家也被称为贺号），地址是在北官堡观音寺的南边、龙王庙的东边。义同和有四个合伙人。财东是蔡保健，是下宫村人；大掌柜郝老顺，北官堡人；二掌柜叫侯老印，任务是采买用具做饼；三掌柜王老步，负责日常管理。主管做饼的师傅是张岩。

义同和是坐北朝南的两进院，饼铺作坊在后院西厢房，做饼的工人有五六个。运送小麦和煤的骡马从南侧大门进入，可以送至前院东下房的磨房中，磨房每天磨新鲜的面，保证饼的质量。磨房中有三盘石磨，配有三头骡子。有三个工人是"专门伺候石磨"的。工人们以"班"为单位安排磨面，每班需要把两斗小麦磨成面粉。工人晚上住在北房的宿舍中。做饼所需的煤，放置在北房东侧的煤房中，所需的油在东厢房的油房中直接榨取，不够用时才去镇上的油房购买。（图3-4）

前院倒座房的东次间是厨房，负责做客人和工人的伙食，前院东下房的南次间是留人小店，可接待少量留宿客人。原料采购的范围，西至广灵，东到西合营。除了面粉，义同和还做一种长棍子压的手擀面。

常盛永是第二大饼铺，位于上街的北侧，常盛永有二十几个工人。店主叫王小三，年龄和张沛的父亲差不多，是山西广灵县西蕉山村人，后来搬到暖泉中小堡。他们家的收入属于上等，"虽然比不了缸房，比赶大车的要好"。

"铁猫"饼铺排第三。"铁猫"之名，源于店主的声音洪亮。"他脾气不好，时常歪脖子大声说话"。在张沛老人的回忆中，"铁猫"饼铺"有时候会在面粉中掺入土豆粉，但是手艺好，可以做到味道上和纯面粉的饼没有区别"。

饼铺做饼时用糖量较大，除了在集市上采购来自南方的蔗糖，也常自家熬糖。自家做的糖有富余时，饼铺也会卖糖。腊月是卖糖的旺季，因为糖是老百姓家筹备过年时必不可少的年货。寒冷季节，也方便糖的存放。

饼铺做的糖有麻糖、"行糖"等种类，售价低于蔗糖。麻糖用大麦制作。先将大麦培育生芽，然后将其切碎后与糯米熬成糖稀，当糖稀变成胶状后，将滚烫的糖稀反复拉扯，最后将其压平，冷却后切成小块。"行糖"则是用小米做的，做法

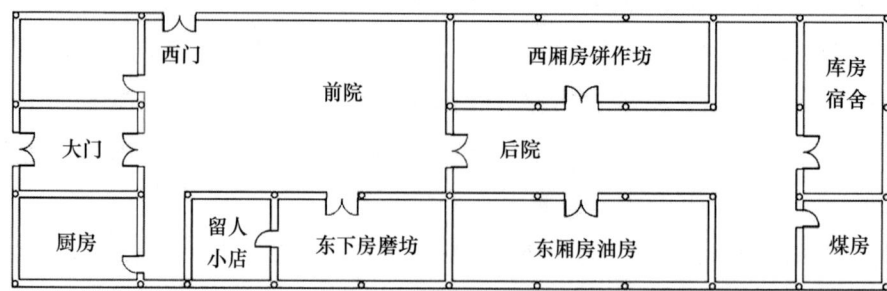

图 3-4　义同和平面示意图

是小米熬粥到特别稠接近凝固,冷却后放到面板上,像和面一样不断地折叠和压平,最后切成小块儿。孩子们很喜欢吃,口味很独特,和麻糖不一样。

敲"行糖"是旧时小孩玩的一种游戏。把两根长条形的"行糖"十字交叉叠放,用力敲断,比较里面泡泡的大小,大者获胜。

面铺的业务是将各种粮食原料加工成面粉。面铺的主要产品是莜麦面(可以制作莜面窝窝)、白豆子面(可以制作豆面糊糊)、白面(可以制作白面大饼)、小米面(可以制作小米饼)。根据张沛老人回忆,20 世纪 40 年代暖泉有七家面铺,北官堡门口有三家,中小堡堡门附近有一家,宗家当铺的西北侧有一家,砂子坡有一家,西场庄有一家。北官堡门口的三家面铺,并排在广场东边,最北边的老板是辛成,中间面铺的老板叫刘发,南边那家面铺的老板姓侯。根据清乾隆四十五年和嘉庆三年的《西市关帝庙重造供器碑记》,暖泉的面铺在乾隆时期有一家,在嘉庆时期有一家。

这三家面铺的老板都住在北官堡内。张沛老人说,这三人中刘发的生意做得最好,因为"他人品好",做秤时特意把 17 两定成 16 两,这样可以让买的人多得一两,所以获得了很好的声誉。

地主家有专门的长工负责磨面,大型饼铺会使用自己磨的面粉,他们一般不需要到面铺买面粉,小型饼铺和普通人家会到面铺买面粉。

## 基本的手工业和服务业

在西市关帝庙供器碑文中,基本的手工业与服务业店铺捐款数额多集中于第二档和第三档。清乾隆三十一年(1766 年)手工业与服务业行业有 6 家,包括药铺、肉房、草帽铺和染房,捐款占比 3%;乾隆四十五年(1780 年)手工业与服务业行业有 5 家，店铺类型与之前类似；嘉庆三年（1798 年）手工业与服务业行业有 9 家，增加了成衣铺、烟铺、麻店和纸店，捐款占比 12%；光绪六年（1880 年）手工业与服务业行业有 3 家，为肉房和麻铺，捐款占比 2%。笔者推测统计表中手工业与服务业数量减少的原因之一，是很多店铺的名称由直接反映功能转为追求文雅寓意，导致从名称上无法辨识种类。（表 3-3）

在商业空间分布示意图中，基本的手工业和服务业店铺各有 29 家和 18 家，从烟酒杂货到制鞋理发，从漂染制衣到古董文玩，涵盖了人们生活的方方面面。作为边塞要地，暖泉的民俗活动也平添了一份独特的军火气息。本文无法对所有店铺进行全面深入的考察，主要针对翻砂、打铁、纸房等几类具有代表性的手工业进行了调研。

翻砂的产品包括铁叉等农业工具，铜炉、铁盘等生活用具和大钟等寺庙用具。古代的飞镖、九节鞭等兵器也是翻砂制作的。翻砂的工序，是用木盒里的湿沙子压模子，将模子取出后形成负空间，然后将生铁烧融后倒入，从而得到相对应的铁具。

翻砂店在暖泉商业空间分布图中仅有一家，但是根据张沛老人回忆，翻砂匠的数量是不少的，在北官堡、沙子坡和中小堡都有。他们属于家庭作坊，不需要在街上开店。

打铁匠也是家庭作坊，赶集时他们还会在暖泉街上摆摊，现场打铁。与翻砂不同，打铁不需将铁融化，只要将铁加热到软化的温度，就可以打成铁片，再通

表 3-3 暖泉清代手工业与服务业数量变化表

| 时间 | 乾隆三十一年 | 乾隆四十五年 | 嘉庆三年 | 光绪六年 |
| --- | --- | --- | --- | --- |
| 数量 | 6 | 5 | 9 | 3 |
| 名称 | 王药铺<br>辛肉房<br>草帽铺<br>路肉房<br>贾染房<br>李助染房 | 某某肉房<br>李某染房<br>某某染房<br>草帽某某<br>乔善肉房 | 谭德肉房<br>刘瑞染房<br>裴成肉房<br>明远烟铺<br>草帽铺<br>三成麻铺<br>赵怀纸店<br>王某成衣铺<br>郭昌成衣铺 | 张调肉房<br>顺泰麻铺<br>徐根肉房 |
| 排名 | 第三档 | 第一档、第三档 | 第二档、第三档 | 第三档 |
| 捐款额 | 198 文 | 未知 | 540 文 | 550 文 |
| 捐款额 | 33 文 | 未知 | 60 文 | 183 文 |
| 捐款额占比 | 3% | 未知 | 12% | 2% |

过进一步打磨，制成刀、剪、锥子等日常器具和锄头、铲子、铁锹等农具。

铁匠打铁所需要的工具不多，一个独轮车就可以装下，这也是铁匠可以在集市现场打铁的原因。主要工具是风箱、铁砧和炉子：风箱用于鼓风加热；铁砧是打铁的平台，放到木头桩子上；炉子用于加热铁片。

在翻砂和铁匠业中，师傅与徒弟之间存在着微妙关系。师傅有教导徒弟的责任。在熟人社会中，手艺的名声决定了销量。徒弟的手艺也会影响师傅的名声，所以师傅有义务教会徒弟。但是徒弟出师之后，如果手艺达到甚至超过了师傅，就会和师傅形成竞争。所以有时候师傅并不会认真地教，徒弟反而需要天不亮就到师傅家干活，甚至给师傅家种地。张沛老人讲了铁匠刘启的一个故事。三个徒弟跟刘启学了三年，学徒期满，但是感觉什么也没学到，于是质问师傅教了什么。刘启很认真地告诉徒弟："打铁的时候，铁烧红了千万不要用手抓，要用钳子抓。"这个故事可以理解为师傅在批评徒弟不会用心学，但也从另一个角度说明，师傅在教授的过程中并没有倾囊相授，而是有所保留。

铁匠的财产也可能不少，比如刘启家就有七八十亩（约5公顷）地，是通过打铁积攒下来的。

打树花是蔚县的特色社火之一。所谓打树花，就是将废生铁烧成铁水，由反穿皮袄（目的是抵挡火花烫伤）、头戴湿毡帽或湿草帽、手持长把浸水木勺的翻砂匠，将铁水洒向堡墙，形成火花四溅的视觉效果。打树花的队伍一般由8个人组成，其中5人烧风箱、烧铁水，1个人打树花，其余2人跑腿打杂。主要用料铁是村民捐赠的废铁炉，燃料由村集体购买。负责打树花的人，虽然并无实际的物质奖励，但也借此宣传了他的技术和口碑。

打树花讲究"打白不打红，打快不打慢"。"打白不打红"说的是铁水红色时，温度还不够高，铁水比较稠，不容易打开花，当铁水呈现白色时，才能一打就火花四溅；"打快不打慢"指的是铁水在往墙上泼的过程中，不能有丝毫的马虎和迟疑，否则就会发生危险。[1]

北官堡世代从事翻砂的薛家，经常负责暖泉打树花。民国时期，暖泉打树花的工匠为薛生和薛文举。

打树花习俗的形成可能与暖泉地处边塞有关。兵戈之地需要兵器，冶铁业发达，防御敌军进攻时会用到火攻，其效果与打树花类似。

纸铺即造纸作坊。造纸是丰沛泉水给暖泉带来的一项特殊行业。暖泉有1家

---

1 白佳雨.河北蔚县暖泉古镇"打树花"调查与研究［J］.度假旅游，2019（2）：165-166.

草纸房和 1 家麻纸房，位于泅麻池附近。麻纸与草纸的区别主要在于造纸使用的原料。白麻纸由烂麻线头制作，颜色为淡黄色。黄纸由秸秆和青草制成，颜色为黄色，质地较为粗糙。麻纸用于糊窗户、写字记账和包东西。清嘉庆三年（1798 年）《西市关帝庙重造供器碑记》记载，暖泉有 1 家纸铺。

纸房同时也是卖纸的商铺。暖泉的纸小有名气，南山、北山和广灵的人都会到暖泉来买纸，但是并没有达到大规模批发的程度。杂货铺中日常也会售卖草纸。

民国时期暖泉的药铺数量不多，在 1950 年前后有 8 家药铺（7 家中药铺，1 家西药铺）。暖泉本地既不生产药材，也不加工药材，药材大多来自河北安国。暖泉当地只出产两种常规药材，一个是麻黄，一个是甘草根。

民国时期上街有一个周家药铺，掌柜的叫周明世。周家药铺在中华人民共和国成立前夕，转手给了一个外号叫"刘把式"的人。[1] "刘把式"其实是一名地下党，他脖子上有一块痣，长了一撮毛，所以当地人也把他叫作"长毛医生"。刘把式通过药铺来观察敌情和传递消息。他的医术也不错，"人很负责，有特殊情况还可以上门就诊"。

草市戏楼附近也有一家药铺，店主姓李，腿脚不便，也是一名地下党。李家药铺既卖药也问诊。地下党之所以用药铺作为掩护，是因为医生是普通人生活中经常接触到的职业，方便开展地下活动。

另外几家药铺：仝家药铺，在朝阳楼的西侧，也就是上街的路口，店主姓仝，是山西绫罗疃村的人；马子高药铺，位于煤市旁边，只卖药，店主对药性和医术都不懂行；曹家药铺，位于北官堡观音寺附近。

## 金融服务业

暖泉在 20 世纪 40 年代有 2 家当铺，可能还有 1 家票号。宗家当铺位于龙王庙西侧，白家当铺位于西市关帝庙对面。典当是通过抵押贵重物品换取一定钱财，如果没有在规定时间内带息归还，当铺就将其收归己有。金银首饰、贵重瓷器、丝绸衣物等，都可以典当。典当的期限一般为一年或两年。暖泉在清代时便有当铺。西古堡的董氏族谱记载了一件事：清朝康熙四十一年（1702 年），董家的当铺被人"侵吞"，董氏家族第九代孙、董汝翠之孙董揆叙为此去找道台打了一场官司，成功要回了当铺。

---

[1] 也可能"刘把式"在暖泉解放前是周家药铺的坐堂医师，在暖泉解放后才接管了药铺，张沛老人对此记忆不甚清晰了。

在关帝庙供器捐赠碑文中，可以发现捐款数额通常有三档，当铺向来是捐款最多的第一档店铺。当铺和票号的建筑质量较高，这与其本身贵重财物较多、重视安保的特征相关，同时也说明其收益可以支持修建成本较高的建筑。清乾隆四十五年（1780 年）和嘉庆三年（1798 年）《西市关帝庙重造供器碑记》记载，暖泉分别有 3 家和 4 家当铺。当铺作为暖泉最高级别的店铺是暖泉商业的重要组成部分。

典当时，柜员需要对物件价值进行评估。当铺的柜台很高，柜台上只露出柜员的头，名义上为了财物，实际上是让典当者在心理上处于低位，从而有利于当铺压低价格。暖泉当铺的人流量不多，"经常一整天没有一单生意，但是只要有，就是获利很好的东西"（张沛语）。

白家当铺，位于西市街的东头南侧，其东侧与西市关帝庙相邻。白家当铺北临商业街，北面为顾客出入口。东侧朝下街开门，是店主和伙计的出入口。建筑由南、北两进院组成，通进深约 37 米，通面宽约 16 米，占地面积约 570 平方米。北院的正房从当中一分为二，北侧为当铺门店，南侧为店主住房；北院的南房也从中一分为二，北侧为仓库，外墙只开小窗，有明显的防御性，南侧为南院的正房。南院供伙计居住。从北至南，建筑的高度逐渐降低。20 世纪 50 年代，白家当铺改为政府办公场所，第一进院为工商管理所，第二进院为地税局，后改为住房至今。（图 3-5、图 3-6）

宗家当铺位于龙王庙后街，坐南朝北，是一个占地 570 平方米的大四合院，通面宽 32.3 米，通进深 17.6 米。宗家当铺的特点是仓库占比特别大，南房五间和西厢房五间都是仓库，东厢房北侧三间也是仓库，仓库的总面积达到 224 平方米。住房部分只有 33 平方米，位于东厢房的南头。东厢房的东侧，还专门留了一条通道，供货物进出仓库。北房为店铺，面宽五间，北侧开五个门通往街道，南侧开两个门通往内院。比起白家当铺，宗家当铺的封闭性更为显著，它不但外围是高墙，内院也是封闭的砖墙。1948 年以后，宗家当铺曾作为大队粮仓，屋顶也做了改造，增加了通风口。现在的宗家当铺是一家棺材店。（图 3-7、图 3-8）

西市街的义成德店号，附近居民说它在 1948 年以前曾经是一家票号，张沛老人则认为民国时期的暖泉没有票号，义成德是一家染房。义成德由南、北两进院组成，建筑质量较高，大门为西式风格。义成德的老板是山西人，在 1948 年前后就离开暖泉了。二十世纪八九十年代，义成德被一个叫康健的人以 3000 元的价格买下，几年前又转手给了三合泰[1]，现在是三合泰的一个分部。

---

1　三合泰是一家民宿酒店，在西券门内的路北侧。

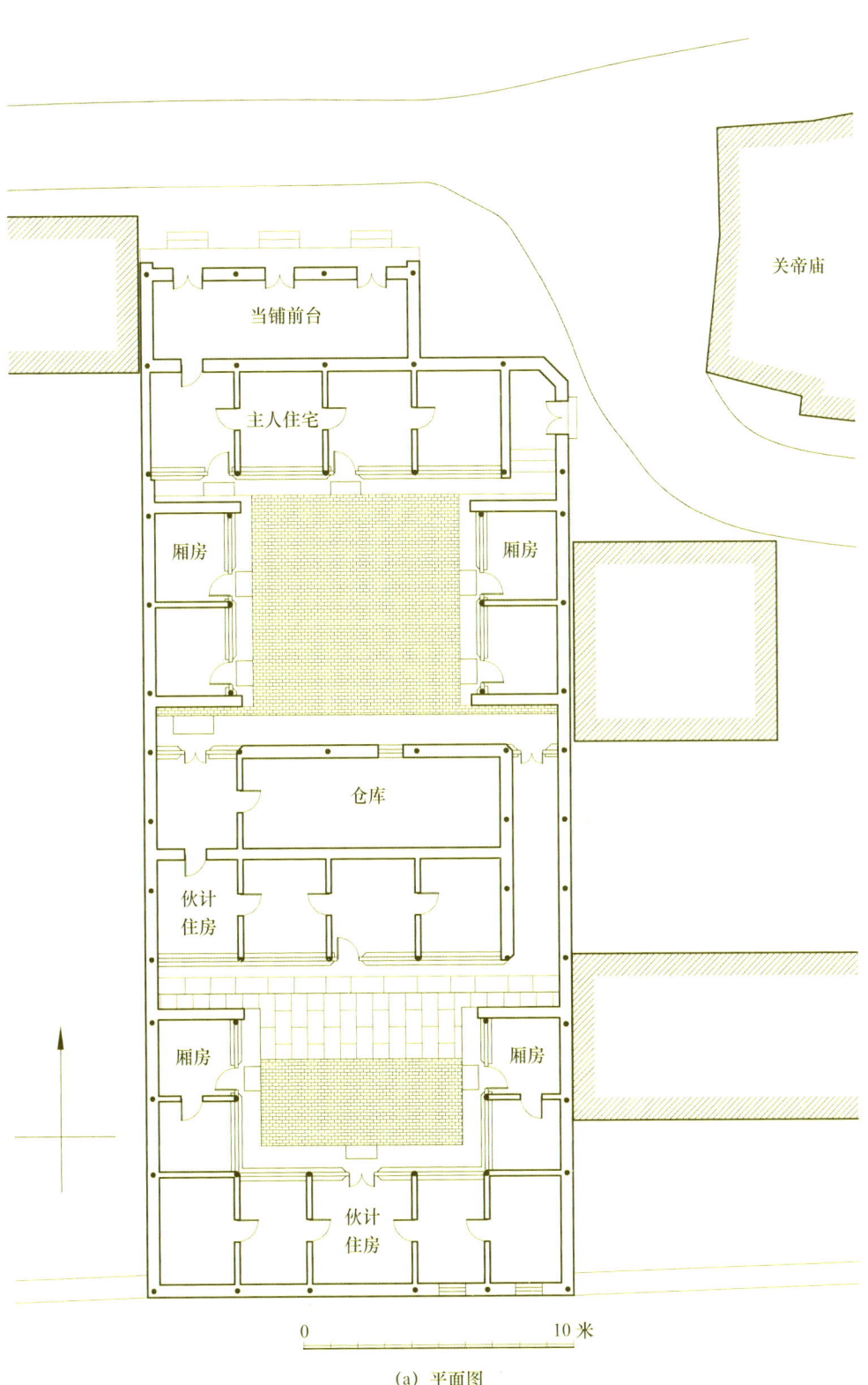

(a) 平面图

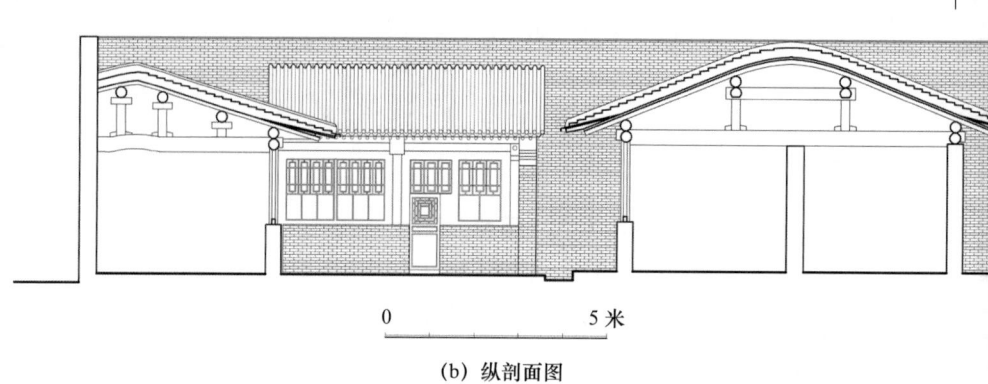

(b) 纵剖面图

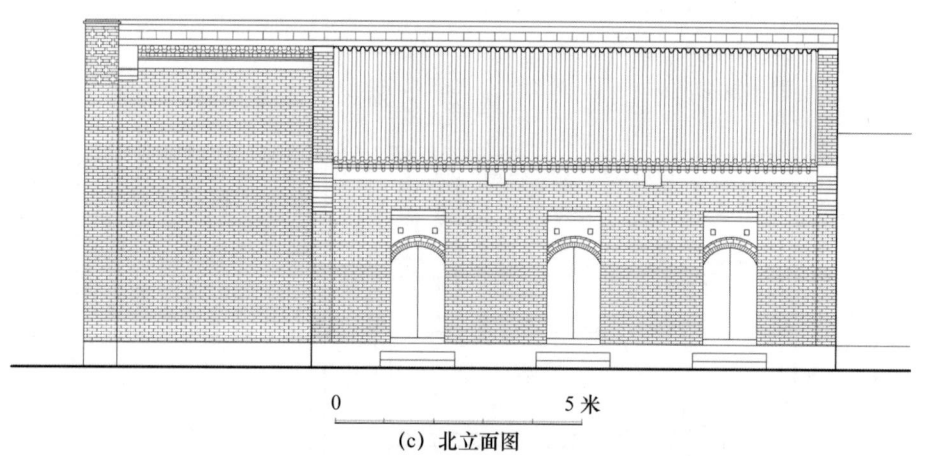

(c) 北立面图

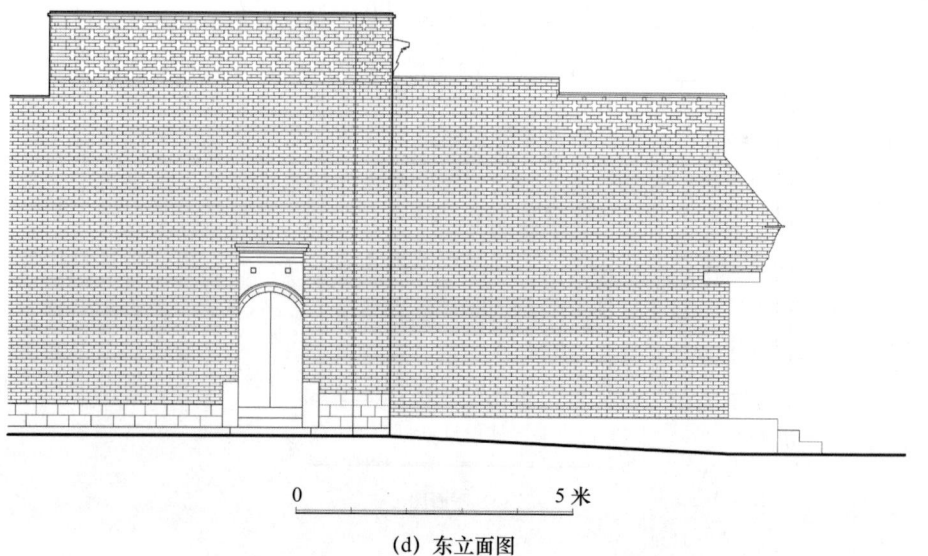

(d) 东立面图

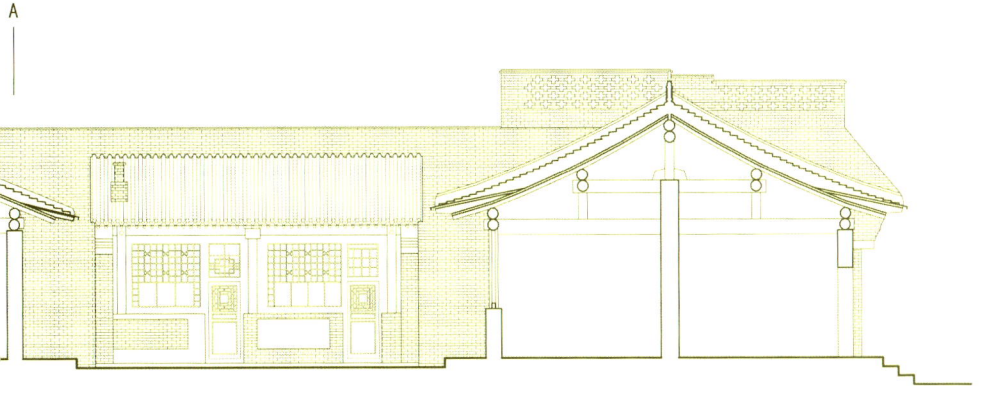

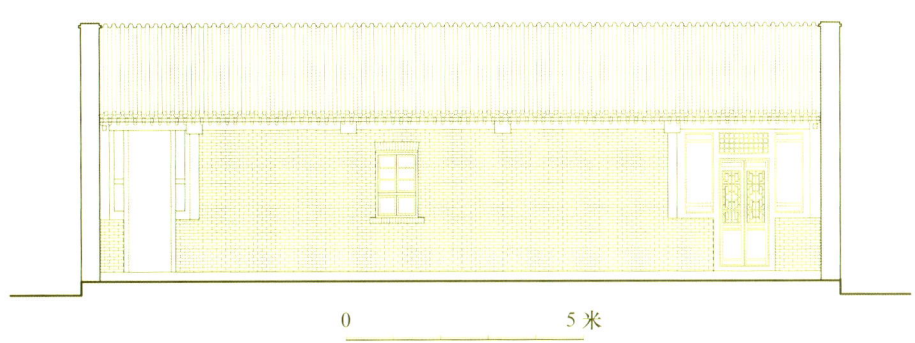

(e) 仓库内立面图

图 3-5 白家当铺测绘图（曾艳阳 绘图）

图 3-6 白家当铺
（毛葛 摄影）

图 3-7 宗家当铺
（郝天泽 摄影）

## 西市关帝庙与暖泉商会

清光绪三十年（1904年），在列强侵华和"变法新政"的影响下，清政府同意商人建立商会的请求。张家口商会于当年成立。1937年杨震亚绘制的暖泉地图中，标注了西市关帝庙为"暖泉商会"。暖泉商会当成立于1904年到1937年期间。

其实在商会未成立之前，西市关帝庙在暖泉的作用是具有会馆和公所性质的公共建筑。在张沛老人的记忆中，暖泉无论哪个行业，都是在西市关帝庙进行议事的。

商会的前身是会馆或公所。明清时期，会馆是以地缘为联系的商人组织，其主要功能是促进商人与当地人联系、维护商业利益、举行祭祀、演戏等。公所由同一行业的人组成，其主要目的是维护本行业内部利益，规范整顿行业业务，对于违背公约的同行设立惩罚措施。光绪三十年《斗行永义社规章碑记》记载了暖泉斗行（米粮行业）的行商规范，明确规定"不准买粟之家，用社外散牙偷做"。

民国时期晋察冀张家口市总商会的组成委员会名单和理事会名单中，成员均来自于各行行会，籍贯为蔚县的成员主要来自于粮业、漂染业、干鲜果业、粗皮工业。其中副主任冀耀庭来自蔚县的粮业行会，说明蔚县粮业在整个张家口地区都有着举足轻重的地位。暖泉作为蔚县的粮食中心，作用自然不容小觑。（表3-4）

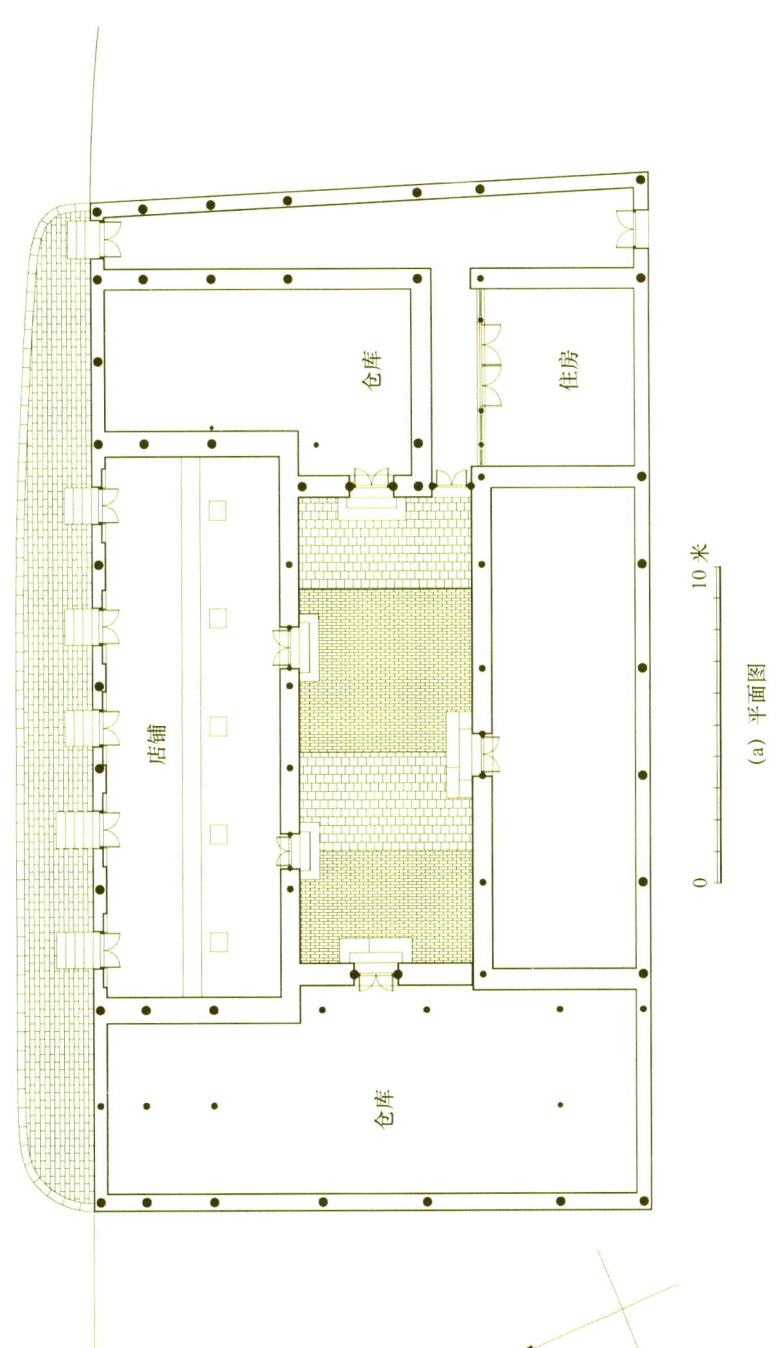

(a) 平面图

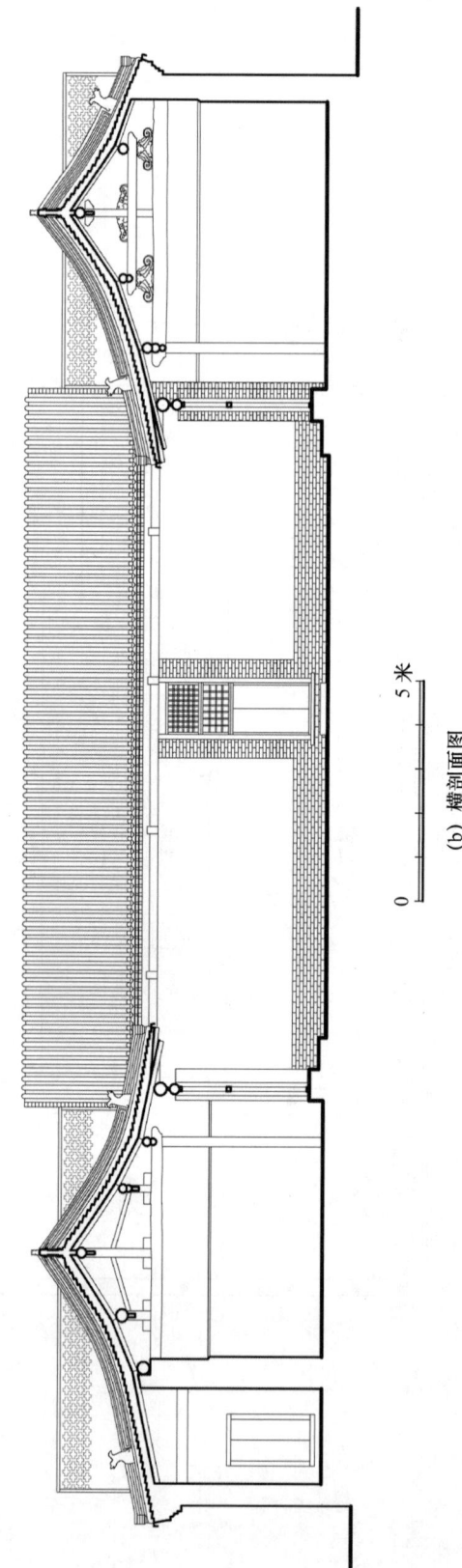

(b) 横剖面图

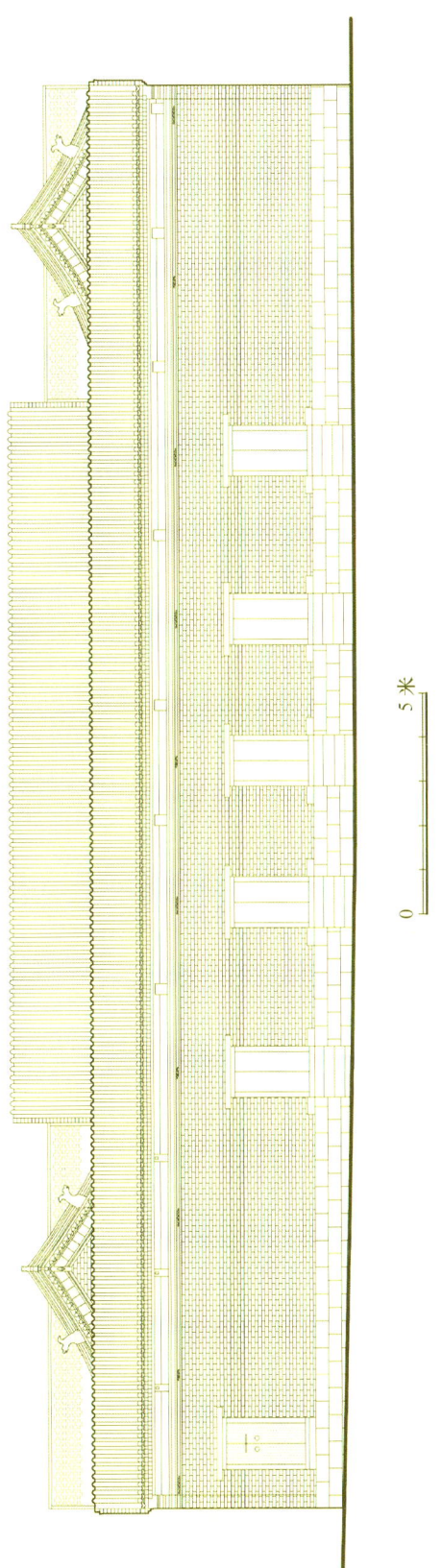

(c) 北立面图

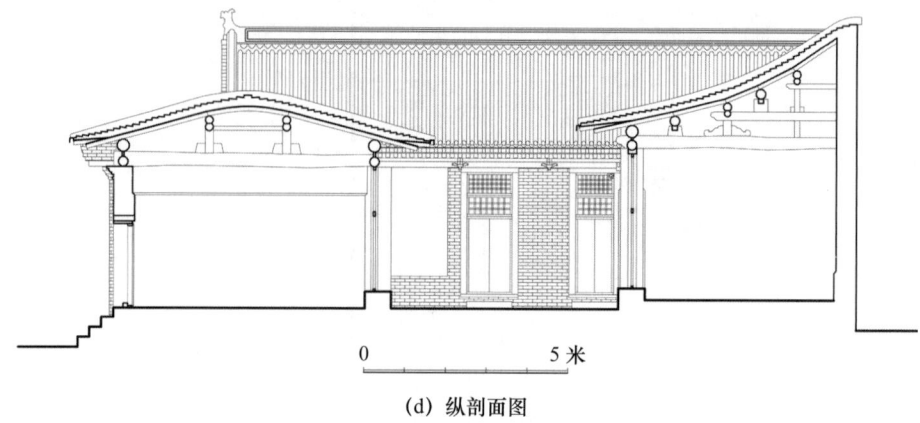

(d) 纵剖面图

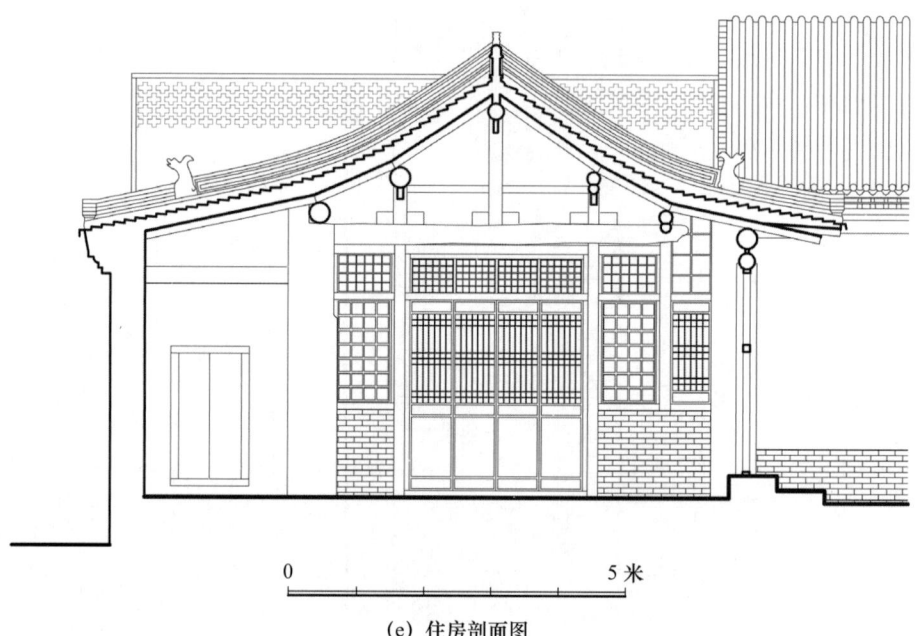

(e) 住房剖面图

图 3-8 宗家当铺测绘图（郝天泽 绘图）

表 3-4 "晋察冀张家口市总商会"主任、委员、理事会部分名单

| 职别 | 姓名 | 籍贯 | 行会 | 商号 |
| --- | --- | --- | --- | --- |
| 副主任 | 冀耀庭 | 察省蔚县 | 粮业 | 福利永 |
| 执委 | 刘皓 | 察省蔚县 | 漂染业 | 复源涌 |
| 常务监事 | 王兆祥 | 察省蔚县 | 干鲜果品 | 祥义成记 |
| 监事 | 冯义 | 察省蔚县 | 漂染业 | 同兴义 |
| 候补理事 | 张全甲 | 察省蔚县 | 粮业 | 宝生长记 |
| 候补理事 | 周润泽 | 察省蔚县 | 粗皮工业 | 公兴裕 |

表 3-5 暖泉清代当铺数量统计表

| 时间 | 乾隆三十一年 | 乾隆四十五年 | 嘉庆三年 | 光绪六年 | 光绪二十三年 |
|---|---|---|---|---|---|
| 数量 | 3 | 3 | 5 | 2 | 2 |
| 名称 | 永康当、永兴当、某某当 | 永兴当、堆金当、某某当 | 聚金当、某某当、泽字铺、仁恕当、某典店 | 兴泰当、益典亨 | 德源当、兴隆金 |
| 捐款等级 | 第一档 | 第一档 | 第一档、第三档 | 第一档、第二档 | 第一档、第二档 |
| 总捐款额 | 900 文 | 未知 | 596 文 | 1200 文 | 35000 文 |
| 平均捐款额 | 300 文 | 未知 | 119 文 | 600 文 | 17500 文 |
| 捐款额占比 | 15% | 未知 | 13% | 5% | 4% |

西市街关帝庙重修供器碑文中，记录了暖泉店铺分别于清乾隆三十一年（1766年）、乾隆四十五年（1780年）、嘉庆三年（1798年）和光绪六年（1880年）的四次捐款。四通碑的间隔时间是14年、18年和82年，参与其中的当铺分别为3家、3家、5家和2家，捐款比例分别为15%、未知、13%和4%，捐款金额处于第一档（表3-5）。清光绪二十三年（1897年）蔚州玉皇阁重修，参与的暖泉当铺有2家（受通货膨胀影响，其捐款数额为光绪六年的30倍）。从间隔时间、参与店数、捐款比例来看，重修关帝庙供器的活动表现出组织性和周期性。光绪年间当铺数量减少，推测其原因是受时局影响，部分当铺停业。（图3-9）

清咸丰十一年（1861年）《重修勒马关圣帝君神祠碑记》中记载了4家店铺主导的关帝庙重修事件，分别是某某店、某某恒、某德店和某某和。这通碑文只能看到碑阳，所以我们无法知晓列在碑阴的捐款店铺名单。

对重修关帝庙供器和重修关帝庙建筑，当铺明显更着重前者。重修关帝庙的四家主事者中，并未见到当铺身影（当铺的店号，最后一个字通常是"当"，而这四家的最后一个字都不是"当"）。当铺将重修关帝庙供器作为展示其形象和实力的"窗口"，或许是有特殊考虑的。从当铺的名单上看，只有永兴当一家在清乾隆三十一年和乾隆四十五年出现了重复，不过这似乎反而说明，当铺作为一个行业，在把关帝庙供器作为"抓手"上是有很大程度共识的。

重修关帝庙供器的名单中，暖泉其他行业的店铺均排在当铺之后，捐赠金额也低于当铺。这应该是当铺作为主导者的故意为之，同时也说明，其他行业对这一秩序也是默认的。和重修关帝庙建筑相比，重修关帝庙供器的好处也是明显的，可以用更少花费却更加快速地看到效果。

当铺在重修关帝庙建筑的活动中没有成为主角，也可能说明当铺在暖泉商业中并未真正获得主导权。

重脩勒馬關聖帝君神祠碑記

邑有廟宇非徒壯斯人之觀瞻而已也蓋所以革人心之渙而不徒□閑□偽□邪而歸於正其所關系者甚大故

規模務期美備氣象務令常新然後崇奉　神明之心□得無憾焉暖邑西市

關帝廟自道光二十一年重脩以後有整齊之美無□敝之形似無庸漫興工作矣不意至咸豐九年臘月間外院北面

圍房忽遭回禄之灾檐桷棟楹隨火燄而為灰燼樸滅之□□□烏有其所存者垣墉尚立耳則前此数年幸無工

程者今則不得不急為脩葺矣柰時值歲晚百工皆休待來春□吉鳩工仍舊貫而經營之數椽小屋無煩大木之

求不数日而輪奐依然如昨至於　廟院昔砌以甎日磨日□經久勢必破碎不堪兹則易之以石庶其鞏固永貞

乎其餘雖無土木之工而風雨剥蝕閑淡無華倘不爲之振刷□□重加點綴何以昭物彩而煥文明垢者新之缺

者補之以五采彰施於五色拖青洩紫金碧交輝宇宙之大文未嘗不在是也人之虔誠謁　廟者第見　廟貌猶

是也而森嚴之地具有炳蔚之觀靚斐然更新之象而咸□維新之念油然生矣自經始以迄落成兩閲寒暑矣兹

幸工程告竣凡捐貲以襄事者不可使之湮没無傳也爰勒諸石俾施財芳名與石終古云

蔚州歲貢生候選訓導張學瀛撰文

蔚州鄉學生員白玉彩書丹

經理併勸捐鋪户

□□店　□□恒　□德店　□□和

石匠　周裕德　薛□德

木匠　譚炳文

泥匠　裴錫金　裴智

油匠　郭如意

清咸豐十一年七月穀旦

住持道王元祿　徒史明禮

門孫劉福祥　净

图 3-9　咸丰十一年重修勒马关圣帝君神祠碑记（引自邓庆平等编《蔚县碑铭辑录》）

从暖泉西市关帝庙供器重修的四通碑文中，我们了解到清代当铺的一些信息。对民国时期的当铺，我们是知之甚少的。《蔚县志》记载，1926 年之后蔚县就已经没有当铺，只有私人典当。《蔚县志》里说的“蔚县”，可能只是县城，不包括暖泉。在抗日战争期间，暖泉被占为伪军首领宗孝的驻地。如果有当铺，老板必定与宗孝来往紧密。1948 年以后，大商人和宗孝都逃离了暖泉。

据附近居民说（比如三合泰现在的老板王志明先生），白家当铺的老板是山西人。这一说法是有可信度的。首先，从地理位置看，蔚县与山西广灵接壤，山西商人来暖泉经商极为方便，历史上蔚县还曾属山西大同管辖；白家当铺位于西市街，靠近从山西进入暖泉的方向，山西商人来暖泉经商也会首选在西市街落脚。其次，当铺（以及票号）依赖资金运转，还要修建防御性能好的建筑，正好适合财力雄厚的晋商。

晋商也有将会馆设立在关帝庙的传统，关公也是晋商的行业神。如果暖泉的当铺和票号为山西人开设，则店主必定有积极性参与关帝庙的祭拜和修缮活动，这样既可以加强跟当地社会的联系，又可以提升自身的话语权。西市关帝庙入口朝西，面向西券门，呈现"迎接"西方来客的姿态。山西商人从西券门进入暖泉，抬头即看见"自家神灵"，心理感受想必是相当好的。

斗行和西市关帝庙的关系也值得关注。斗行永义社规章碑立于关帝庙前，这是暖泉现存唯一记载斗行（米粮业）行为规则的碑文。斗行永义社将碑文设立于西市关帝庙，可以起到更好的宣传和警示作用。目前为止，我们并未发现记录其他行业规则的碑文，这或许是因为年代久远导致石碑遗失，但也可能反映出米粮业在暖泉的重要性。

《斗行永义社规章》载："暖泉有斗行久矣，斗行立永义社不久矣。"在清嘉庆三年（1798年）关帝庙供器修缮碑中，已有米铺捐赠的记录。暖泉繁荣的米粮加工业也说明，粮食供应是十分充足的。不过，斗行的行业组织永义社的出现比较晚，是在1907年立碑前不久，此时已是清朝末期。在此之前，斗行可能是通过非正式组织进行协调。

永义社的出现或许和1904年清政府正式同意商人成立商会有关。不过，"社"不同于"公所"和"会馆"，行业色彩较弱。在此之前，暖泉虽然商业发达，但是外地商人较少，不必兴建会馆和公所。关帝庙在暖泉商业组织结构中，便成了各行业议事的公共场所。这也跟暖泉的商业话语权体系不谋而合：各行业共同使用关帝庙，几个主要行业在其中均有较大话语权，并非由当铺业一枝独大。在捐赠记录中，暖泉虽然第一层级以当铺为主，但是以缸房、油房为首的加工业店铺在总数中占据很大比例。（表3-6）

在张沛老人的回忆中，民国时期的商会和村民、保长一起承担了龙王庙祭祀的筹备工作。暖泉商会的会长是通过选举产生的，有钱并不是选举会长的唯一标准，德才兼备、讲信用、心思灵活才是会长的必备品质。1948年前后，很多大商人已经从暖泉逃走，故此时的暖泉商会并非典型状态。

表 3-6　暖泉清代粮食加工业数量变化

| 时间 | 乾隆三十一年 | 乾隆四十五年 | 嘉庆三年 | 光绪六年 | 光绪二十三年 |
| --- | --- | --- | --- | --- | --- |
| 数量 | 19 | 16 | 24 | 5 | 14 |
| 排名 | 第二档 | 第一档、第二档、第三档 | 第一档、第三档 | 第一档、第二档 | 第二档、第四档、第五档 |
| 总捐款额 | 1886 文 | 未知 | 1800 文 | 1800 文 | 95205 文 |
| 平均捐款额 | 99 文 | 未知 | 75 文 | 360 文 | 6800 文 |
| 捐款额占比 | 31% | 未知 | 40% | 8% | 12% |

　　抗日战争期间，蔚县的政治局势复杂。中国共产党的抗战力量主要在南山，土匪盘踞在北山，日本人控制河川地。宗孝作为日伪团长，将部队驻扎在暖泉。1946 年张家口解放后，阎锡山手下的傅作义成为察哈尔一带的军阀。宗孝又投靠了傅作义，继续在暖泉当"土皇帝"。暖泉镇上的大商人，大多和宗孝保持着密切关系。

　　1948 年，外号"旋南头"的商会会长在镇压反革命中被枪毙，西辛庄的老共产党员辛本物色了来自山西的张生平做了会长。"旋南头"姓宋，他的店铺在西市关帝庙附近。辛本还安排了两个副会长，一个是薛全，主业是卖煎饼；另一个是温保成，主业是开纸铺。还有一个小头目叫"梁三大头"，主业是打铁。

　　1948 年以前，民间交易常以小米为货币。张生平会长曾建议暖泉发行自己的纸币，方法是找人刻章，在纸上面印圆、角，以 1∶1 对应银元。虽然当时老百姓并不相信这种纸币可以代替银元，但是这也从一个侧面反映了商会的信誉。

　　在暖泉的商业体系中，粮食是核心。平整的河川地和丰沛的泉水确保了暖泉的粮食生产，位于蔚县和广灵之间的地理位置又使它具有交通枢纽功能，这不但形成了发达的米粮交易，还催生了缸房、油房等粮食加工业。与此同时，充足的粮食养育了众多的人口，也促进了暖泉手工业和金融业的发展。

　　暖泉镇的商业空间主要围绕着镇中心的逢源池、龙王庙和王敏书院展开。米粮市和草市位于集市中心，体现其核心地位。粮食加工类店铺，散布在上街、下街和西市街，其中油房多位于下街。交通运输类的店铺，多靠近东券门，方便运输。基本的手工业和服务业店铺，分布较为均匀。

　　西市关帝庙可谓是暖泉工商业的一个缩影。重修供器活动中各行业根据财力形成等级，以当铺为首的金融业占据第一档，以缸房为首的粮食加工业位于第二档，手工业服务业店铺位于第三档。当铺虽占据第一档的地位，但并未完全掌握主导权。米粮交易与米粮加工是暖泉最重要的行业，店家的手艺和口碑是经营的关键，对资金的依赖性较弱，技术依赖度较高。关帝庙不是晋商或当铺的独属会馆，而是各行各业议事的共有场所。

（左玥、曾艳阳）

# 第四章

## 暖泉运输业

运输业在暖泉镇也非常重要。米粮原料运到暖泉和米粮加工产品运出暖泉，都依赖运输业。运输方式是骡帮和骡车。车马大店和骡帮、车马户构成了暖泉运输业的主体，修车店、旅馆、打马掌店等配套产业也随之发展起来。

在第三章的暖泉商业种类统计表中，共有12家与交通运输相关店铺。其中包括4家修车店、3家车马大店，可见车马运输是20世纪40年代的主要运输方式。

## 张库大道和蔚县古道

清顺治元年（1644年），清政府筑大境门，开通张家口往库伦（蒙古国首都乌兰巴托的旧称）的商路，史称张库大道。漫漫商道上，每年都有数以万计的骆驼和老倌车日夜不停地行走。其中有皇封御赐的八大皇商"山西帮"，有联手经营的"直隶帮"，有旗人组成的"京帮"，还有小本经营的蔚县、阳原、怀安、涿鹿"本地帮"。[1]

自张家口向南，商道分出东南、西南两条路线，分别通往北京与大同（及太原）。暖泉镇所在的河北蔚县，是位于两道主线中间的支线，由此穿越大南山，也可直通华北平原和晋中地区。蔚县县城位于张家口以南约150公里，属于其纵深腹地，分担了部分货物集散、加工处理、运输售卖的功能。蔚县还是晋商由西向东前往北京的途径之一。（图4-1）

蔚县也有多条官道通往周边地区，包括宣蔚大道（向北至张家口宣化）、西下大道（向北至张家口下花园）、蔚同大道（向西至大同）等。其中蔚同大道途经暖泉镇。古时商帮也常走山路，他们从蔚县南侧的飞狐峪、石门峪、九宫口等关口入山，穿行狭窄险峻的山间古道，进入华北平原。明崇祯时兵部尚书杨嗣昌《蜚狐口记》形容飞狐峪群山"忽卓地起，如千夫拔剑，露立星攒"，山路"回合万变，通塞无端，如珠曲蚁穿"[2]。在没有现代化运输工具的时代，这些道路是蔚县通往华北平原、山西高原、蒙古大草原的商道。蔚县随之成为关内外物资交流的一个集散中心，被称为"紫荆关外旱码头"。

在蔚县境内的河川地，沿壶流河畔崛起了八大集镇，暖泉是其中之一。暖泉镇坐落于壶流河北岸，西邻山西广灵县，东距蔚县县城13公里，南通飞狐峪，北上可达张家口阳原县，也属于居中的"码头"之地。

由于路况艰难和技术水平所限，明清时期的蔚县商帮主要采用骡驮作为远途

---

1　梁勇，安宁．近代张库大道上的商帮［J］．文史精华，2016（21）：39-45.
2　庆之金，杨笃．察哈尔省蔚州志［M］．影印本．台北：成文出版社，1968.

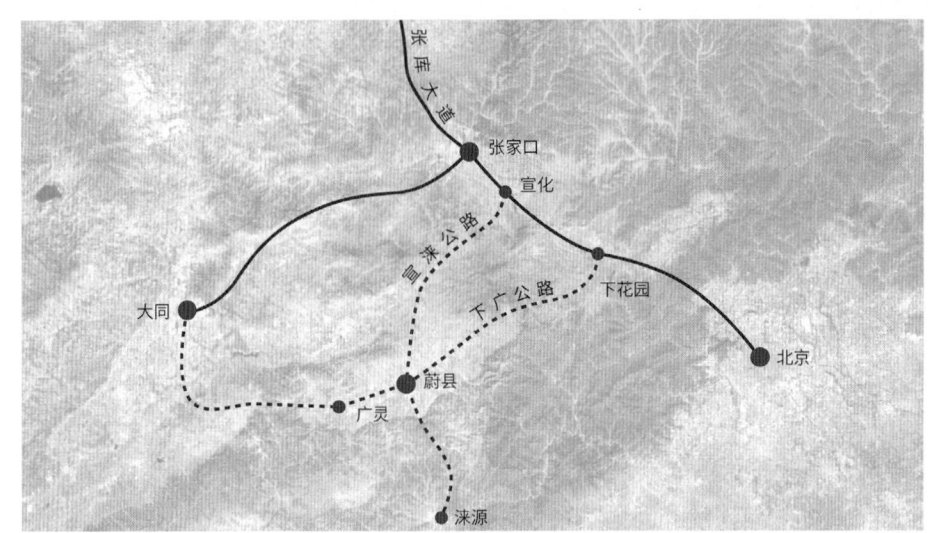

图 4-1　蔚县区位交通示意图

运输方式。1909 年，京张铁路建成，从北京丰台至河北张家口，全长约 200 公里，原来需要 40 个小时的路程缩短为 6 个小时，运输能力也大幅度提高。自此往来张家口和北京的商贸大多由铁路运输，经蔚县翻越飞狐道的骡帮运输减少。民国三十六年（1947 年），蔚县统计在册的骡子只有 172 头[1]，骡帮昼夜穿行的景象不复存在。（图 4-2）

1917—1927 年，察哈尔特区对大道进行整修加宽。蔚县向南去涞源，经北口峪（即飞狐峪）的飞狐道于 1936 年建成，南连冀中平原、北达大漠千里，成为贯通南北方的交通要道。察哈尔省还制订"以工代赈、令饬摊派、令军工协助"等修路计划，于 1928—1937 年进行公路修建。[2]

1920 年前后，张家口和蔚县之间有了公路，沿线村镇也因此通达，"较以往之骡驴驮载，实有宵壤相悬之势"[3]。抗战期间，蔚县到张家口和大同的公路都已修好，后者经过暖泉镇。当时采用沙子铺设路面，条件虽差但也能走汽车，在平川地还能走骡马大车。这大大刺激了暖泉镇骡马大车业的发展。尽管南北山的道路仍有较多上下坡，导致骡马大车难以通行至张家口和涞源，但暖泉往返县内河川地各乡镇的大车运货已成为常态。暖泉商人们的活动范围被拓宽了。（图 4-3）

---

1　察南政厅资料科.晋绥社会经济调查统计社 民国时期社会调查资料续编：7［M］.北京：国家图书馆出版社，2015.

2　张子儒，杨建军.蔚县交通道路纪略［J］.蔚县文史资料选辑：第 10 辑，2000：46-61.

3　察南政厅资料科.晋绥社会经济调查统计社 民国时期社会调查资料续编：6［M］.北京：国家图书馆出版社，2015.

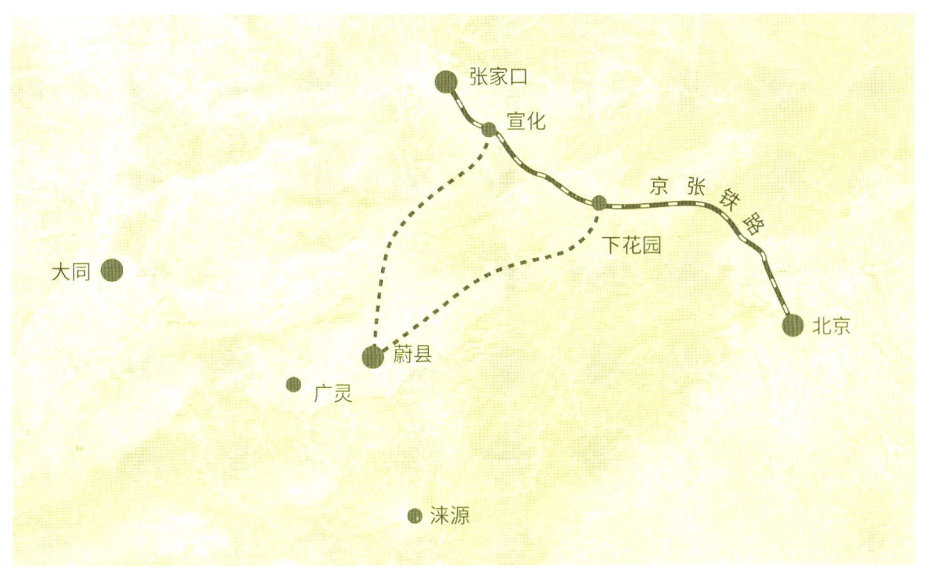

图 4-2 民国时期蔚县周边铁路

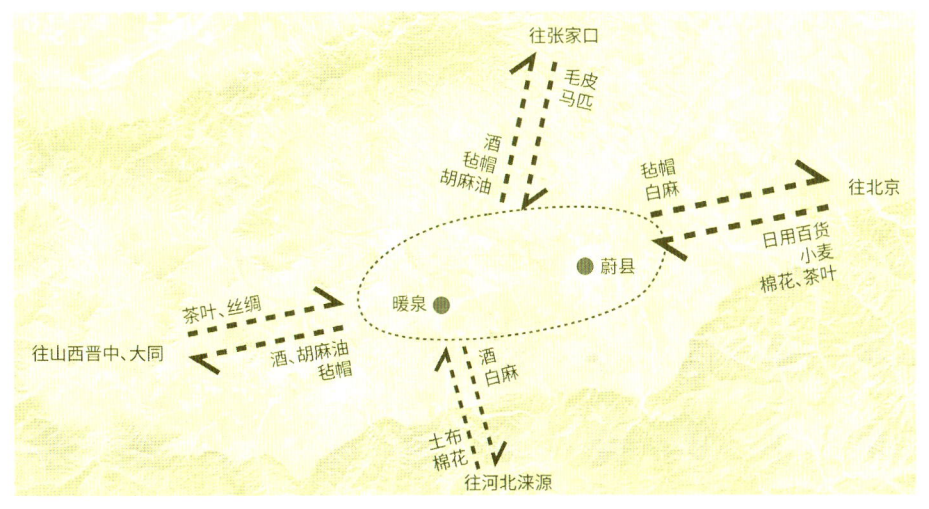

图 4-3 暖泉周边长途运输商品及目的地

我们采访的张沛老人出生于 1932 年，他少年时正值大车发展起来并取代骡驮成为主要运输工具的阶段。这也导致我们对骡车运输的了解要多于骡帮。

暖泉的商队、货物众多，去向也比较复杂。不同地区运来不同的货物和地区间的道路条件，都影响着运输工具的选择。一般来说，骡驮走山路，大车走平川。

暖泉在交通运输上发挥着两个作用。第一个作用是和县城蔚州镇一起，作为长途货物的"中转站"。口外草原货物南下、南方货物北上，这些长途商队一路走，沿途交易、兜售商品。张家口的货物往南，主要经东、西线分别运抵北京和山西

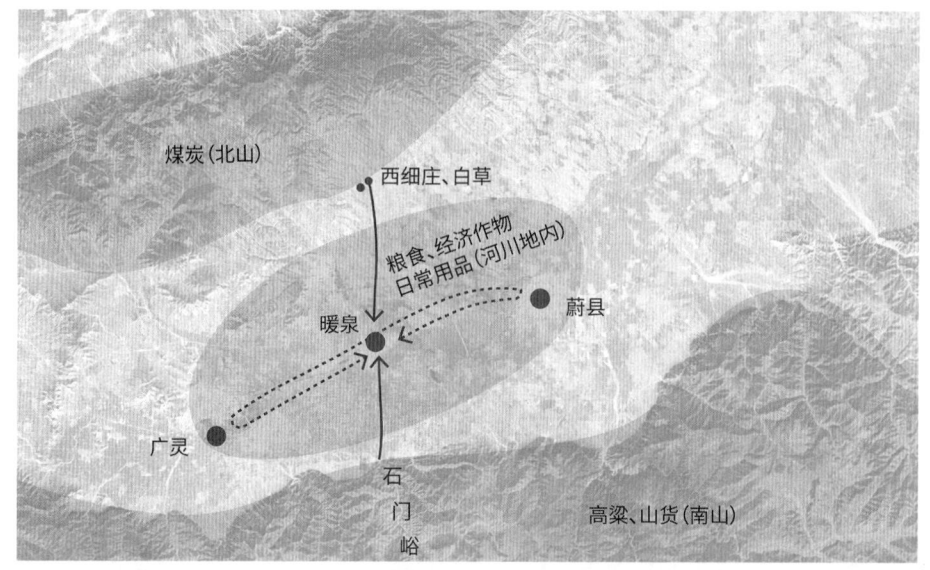

图 4-4　暖泉周边中、短途运输商品及目的地

太原。蔚州和暖泉不在两条运输主线上，是张家口往南的支线，可连接山西晋中与河北涞源。同时它们也在大同通往北京的中间，此路是晋商去往北京的路线之一。第二个作用是作为蔚县西部货运的节点，承担货物收发、加工等作用。缸房、油房等商铺从各地购来原材料与生产资料，加工成产品后再发往全县以及周边地区。（图 4-4）

## 运输工具

暖泉的运输工具主要有两种：牲畜驮运与牲畜拉大车。近代公路兴起之前，牲畜驮运为主，大车较少；近代公路兴起之后，大车逐渐在河川地的中短途运输中替代了牲畜驮运，但是山区货运和来往于张家口、涞源的货运仍以驮运为主。蔚县的高脚骡子是牲畜驮运的主力。蔚县东部乡镇，也有使用牛车来暖泉拉煤的情况。

因路途艰远、运输量大，张库大道主要采用骆驼队与牛车的方式。骆驼力气大，一次可驮三百多斤，且温顺老实，一个驼工可管五六头，特别适用于长途运输。张库大道因此又被称为"驼道"。骆驼夏天脱毛，此时张库大道上的商队便改用牛车。清朝至民国时期，也有骆驼队经过蔚县，但因其形状古怪，容易吓跑骡马，官府便规定骆驼队不能白天运行，需夜行昼伏。[1]

---

[1] 周清溪.蔚县交通运输史话［J］.蔚县文史资料选辑：第 10 辑，2000：62-69.

相比于骆驼和骡马，驴的力气小，适于少量货物运输。除货运之用外，驴子还有拉车、犁田等作用。马的力气大，但耐力不足，可用于短途运输。骡子是马、驴杂交后代，集合了二者优点，具有较高的耐性和力量，一次可驮货物三百斤，并且适应崎岖山路，满足更灵活多变的运输需求，也是蔚县"高脚骡帮"的主要畜力。

蔚县东部桃花、吉家庄、北水泉等地的居民过来买煤时，通常都使用牛车。这个传统由来已久，用干农活的牛兼职拉车运货，可以节省一笔开支。张沛老人说，东边集镇的人喜欢用牛车，还因为他们比较会"选牛"。其标准为"五短一长"，即脖子短、四条腿腿短加起来是五短，一长是牛的身体长。这种牛在桃花当地能买到，耐力足、力气大。

东面集镇来的牛车队，到暖泉是半天路程，刚好在此住宿。来时都是空车，只在车里放上草料和车倌的衣服，回去时带上北山的煤炭和在暖泉购置的货物。牛车队通常集中住宿于东券门附近的两家车马大店，他们排着长队，鱼贯入场，场面甚为壮观。

骡车有铁车和骡马大车两种。所谓铁车，就是一头骡子拉的车。骡马大车是三头或四头骡子拉的车，俗称三套车或四套车，能拉几千斤的货物。骡子背负驮子（即柳条编成的大筐，大筐里装货物），运量灵活，对道路条件要求低。相比于骡驮，骡车尤其是骡马大车的运力大，经济效益高，适用于大宗货物运输，但是对路况要求也较高。暖泉镇里的骡马大车，主要往返于蔚县境内平川地的集镇，少往山区走。

骡车的三头骡子，车辕正前方的一头叫作辕骡（如果是马，便叫辕马）。辕骡左前方和右前方各有一头骡子，叫作拉边套（左边套与右边套）。四套车即在一头辕骡、两头拉边套的基础上，后面再配一头骡子，形成菱形布局。三套车和四套车都跑运输，三套车还兼顾农活。骡马拉车运货量大，为了应对路上打劫，车马户要凑成车队才敢出行。

赶大车是份危险的工作。遇到下坡时，赶车人要用到木板做的刹车片，同时还需要另外一人在后边拉着绳子，靠脚力来帮助刹车。巨大的刹车声，让附近村民一听便知道是大车来了。刹不住车时，几千斤的货物倾泻下来，可能会把牲口压死，甚至伤及赶车人。

1949年以前，不管是去南北山，还是去往张家口和涞源，道路还不够平整，不方便大车通行，上下坡也会给运货带来很大困难。1945年抗战胜利后，日军留下一些军用物资，有人将其中的轮胎剪成片状，固定在木制车轮表面，这样就大大增加了缓冲效果，在减少颠簸的同时也提升了轮子的使用寿命。自此，胶皮轮的大车开始流行。

独轮车原本并不多见。按张沛老人的说法，如果一个家庭有能力雇工做轮子，解决了成本最高的部件，便可直接凑四个轮子养一辆大车，单做独轮车进行货物运输是不划算的。

独轮车在蔚县境内普及，同样是因为日军留下的轮胎。独轮车需要两个人共同操控：一个人推着，另一个帮扶，下坡拉一把，上坡推一把。独轮车一次运货量少，但胜在成本低廉、机动灵活，对路况要求也低。暖泉人推着独轮车去往张北、康保、尚义等地，或者往南北山运货，屡见不鲜。独轮车一度取代了骡子和大车，成为最常使用的运货方式。

## 运输从业者

牲畜驮运与牲畜拉车这两种运输方式，对应着不同的历史时期，也对应着不同的从业人员。前者包括脚户和成规模的骡帮，后者为车马户。很多车马户其实是由脚户发展而来。车马户如果经营不善，也可能会转为脚户。除了专职运输人员外，暖泉镇也围绕牲畜、大车两种运输工具，发展出完整的产业链，包括牲畜贩售、养殖与大车整修等。民国时期，贯穿蔚县东西方向的公路修通。这大大刺激了马车的需求量，使得养大车的人家有了更多赚钱的机会。（图4-5）

山区和暖泉之间的交流，在20世纪50年代之前都主要依靠牲口。负责牵引牲畜做运输的人员，称为脚户。出于安全考虑，脚户大多相约结伴而行，形成骡帮。

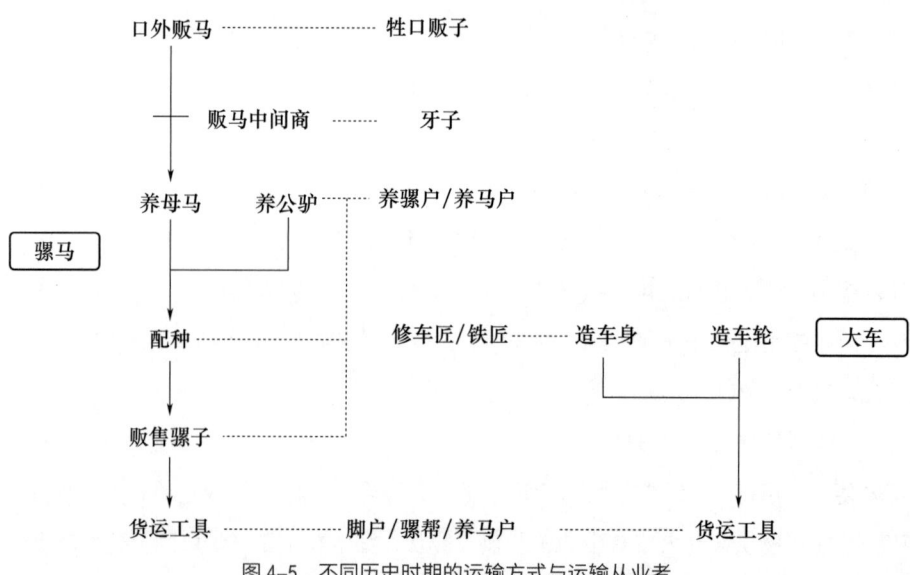

图4-5 不同历史时期的运输方式与运输从业者

当地有谚语："串铃一响，黄金万两。"形容骡帮收入不菲。[1]

骡帮成群结队穿行在狭隘深峪。北口、上苏庄、暖泉镇，属于"西乡骡帮"。脚户养5头骡子为一帮，10头则是两个"骡帮"，1个骡帮加1头毛驴，叫"骑乘"，毛驴专驮脚夫行李，也供脚夫骑。暖泉的脚户，一般养"一帮"或"一帮半"，实力强的养"两帮"，养"三帮"的极少。[2] 在张沛老人的记忆中，民国时期暖泉的骡帮是凑齐3头骡子便可成行。

从暖泉到张家口的距离是300里，到宣化240里。来回大概要走10～12天。每天60里，中间"打尖"住夜。骡帮里的骡子，每匹驮两个驮子，骡背上还可以放装货的口袋。一个驮子150斤。

暖泉车马户主要在北官堡。他们掌握牲畜、大车等生产资料，在堡内是仅次于缸房主的第二阶层。（图4-6）

北官堡居民以刘姓人口最多，刘姓的车马户也是最多的。家住北官堡上街的刘木匠，祖上便是养大车的。刘木匠今年55岁，往前推四五代的刘氏家族，在上街一共有6个院子，从北官堡的三清阁向东一直延续到马王庙南面。张沛老人说，刘家一共养了10头骡子、4辆大车，有专门的长工车倌负责赶车运输货物。

在暖泉，人们称养骡马大车为"拴了几辆马车"（虽然是骡子，但还是叫马车）。北官堡东北部的曹家圪垯，有宋家三兄弟，老大宋连正养大车，老二宋连方做瓦工，老三是泥匠。后来老大的业务发展不佳，不得不把大车卖了，改作骡驮。曹家圪垯还有两家人，各养了一辆大车。一家姓刘，兄弟俩，名叫刘正和刘才；还有另一家姓姚。北官堡下街，即张沛家的东南方，也有一个姓刘的，外号"四牛头"，不仅养一辆车，还经营一家车马大店。

北官堡车马户是相当多的，我们由此也可以理解马王庙为何在北官堡具有特殊地位。它选址于正街北端的西侧，还是一个高起的台地，几乎是堡内最重要的位置。马王庙的建筑已经于20世纪40年代拆毁，原址上建起了民房。几年前村支书陈金山曾找这家户主商量，用三间房的木料作补偿，来换取土地以便复建马王庙。此事本已谈妥，但左右邻居听闻后，以复建马王庙对自家房子有影响为由，也索要补偿，几经协商未果，一直搁置。陈支书后来找北官堡的老人会商量，老人会出了主意，在这家民房的墙面画上几匹马，就算代表马王庙了。

赶大车的运作方式有两种。一种是雇佣关系，地主家有大车和牲畜，雇长工专门赶车。另外一种是在别人家有需求时，租用养大车的车马户，连人带车一起

---

[1] 周清溪. 蔚县交通运输史话[J]. 蔚县文史资料选辑：第10辑，2000：62-69.

[2] 周州. 蔚县昔日骡帮[J]. 蔚县文史资料选辑：第5辑，1992：90-92.

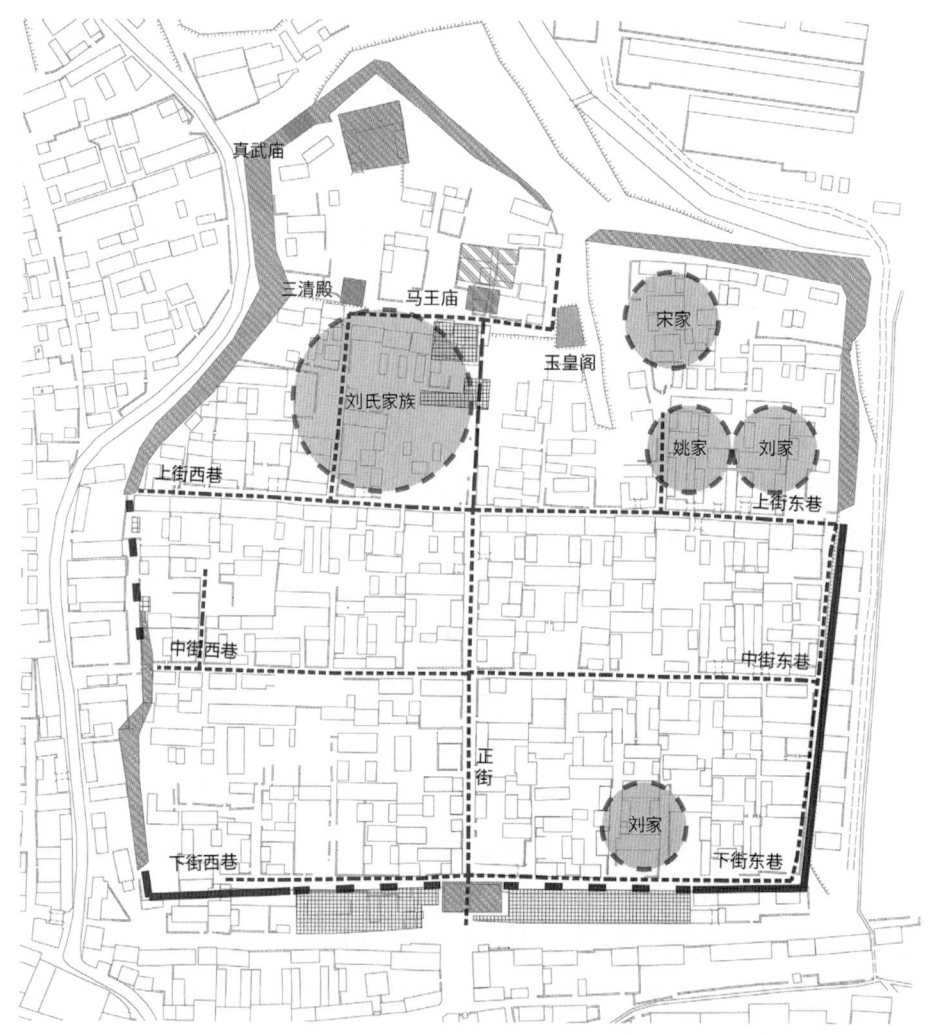

图 4-6　暖泉镇北官堡车马户分布

计算工钱。

车马户的经济状况也有差别。富裕的如刘氏家族,每家各有几十亩地、若干头骡子,雇人做长工。普通的车马户,有 8～10 亩(约 0.66 公顷)地,要自己种地、跑骡帮。养大车是不小的投资,户主要购买骡子和大车,还要解决骡子的口粮和大车的维护。没有财力供养大车的脚户,只好选择投入少、运货量灵活的驮子。车马户不需要在街上有店铺,养马、修车的活计在家里便完成了,买卖也在堡里完成。

车马户的业务来源广泛。暖泉商业发达、店铺多,豆腐房、油房、缸房、饼铺等商铺的原料与成品的运输需求很大,比起一次只能运送两三百斤的驮子,商家更需要运量大的骡车。农忙时节,骡车还能用于耕地。犁地时,骡在前面拉犁,人在后面扶犁；播种时，骡在前面把地犁开，人在后面播下种子；运粮、运肥等工作也需要大车来完成。除了自家使用，车马户有时也会将骡车出租，张沛老人说20世纪40年代时一天的租金是一升米。

每年腊月是车马户最忙的时候。此时正值寒冬，居民需燃煤取暖，商家更需燃煤加工年货。骡车去北山拉回煤炭，由于往来次数频繁、运量大，导致不堪重负，冬季也成为修车铺生意最好的时节。

1949年后，车马户加入生产队，骡和车也充公了，但他们仍然以此为主业，因为养大车、运货都需要技术和经验。

骡驮和骡马大车都需要骡子。暖泉因此发展出一条完整的产业链，包括母马贩售、种驴配种、骡子养殖等。公驴和母马交配，生下骡叫马骡。公马和母驴交配，生下骡叫驴骡。马骡个大，有驴的负重能力和抵抗能力，还有马的灵活性和奔跑能力，食量又比马小，是非常好的役畜。驴骡个小，不如马骡好。暖泉及周边乡镇，以公驴和母马配种居多。

母马来源于口外，即张家口之北。暖泉处于农耕文明区，但已靠近草原，有人专门从事贩马业。牲口贩子去到口外的张北马市，挑选优质马匹。一般是两人同去，一趟10匹或8匹。暖泉也有牙子，作为村民购买马、骡等大牲口的中间人。

选马的标准是"一宽一窄"，即马的前裆一定要宽，后裆一定要窄。骡子也是同理。此外，骡子的后腿要是多几个小弯曲，比如有三道弯，就是难得的好骡子。如果小腿棒子特别长，更是优质的骡子。

张沛老人回忆说，风水庄有个牲口贩子，名叫张喜。他的弟弟在张家口做生意，他本人每年在七月到秋收期间会去口外贩马一到两趟。

母马从口外贩回暖泉后，卖给暖泉居民（尤其是北官堡的车马户）。北官堡的车马大户刘家，除了养跑运输的骡子，也养母马。他们的骡子一小部分是从养殖户手中购买，大部分是自家母马生产的。一头母马，一年可下一头骡子。

更多的母马是转卖给了养马村。暖泉周边6公里以内，分布着多个养母马来繁育骡子的村落，包括千字村、殷家庄、西石门、东石门等。张沛老人回忆，20世纪40年代时千字村和殷家庄各有20多匹母马，西石门有大约30匹母马。养马村的母马经配种产下骡子后，也是赶到暖泉集市上贩售。

暖泉镇区没有牧场，所以马和骡子主要靠家养，饲料是谷子和黍的秸秆。秸秆要用铡刀铡成小段，配上干草。还要补一些粮食类的饲料，如高粱和黑豆，用来增加营养，增强马和骡的力量。养牛的家庭，会用胡麻油或菜籽油的渣滓（当地叫麻糁）来喂牛，也补黑豆、高粱、干草等。

骡子是值钱的大牲口，属于重要的家庭财产。为了防止偷盗，养骡马较多的户主会在骡马的屁股上打上烙印，也就是马刺，以此标记产权。养少量骡马的户主，看管起来难度不大，也就没有打马刺的必要。

1980年之后，北山煤炭迅速发展，引来很多外来人口，骡子丢失的事时有发生，当地就有传言说"老侉子"[1]偷骡。煤矿用骡子在井下运煤，而井下作业便于隐藏，这也助长了偷骡子的风气。

修车匠的工作主要是造车，其次才是修车。造车所用的木材产自本地，包括榆木、桦木和铁杉木等。大车的木制车轮，外圈用9块枣木拼成，并且用瓦状铁皮包裹（当地人称用这种车轮的车为"铁车"），打上钉子，以提高使用寿命。制作车轮需要精湛的木工和打铁技术，普通木匠无法胜任，在旧时这属于高技术工种。当地称造车为"打车"。打车时，修车匠先是制作零散的部件，如车轮、车辕等。等全部部件完成后，便可以很快组装成一辆车。张沛老人说，民国时期的大车和现在的外形基本上相同，尺寸也类似。

20世纪40年代暖泉的修车店有两家，一家在河滩草市戏楼附近，另一家在风水庄内。他们是姓任的两兄弟，属于祖传手艺，做工和选料实在，在镇上有很好的口碑。兄弟俩常年打车，有时也会帮忙修车。

铁匠也常在修大车时来帮忙，如箍车辕、钉马掌等。

有的熟铁匠，还会为车倌打制特别的"鱼儿刀"。旧时车倌驾骡车长途运货，因为路况不佳，时有意外发生，牲口摔倒时如果缰绳缠到脖子，可能会窒息而亡。这时，车倌裤带上挂着的鱼儿刀就发挥了大作用，车倌用它可以迅速割断缰绳，解救骡子。鱼儿刀小而锋利、做工考究，对铁匠技术要求很高。

## 运输业务

白麻、煤炭、小米、酒、胡麻油等物资从暖泉出发，由骡帮或骡马大车运至外地，归来时运回当地物产。根据运输目的地不同，采用的运输方式也有所区别。民国时期随着道路条件改善，暖泉与县城沿线还出现了客运服务。

暖泉产胡麻油。胡麻适宜在寒冷地区生长，华北平原人吃不惯胡麻油，所以暖泉的胡麻油多销往张家口、大同和关外。运输方式，在民国初期之前都是用骡帮；民国初期之后，虽然公路修通，但因途中有上下坡，骡车仍较为困难，所以大部分时候还是用骡帮，少数时候用骡车。

---

1 蔚县人对南方人的蔑称。

暖泉产高粱酒。这些酒除了供蔚县本地消费之外，还运往外地，尤其是南边的涞源、易县等地。暖泉缸房卖酒，通常是由二掌柜在每年的春节之后，骑着骡子去，把订单谈好。二掌柜骑的是小骡子，这种骡子脚程快，一天可以走100多里路。清明节前后，缸房再安排骡帮将酒送去，正好赶上春耕泡种。一个骡帮有五六头骡子和两个赶骡子的师傅。每头骡子驮两个酒篓子，每个酒篓子150斤左右。

白麻制成的麻绳是工业用品，在中国开启近代工业化之后，麻绳的需求量大增。蔚县白麻（及麻绳）产量大、质量好，成为外销的重要物资。工业化城市主要在蔚县以南，因此白麻也极少往北销售，而是卖往京津一带，再发往全国。早年，蔚县白麻由骡帮翻越南山，运到北京，交付麻庄。后来铁路通车后，骡帮把白麻运到易县、高碑店的火车站，再由铁路运往京津。从易县返回的骡帮，顺路运回小麦、棉花、布匹、山货与药材，当地称为"回头脚"。蔚县一驮麻绳到易县，中华民国初年的脚费是小米五斗左右。[1]

南山可耕种的面积比较大，多种植高粱等粮食作物。从涞源、易县等地回来的骡帮，会顺路把南山的粮食拉回暖泉，在集市上交易。山区农户也可以用骡或驴，把自家富余的粮食运到暖泉出售。

北山多产煤。蔚县煤矿大多分布在县城的西北侧，即暖泉正北方的南留庄、西细庄、白草一带。从暖泉到北山煤矿的距离是30多里。北山有贩煤人，每天往返暖泉。运煤有两种方式，一种是用大车（即骡车）运，另一种是用牲口驮。北山人贩煤以驴驮为主。驴一次能运200斤左右。驴子的运力不如骡子，但是饲养成本低，也更易于管理。暖泉的缸房、油房、饼铺等大店铺，是用骡车运煤。骡车的好处是运量大，一车2500斤到3000斤，平摊之后的运输成本比较低。但是路况不好，风险也高，容易发生事故。

20世纪40年代后期，普通人家在冬天会用独轮车去北山运煤，一车能运300斤。张沛老人说，当时人们烧火都比较节省，尽量用"棒棒秆儿"，即玉米秸秆，只有在特别冷的时候才会烧煤取暖。300斤煤炭省着用，足够一个家庭度过整个冬天。

我们在调研中曾雇佣县城一名司机，他回忆说从爷爷小时候一直到父亲小时候，每年冬天都是用独轮车去北山运煤，"独轮车的两边各驮一个柳条筐，后来编织塑料袋和帆布口袋取代了柳条筐，但还是用独轮车"。

---

[1] 周洲.昔日蔚州白麻运销之路［J］.蔚县文史资料选辑：第7辑，1996：139-141.

蔚县东部乡镇是用牛车来北山拉煤，将暖泉作为中转站。暖泉附近的短途运输，以及暖泉和蔚县东部乡镇之间的河川地运输，大宗用骡马大车，散货用骡驮。

暖泉镇位于壶流河北岸，其东部的蔚州、代王城、西合营等集镇都位于壶流河南岸，暖泉和这些集镇之间的交通需要过河。蔚县气候干旱，降水集中在夏天六、七月。在雨季，人、畜过河是有困难的，其他时间则可以直接蹚水。旧时壶流河上的桥都是临时搭的板凳桥，河水较窄处的宽度只有十余米，需要十几个"板凳"来架桥。这些板凳在一般情况下是牢固的，河水冲不走。如果发大水冲走了，用新的"板凳"来替换即可，成本不高。板凳桥只能供人通过，牲畜与大车过河还是要蹚水。[1]

骡驮和骡车渡河时，要选择河道较宽、河水较浅的地方。由于水流状况复杂，沿岸还有靠河吃饭的人（张沛老人称之为"水贼"）。这些人靠着熟悉河道，会在河中挖坑设陷阱。骡车过河时陷入陷阱，车倌找人帮忙推车，需要付一笔工钱。有经验的车倌，会在渡河之前找到"水贼"，付钱让他带路，从安全的地方过河。

煤矿业也用到骡驮。挖煤是相当辛苦的工作。挖煤时，向下挖到一块大面积的黑色物体，便知道是挖到煤矿了。工人在煤块的两侧和下方各挖一个半米深的洞，再在煤块中间打锥子，如此可将一整块煤凿下来。一个煤块有一百多斤，工人要把这些煤块背到地面上。往外背的时候，一人背一个煤块，排着队往外走。煤块很重，万一有人扛不住了，煤块就会顺着斜坡滚落，砸到后面的人。所以当有人扛不住时，便会大喊，说跑巷（hàng）了。后面的人听到，就赶紧把头藏到台阶沿下，便不会被滑落的煤块砸到。旧时的煤矿工人，就是通过这种简易的办法来应对危险。

旧时的矿井不是很深，产量较少，仅用人力便足够了。20世纪50~60年代，煤炭产量增加，而矿坑还没有出现传送带等先进设备。在此期间，经常用骡驮将煤块运出地面。采矿时，矿工走便道或坐矿车。运输工负责赶骡子下到矿里，再往外运煤。这些骡子，一般只在精壮期的三四年里进到矿井下工作，之后便会被卖掉。有的被卖到肉铺；有的被卖给农民，继续干农活。

运煤巷道的高度可以容人直立通过，不必弯腰。煤矿里面很黑，矿工要随身携带油灯来照明。油灯是茶壶状的，当地称为油壶，正好供一只手握紧。相比于家用的敞口油灯，这种油壶的容量更大，也更便于携带，结实的壶体也更耐磕碰，

---

1 张子儒，杨建军．蔚县交通道路纪略[J]．蔚县文史资料选辑：第10辑，2000：46-61．

特别适合矿工使用。矿工在向上爬坡时,坡道很陡,手里的油壶能直接顶在地上。(图4-7)

民国时期,暖泉和县城蔚州之间出现了客运交通工具,比如趟子车。

趟子车又称"套子车",由一头骡子或马拉车前进,木箱铁轮,车形似轿子,车内可容四五人,也能运少量货物。出行以趟次计价,由此得名。[1]

图4-7 矿工用来在井下点灯照明的油壶(刘文炯 摄影)

张沛老人回忆,20世纪40年代有外号叫"康老现"和"阎老五"的人,都是专门跑暖泉和县城之间的趟子车主。他们的车经常停在暖泉东券门外的饭店门口,有需要捎带货物或者坐车往返县城的人,到这里凑齐了出发。暖泉镇往西,也有两辆往返广灵的客运车,车主分别是西古堡的房姓人家和西场庄的王姓人家。

## 集市与店铺

王敏书院和逢源池的东侧为草市,南侧和西侧为米粮市。草市的东侧有一排坐东朝西的店铺,主要是为运输业服务的饭店、旅店、修车店、打马掌店等。草市加上这一排店铺,也被称为"草市街"。在上街东北方、宗家当铺北边的空地,设有煤市,专供北山煤炭交易。草市街加上东市,专门针对运输业,作为商旅途中的中转站,供停留、补给、整备、补充粮草之用。

不同牲口有不同的草料需求。牛和羊是反刍动物,对草的吸收效率高,所以吃草就比较少。马、驴、骡不是反刍动物,吃草是直接消化和排泄掉,吸收率不及牛、羊,因此需要更多的草料。暖泉镇属于农耕区,缺少放牧的草场,牲畜主要养在院子里(羊在夏天会到南山放牧),饲料多用粮食作物的秸秆,同时也需要到草市上购买草料。当地有人割青草、干草,送到草市上售卖。他们没有固定的

---

1 周清溪.蔚县交通运输史话[J].蔚县文史资料选辑:第10辑,2000:62-69.

商铺，采用地摊模式。

暖泉镇上与运输业相关的店铺主要有两类。一类是供商队休息、停留的旅馆和车马大店。另一类是为商队提供配套服务的修车铺、打马掌店等。

修车铺以服务大车为主，包括三套车和四套车。小车、独轮车等对技术要求不高，利润也相对较低，都是委托木匠或是由车主自己完成。

车马大店占地面积较大，供往来的大车落脚休息、补给草料。上街和下街有三处车马大店，还有几处被称为"留人小店"的小旅馆。"留人小店"规模不大，供往来商旅居住，也可附属于饼铺、豆腐房等，只要提供一两间客房即可营业。东券门附近的东市街也有两家车马大店，在华严寺以东的路北侧（此处路南已靠近壶流河，不适合建房）。其中规模较大的一家，老板姓李，家住中小堡。另一家的老板姓董，来自附近的马庄子村。

相比于上街和下街，东市的车马大店生意更好，规模也更大。路过暖泉去北山拉煤的车，基本上都在这里过夜。赶集日的前一天，车马大店的生意便格外繁忙。冬季尤其是腊月的生意最旺，夏季为淡季。

车马大店多为一进大院，正房用来住人，厢房做成棚子供牲畜休息，倒座房用作伙房和大门，中间院子能停 8~10 套大车。东市李家的车马大店，规模尤其大，是两进院，总进深有六七十米，总面宽约 30 米。后院的正房和前院的正房，都是七间面宽。

跑运输的车倌大多自带口粮，住店后把口粮交给伙房，付一些加工费。赶大车的车倌会给骡马带上草料，以黑豆或者高粱秸秆为主。草料不一定够，这时就要去草市上购买。

抗日战争期间，暖泉的土匪头子宗孝把东市李家车马大店改成了赌场。[1] 宗孝把两个院子打通，在原本安置马车的院里搭上棚子，冬天用棉布防寒保暖，夏天用席子遮风挡雨，客人便在院中活动。张沛老人说，宗孝这家赌场是当年全蔚县最大的赌场，远近闻名，连县城和广灵、涞源等地的人都曾来这里赌博。（图 4-8）

张库大道以"茶马互市"为基础，开启农业种植区与草原放牧区的物资交换和贸易往来。暖泉镇的运输业比不上张库大道，它是张库大道南路方向的延伸和拓展，也在相当程度上体现了农牧之间的交流。

暖泉地处农牧交错带，背靠张北草原，有丰富的牲畜资源，为粮食运输、交

---

[1] 据张沛老人回忆，李家车马大店此时的老板已换成沙子坡村一个张姓人。张老板对宗孝敢怒不敢言，还躲到东石门村的亲戚家去了。

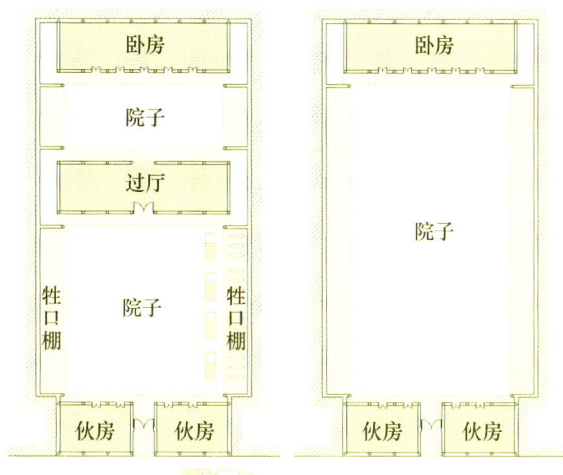

图 4-8 宗孝赌场平面示意图
（改造前 / 后）

易和加工提供方便。暖泉镇位于蔚县县城和山西广灵县城的中间点，是山西晋商往返张家口、北京的通路之一。交通节点的地位使得暖泉发展出物资集散、交易等功能，手工业所需的原材料在此汇聚，工商业蓬勃发展，这反过来又推动了骡帮、车马等运输业进一步走向兴盛。

由于历史变迁等客观原因，暖泉镇上与运输业相关的建筑损毁严重，文字记录也很少。一些老人的回忆提供了丰富的信息和细节，使我们基本上了解到暖泉运输业的构成部分和发展脉络。

清末、民国时期，在时局剧变的同时，运输工具也在发生变化。张沛老人成长为青年的 20 世纪 40 年代，骡帮已经走向衰落，大车、铁车、独轮车成为主流的运输工具。

（马傲雪）

## 第五章

# 缸房和油房

在暖泉诸多手工业中,最具代表性的当属酿酒和榨油。暖泉人称酿酒的作坊为缸房,称榨油的作坊为油房[1]。清中期至民国时期,暖泉镇的缸房和油房数量多、规模大,发展出成熟的生产经营模式,也形成了独具特色的建筑空间。本章通过整理访谈材料与查阅相关文史资料,梳理两大产业从原料购买、生产加工到产品销售的流程,复原了缸房与油房的平面分布与建筑空间布局,也对比和总结了它们的产业特色。

暖泉西市关帝庙保存有四通重修供器碑文[2],记载了清乾隆三十一年至光绪六年(1766—1880年)参与募捐的各个商铺名称及捐款金额。蔚州玉皇阁清光绪二十三年重修碑文中记录了蔚县各乡镇的募捐情况,其中也包括暖泉商铺。西市关帝庙和蔚州玉皇阁都是重要的庙宇,为其修缮捐款也是商家的责任和义务,因此记载在碑文上的商铺在很大程度上可以代表当时的主要店铺;捐款数量也直观地反映出不同产业的经济实力和地位。

五通碑文中能明确辨别的商号数量保持在47～78家之间。从时间上看,清乾隆时期的缸房很多;嘉庆时期,缸房数量维持稳定,油房数量大增;光绪时期,能直接辨别出类型的缸房、油房减少,这可能与商号命名习惯的改变有关——光绪六年重修关帝庙供器碑文中出现了51家无法辨别种类的商号,如永兴隆、义盛高等;清光绪二十三年蔚州玉皇阁重修碑文中此类商号增长为63家;这些商号中有一部分可能是缸房和油房。(表5-1、图5-1)

表5-1 五通碑文中店铺数量统计

| 时间 | 可识别店铺 | 不可识别店铺 | 手工业商号 | 缸房 | 油房 |
| --- | --- | --- | --- | --- | --- |
| 乾隆三十一年 | 55 | 27 | 21 | 17 | 1 |
| 乾隆四十五年 | 47 | 25 | 17 | 11 | 3 |
| 嘉庆三年 | 61 | 19 | 23 | 13 | 8 |
| 光绪六年 | 61 | 51 | 6 | 3 | 2 |
| 光绪二十三年 | 78 | 63 | 13 | 6 | 7 |

从捐款金额来看,暖泉商业可以分为三个梯队:第一梯队是当铺,第二梯队手工业中的缸房,第三梯队是手工业中的油房和肉铺、饼铺等其他食品加工业等。

从名称看,店铺的换手率可能相当高。以缸房为例,前三通碑文间仅跨越32

---

[1] 现也写作"油坊",为了与历史文献中的称呼保持一致,本文称"油房"。
[2] 四通碑文分别为清乾隆三十一年《暖泉西市关帝庙重造供器碑记》、乾隆四十五年《暖泉西市关圣庙重造供器碑记》、嘉庆三年《西市关帝庙重修供器碑记》和光绪六年《重修关帝庙供器碑记》。

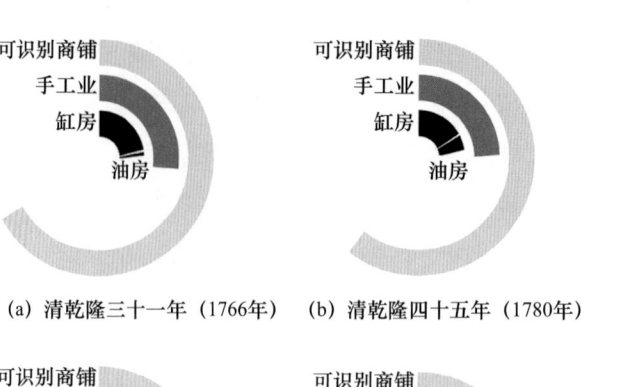
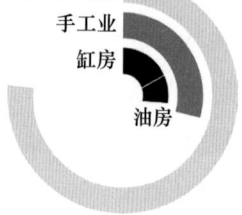

图 5-1 五通碑文中店铺数量占比环状图

年（清乾隆三十一年至嘉庆三年），只有张林缸房、杜廷缸房、郭旭缸房三家店铺名称出现了两次。这或许说明暖泉的商业较为活跃。

### 暖泉缸房

清乾隆三十一年《暖泉西市关帝庙重造供器碑记》中记载有17家缸房，捐款总额高达2080文，为捐款总额的31%，可见当时暖泉镇酿酒业的兴盛。《蔚县志》载，中华民国十一年（1922年）蔚县缸房遍及八大镇和部分乡村，酿酒缸房总数达44家。后因军阀混战、苛捐杂税繁多，商业衰退，缸房数量减少至26家。[1]

酿酒业的发展离不开粮食生产。暖泉农业基础较好，为酿酒业的繁荣创造了条件。清中期随着人口数量激增和社会消费水平提高，酒的需求量也显著增加，缸房由此迅速发展起来。酿酒需要消耗大量粮食，为了保证口粮供应，历朝历代都曾施行禁酒令。但酿酒作为高利润产业，仍然禁而不止。[2] 前文讲述的五通碑文中记载的缸房数量分别为17家、11家、12家、3家、7家，在可识别的手工业商号中占比最高。

暖泉缸房主要酿造高粱酒，原料以高粱为主，豌豆、大麦为辅。清乾隆版《蔚

---

1 河北省蔚县地方志编纂委员会.蔚县志[M].北京：中国三峡出版社，1995：217.
2 王兴亚.清代北方五省酿酒业的发展[J].郑州大学学报（社会科学版），2000（1）：14-20.

县志》载:"蜀秫,俗名高粱,秆叶俱如蔗而长,亦可酿酒。"[1] 当地还有一种用黍子做的黄米酒。黍子是重要口粮,首先要用来解决温饱问题,用作酿酒原料成本太高,因此黄米酒的产量较低。

据张沛老人回忆,20世纪40年代暖泉有3家大型缸房,分别位于西场庄内、佛爷镜东面和米粮市南。其中位于西场庄的名为恒吉顺,是暖泉规模最大的缸房,1949年以后公私合营改为暖泉酒厂。缸房的酿酒工序较多,占地面积大,因此在选址上会远离店铺密集的镇中心。镇上老百姓平日去缸房买酒不便,因此街上有几家烟酒杂货店,从缸房批发酒来零售。

大规模的缸房还会有多个投资人,按股份分红。大掌柜就是大东家,二掌柜通常负责联系订单,三掌柜负责酿酒。掌柜们各司其职,各尽所能,共同管理缸房。

高粱等酿酒原料平时储存在缸房中。缸房通常有四五百口大缸,每一个缸里放三四斗粮食。根据原料的不同,一斗为30到40斤不等。

原料、燃煤和酒的运输都需要交通工具,缸房因此自备骡马大车。张沛老人回忆,恒吉顺养有八九头骡子和四辆大车。酿酒用到的高粱、大麦、豌豆,主要来自蔚县的南北山,用骡驮或大车运送过来。酿酒过程中蒸煮谷物和蒸馏酒精需要消耗不少燃料,缸房用大车从北山运煤。

缸房生产出来的酒,除了满足本地消费,还用骡驮或大车运到外地销售。如果是到蔚县境内河川地的其他乡镇,多用骡马大车。如果是到北边张家口和南边涞源、易县等地,则用骡驮。

高粱酒的酿造工序包括原料粉碎、蒸煮、混合搅拌、发酵、蒸馏等步骤。首先要将原料研磨成粗面状。虽然暖泉有多家碾房,但缸房的原料加工量大,因此都自备石磨。磨好的面上大锅蒸煮,蒸熟后铲出来冷却,之后跟研磨好的酒曲混合搅拌。4个工人一组,合作进行。按照技术、环节的重要程度,分为酒大工、酒二工等工种。工人们每天分三班,每班工作8小时。混合时,每一担八[2]的粮食搭配四块酒曲[3],和在一起,反复搅拌均匀。搅拌用的坛子有半米多高,工人的手沿坛子内壁插下去,一直插到坛底,将原料翻起来,如此反复。为了保护手指头,工人要戴着铁制的指套,搅拌时指套摩擦坛壁会发出刺耳响声。搅拌完成的原料放入柏木桶,盖上约5厘米厚的木桶盖,桶盖上留一个换气孔,桶身用铁圈箍起来。

原料完成发酵后,工人将木桶放在蒸屉上,生火蒸馏。木桶的顶部放着一个

---

1 王育榳,李舜臣.中国方志丛书·乾隆蔚县志[M].台北:成文出版社,1968:6.
2 一担300斤,一担八相当于540斤。
3 一块酒曲6~7斤。

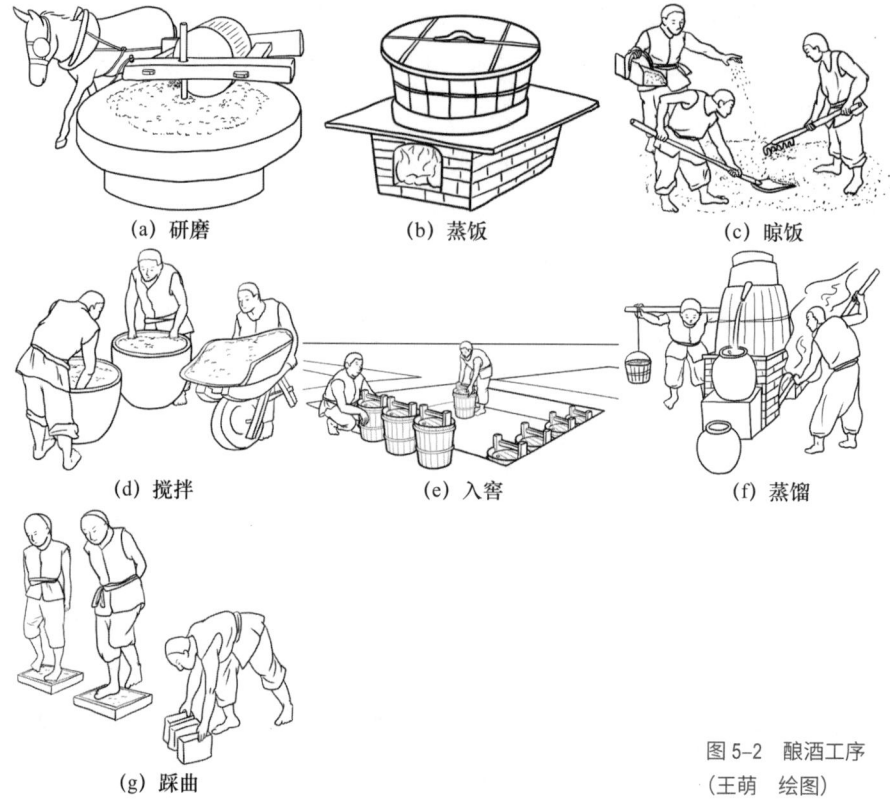

(a) 研磨　　(b) 蒸饭　　(c) 晾饭
(d) 搅拌　　(e) 入窖　　(f) 蒸馏
(g) 踩曲

图 5-2　酿酒工序
（王萌　绘图）

金属桶，桶内是不断更换的凉水。柏木桶里蒸发出来的酒精，遇金属桶底冷却成液态的酒水，流入酒缸。（图 5-2）

剩余的酒糟是优质的牲畜饲料，缸房通常会在附近设养牛场，这也能带来不菲的收入。

酿酒离不开酒曲。酒曲本质上是发霉或发芽的谷物。酿酒时，酒曲中微生物产生的酶将谷物中的淀粉糖化发酵成酒精。根据酒曲形成环境和所用原料的不同，酒曲可分为大曲、小曲、红曲等不同种类。暖泉酿酒用的是大曲，主要原料是大麦、小麦和豌豆。缸房每年要制 3 次大曲，称"春曲""伏曲"和"秋曲"。原料要研磨、搅拌成面状，装进模具，再由踩曲班进行踩曲。

据周清溪《蔚县最早的童工班》一文记载，暖泉是蔚县踩曲班的故乡。明末清初[1]，暖泉共有 3 个踩曲班，分别由张喜、刘赞、杨世 3 人领班。3 个踩曲班各有成员 35～40 人，其中童工有 25～39 人。踩曲过程中，童工们间隔着站在木板上，围成环形。一块大曲经过几十人的传递，反复踩踏，才能出模。[2]

---

[1] 疑为清末民初。蔚县酿酒业约从清乾隆时期逐渐兴盛起来。
[2] 中国人民政治协商会议河北省蔚县委员会文史资料征集委员会. 蔚县文史资料选辑（第五辑）[M]. 1992：70-72.

踩好的曲坯,先经过7天的发酵,再进行2个月左右的晾晒,最终制成可以用来酿酒的大曲。有些小型的缸房,不具备自制酒曲的规模,直接从大缸房购买制好的酒曲。

## 恒吉顺缸房

据张沛老人回忆,恒吉顺位于西场庄村的居民区内,坐北朝南,占地面积达20亩(约1.3公顷),分前院和后院。缸房南侧临街开有两道门,沿街建筑均为商铺。缸房前院停放大车,西侧沿东西方向有九间骡马棚,东侧为酿酒的厂房。骡马棚与厂房之间有一条过道,平日用来摆放酒曲。(图5-3)

后院有两列南北走向的房屋,西侧一列为伙房,东侧一列为工人宿舍。两列房屋将后院划分为3个小院,西侧院子沿墙堆着粮草垛;宿舍东侧的院子有一个猪圈,养着二三十头猪。最北侧的一排房屋,中间有一道隔墙分开,两边分别是七八间完全打通的厂房。西侧为储存酒的库房,东侧是制作酒曲的场地。

恒吉顺南面有一个大院,是一个养牛场。养牛场东西宽约30米,南北进深约20米。养牛场专养肉牛,每年春天缸房会派人到附近村里,收购年老不适合耕地的牛。买牛的时间也有讲究——每一批牛,一定要在同一天送到养牛场。如果有哪头牛晚到了,它就会被之前来的牛群排斥,可能活不下来。牛喜欢吃带酸味的酒糟,恒吉顺将酒糟直接运到养牛场做牛饲料。按养殖场的喂养节奏,牛很快就能长肉,养肥后卖给肉铺。如果还有多余的酒糟,会卖给附近的养殖户。

张沛老人曾于1950年在暖泉酒厂当学徒,他的讲述为我们还原了恒吉顺酿酒工艺、平面布局和历史变迁。1949年以前恒吉顺有一任老板,姓张,外号"五

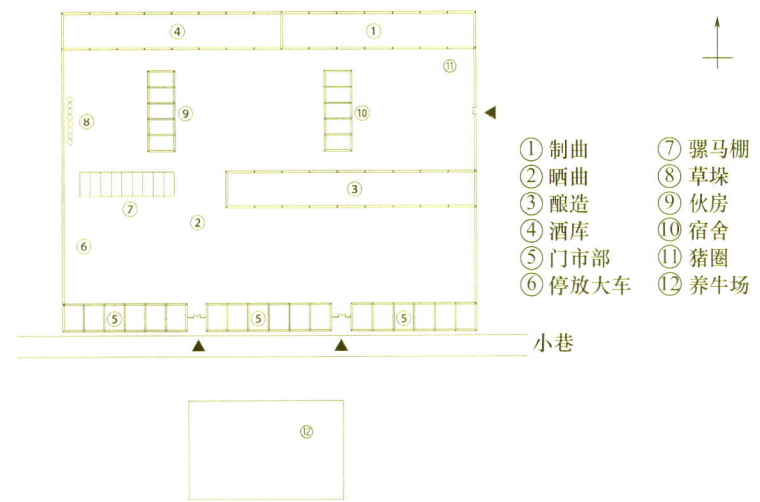

图5-3 恒吉顺平面示意图(图片来源:王萌根据张沛老人采访绘制)

聋汉"。五聋汉的父亲在当地鼎鼎有名，外号"窝老子"[1]。

1948年以后，恒吉顺改为暖泉酒厂，时任厂长杨文慧是山西人。当时酒厂分为生产科、营业科、销售科等部门。张沛在暖泉酒厂当了10个月的学徒，学习了制曲。张沛老人还分享了他趁着没人溜到酒库，偷偷吸溜几口酒的经历。在他的记忆中，酒厂刚做出来的酒比店里售卖的口感要好得多。这酒不但能"内服"，还能"外用"。酒厂一位姓宋的师傅教给张沛一个妙招：无论是疲惫乏力、心情郁闷还是着急上火，用脸盆盛酒来洗头洗脸，立刻能神清气爽。张沛在一次检查酒精度数的操作中失手打碎了酒表（酒表是检查成品酒精浓度的仪器，需要从外地购买，非常珍贵），厂长因此开除了张沛。

## 暖泉油房

油房曾经是暖泉镇仅次于缸房的产业，兴盛时间略晚于缸房。根据碑文记载，清中期时油房在暖泉商铺中的占比是不断增加的，从乾隆三十一年的1家增长至嘉庆三年的8家。据《蔚县志》记载，1925年暖泉镇共有油房20家；1935年减少为6家，当年经销胡麻油900公斤。[2]

暖泉油房呈现出数量多、规模小的特点。油房采用一种常见于我国西北和华北地区的榨油装置——油梁，这种独特的生产工具也产生了与之匹配的建筑空间。

暖泉上街的王焕老先生，先辈曾经营过油房。王焕家中保存的民国时期王氏坟谱显示，第一代是王培基，生子一人，名王郡（王焕称王郡才是王氏从白家庄河东堡迁到暖泉的第一人）；王郡生有四子，分别是王通经、王明经、王执经和王泛经；王通经和王明经兄弟二人合开"和兴裕"油房，地点就在下街东头，有店铺五开间。[3]

暖泉中小堡的白氏家族，曾是堡内实力最强的家族。据传白家自清嘉庆年间从山西白家坟迁至暖泉，在中小堡置办房产，并在靠近中小堡的下街经营多家商铺，其中包括油房。这一说法，跟碑刻中体现清中期时暖泉油房走向繁荣是相吻合的。

据张沛老人回忆，20世纪40年代暖泉镇上有七八家油房。从北官堡观音寺到上街一带有三四家，其中规模最大的是苑多秀油房。两家规模较小的油房，分别属于杨家、赵家。东市有两处油房，较大的一家姓李，较小的一家姓仝。下街五道庙

---

1 当地一种比雕要小、比老鹰要大的鸟。
2 河北省蔚县地方志编纂委员会.蔚县志[M].北京：中国三峡出版社，1995：316.
3 罗德胤.蔚县古堡[M].北京：清华大学出版社，2007：65.

附近还有两家规模中等的油房，分别是张家的张丙油房和雷家的合信义。（表5-2）

表5-2　1935年蔚县城及暖泉粮油行统计表

| 地区名称 | 行业 | 十年前数量 | 现存数量 | 经营品种 |
| --- | --- | --- | --- | --- |
| 蔚县城 | 饼面行 | 32家 | 9家 | 全年经销各种面2万余公斤 |
|  | 山货行 | 6家 | 4家 | 全年经销大豆10石上下 花生2500公斤 |
|  | 油行 | 3家 | 1家 | 全年经销麻油16000公斤 |
| 暖泉 | 油行 | 20家 | 6家 | 全年经销麻油900公斤 |
|  | 饼面行 | 16家 | 3家 | 全年经销各种面1万余公斤 熟货5000余公斤 |
|  | 粮行 | 20家 | 6家 | 年经营粮5万50石，米麦8万余石，豆类580石、黍子200石 |

资料来源：1995年《蔚县志》。

1935年蔚县城及暖泉粮油行统计数据显示，暖泉镇的油房与县城的相比，数量多，但产量反而较低。这可能与暖泉油房普遍规模偏小有关。《察哈尔省通志》卷二十三记载："（蔚县）全县十余家（油房）。用水力磨胡麻菜籽，蒸造成饼，复以直径二尺长四丈之重木梁，压榨取油。每原料十石，出油四十三坛，每坛重十六斤。年产麻油四万余坛，值银十六万余元。工人四百五十余名，一年仅工作三个月，每人月得工膳银五元。"蔚县10余家油房共有工人450余名，每家油房的规模都十分庞大；且每年仅工作3个月。[1]

张沛老人回忆的暖泉油房，每家只有一套榨油设备，即便是大油房也只需要4名工人，而且全年工作。

暖泉油房以生产胡麻油为主，菜籽油为辅。胡麻是一种生性喜寒耐寒的农作物，适合生长在我国西部、北部高寒干旱地区，因此胡麻油也成为当地最常见的食用油。蔚县的南山、北山均有胡麻种植地，以南山为多。暖泉人通常会在自家田地中划出一小片来种植胡麻，以满足自家用油所需。胡麻产量通常不高，据县志记载，1949年以后蔚县胡麻亩产量最高为1988年的32公斤，最低为1960年的4.5公斤。[2] 据暖泉当地人回忆，胡麻亩产约为一斗，即15公斤左右。菜籽的产量比胡麻更低。

油房生产的胡麻油，主要卖给了饼铺和煤矿。饼铺做饼、点心和油炸货，用油量大。煤矿工人点油灯照明，也要消耗很多胡麻油。矿上用的麻油灯，灯壶像茶壶状，捻子较粗。相较而言，暖泉居民日常用油反而很少。老百姓们平时用油是相当节省的，只有逢年过节、红白喜事之时才舍得用油。普通人家夜晚点灯是

---

[1] 宋哲元，梁建章.察哈尔省通志[M].台北：文海出版社，1966：703.
[2] 河北省蔚县地方志编纂委员会.蔚县志[M].北京：中国三峡出版社，1995.

用麻秆，舍不得用油。

胡麻油易氧化，不适合长时间储存，因此在暖泉形成了一个有趣的现象。各家把收获的胡麻籽送到油房，不是一次榨完油带回家，而是每次只榨少量油，记录在名册上，用完再榨，以此保证油的新鲜度。

榨油剩余的油渣，当地称"麻糁"，既可以沤制成肥料，也可以用作饲料喂养牲口。

暖泉油房用油梁榨油。油房操作一般需要 4 名工人，其中两人负责制作油坯，一人负责压榨，还有一人打杂。油房收购来的胡麻籽，先送往碾房研磨。[1] 碾碎后的胡麻籽放入粗麻布，包成饼状，这就是榨油用的油坯饼。将油坯饼放在一个类似磨盘的装置上，上方放有几千斤的石头，堆成山的形状，称为"泰山"。张沛老人说，这些石头是专门从北山的史家窑村买来的。屋内悬挂一根巨大的榆木，作为油梁。大油房的油梁长约 18 米、直径约 0.7 米；小油房的油梁较短，十二三米左右。不榨油时，大梁取下放置在地面上。榨油时，利用杠杆原理，油梁的头端下面放着油坯饼，尾端被牛皮绳子吊起来，绳子缠绕在一个轳辘上，工人用木棍撬动轳辘旋转，收紧绳索，将尾端吊起，头端相应下降，不断给油饼加压，使胡麻籽出油。榨出的油汇入大缸里。每次压榨持续两到三个小时。第一次压榨结束后，工人取出油坯饼，把包袱里的胡麻籽翻拌均匀后再进行第二次压榨。两次榨取过后，每斤胡麻籽约能榨取三两胡麻油。（图 5-4）

## 苑多秀油房

暖泉油房只有一家留存至今。这家油房位于下街南侧，与中小堡西堡墙隔着一条小巷，已停产多年。现房主名为王庆福，是老油房主人的后代，常住外地。因为房门紧锁，我们没能进行现场测绘。（图 5-5）

张沛老人为我们回忆了苑多秀油房的情况。苑多秀油房位于北官堡的南门外西侧，是坐北朝南的一进大院，东西宽约 30 米，南北长约 40 米。油房主人苑多秀，年龄跟张沛老人的父亲相仿。除了榨油，它还有酿醋、制酱等业务。

苑多秀油房由正房及耳房、东西厢房和沿街南房组成。正房五间，主要用来酿醋和制酱；两侧各有一间耳房，存放杂物。东厢房为工人住所，西厢房是面阔五间的榨油房。油房建筑有两个特点：一是五间完全打通，以放置油梁（榨油装置）；二是四面开窗，且西侧脱离院墙，以便通风换气。南房为店铺。（图 5-6）

---

[1] 据张沛老人讲述，当地油房加工胡麻籽时不炒也不煮。

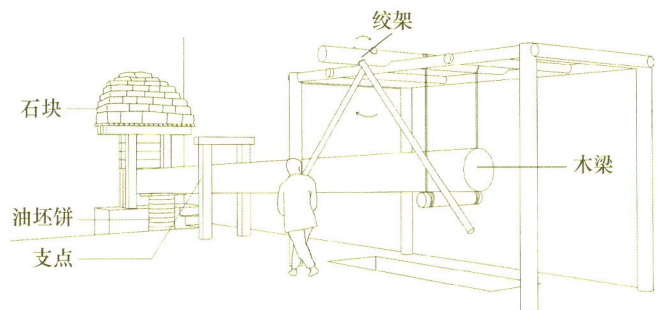

图 5-4　油梁设备榨油示意图（王萌　绘图）

图 5-5　下街保留至今的王家油房（罗德胤　摄影）

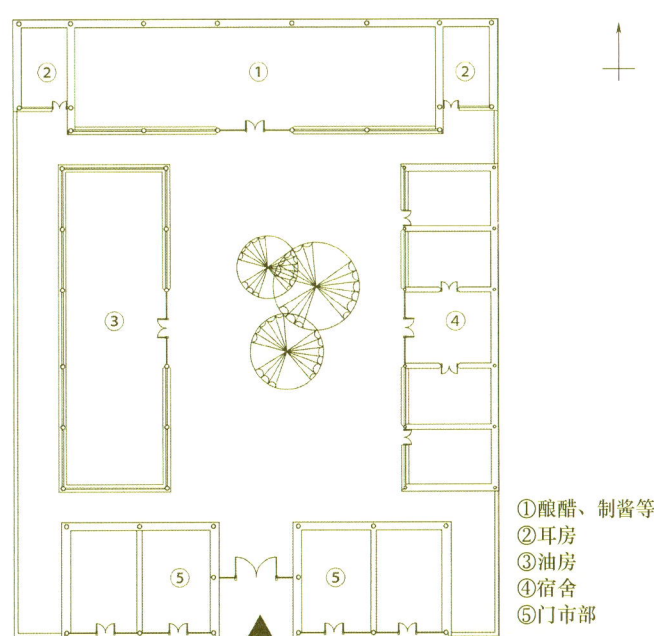

图 5-6　苑多秀平面示意图（王萌　绘图）

①酿醋、制酱等
②耳房
③油房
④宿舍
⑤门市部

缸房自清乾隆时期就已经在暖泉商业中占据重要地位，直至 20 世纪 60 年代，二百余年经久不衰。从原料选取、加工，到成品运输、售卖和副产品处理，形成了一条完整的产业链，还带动了养殖业、运输业、零售业等相关产业的发展。缸房占地很大，多分布于居民区内，跟镇中心商业区保持距离。

　　油房的兴盛略晚于缸房，在清嘉庆年间发展至鼎盛，此后一直是暖泉的重要商业类型。相较于缸房，暖泉的油房数量多、规模小，相对集中地分布在镇中商业区。长度十几米的榨油设施——油梁，也使得榨油作坊的建筑有大开间、内部通透的特点。

　　随着历史变迁，暖泉现在已经没有缸房，油房也只剩一家。通过采访，我们还原了其中具有代表性的缸房和油房的空间分布。结合采访中收集到的口述史和县志、碑文中的少量记载，我们依然能分析这两大产业的大致情况，并由此窥见暖泉这座商业集镇曾经的繁荣与生机。

（王萌）

第六章
# 暖泉豆腐房

暖泉豆腐也是基于粮食交易而发展起来的一项特色产业，在蔚县颇负盛名。

暖泉豆腐房目前有 9 家，其中西古堡 3 家，太平庄、北官堡、中小堡、沙子坡、西场庄、西辛庄各 1 家。

从选址上看，豆腐房大致可以分为两类：第一类是位于商业街或主路边，第二类是在社区内部、不在主路或街边。它们在销售方式上也有些区别：第一类豆腐房主要在自家店内销售；第二类豆腐房的位置比较偏僻，无法就近完成销售，需要运到暖泉集市上售卖。

西场庄、西辛庄和沙子坡这几家豆腐房属于第二类，它们的主人在凌晨 4 点就起床，7 点左右做好豆腐并且运到集市上。集市上的豆腐摊都是并排相邻分布的，我们在现场并没有看到大声叫卖或者吆喝的行为。

豆腐房大多历经三代人以上。比如，西古堡的曹家豆腐房是五代人都做豆腐，中小堡曹家是四代，三合泰旁的邢家是三代。他们的客源都是靠长时间积累的。

西古堡的张家豆腐房，历经三代人，位于堡内西南角。这家豆腐房是个四合院，正房面阔三间，是主人和老人住房；东厢房一间用作厨房，西厢房一间用来养牲口；倒座房一间用于做豆腐。

西古堡的曹家豆腐房，已历经五代人，位于西古堡内，一开始是在小巷深处，后来搬到正街西侧。曹家父亲年纪大了，已经退休，两个儿子都在做豆腐，但是分成了两家。哥哥在堡外买地建房，该地原属于村里的生产队（用作打谷场）。弟弟则留在西古堡，继承父业。

西古堡外的曹哥豆腐房，与张家豆腐房临近。两家存在一定的竞争关系，曹哥豆腐房的白豆腐比较好，张家豆腐房则是炸豆腐和豆腐干比较好。（图 6-1）

西太平庄三合泰旁的邢记豆腐房，主人是邢建军，1970 年生人。邢建军的爷

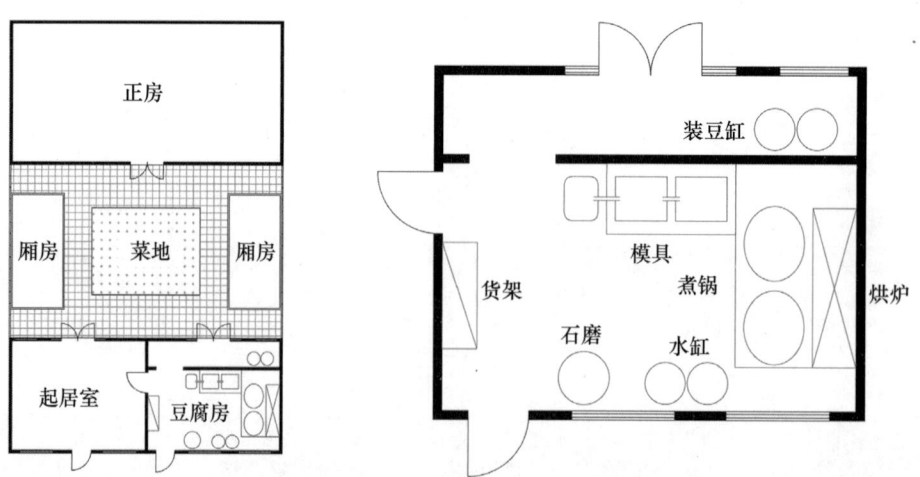

图 6-1　西古堡外曹哥豆腐房平面示意图

爷叫邢夺，家住西古堡内，是宋秉泽皮房里的工人。邢建军的父亲叫邢贵财，出生于1945年，2016年去世，他在20世纪80年代购得西市街的这处店铺，从西古堡搬到这里，同时开始做豆腐。根据西太平庄张永元老人的回忆，这处店铺在20世纪60年代就是个豆腐房，主人叫"老三"[1]，时年60余岁。2015年，邢建军将一层的老房拆除，翻建为带地下室的两层楼房。生产豆腐的作坊在地下室，一层用于销售，二楼用作住房。

上街的曹家豆腐房，主人姓曹，名字不详。张沛老人说，曹家祖父是在朝阳楼附近做豆腐，父亲则是在保安队[2]附近做豆腐。大概在1990年，父亲买下这处大院[3]。我们到访曹家的时候，豆腐房主人正把豆腐运到集市上卖。（图6-2）

北官堡的刘家豆腐房，历经两代人，主打产品为炸豆腐，现主人为上门女婿，继承的是老丈人的手艺和事业。

## 产品和销售

豆腐房的产品以白豆腐和豆腐干为主，外加少量炸豆腐、熏豆腐和豆腐乳。豆腐主要销售给附近居民，也会被一些游客作为伴手礼，但是并未开通线上销售渠道。偶尔也有外地人通过电话预订，豆腐房把豆腐包装好了发快递。暖泉的豆腐房都是家庭作坊，规模小，产量有限，与镇上居民的消费需求也相匹配，他们便没有意愿去扩大生产业务。

原材料为去皮的黄豆，目前市场价为3.5～4.2元/斤。做一锅豆腐需要7～8斤黄豆。加上水电，一锅豆腐的成本是35～40元（未含房租）。做豆腐剩下的豆渣可以喂猪，一个豆腐房的豆渣可以喂养2～3头猪，这也是一笔不小的收入。

原材料要在前一天晚上准备好，早晨做白豆腐，上午销售完白豆腐后，中午开始做豆腐干，傍晚卖完。白豆腐和豆腐干的做法类似，都是泡豆子、磨豆、煮豆、过滤后用卤水点豆腐，豆腐初步成型后放到模具里压实成最终形态，整个流程要1小时左右。白豆腐和豆腐干的压实程度不同，豆腐干的密实度更高。各家豆腐的区别体现在原材料豆子的品质和点豆腐的卤水上。点豆腐时如果加点石膏，豆腐会比较鲜嫩平滑。（图6-3～图6-5）

---

1 那时豆腐房归集体所有，因此"老三"不算严格意义上的店主。
2 中小堡往东，以前镇政府水力会附近。
3 1949年以前属于康姓人家，1949年以后这里是社区卫生医院住院部；卫生医院在别处新建之后，这里就空了。

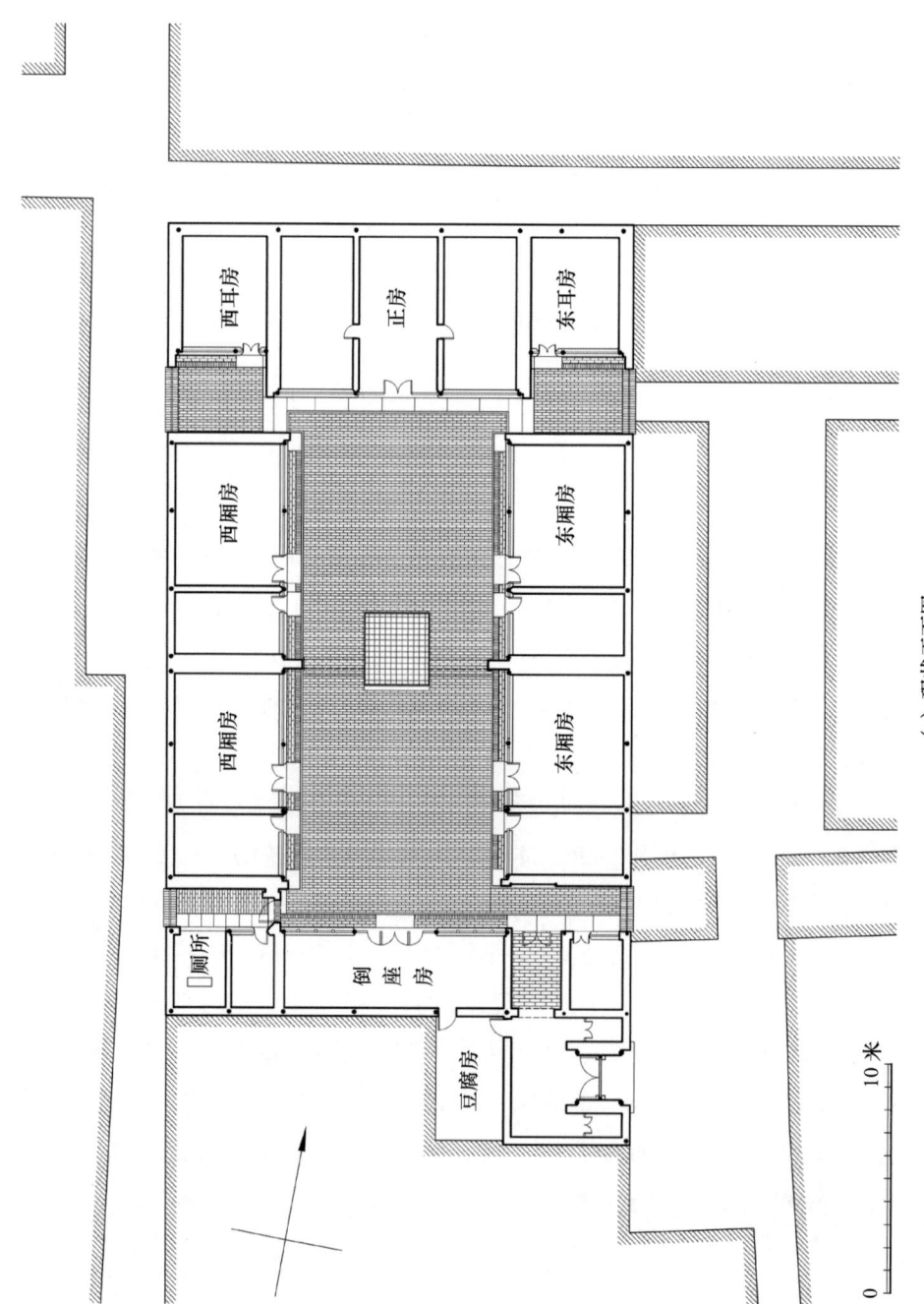

(a) 现状平面图

# 第六章 暖泉豆腐房

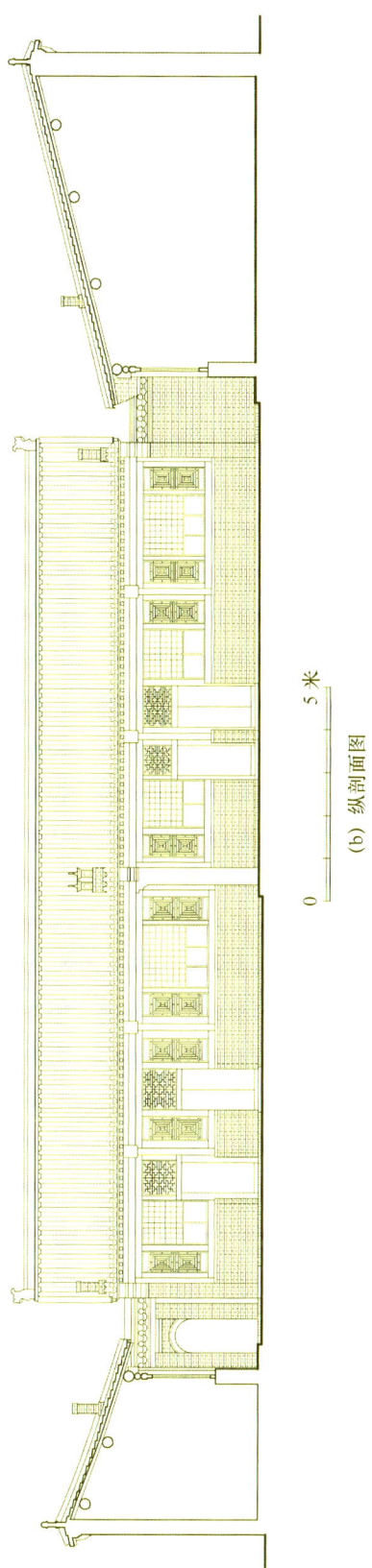

(b) 纵剖面图

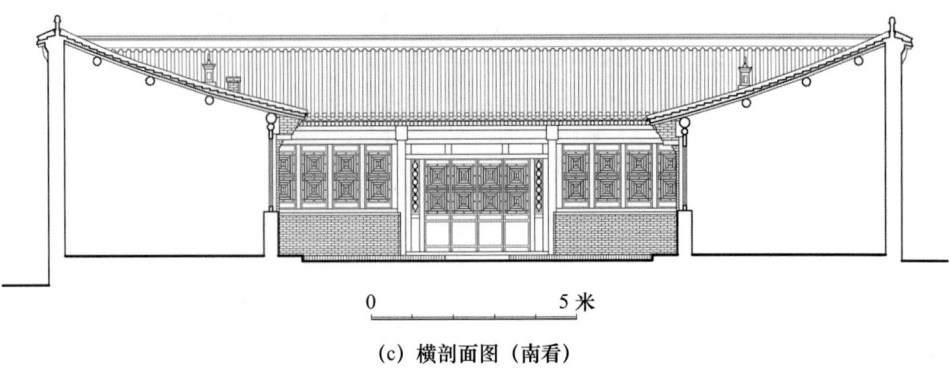

(c) 横剖面图（南看）

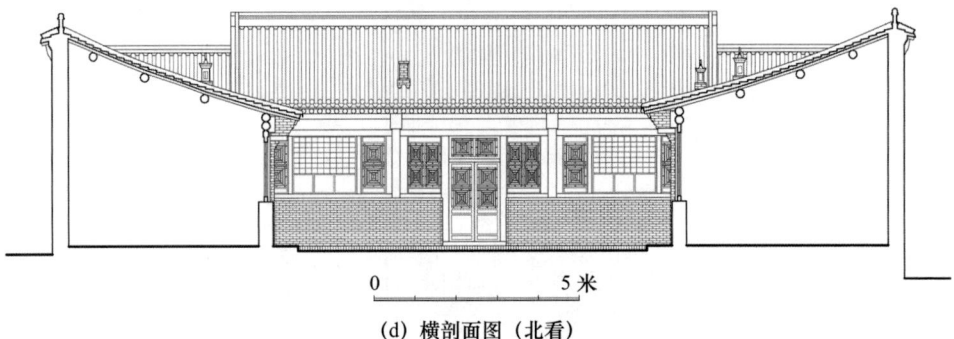

(d) 横剖面图（北看）

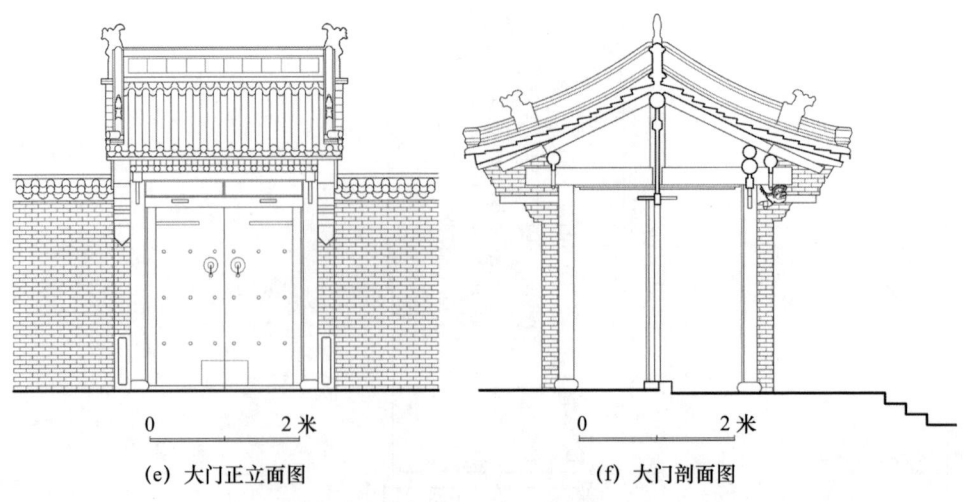

(e) 大门正立面图　　(f) 大门剖面图

图 6-2　曹家大院测绘图（关翔宇　绘图）

图 6-3 西古堡张家豆腐房

图 6-4 西古堡曹家弟弟豆腐房

图 6-5 西市街邢家豆腐房
（何禧、罗德胤 摄影）

刚做好的白豆腐是比较厚的大块豆腐，每一大块能切成 24 小块。每小块售价 4 元，重量大概是 1 斤。做一锅白豆腐，收入 96 元，利润有 50 多元。豆腐是暖泉人的午饭必需品，常结合主食炸糕吃。暖泉的白豆腐口感好，鲜嫩，而且炒着不会碎。

豆腐干是午饭后开始做，做好后露天风干，第二天再用几种调料混合后浸泡。

刚做好的豆腐干是比较薄的大块，然后要切成较小的条状豆腐。一锅豆子可以做 4 板豆腐干，每板切成 80 条，1 元能买 4 条。一锅豆腐干的收入是 80 元，利润大约 40 元。

炸豆腐是用白豆腐脱水炸成，售价 13 元/斤。豆腐房平时不常做炸豆腐，在腊月时做得多，因为高热量的炸豆腐有助于御寒。暖泉的炸豆腐质量好，所以也常有外地人专程来购买。

熏豆腐比豆腐干多一道熏制的工序，即用木炭烧出的烟持续熏 1 小时。味道和豆腐干类似，但多了一股熏味。熏豆腐也只在腊月做，外红内白，因为外表好看而多用于祭祀场合，价格比豆腐干稍贵，1 元钱 1 块，每块大小相当于 3 条豆腐干。

豆腐乳售价 10 元/罐，需求量少，大部分豆腐房不做。

## 两个家族史

因为豆腐房众多，我们无法对每家都进行详细调研，故选取了有代表性的两家。它们分别是北官堡刘家永全豆腐房和西古堡曹家豆腐房。

北官堡刘家永全豆腐房，主人叫任永全，今年 53 岁，是来自山西的上门女婿，在北官堡已经做了 30 年豆腐。这家豆腐房最初是在靠近堡门的地方，10 年前搬到了现在的位置（距离堡门约 50 米），是租来的两间门脸房。此处房产有 4 个主人，其中 3 个已经过世，无法找齐继承者来商谈购买，所以只能跟唯一一个在世的主人谈拢出租事宜。任永全本人并不住在豆腐房里，而是住在堡门内东侧巷子里第二家的南厢房，也是租的。

任永全的老丈人叫刘绍德。刘绍德有两个兄弟，即刘绍棠和刘绍成，都是在北山的白草坡村长大的，后来搬到了暖泉镇。刘绍棠的儿子娶了张沛老人的三女儿为妻。刘绍德曾经在地质专探队工作，退休后回到暖泉镇居住。

永全豆腐的种类有白豆腐、豆腐干和炸豆腐。和别家豆腐房不同，他们家主做炸豆腐。每天做豆腐 7～10 锅，其中早上 5 点做白豆腐 2～3 锅；上午 9 点左右做豆腐干 2～3 锅（拿到院子里晒干后，第二天再加工处理，将晒干的豆腐干放到含有香辛料的水中再煮）；下午 3 点做炸豆腐 4～5 锅。北官堡及附近居民都来永全豆腐房买豆腐，每天收入有 200～300 元，月收入 7000 元左右。豆腐的原材料豆子是从张北买来的，在北官堡南门附近的一个加工坊用机器去皮后，再运到豆腐房内。做一锅豆腐的时间比别家豆腐房要短，只需要 30 分钟。任永全说他家有独特的油炸方法，而且用的是成本较高的适合做油炸物的油，因此做炸豆腐的效率比别家高。

西古堡曹家豆腐房，曹家哥哥叫曹林，今年53岁。他每天晚上在睡前要准备好做豆腐的材料，次日凌晨4点起床。每锅豆腐需要1个小时，每天做8锅。豆子4.2元/斤，每锅白豆腐需要8斤豆子。一锅出一板白豆腐，收入80元，利润约40元。每锅豆腐干需要6斤豆子，每锅出4板豆腐干，一板豆腐干赚10元，4板赚40元。做豆腐干需要用千斤顶压实包好的豆浆。曹家每天做2锅白豆腐和6锅豆腐干，豆腐干部分外销（真空包装后快递）。炸豆腐是12元/斤，由豆腐干炸成，跟豆腐干一个价，但是工序更多。之所以也要卖炸豆腐，是因为豆腐干的销量有限，炸豆腐虽然利润薄一些，但也有市场需求，能增加总收入。熏豆腐主要在腊月制作，工序更长，售价是1元/块。暖泉镇上的普通人家，每天大概要消耗4~5块白豆腐。由此计算，曹家豆腐房每日利润在300元左右。（图6-6）

按曹林本人的说法，他们家"祖上五代人都是做豆腐的"。20世纪80年代之前，豆腐销量是远不如现在的，那时候他家的豆腐房是爷爷在主事，每天只能卖出两锅豆腐，而且是自己用担子挑到街上叫卖。豆腐房同时也是住宅，位于西古堡南门附近一条小巷子的尽头，离正街有50米远。这些年生活好了，一些村民看做豆腐有利可图，也加入了开豆腐房的行列。他和父亲在2000年前后分家，他自己搬到浪头庄附近开了一家新的豆腐房，父亲和弟弟则在西古堡的住宅内继续做豆腐（后来是在正街上租了一处店铺）。

图6-6 暖泉豆腐干
（罗德胤 摄影）

曹林现在每天也不只是在店里销售，他每天早上8点就做完了，然后用手推车推着一板豆腐，去到200米之外一家路口的便利店。便利店内有专门卖豆腐的柜台，曹林不用自己看摊，而是委托给便利店老板，请他代售。

## 豆腐房"打栏"

豆腐房在某种程度上还扮演着乡村公共空间的角色，这一点尤其体现在北山煤矿区的村里。暖泉的冬天很冷，而豆腐房为了烘干豆子，几乎整天都要保持火炕的热度，豆腐房的热炕位于锅头旁，除了有烤干豆子的作用，同时也是窑工们聚集聊天的地方。煤矿窑工多是外地人，豆腐房是他们夜晚休息交流、顺带吃点宵夜的地方。这种行为俗称"打栏"，一直到二十世纪六七十年代之前都很流行。

根据张沛老人的回忆，我们绘制了煤矿区村里豆腐房的正房平面示意图。正房三间，中间是作坊，主人和工人在此制作豆腐。这里有两个锅头、一个热炕和两个石磨。东次间为主人房，热炕在南侧，日照充足。西次间为客人房，热炕位于北侧，与作坊的锅头和热炕相连。（图6-7）

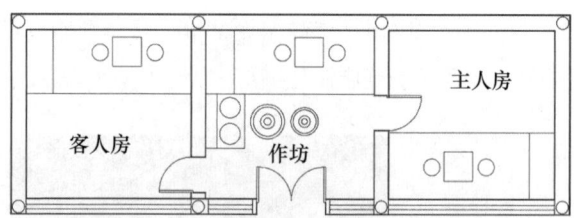

图6-7 煤矿区豆腐房平面示意图（左玥、毛葛 绘图）

豆腐房同时也做玉米粉、小米黄糕、莜面等食品。因为消费水平有限，豆腐房中并不提供茶水，而是用大水壶烧开水供客人解渴。如果有外地的客人过夜，可以花一点钱在豆腐房的炕上和衣睡一晚。豆腐房顾客以窑工为主，女性很少前往，但是需要老板娘来帮忙做饭。

"打栏"盛行时，还会有说书人在热炕上讲故事，内容多为三侠五义之类。听书不收钱，听众会给说书人端茶递烟，算作回报。

随着电视、手机的普及，如今村民们都选择在家休息娱乐，"打栏"已经消失。现在的豆腐房都采用电炉的方式烘干豆子而非暖炕，也不再方便客人到店里取暖。

（何禧）

第七章

## 暖泉皮毛业

皮毛业指的是与皮和毛相关的两种业态。暖泉镇距离"皮都"张家口不远，受其辐射和影响，镇上有熟皮、擀毡的皮毛工艺，并发展出较为成熟的皮房和毡行。暖泉镇与附近的南山和北山都养羊，羊毛产量丰富，为皮毛业发展提供了原料。从原料生产到加工工艺和销售渠道，虽然规模不大，却也形成了一条还算完整的商业链。

皮房在暖泉被称为毛行，皮房里的工人也被称为"毛毛匠"。这与字面意义完全不同。毛行并不是生产毛纺织品的作坊，而是制皮的作坊。毛行又分大毛行、小毛行：大毛行做皮裤、皮袄等大件皮制品；小毛行制作小件皮制品。两行的工序大致相仿：工匠负责铲皮、熟皮、裁皮、制衣，学徒负责洗衣、拔毛、剔绒。

皮毛业里的"毛"，指的是羊毛、牛毛等畜养动物的毛发加工制成产品的行业。在暖泉，毡子和毡帽是两类最主要的毛产品。此类作坊多以产品名称来命名，比如帽铺、毡行。

## "皮都"张家口

了解暖泉皮毛业，需要先了解"皮都"张家口。从地理位置上说，张家口正好横跨蒙古高原与华北平原的分界线，北依广阔的天然牧场，南接肥沃的粮棉产区，距离北京、天津不远，因此成为连接漠北和中原的枢纽。[1]

明代的张家口，本是宣府万全右卫下辖的一个城堡要塞。隆庆和议之后，开展汉蒙"互市"。"互市"分为官市和民市。官市主要是蒙古部落的统治者向明廷贡献马匹来换取明廷赏赐的布帛、丝绸等物资。民市则主要是明朝百姓和蒙古牧民之间的交易。张家口是民市的一个重要场地，皮毛是其中的贸易大项。

清军入关之后，长城内外一家，为汉蒙互市创造了和平环境，张家口的皮毛贸易更是得到长足发展。1860年《中俄北京条约》签订之后，张家口大境门外的西沟便成为"陆路大商埠"。1909年京张铁路通车，1918年张家口到库伦（今乌兰巴托）的张库公路也正式开通，让张家口的皮毛交易发展至鼎盛。（图7-1）

蔚县是张家口地区人口最多的县，蔚县人的就业压力相较于其他县也更大，很多人不得不从事制皮这个"苦活"。清中后期蔚县的大小毛皮作坊"达170多家。从业人员约5000多人"。[2]

在工作环境、工作强度、工作时长和薪资待遇等方面，制皮行业都是手工业

---

1 王君，周总印. 曾经蜚声中外的"塞外皮都"[J]. 档案天地，2019（5）：58-62.
2 张家口政协文史编委会：《张家口文史资料第辑工商史专辑》1988年4月，第75页。

图 7-1 "皮都"张家口区位

中较差的行业。过去称皮房是"臭皮房",皮房里的工人叫"臭皮匠"。闷皮、洗皮等环节,需要在水池中浸泡,多是露天作业。在春秋季节,工人需要在温度极低的水中长时间浸泡来完成这些工序,非常艰辛。

由于蔚县的从业者众多,从蒙古进入张家口的大量皮原料一部分便分散至蔚县进行加工,成品再返回张家口销售,或直接发往外地。1936 年,蔚县从张家口分流及本县所产的皮张数量达 30000 张,总值 7000 元;同年向张家口输送皮衣及皮料 4500 件,总值 67500 元。[1] 1935 年《察哈尔通志》载,蔚县有细行共 20 家,年出成品 8000 余件,值银 133000 余元,工人 400 余名。[2] 这里说的细行,是相较粗行而言,粗行加工的是一般的羊皮,细行加工的是羔羊皮。蔚县作为向南的中转站,其产品会销往本县及南面各县。

皮和毛虽然经常被放在皮毛业中一起说,但无论是原料来源、加工方式还是产品去向,都是截然不同的,因此要分开讨论。张家口的毛纺织业也很发达,而蔚县的养羊业在张北各县中极为突出,因此也发展起成熟的毛纺织业,甚至反向给张家口提供羊毛原料。[3] 中华民国初年蔚县有毡帽业 30 余家,年产 70 余万顶,值银 17 万余元,工人 1500 多人,产品销售至东北三省。[4](图 7-2)

暖泉镇皮毛业可能和张家口并无直接联系。张家口作为"皮都"的影响力在到达蔚县县城蔚州镇之后,对下一级乡镇的辐射就变弱了。皮毛业在暖泉镇主要是作为满足居民御寒需要而存在的服务型手工业。

不过,蔚州镇和暖泉在皮毛业上的关系却是有迹可循的。据张沛老人回忆,

---

[1] 《中国经济年鉴第三编第二十章边疆经济》,商务印书馆 1936 年 10 月,第 15~17 页。
[2] 宋哲元监修,梁建章总纂《察哈尔通志》廿三卷,第 2013 页。
[3] 史玉发.近代察哈尔地区手工业、工业发展状况初探(1840—1952)[D].呼和浩特:内蒙古大学,2010.
[4] 宋哲元监修,梁建章总纂《察哈尔通志》廿三卷,第 2006~2008 页。

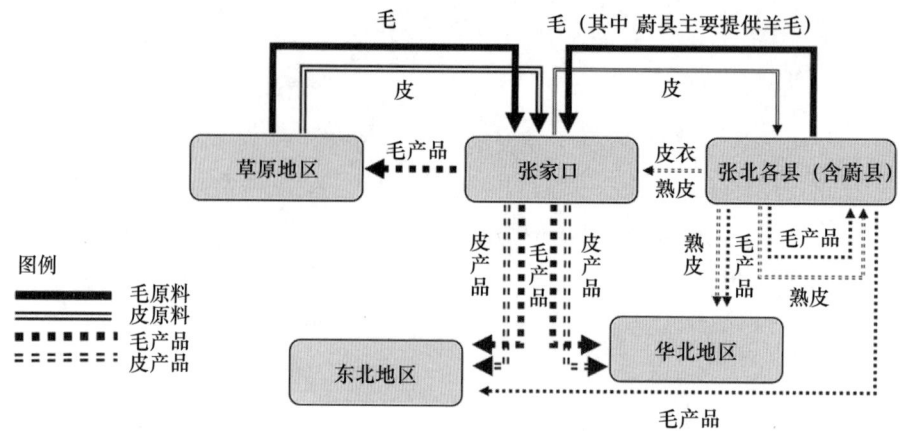

图7-2 皮毛原料及产品流转图

县城帽铺的老板和伙计,很多都来自乡镇,他们跟老家的联系相当紧密;其中有个叫蔡成的暖泉人,在县城一家帽铺当伙计,家人住在暖泉砂子坡一带,他常往返于两地之间;蔚州镇那家帽铺遇到较大订单而无法提供足够的毡帽时,蔡成就会介绍客户到暖泉,补上缺口。这个例子说明,暖泉的毡帽制作是达到了一定规模的,可以作为蔚县毡帽业的后备。县城的皮毛工艺通过这样的物资和人员交流,也就传递到了暖泉。从这个角度,我们也可以说暖泉的皮毛业是以蔚州为中转站和连接点,受到了"皮都"张家口的间接影响。

## 暖泉养羊业

暖泉镇上以绵羊居多。山羊主要是在南山一带,有白山羊、黑山羊两种。山羊的奶期比绵羊长,暖泉镇上的人会从山区买山羊奶喝。[1]

张沛老人回忆,20世纪40年代暖泉三堡中,北官堡有大约3000亩(约200公顷)地和300只羊;西古堡有大约2300亩(约153公顷)地和1000多只羊;中小堡比较特殊,有1500亩(约100公顷)地,没有羊,中小堡人都是"耍秤杆子的"。[2]

暖泉人养羊,少的三五只,多的几十只甚至上百只。皮房老板宋秉泽,据说养了三百只羊。西古堡浪头庄的孙青,养了100多头羊。还有王全营、王全库兄弟俩,有200多只羊;他们不种地,自己放羊,不交给羊倌,只在夏季把羊送到南山草场放牧的两个多月,才会找羊倌来帮忙。养羊多的人家,每年新增的羊羔也多,这意味着财富的增加。

---

1 张沛老人说,这是20世纪50年代之后的事,1949年以前没有。
2 "耍秤杆子"意指买卖时用木秤称重,泛指小商贩。

我们在调研之初有过猜测，认为种地越多，养羊也就越多，因为羊粪可以用作地里的肥料，而粮食的秸秆又是上好的饲料，这就会形成正向循环。在实际调研中了解到，地多的人家由于嫌照料麻烦、羊膻味过重等原因，大多不喜欢养羊，而是选择将秸秆出售来获取利益。

每个村都有一两户羊倌，他们通常是无地可种的穷苦人。放一只羊，一年的费用是2～3升米。一个羊倌负责的羊群，大概是两三百只。羊比较多的时候，羊倌还会找一个小羊倌来帮忙。小羊倌多是孤儿。羊倌认识每一家的每一头羊。骡子、马、牛等大牲口的交易是在牲口市场并且找牙子做中间人，羊的买卖与此不同，一般由羊倌给买卖双方牵线搭桥即可。[1]

在暖泉，放羊的方式根据季节变化而有所不同。夏天，庄稼长势正猛，如果还在镇上放羊，就会出现羊吃庄稼的现象。暖泉周围的草地较少，没有足够的草料喂羊。所以每年立夏一过，暖泉的羊倌便会到南山去"占院"，也就是把羊群赶到南山草场上放牧。南山的村民也欢迎暖泉镇上的羊倌来山里放羊，有的村子还会把附近草场留给镇上的绵羊吃。绵羊吃了草，羊粪就成了庄稼的肥料。而山民们自己的山羊，因为爬坡能力强，可以赶到更高、更陡的山坡上去吃草。（图7-3、图7-4）

在暖泉镇上羊倌是最穷苦的人，但是到了山里却成了最受欢迎的人。羊倌跟山区村民有相当紧密的合作关系。山里的土地贫瘠，羊群产生的羊粪作为肥料就发挥了大作用。南山村子会主动联系暖泉的羊倌，请他们把羊群赶到本村来。村里的每家每户，也会以抓阄的方式确定好羊倌到各家地里放羊的次序。羊倌在南山放羊期间，每天上午把羊赶到抓阄定好的某家人的地里，下午去村子附近的草场，晚上赶进羊圈。提供羊圈的人家，只需几户即可，这就不必抓阄了。轮到上午地里放羊的那户人家，还要给羊倌（以及他的牧羊犬）提供伙食，并且支付一些工钱（以豆子、胡麻等粮食的形式，到夏季放羊结束时统一交给羊倌）。

羊倌养牧羊犬。牧羊犬的作用很大，羊倌会给牧羊犬起一个自己喜欢的名字，并且进行"专业化训练"。如果有哪只羊跑出群，羊倌只要喊牧羊犬的名字，它就会冲到这只羊的面前，用头把羊顶回羊群。脾气相投聊得来的两三个羊倌，还会合群放羊，牧羊犬也会形成"团队"，共同对抗狼群。单只的牧羊犬，会给羊群"下夜"（即守夜）。如果有狼出现，牧羊犬便会狂吠不止，将主人唤醒。牧羊犬的劳动量很大，寿命一般只有十几岁，而家里的狗则能活二十年。羊倌对待牧羊犬如同家人，羊倌给牧羊犬的伙食跟自己吃的是一样的。

---

1　大牲口涉及后续的长期使用，信息不对称的后果可能很严重，所以需要牙子的信用作担保。

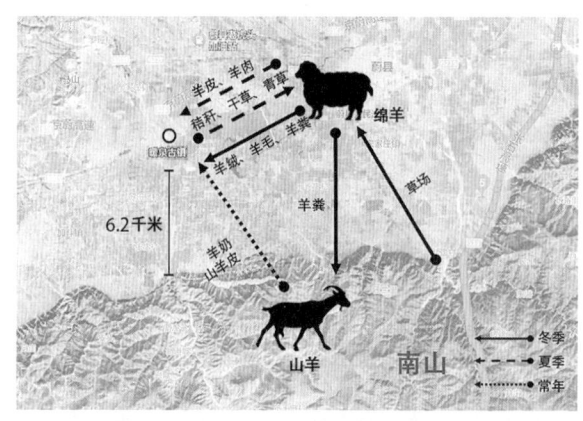

图 7-3 暖泉与南山的绵羊与山羊

图 7-4 暖泉的羊群
（罗德胤 摄于沙河）

过了大暑，山上的温度开始降低，羊倌就赶着羊群回暖泉镇上了。这时的羊，用张沛老人的话说是"每只都肥得不得了"。

秋冬时节在暖泉附近放羊。每个村的村口附近，都有一个供羊群集合的场地，比如，北官堡是在堡门外（现在是一个小卖部的位置），西古堡是在南瓮城的南面。每天早上各家把羊送到集合地，之后由羊倌带到附近的野地上找食。秋收阶段，庄稼已经收割过的地里仍有一些散落的粮食颗粒，羊群就把这些粮食颗粒吃了，一点也不浪费。羊倌在这时候需要增加一两个人手来看管羊群，避免它们去啃食还没收割完的庄稼。

羊群误食庄稼的情况是偶有发生的。当地人管这叫"把庄稼祸祸了"。夏天在山里放羊，也会有这种情况，但是山里的村民多半会不了了之，因为他们很需要羊群的粪便做肥料，和羊倌处好关系更重要。但是在镇上，羊群一旦"祸祸了庄稼"，户主的损失比较大，就会把事情上报村委会，要求赔偿。

傍晚时分，羊倌赶着羊群回村。每只羊都识家认路，自己就回自家羊圈去了。在冬天，户外草料比较少，各家各户都要攒秸秆和干草给羊当饲料。秸秆有玉米秸秆和小米秸秆，玉米秸秆喂羊，小米秸秆的营养比较丰富，主要是喂骡子。这时候羊倌放羊的主要作用就不再是找食物，而是遛羊。羊会吃雪水，也会啃食野地里剩余的草根。

暖泉人的养羊方式体现了他们对农地资源和山地资源的综合利用，这也解释了为什么暖泉可以养这么多的羊。

## 暖泉皮房

皮房的主要工作是熟皮。原料来源于暖泉人自家养的羊，经皮房加工成熟皮后，各家各户再请"毛毛匠"到家里，量身定制一些皮制品。熟好的皮子大部分在本地消化，也有一部分会被专门收皮子的人卖到南方的涞源、易县等地。

暖泉的皮房有以宋秉泽为代表的规模比较大的专业皮房，也有以砂子坡杨君为代表的家庭皮房。

宋秉泽皮房所在的巷子，位于西市关帝庙的西侧，名字就叫皮房巷。在张沛老人的回忆里，宋秉泽皮房是暖泉镇上规模最大的皮房。它是一个坐北朝南的两进四合院。前院的石碾，是两头骡子拉的那种大石碾。宋秉泽只有一个儿子，他们一家人就住在前院。后院的正房四开间，容纳了工人住宿、操作间、泡皮间多种功能。泡皮间里，摆放着泡皮子用的大缸。操作间的房梁，用来吊挂泡好的皮子。吊挂起来的皮子，等硝水流干以后，工人就踩着皮子下端，使其展平绷紧，然后开始"刮皮子"。熟皮的过程用水量大，宋老板就在自家院子里挖了一口井，既服务于鞣皮，也提供生活用水。张沛老人回忆说，这口井的井口平时就收拾得很干净，还有井盖儿，不打水的时候盖得严严实实。院子里还支起了很多木桩，木桩之间拴着铁丝，用来把熟好的皮子晾干。（图7-5）

以砂子坡杨君为代表的家庭皮房，规模比较小，不雇人，全靠自己做。家里有大缸、皮硝等简易设备。偶尔也会做皮袄。

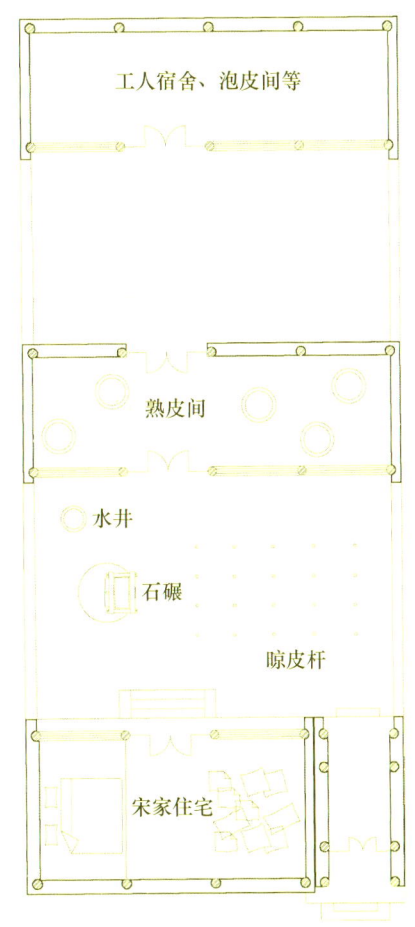

图7-5 宋秉泽皮房平面示意图

也有专门做某些特定皮制产品的人，比如风水庄的刘世魁，专做皮帽，被称作"小毛匠"。还有一类特殊的手艺，属于小毛行中的一种，整个暖泉只有砂子坡一个叫杨望的人在做。他用羊羔皮做女士皮衣。羊羔皮做出来的衣服穿到身上比较"包巧"，能凸显身材。

秋冬是暖泉皮毛业的旺季。暖泉冬天气候寒冷，当地就有穿皮衣的需求。尤其是赶车、骡驮等跑运输的人，皮衣属于必备。居民自家宰羊得到的皮，大都自己留下，送到皮房熟皮，然后请"毛毛匠"到家来"割一件皮袄"。"毛毛匠"在家中做一件皮袄和一条皮裤，大概需要五六天。肉房是产生羊皮的大户。1948年以前，暖泉镇上有四五家肉房，包括西辛庄的张伯成和北官堡的刘仲杰。这些肉房除了宰杀羊、猪，还宰杀老龄或者伤残不能干活的牛、马、骡等大牲口。羊在中秋节之后的一段时间宰杀得比较多，猪大多是在春节期间宰杀。

有人专门从事收羊皮。其中有从南方来的外地人，当地人称他们为"侉子"或"老侉"。收羊皮的人和肉房的关系比较固定，双方会事先约好哪天过来、收几件皮，价格也按照当年的行情，分大、中、小件而定。

羊皮不像羊毛那样可以反复收割，一只羊只能提供一张皮，所以价格较高。皮房的业务就是熟皮。

熟皮的工艺叫"鞣"，就是使兽皮变柔软。熟皮一般选在夏天或秋天。有两种工作方式，一种是送到皮房去，另一种是请熟皮匠上门来做。鞣皮需要一些专门的设备和材料，普通人家做起来不太方便，所以多数情况是送到皮房。西市街皮房巷的宋秉泽皮房，雇了四五个工人专做鞣皮。鞣皮的工序，先是把生皮放到大缸里泡，撒入硝（作用是让皮变软）；生皮泡好之后，要找地方吊起来，进行"铲皮"，或者叫"刮皮子"，即反复用水清洗皮子（根据张沛老先生的回忆，如果是牛皮、羊皮，皮的上头是系在房梁上的，在皮的下边皮匠会用脚踩着一个像马镫一样的东西，手上拿着专门的刀具，把皮上的肉屑和油脂刮掉）；之后用玉米面或者黄糕面，把油脂和血水进一步吸附掉；面粉掸掉之后，皮就会变得特别轻盈、柔软。熟好的皮子可以用来做皮鞋、皮袄或者皮帽。

有些人家也会用其他动物的皮。张沛老人举了个用猫皮做帽子的例子。家里养的猫死了，就把猫皮剥下来，张开并粘到屋内墙上，等彻底干了之后就卷起来收好；过几年又有一只猫死了，如法炮制，等两张猫皮都彻底干了，就找人来"熟一下皮子"，然后做成帽子。除了猫皮，还可以用狗皮、狐狸皮。当地还有用驴皮来做大鼓、山羊皮做小鼓以及牛皮做皮带的手艺。

南山产的山羊皮，在镇上也有不可替代的作用。相比于绵羊皮，山羊皮的皮板（指去了毛以后的生皮）更厚、更硬。当地人会将山羊皮板熟好，染上黄绿色，做成套在棉裤外边的套子，用以挡风。这种套子在暖泉被称为"奇轻裤"。山羊皮还可用来制作小皮鼓，比绵羊皮做出来的更结实。

## 毡行

暖泉的毡行比皮行规模大。这有几个原因。一是原料方面，一只羊只有一张羊皮，但每年都可以产出羊毛和羊绒，是一个可持续资源。皮制品的价格普遍比毛制品高。比如皮帽和毡帽，价格相差十倍左右。普通百姓一般用毛制品，富裕人家才用得起皮制品。二是需求方面，当地气候虽然寒冷，但是毛制品也足以应付，皮制品就不是必需。附近煤矿工人比较多，他们对于毡帽有着特殊的需要，也增加了毛制品的需求量。三是制作工艺方面，做毡的工艺比制皮的工艺技术难度要低，设备要求也低，是一个比较容易掌握的行当。

毡行的原料主要来自镇区附近和南、北山的村庄。每年会从羊身上收两次毛。第一次是在农历四月份。此时羊身上还留着过冬的绒毛，用一种叫作"罩子"的工具（铁丝做的梳子），用力梳理，绒毛就会掉下来，这就是我们熟知的"羊绒"。羊绒柔软纤细，富有弹性，用羊绒毛线制成的织品轻、薄且保暖性好。从一只大羊身上梳理下来的羊绒，是半斤左右，小羊是二三两。七月份是第二次，这次是剪羊毛。羊倌用专门的工具，贴着羊的身体把全身羊毛剪下来。一只大羊一次能产出一斤多的羊毛，小羊则是六到八两。羊绒的产量比羊毛少，所以价格也比羊毛高。

暖泉冬季寒冷，当地人有戴毡帽、睡毡子的习惯。毡帽和毡子是最常见的两类毛产品。毡帽的产量又明显多于毡子。条件稍好的人家，炕上都铺毡子。[1] 毡帽的销量多、需求稳定，部分还卖到口外。在暖泉，毛产品的店铺也多以产品来命名，比如做毡帽的就叫作"某某帽铺"。

毡帽还有一个特殊的用途。在北山上挖煤的工人，每人都要戴一顶毡帽。目的不是防寒，而是为了安全。煤矿下面的气温终年恒定，冬天并不冷。挖煤时如果挖到水源，就会出现渗水事故，"一镐头下去，水就喷出来"（张沛老人语）。这时候，毡帽就起作用了。工人马上把毡帽拧成一个棒槌状，塞进出水口处。这样可以减缓出水速度，为撤离争取时间。

---

[1] 南山和北山的村民也用炕，但是北山多用煤烧炕，南山多用柴火烧炕，因此都比较少用毡子。

毡帽还有其他一些作用。比如煤矿工人在豆腐房坐下"打栏"（聚会聊天）的时候，把毡帽拿下来，往屁股下面一塞，这就是一个垫子；聊完之后，拍一拍帽子上的灰尘，再戴回头上。买东西的时候，可以把毡帽当作临时的盛具。走山路遇到苹果树，苹果摘下来，毡帽也可以当一个小盆。

做好的毡帽，除了供应暖泉本地外，还会被外地贩子买走。毡帽50个做成一捆，三捆成一小包，五捆成一大包，运到东口（张家口）和西口（杀虎口），然后卖给口外的牧民和居民。这种长途贩运，要达到一定规模才能覆盖运输成本。

把羊毛加工成毡子的工艺，叫"擀毡"。擀毡的原理是利用羊毛上的鳞片遇热水时会张开竖起，经过外力挤压，相互纠结，紧密收缩在一起。擀毡可分为弹毛、铺毛、洗毡（擀压）、定型等工序。第一步是弹毛。弹毛需要一个大案台，用木板和席子搭成，也可以用门板。还需要弓，这和弹棉花的工具类似，作用是将羊毛弹散。接下来是铺毛。将弹散的羊毛分层、均匀地撒在铺好的竹帘子上，在这层羊毛上洒水、喷麻油、撒黄豆面，作为与下一层毡毛之间的黏合剂。然后再次铺毛，要铺均匀，而且厚度一致。两次铺毛完成后，将蓬松的羊毛初步压实，再将其卷捆好，用脚来回踩踏。接着是洗毡。把弹毛案台倾斜放置，不断把水浇到羊毛上，毡子就会变得越来越紧。最后是定型。如果是制作毡帽，先将其压平，之后逐渐加厚，制作成半个西瓜的样子。等到厚度够了，就放在一个跟人头尺寸相当的木模子上。接下来是最考验师傅功力的一步——用刀刮去多余的毛。张沛老人说，活儿好的师傅会刮得圆润光滑，品相极佳；刮得不好，就会在帽子上留下刀口，疙疙瘩瘩的，变成次品。（图7-6）

张沛老人年纪小的时候，每到农闲季节，镇上很多人家会请毡匠到家里去擀毡。工期通常十多天，会做大小不等的毡子。弹羊毛的弓，在小孩子眼中是特别神奇的工具，只见毡匠左右开弓、上下翻飞，发出弹琴般富有节奏的声音，羊

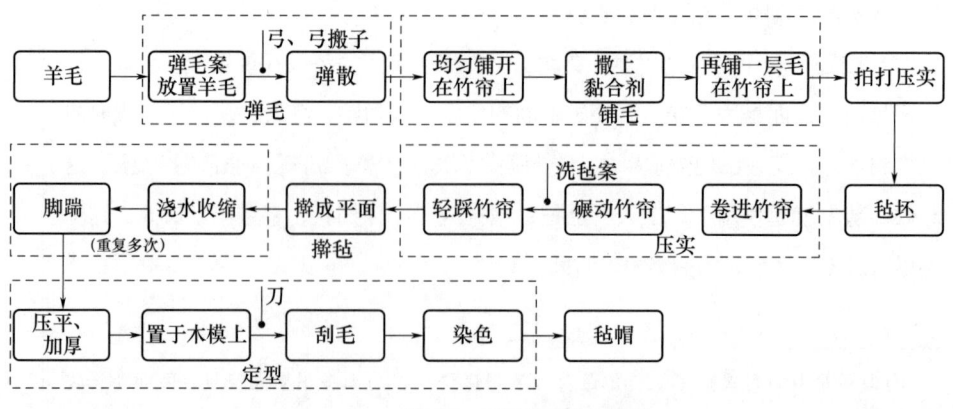

图7-6 制毡帽工艺流程图

毛一根根松开并飞起来，最后落满了院子。

最令小孩子兴奋的是毡帽的染色过程。刮好的雪白的羊毛毡帽，被放进染料锅里，等拿出来就变成红色了。张沛老人说，那是一种很高级、很大气的红色，"能把人衬得很精神"。随着佩戴时间变长，帽子的红色会变深，最后会变成近似黑色，质地也会变硬、变薄，舒适性和保暖性也变差。"大概十年，就不能再戴了。戴这种帽子走在街上，会被人笑话。"

## 郭家帽铺和"改装"毡帽

王敏书院的西面有一棵大柳树，这里是旧时郭家帽铺的所在地。太平庄内还有一个规模小一些的白家帽铺。这是暖泉两家比较有名的帽铺。

郭家帽铺的老板是中小堡的人，名叫郭建选，他白天去帽铺，晚上回中小堡。擀毡需要持续用水，所以郭家帽铺就选址在离逢源池不远的地方，坐西朝东，逢源池引出的水渠经过郭家帽铺。白家帽铺的附近有一口井，也为其提供用水。相比于熟皮，做毡帽对技术、设备的要求都低一些，因此有的人就在农闲的时候做毡帽，作为副业贴补家用。

郭家帽铺的旧址上，现在是大柳树宾馆。据张沛老人回忆，郭家帽铺是土坯建造的房子，占地较大，有三进院落，但只有正房，没有厢房。这样的空间布局为制作毡帽提供了充足的场地。（图7-7）

郭建选与张沛老人的爷爷张有（1869—1950年），渊源颇深。郭老板比张有大上五六岁。张有在四兄弟中排行老二，因为家境不好，只有他和四弟娶了媳妇。张有娶妻之后，没有住房，于是投靠太平庄一个叫邱桑的

图7-7 郭家帽铺复原示意图

朋友，借住在他家的倒座房里。张有夫妇在这里生了4个儿子，生活一直贫困。张有67岁时（1936年），邱桑介绍他认识了郭建选。邱桑问郭老板，能否把做坏了的那些毡帽头便宜卖给张有，由他家来做再加工（当地人称之为"改装"）。郭老板为人仗义，欣然同意。邱桑又带张有去选购了一些花边（当地人叫"绦子"），作为改装的原料。张有的妻子，也就是张沛的奶奶，是个心灵手巧的妇女，在邱桑稍加指点之下就会做这项工作了。

改装过的帽子，美观实用，但是卖到哪里还是个问题（暖泉街上有帽铺，本地需求量已经得到满足）。这时候张有想到了北山上的"窑黑子"（即煤矿工人）。"窑黑子"们在得空时，常到就近的豆腐房聊闲天，这是一个稳定且有规模的客源。张有用大袋子背着"改装"好的毡帽，步行25里，去到北山大湾村的豆腐房。"窑黑子"们见有人把帽子送上门来卖，都很好奇，很快这批帽子就卖完了。紧接下来就有了第二批、第三批……张有家的毡帽质量好价格又便宜，在"窑黑子"中形成了口碑。张有逐渐增加售货点，除了大湾的豆腐房，还去黄泉峪等村的豆腐房卖毡帽。依靠着改装和销售毡帽，张有家的境况大为好转。

张有是一个有代表性的人物。在暖泉这个商业集镇，他作为一个来自底层的穷苦人，靠着勤奋和努力，在毡帽行上长出了一个小分支，又找到合适的销售对象（煤矿工人）和合适的销售渠道（豆腐房），形成了一个小型却完整的商业链条。

畜牧养殖是暖泉人增收的一个重要副业。他们按照时令采用不同的方式放羊，畜养了数量可观的羊。暖泉有充足的羊皮和羊毛作为皮毛业的原料。暖泉冬天寒冷，当地人对毡帽、皮衣、皮帽都有着稳定的需求，暖泉的皮毛业应运而生。皮的产品主要有皮衣、皮帽，毛的产品则是毡帽、毡子。这些产品大部分被暖泉人自用，多余的皮子会销往南方各县，毡帽则会成批地运往东口和西口。

暖泉的工商业是以粮食为基础而发展起来的。以畜牧养殖为基础的皮毛业，不管是毛行还是毡行，其规模比不上粮行、缸房、油房等产业。不过，由于气候原因，当地对皮毛制品的需求并不小，同时部分皮子还外销至蔚县南边各县。皮毛业是具有鲜明民俗气息的手工业态，充分体现了农牧交错地带的特色。

（周爽）

# 第八章
# 北官堡

暖泉的空间格局为"三堡六巷十八庄"。"三堡"即北官堡、西古堡和中小堡，建于明代，皆为"州堡"（即民堡）。北官堡位于镇区东北部，而西古堡和中小堡则坐落于镇区西南部。北官堡是暖泉三堡中规模最大的村堡，也是蔚县最大的村堡。它南北长345米，东西宽310米，面积达83090平方米，比蔚县第二大村堡大固城村的面积要多出约5000平方米。（图8-1、图8-2）

## 从卢家小堡到北官堡

与形态规整的西古堡和中小堡不同的是，北官堡整体呈局部不规则形态。其南面和东面都是平直的界面，西北角却明显凸出一块，也就是卢家小堡所在的高地。根据乡民所述，北官堡是三堡之中最早修建的，它始建于明代初期，至今已经有600多年的历史。堡式聚落经常是在一段时期内统一规划修建而成的，形制往往较为规整，而北官堡的不规则反映了它历时性生长的规划修建特征，即从卢家小堡扩建为北官堡。（图8-3）

图 8-1　北官堡，从北部高地向南看（何禧　摄影）

图 8-2　北官堡地势（罗德胤　摄于2001年）

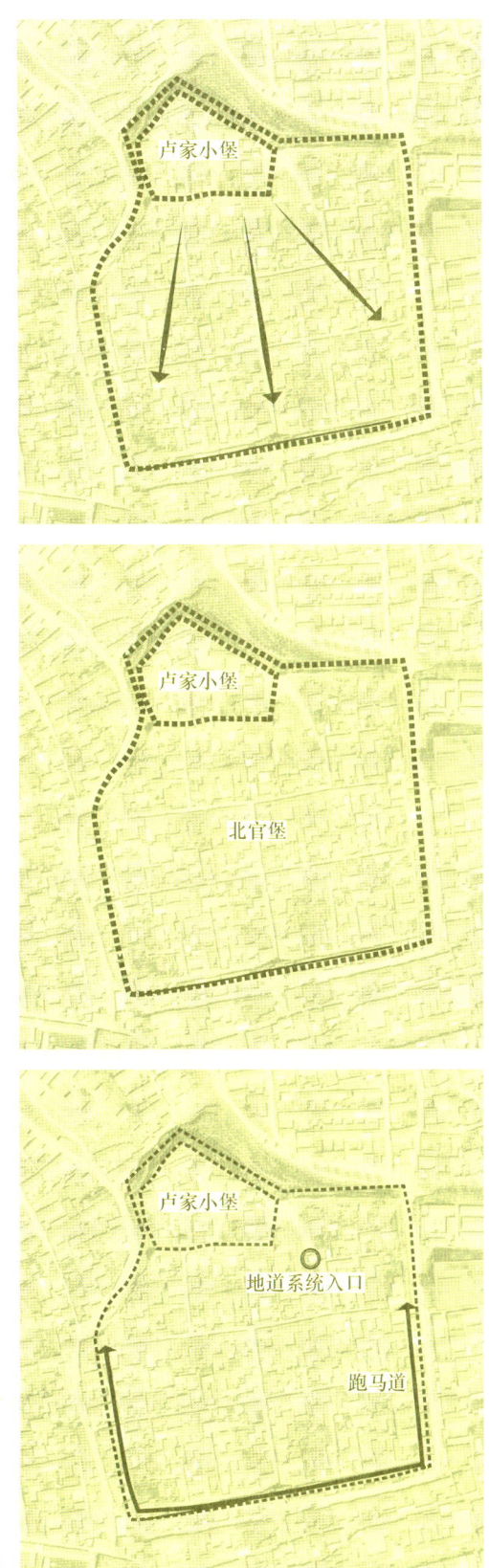

图 8-3 卢家小堡与北官堡

壶流河盆地的海拔约为900米，暖泉镇域地处北边台地和南边河滩地的交界地带，西北高，东南低。从地形地貌来看，西古堡和中小堡地势平坦，而东北部的北官堡内有着明显的北高南低的地形变化。其内部西北端卢家小堡所在的台地与周围高差尤为显著，北部有约20米高的崖壁。其边界也与台地形状相契合，为不规则的五边形，面积约7500平方米。相传，当年明军把蒙古兵打退之后，大军撤退，留下一户卢姓人家，修建了卢家小堡在此驻守。当时的暖泉镇，南侧有着大片低洼地，面临壶流河水涨的威胁。将聚落选址在北边与壶流河有一段距离的台地上，不仅易守难攻，利于御敌，同时还可以起到防洪的作用，这也印证了村民们的传说是符合逻辑的，卢家小堡有可能是暖泉最早修建的防御型聚落。

后来，随着堤坝水渠系统的逐步完善，地势低洼的南边平地也成为宜居之地。人口变多，暖泉的居民区开始从北边的台地向南边的低洼地扩散。北官堡的先民们在进行扩建时，并没有直接延续卢家小堡从北端真武庙至南面堡门三清殿的轴线，而是发生了东向的偏移。可能的原因是，北官堡修建时其南边的集市已经成型，同时在地形限制下卢家小堡台地西侧也已经形成了固定道路。北官堡的村民们要在这里修建一个大规模的村堡，只能向东扩展。这也说明了暖泉商业对早期规划建设的影响——只有对这里的发展有足够信心，村民们才会将卢家小堡一次性地扩大了10倍。除了东西向的扩张外，北官堡南面的边界靠近龙王庙，已经尽可能地接近了暖泉的商业中心。（图8-4、图8-5）

前文已述，北官堡是"宗家人做的底，刘家人修的腰，侯家人盖的帽"。村民刘喜金家中的《刘氏坟谱》对始祖刘善琼有附注"洪武年间始迁蔚郡，卜居城西暖泉村"，也佐证了刘家明初便迁居此地的说法。[1] 此类传说也说明，北官堡是一个民众自发修建的民堡。在县志中它也确实属于"州堡"，而非军队系统的"卫堡"。不过，北官堡的名字中带有一个"官"字，或许说明在修建过程中官府起了作用。北官堡的居民更以此为荣，自认为比其他堡的地位高。北官堡的位置确实比西古堡和中小堡都要好一些，因为它占据高地，日照充足，免于水患。

## 内部结构

北官堡的防御系统由堡墙、堡门、城楼和跑马道以及地道组成。卢家小堡至今还遗留着南边曾经的堡门，其下方留有3米宽的拱门与甬道，上方建有三清殿（目前已无堡门功能，东侧另开了一条缓坡通道与北官堡其他区域连接）。北官堡

---

[1] 罗德胤. 蔚县古堡 [M]. 北京：清华大学出版社，2005：58.

图 8-4 三清殿

图 8-5 南堡门

修建有高大厚实的堡墙,总长度约为1100米,只在南边开了一个堡门。堡门的甬道宽约3.7米,上方建有魁星阁。如今北官堡的堡墙只剩下东北侧与西北侧以及堡门两侧的部分夯土墙。从现存南堡门的测绘数据推测,原堡墙约8米高、7米宽。从卢家小堡扩建成北官堡而造就的"堡摞堡"形式,在蔚县几百个古堡中是很少见的。北官堡南门上的魁星阁为单檐歇山式屋顶,规格颇高,而蔚县村堡的门楼则大多采用的是硬山顶。北官堡沿堡墙内侧,原先还设有一圈跑马道,当地叫"平道"。跑马道在战时可供人员和物资调运,在平时则作为打更道。卢家小堡还有保存完好的地下古堡,共分为上、中、下三层,全长11千米,布局复杂,最远处可通至堡门,如今卢家小堡东侧崖壁的底部还保留着一个出口。[1] 重重保障之下,堡内成了一个相对封闭且安全的社区。(图8-6)

---

1 李新成,吴素琴.河北省传统村落图典·张家口蔚县卷[M].石家庄:河北教育出版社,2017.

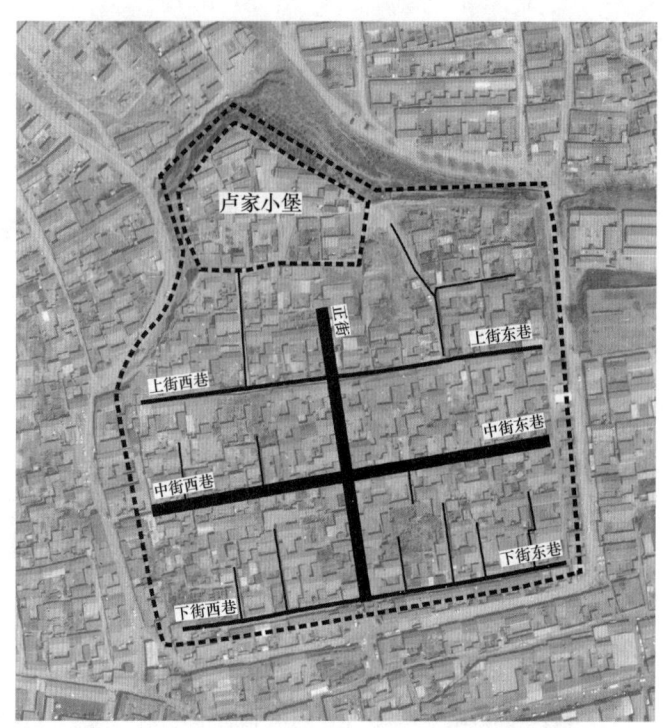

图 8-6 北官堡街巷空间格局

尽管外围形状不规矩，但北官堡内部的空间结构却遵循了比较清晰的秩序。蔚县现存的古堡村落，大多为矩形，边长 100～150 米；堡内有一条从南面堡门通往北面庙宇的正街；正街宽 6～8 米，从正街向两侧分出的东西向横街，由南至北分别为下街、中街和上街，宽 4～6 米（中街通常比上街、下街稍宽）；横街之间的距离多为 40 米左右，正好是两进院落的进深。北官堡内部是横平竖直的"主"字形街巷格局，包括一条南北向的正街和三条东西向的横街（即下街、中街、上街）。正街宽约 6 米，横街宽 3～4 米。三条横街都被正街分为长度大致相等的东西两段。从横街还分出一些长度不一的南北向支巷。除了上街通往卢家小堡的那条巷子外，其他支巷也许并不属于早期规划，而是后来居民因入户需求而设置的。中街和正街构成了"十字街"，当地居民描述堡内某个具体位置时往往是以"十字街"为主要参照。街巷格局之所以是"主"字形而不是"王"字形，是因为沿着正街再向北，有屹立于北侧高地之上的玉皇阁，也就是"主"字头上的一点。（图 8-7、图 8-8）

北官堡内，由"主"字形路网分割而成六大地块（不包括卢家小堡）；每个地块的东西跨度均在 140 米左右，南北跨度也很大——下街与中街之间的组团约为 80 米，中街与上街之间约为 60 米，上街西巷以北约为 70 米，上街东巷以北约为 100 米。这一点跟蔚县其他村堡有着明显差别。北官堡先民们在堡内划分地块时，

图 8-7 北官堡正街现状

图 8-8 北官堡中街现状

采用了南北向的分界线，东西宽度基本上保持在 15～18 米。堡内居民就在划定的狭长地块上修建住宅。如此大的进深使得北官堡的住宅以三进院和四进院居多：下街和中街之间以四进院为主；中街和上街之间以三进院为主；上街往北则根据卢家小堡的南面边界和北官堡的北面边界限制，建有两进院或三进院。在房屋买卖与重建过程中，有的多进院落被分割碎化，也逐渐出现了独立合院、两进院落的居住单元。此类碎片化的院落占比不大，北官堡现状依然呈现出了清晰的地块划分的肌理，可见几百年来北官堡的居民都在有意识地遵守早期的规划建制[1]。（图 8-9）

---

[1] 天津大学谭立峰的博士论文《河北传统堡寨聚落演进机制研究》（2007，第 195-196 页）对于北官堡的区块划分也有一个洞见，即"用明尺面积模数并不能找到规律，但用清尺面积模数时，堡内的主要街道基本在面积模数范围内"，并由此推测北官堡的基本格局是在清代形成的。本文作者认为这一分析方法是相当有道理的，但是也存在两点疑问。第一，由于数据上都是约数，并不精确，所以只能说由此可以大致推测是清尺，或许还不能完全排除是明尺，况且地方用尺和官方用尺也可能存在差别。第二，鉴于北官堡的分区相当的整齐划一，它要么是开始（即明代）时就在一个并不长的时间内规划并建设完成，要么就是在清代进行了一次全新的规划和重建；如果是后者，那就意味着要把之前存在的房屋全部推倒，或者遭遇了某个重大事故使得堡内房屋全部被毁。尽管"重大事故"的可能性也并不排除，但是本文作者还是倾向于认为，北官堡的分区是在明代初建时就形成并大致保留到了现在。

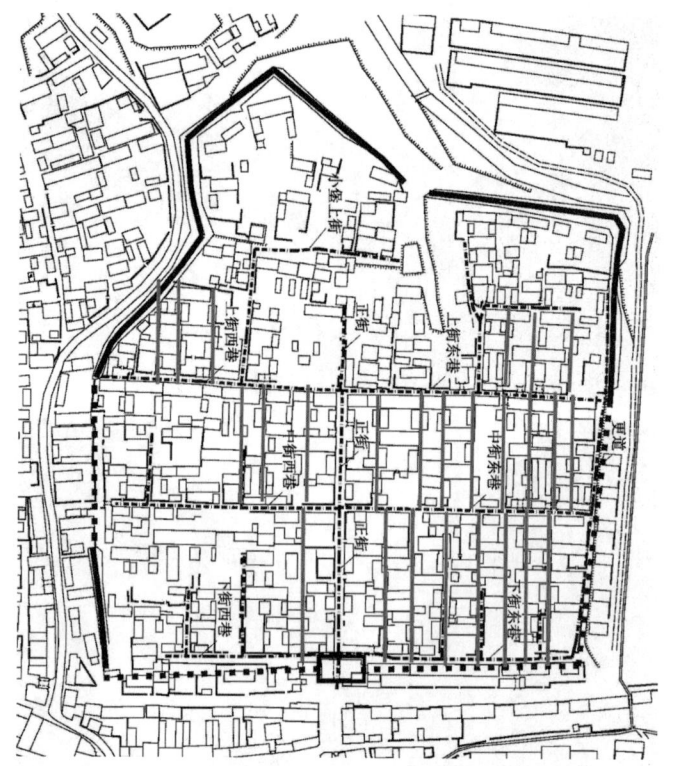

图 8-9 北官堡地块划分肌理

尽管暖泉镇有着浓厚的商业气息，但北官堡是一个较为纯粹的居住区。北官堡内只有民居建筑和少量宗教建筑，没有商业建筑，也没有戏台这类娱乐性质的公共建筑。宗教建筑的规模也很小，散落在街巷尽头，占据的都是不宜居住的地块，面宽仅为单开间或小三间，只服务于堡内居民。暖泉镇规模较大的宗教建筑，都在堡外配置，如龙王庙、华严寺、老君观等。北官堡内只有宗姓建有不大的宗祠，位于上街东巷北侧的一个院落内。

## 人口与姓氏

根据北官堡村委会的信息，目前北官堡村的人口有 700 多户，其中约 300 户居住在堡内；堡内居民主要从事农业，耕地大多位于堡的北面，其中仍在经商者约有十分之一；秋冬农闲季节，有的居民也会到堡外的市集上摆摊做点小买卖。根据张沛老人的回忆，20 世纪 40 年代北官堡内的居民超过 1000 人，土地改革时大约 50 户被评为地主和富农；如果往前推三至四代，骡马大车是北官堡内许多居民赖以生存和致富的一大行业；养骡马大车的人家中，以刘姓最多，王、张、赵姓次之，宗姓也有少量。

北官堡是一个杂姓村落，堡内的姓氏构成高度混合。村民们传说，宗、刘、侯、张是北官堡最初的"四大姓"。如今居住在堡内的姓氏已多达29个。村支书刘宏德以院落为单位,为我们指明了不同姓氏的分布情况:刘姓占28院,宗姓占10院,张姓占10院,而侯姓仅占2院;刘姓的势力最大,而侯家已经几乎快从北官堡消失。除了"四大家族"外,还包括杨(8院)、王(8院)、苏(8院)、曹(6院)、郭(6院)、赵(6院)、李(5院)、全(4院)、蔡(4院)、卢(3院)、雷(2院)、梁(2院)、薛(2院)和董、姚、白、段、樊、辛、郝、温、杜、谭、宋、马各1院。(图8-10)

姓氏的多样化背后有两大驱动力,一是屯兵,二是经商。最初迁至此地的四大家族,很可能是在屯兵政策下的军户。在屯军政策推行期间,或许会有新的兵

图8-10 北官堡姓氏分布情况

源补充进来，也就引入了更多的姓氏。暖泉很早就已经成为集镇，发达的商业吸引越来越多的人到此寻找机会。开始的时候可能是摆摊，到生意稳定下来、有实力开固定店铺之后，部分商人便会购置房屋、定居于此。世世代代下来，外地人成了本地人，姓氏数量也随之增长。这也反映出北官堡内并没有强势排外的宗族力量，在自由的人口流动与长时间的演化下，堡内的居民便从最初的4个姓氏扩展到后来的29个姓氏。

除了姓氏多，同一姓氏的分散居住也反映了人口构成的混合程度。与北方相比，南方的乡村聚落通常有着比较强的宗族亲缘意识，相同姓氏的家族往往会聚居起来形成自然社区。在北官堡，从目前四大家族的空间分布我们很难推断出最初是否有同姓聚居的分区，现在各姓基本上都是分散地住在堡内的，这体现了较为淡薄的宗族意识。比起亲缘关系，地缘与业缘在居民的交往中发挥着更大作用。代际交替时的分家继承与代内差异化发展导致的房屋买卖，也是导致杂姓混居的推力。一方面，上一辈在把房子传给下一辈的多个继承人时，会将原来完整的院落进行分割，到了下一辈手里就成了零散的房屋；另一方面，同辈人之间发展有好有坏，当境况较差或者想外出谋求发展时，有些人便会选择卖出房屋，交易买卖的过程在表面上有同姓亲缘的偏好，实则是价高者得之。

在北官堡内300余户人家中，刘姓占据的院落多于其他姓氏，这可能与他们经营骡马大车有关。据张沛老人描述，往前推三四代的刘家养了4辆大车和10头骡子。暖泉人的粮食从种植到运输、交易和加工，每一个环节都需要骡马大车。在种植环节，骡子可以用来犁地。刘家的骡子和大车除了在自家田地上劳作外，也会租给别人家使用，以此收取"服务费"。与此同时，他们也"赶大车"，在农忙时帮人运送肥料或庄稼，农闲时为盖房者运建材，或是为豆腐房、油房、缸房等商铺送货。暖泉的商业贸易发达，店铺很多，对骡马大车有很强的需求，故而养大车的人家收入不菲。20世纪40年代的暖泉普通人家，每户大约有8～10亩地（0.536～0.667公顷）。经营骡马大车的刘姓家族，每户有30～50亩地（2.01～3.35公顷）。1948年以后，刘家人加入了生产队，他们凭借着技术和经验，以及对交通路线和人脉资源的掌握，仍然从事"赶大车"的工作。

## 庙宇与公共生活

民居和庙宇是村堡的两大主要构成部分。北官堡的住宅不但建造质量高，多数还具有超大进深的特点，本书将另有专门章节论述（见后文第十三章）。

北官堡内的庙宇建筑也比较丰富。卢家小堡就有3处，分别是南堡门上的三清殿、西北端供奉真武大帝的真武庙（已拆毁，仅存高起的台基）和真武庙东侧的基督教天主堂。三清殿立于石基砖券门之上，供奉元始天尊、灵宝天尊和道德天尊，平面呈矩形，面宽6.8米，进深5.6米，建筑形制为三开间硬山顶，坐北朝南。殿内后墙绘有三位天尊的画像，两侧墙壁上也保留有老壁画。上三清殿需要先穿过堡门的甬道，向北走一段路，再折返往南，然后进到三清殿的西侧平台。（图8-11～图8-14）

北官堡的南门楼上建有魁星阁，供奉魁星。站在堡门前，便能望见屋檐下挂着"大魁天下"的金字牌匾。魁星阁平面呈方形，面宽、进深为4.2米，外有一圈檐廊，使其外观呈三开间，屋顶为单檐歇山顶。屋内供奉的魁星，手拿一支朱笔，寓意"魁星点斗、金榜题名"。向北穿过堡门后，向东或向西都有通往二层的楼梯。在北官堡南边，正对南门的是观音寺，坐南朝北。每年二月十九是观音庙会，有游神活动。观音寺于1957年被拆除，后来一度改为文化馆，2020年重建。（图8-15）

玉皇阁坐落在北官堡东北方的一处高台上，现已无存。玉皇大帝是道教中地位仅次于三清的四御之一。在早期道教系统里，玉皇大帝并不显赫，《西游记》一书的出现是玉皇大帝神系形成和确立的一个里程碑，让玉皇大帝信仰广为流传。在中国传统社会，不管是士大夫还是底层民众，对皇帝的至高地位也已有根深蒂固的认知。于是我们就看到在正规道观之中和民间道教建筑中，玉皇大帝有着很不一样的地位。正规道观中的玉皇大帝，地位不高，一般不会在正殿中供奉。民间道教建筑中的玉皇大帝，则往往有着很高的地位，常单独建有庙宇。

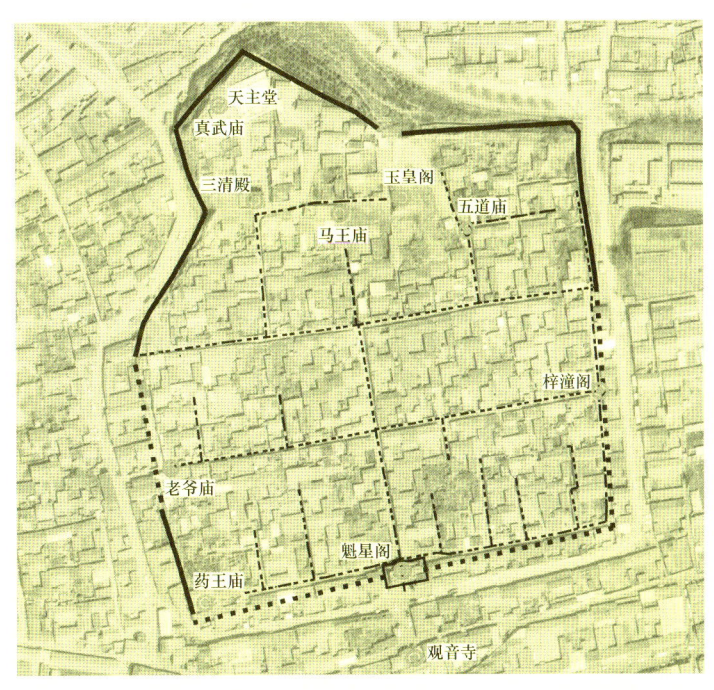

图8-11 北官堡信仰空间分布

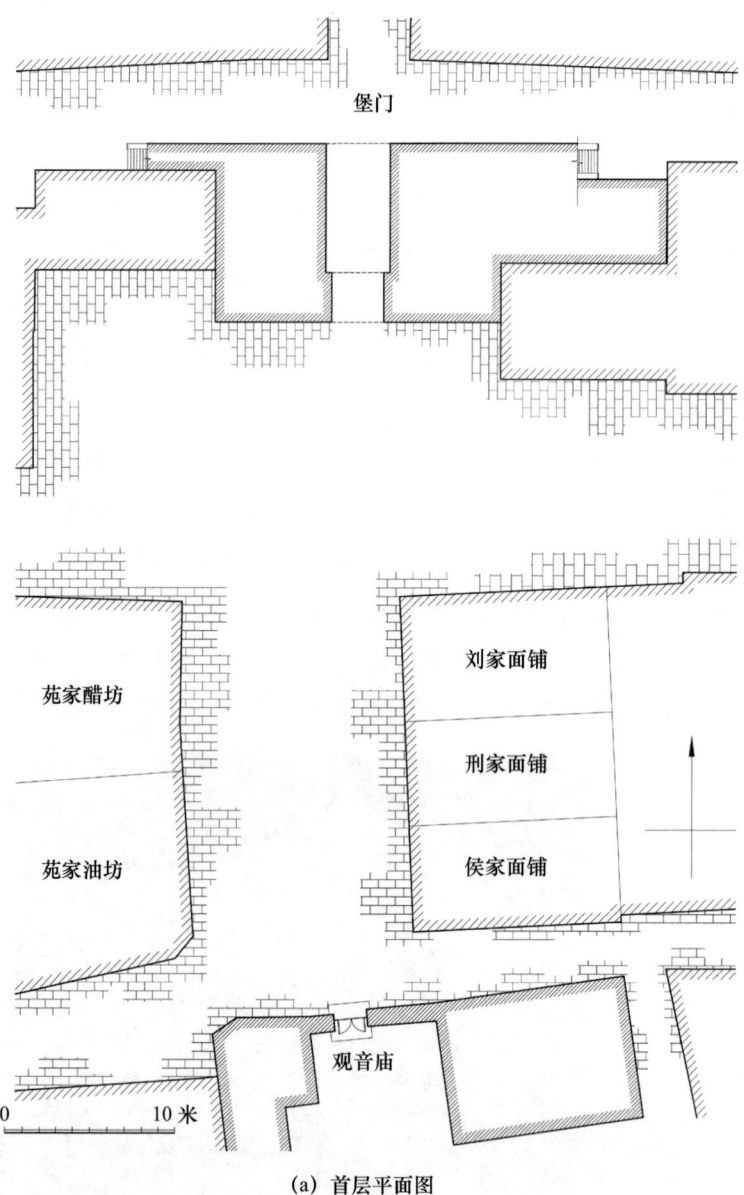

(a) 首层平面图

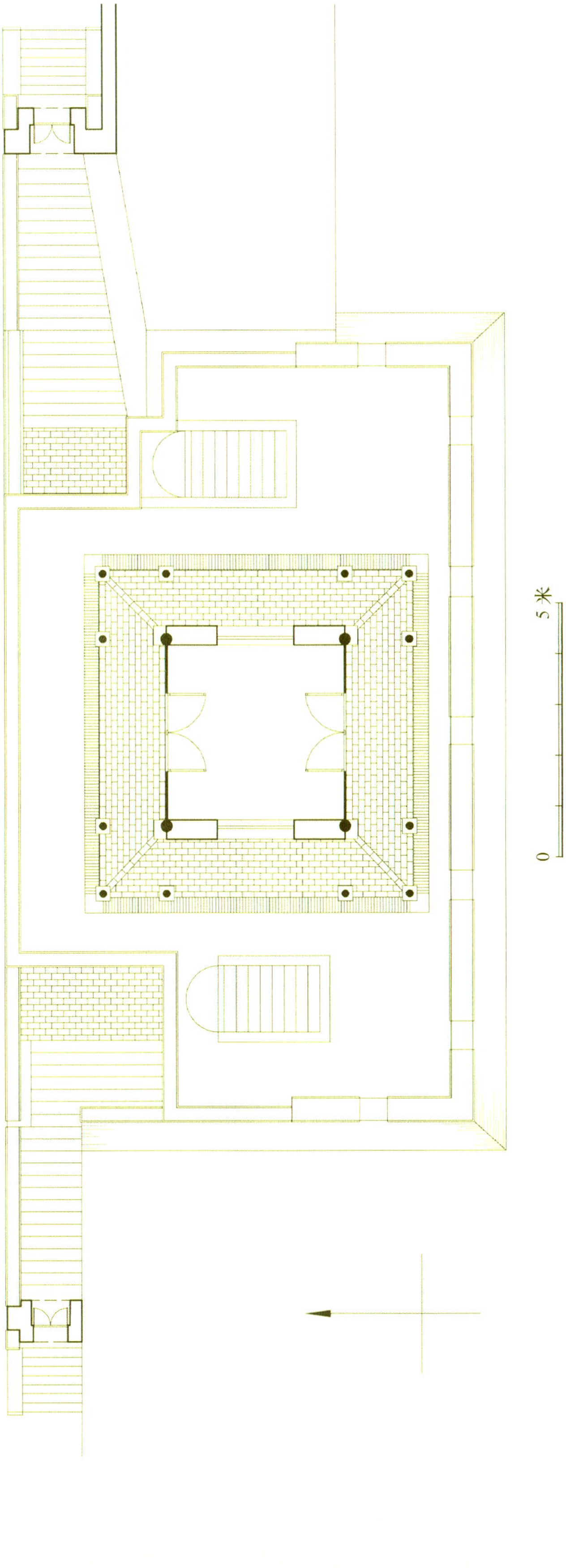

129　第八章　北官堡

(b) 二层平面图

0　5 米

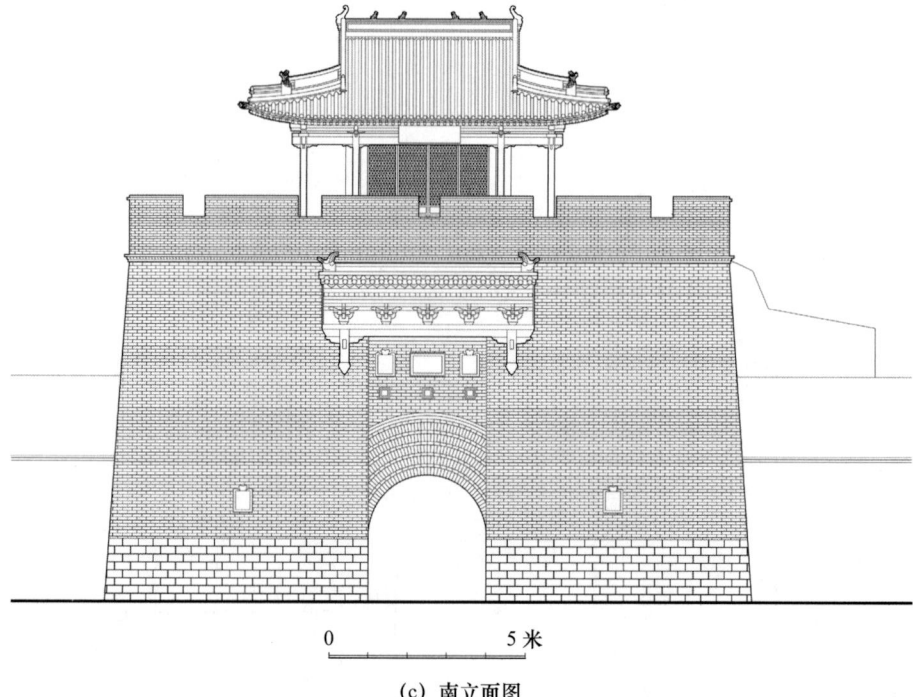

(c) 南立面图

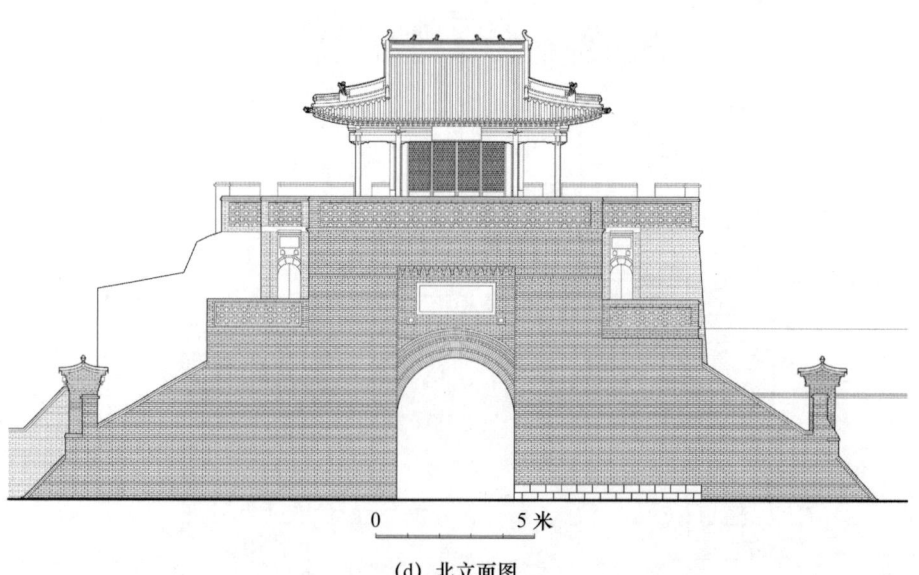

(d) 北立面图

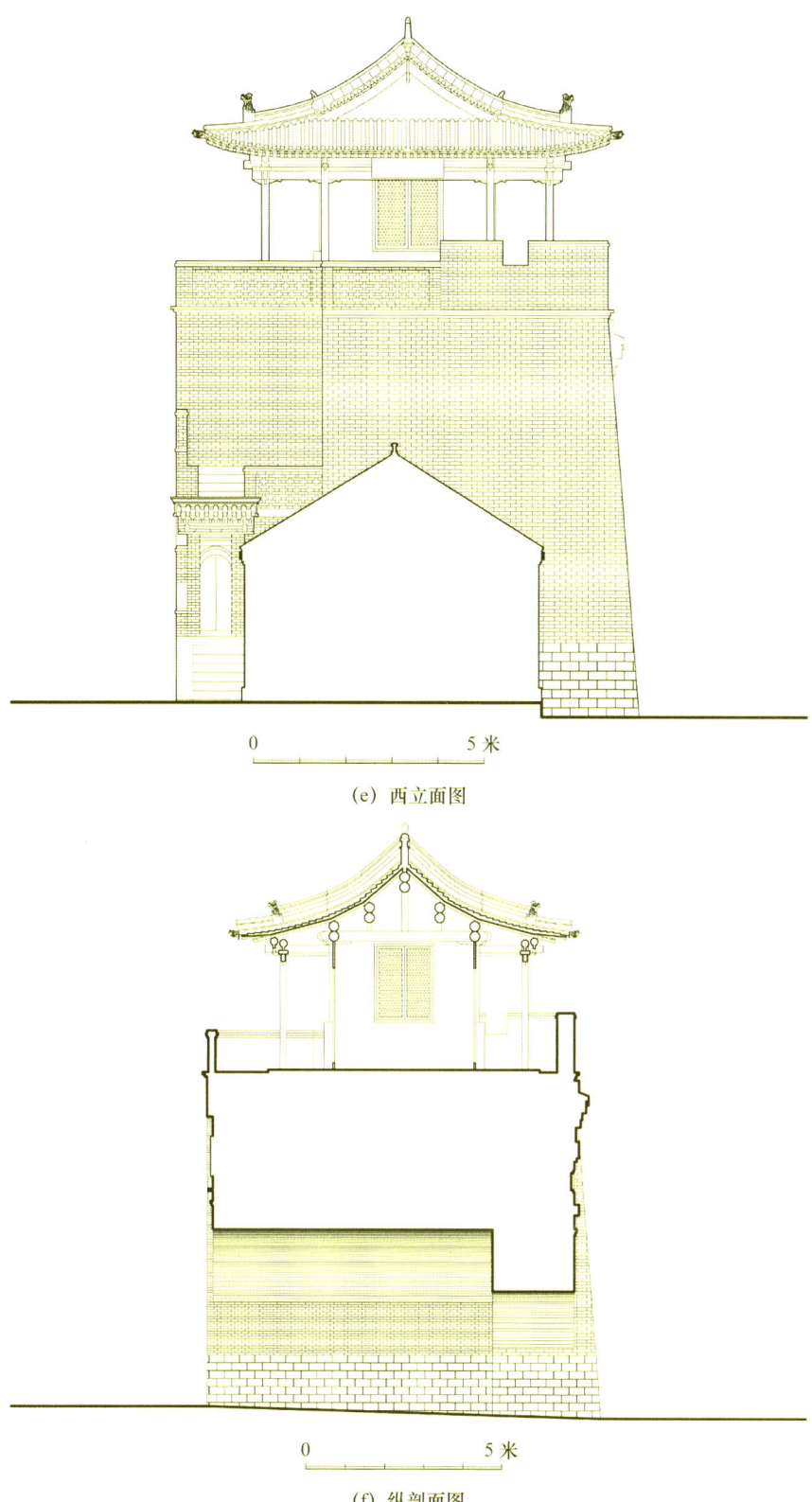

(e) 西立面图

(f) 纵剖面图

图 8-12 北官堡南门楼测绘图（施鸿锚 绘图）

暖泉古镇

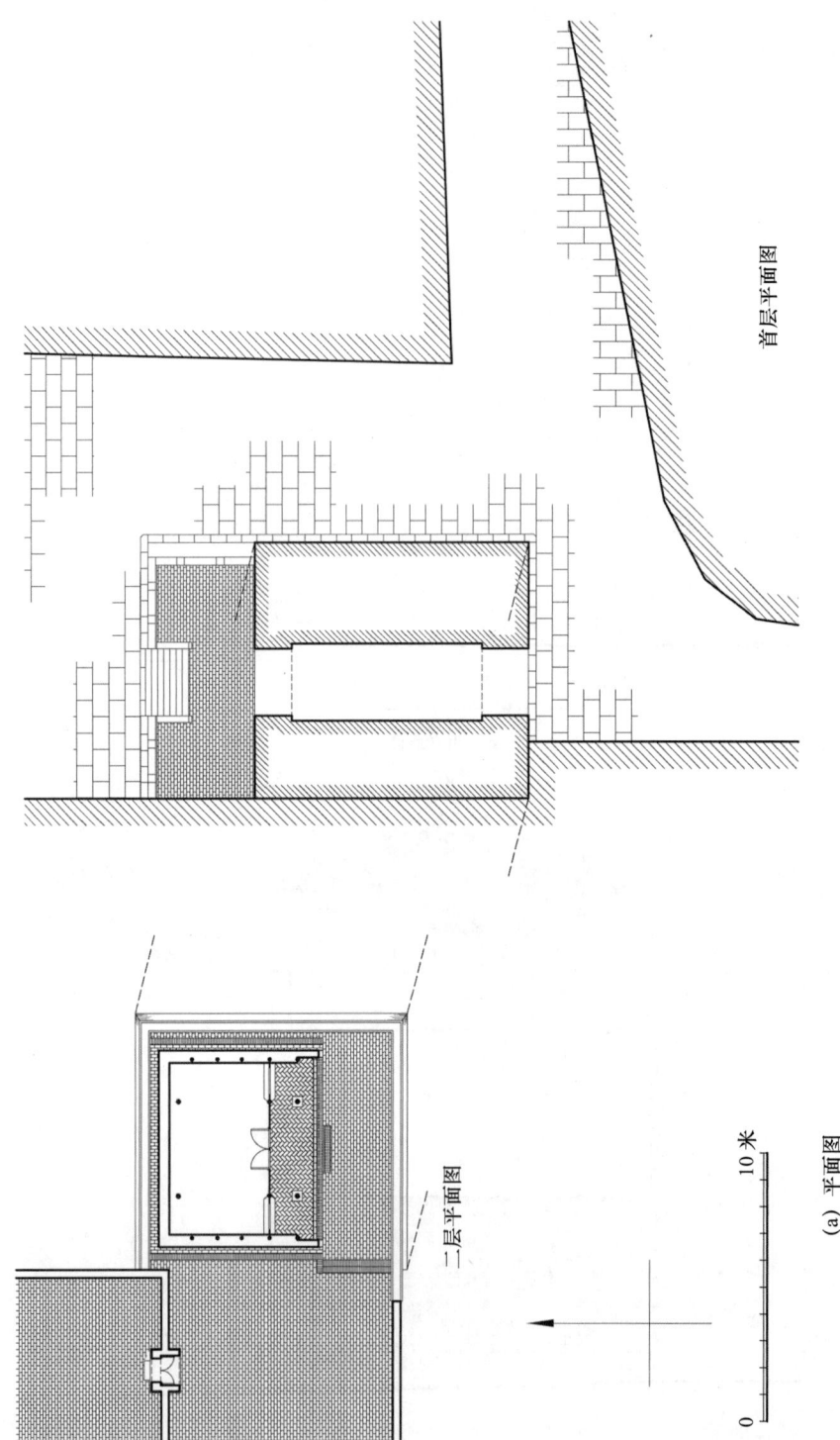

(a) 平面图

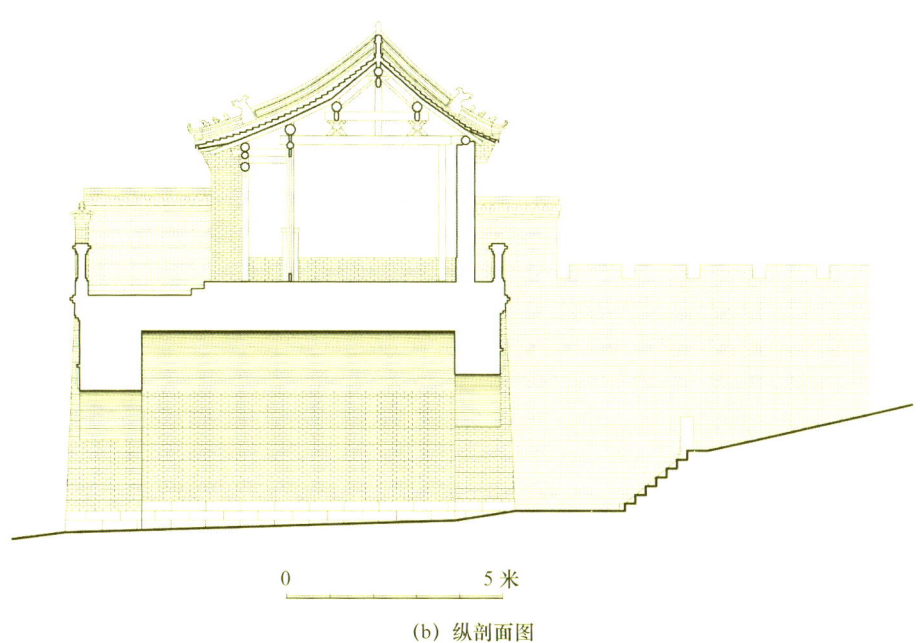

(b) 纵剖面图

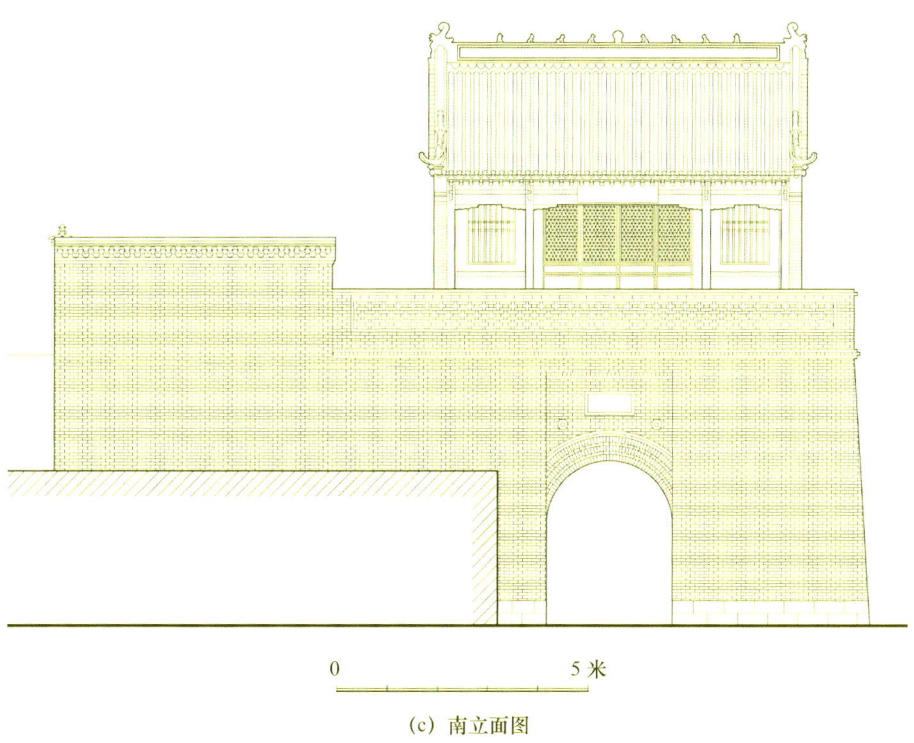

(c) 南立面图

暖泉古镇

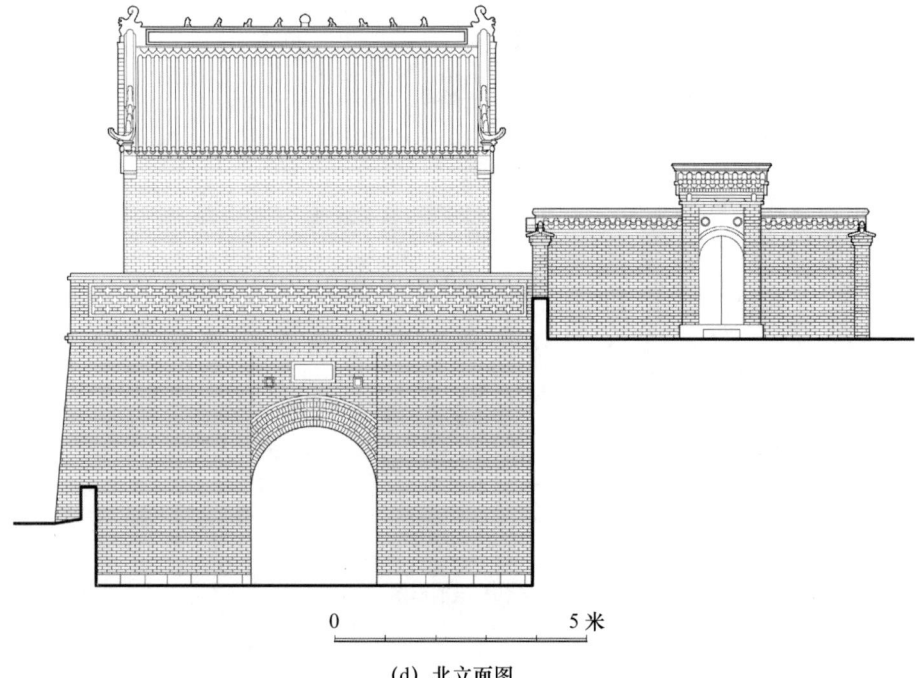

(d) 北立面图

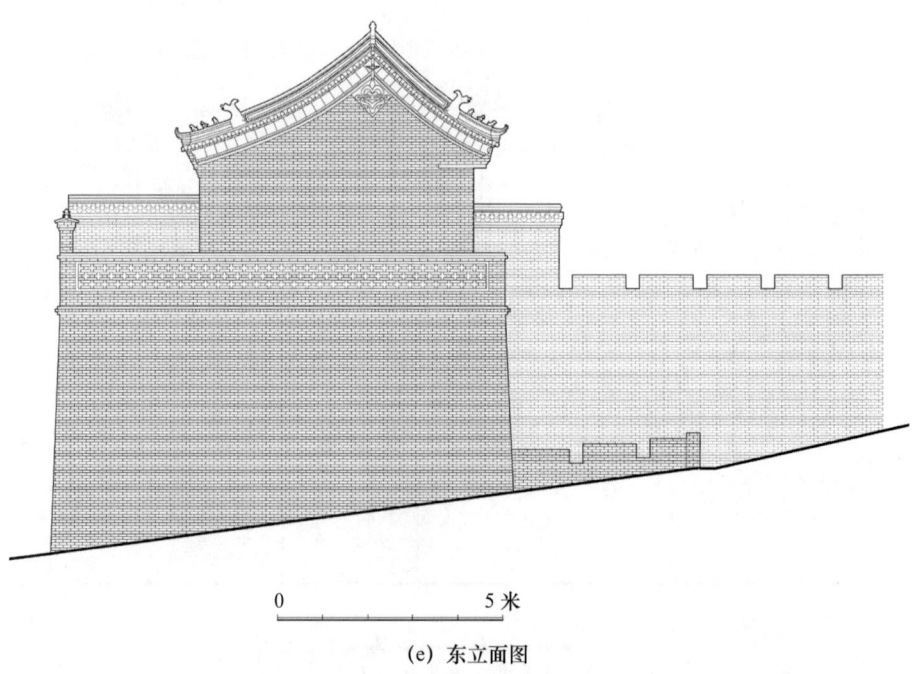

(e) 东立面图

图 8-13 北官堡三清殿测绘图（施鸿锚 绘图）

图 8-14　三清阁内壁画

图 8-15　北官堡南堡门及魁星阁

图 8-16　北官堡玉皇阁平面复原示意图（潘一航　绘图）

根据张沛老人回忆，玉皇阁坐北向南，面宽约 20 米，进深约 30 米，由前后两进院组成，后院大、前院小。前院没有房子，东南角朝东向开门，是一个拱券门，从此门进入前院可见一个牌楼。牌楼南侧是一面院墙，院墙再往南就是悬崖。前院北侧有六七步台阶，上台阶进入后院。后院北侧为正殿，面宽三间，进深一间，内塑玉皇大帝像；其东、西两侧各有面宽三间的厢房。

　　玉皇阁与周边地面有五六米的高差。在玉皇阁东侧有一组自北向南的台阶，有 5～6 米长，解决了 3 米左右的高差；从此台阶顶部平台向西转，进入一个拱券门洞和通道，门洞内又有一组台阶，再解决 3 米左右的高差；从此通道出来，就到了前院。（图 8-16）

　　张沛老人说，玉皇阁最后一任庙祝（即寺庙中管香火的人）叫"三老道"（他在家里排行老三），年龄大致和张沛的爷爷相仿，终生未娶（当地对庙祝是否娶妻生子并无限制）。在玉皇阁损毁之前，他已去世。玉皇阁有五亩地（约 0.33 公顷）作为庙产，庙祝靠地租生活。他同时也管理不远处的马王庙。

　　堡内其余庙宇的分布也与街巷形成对位关系，包括下街西头堡墙上的药王庙、中街西头的老爷庙、中街东头堡墙上的梓潼阁、正街北面的马王庙。这些庙宇都落在道路尽端，既是视线焦点，也起镇邪避煞之用。药王庙供奉孙思邈，龙王和龙王奶奶的塑像也置于此[1]。梓潼阁供奉梓潼帝君，即主管文运的文昌君。老爷庙供奉的是关公，坐落于中街西头的一个拱券之上，拱门之外即跑马道（现存残缺的拱券）。老爷庙原有正殿和钟鼓楼，形制相当完备。马王庙被建在正街北端这个重要位置，这跟北官堡内有较多从事骡马大车行业的人家是相匹配的。（图 8-17）

　　从分布位置不难看出这些庙宇在村民心中的地位。真武庙地处卢家小堡最北侧的高地上，说明在其修建时军事防御是最受关注的事务。卢家小堡扩建成北官堡时，真武庙保留不动，玉皇阁修建在正街东北方一处可俯瞰全局的高台上，这在表面上保留了对真武庙的尊重，实际上说明此时军事的重要性已让位于社会经济，玉皇大帝成为当地百姓事实上最重视的神明，真武庙转化为"次中心"。[2] 除了玉皇阁和真武庙外，南门楼上的魁星阁也占据了较为重要的位置。再往下便是中街的梓潼阁和老爷庙，一东一西，一文一武。四个庙宇占据了十字街的四个端头。

---

1 暖泉三堡及堡外五个村庄，每个村（堡）都有龙王塑像。在龙王庙举办庙会期间，八个村（堡）的龙王塑像都会抬入庙内，举行祭拜仪式。

2 刘文炯.从真武庙到玉皇阁：以明清以来蔚州西北乡村庙空间规制的变迁为中心[J].美术观察，2019（4）：45-52.

耐人寻味的是，在北官堡这个非常重视防御的聚落里，南堡门上建的是魁星阁，供奉的是主管科举考试、保佑考生榜上题名的魁星，而主管文运和通识教育的文昌神也坐镇于东位（古人有以东为尊的观念）。可见在修建这些庙宇时，社会处于和平阶段，相比于军事防御，村民们更看重文教事业。

北官堡内曾经有两座五道庙，供奉五道将军。按照道教说法，五道将军是东岳大帝的属神，他掌管世人的生死与荣禄，地位比阎罗王前的判官高。村民认为，五道庙管野鬼，它的作用是"不叫野鬼泛滥"。目前，堡内的五道庙仅存一座，规模非常小，伫立在上街东巷支巷的交叉口上，其内壁上有狼与虎的壁画。（图8-18）

信仰空间承载了居民们的精神生活。除了日常祭拜，在干旱影响农耕时，村民们还会搬出龙王塑像，沿街巷"行雨"；在神灵生日，村民会在北官堡南门外的小广场上搭建起临时戏楼，请戏班子来唱戏。这个广场同时还是"打树花"这一重要公共活动的举办场地。"打树花"是暖泉元宵节的一项特色活动。从南门楼上厚厚一层铁锈便足以看出这项活动历史之悠久。（图8-19～图8-21）

图8-17　老爷庙遗存的拱券

图8-18　北官堡现存五道庙

图 8-19 北官堡南门外小广场

图 8-20 从卢家小堡天主堂门口看三清殿

图 8-21 打树花（巩志宏 摄影）

　　作为蔚县规模最大的古村堡，北官堡的不规则轮廓记录了早期从卢家小堡扩建成北官堡的修建过程。起于台地的选址既是御敌所需，也有防洪之用；"主"字形的街巷格局与南北划分的地块造就了北官堡内多进院落的住宅风貌；堡内多样化的人口构成与高度分散的姓氏分布记录了这个小型社会中人员的流动与融合的变迁历史；规模小而数量可观的庙宇体现出北官堡居民具有文教倾向的实用主义思想。

（施鸿锚）

第九章

**西古堡**

西古堡地处暖泉镇西南角，其南面靠近壶流河，西侧紧邻沙河保障堤，北面是西市街。暖泉集市的西券门，即西市街的西头，就位于西古堡的西北角之外，与堡墙距离仅三四十米。

明崇祯版《蔚州志》中，已有"暖泉三堡"的记载，说明那时北官堡、西古堡和中小堡都已存在。西古堡晚于北官堡，其建造时间可能是在明中后期。

## 人口和姓氏

西古堡内居民的姓氏多达52个。以家庭为单位进行统计，这些居民分布在164个院落。张、刘、王占据前三位，分别有24院（14.6%）、22院（13.4%）、11院（6.7%）。其他姓氏所占的院落为：郭（7院）、董（6院）、杨（6院）、曹（6院）、李（6院）、赵（5院）、马（5院）、宋（5院）、宗（4院）、胡（4院）、门（3院）、高（3院）、冯（3院）、杜（3院）、辛（3院）、房（2院）、侯（2院）、崔（2院）、常（2院）；苑、齐、谢、康、乔、全、吴、郝、师、孙、邢、仲、段、武、赫、程、姚、谭、任、白、蔡、关、范、百、许、郑、徐、史、戎、闫这30个姓，各有1院。（图9-1）

图9-1 西古堡姓氏分布图

跟北官堡相比，西古堡的姓氏分布有两个特点。第一是西古堡的姓氏数量明显比北官堡多（北官堡有 29 个姓氏，分布在 126 个院落），第二是只有一个院落的姓氏明显较多（北官堡一个院落的姓氏是 12 个）。考虑到北官堡的规模是西古堡的 1.24 倍，所以姓氏数量上的差别还是相当突出的，西古堡的姓氏分布显得更为分散。

我们推测，造成西古堡姓氏分散的原因可能有两个。其一是相比于北官堡，西古堡居民跟西市街和上下街商业的结合度更高。商业是外地人进入暖泉的主要渠道，当这些人有能力在暖泉镇常住时，会首先选择包括西古堡在内的距离商业区更近的区域，而不是北官堡。北官堡的地势较高，更有利于防洪，地价也相对较高，这也抬高了它的进入门槛。第二个原因是在中华人民共和国成立初期，部分商业大户因为害怕受土匪头宗孝的牵连，而选择离开暖泉，这些商业大户以西古堡内的为多，他们留下的院落就成为新进入暖泉的干部和教师等工作人员的住宅。这些新加入暖泉的人，也增加了西古堡的姓氏。

## 防御功能

西古堡有完整而系统的军事防御设施。

其一是护城河。一道人工开挖的沟渠，除西古堡西北一段和南瓮城一段未连通之外，几乎环绕整个城堡一周，使西古堡如孤岛一般矗立在壶流河畔。蔚县的城堡，或者利用天然沟堑作为屏障，或者在城堡周围开挖小型沟渠，既为防护之用，也有灌溉之功，但如西古堡护城河这般宽达数十米的，除蔚州城之外也属绝无仅有了。

其二是堡墙。西古堡的堡墙，底宽约 7 米，顶宽约 3 米，高度约 8 米。这个尺寸是超过蔚县一般村堡的。一般村堡的堡墙，高度为 6 米左右，底宽约 3 米，顶宽约 1.5 米。

其三是瓮城。瓮城又名"月城"，是我国古代常见的一种用来屏蔽城门的小城，其功能为增强城池的防御层次。西古堡有南、北两门，门外各修筑一座瓮城。[1] 瓮城的入口朝东开，具有一定的隐蔽性（道路从西边来，需绕到东面才能入堡），更大的好处在于：即使敌军攻破瓮城门，进攻路线也受到阻隔，此时瓮城顶

---

[1] 有文章认为西古堡的南北瓮城是明末或清初时后加的，但本文认为，从北瓮城位于西市街之南来看，北瓮城应该是在和主体部分同期建设的（否则可以把主体部分更往北移，以利于防洪）；西古堡距离壶流河很近，极易受水患侵扰，因此南瓮城存在的必要性至少跟北瓮城一样大。

上的守军还可以居高临下地反击。

其四是马道。西古堡内沿堡墙有一圈道路，宽处达 8.4 米，窄处亦有 5 米，这个宽度已经超过了正街和横街。如此设计，主要是留出足够空间以便调动守卫人马和运输给养，同时也可以避免堡墙坍塌或滑坡造成房屋损坏。

## 区块划分

西古堡平面接近正方形，其南北长约 237 米，东西长约 239 米（不含瓮城）。堡内由南北向的正街和东西向的横街划分成 4 个区块。正街宽 4.7～5.6 米，长 255 米；横街宽 3.1～5.0 米，长约 200 米。正街平均宽度略大于横街，但总的说来属于一个级别。正街两侧，现在有几家住宅开了大门，但都是最近这些年才开的。正街不开门在以前是惯例，蔚县村堡皆是如此。横街上，也是朝南开门较多，朝北开门较少。4 个区块的内部，还分布着一些巷子。这些巷子，除了东北区块内的东巷比较宽（约 4 米）和比较长（约 80 米）之外，都属于级别较低的小巷。（图 9-2、图 9-3）

东北区块内有 4 个紧挨着的大型住宅，特别值得关注。这 4 个大户，东起正街，西至东巷，总宽度为 79 米，各户面宽则分别为 18 米、21 米、20 米和 20 米；四户的进深，则分别达到 96 米、93 米、80 米和 76 米。如此大的进深，意味着每家都是四进院或五进院。这一点跟北官堡是一致的，说明两个城堡的建造者可能都是财力较强、家庭人口较多的商户。其中面宽最大的一户，即从西数起的第二家，当地传说是明代总兵张邦奇[1]的故居。

这四户除了进深大之外，还有南边整齐、北边不整齐的特点。这说明：第一，最初的建造者应该不是一个大户，否则会将北边对齐，以便形成一组规制完整、等级清晰的超级大院；第二，四户的实力应该大致相当，因此面宽几乎相等；第三，四户是在事先划好的地块之内，根据各自需要，分别建房，因此各户之间的院落不讲究对位关系（第三户和第四户的前三进院都是对齐的，根据现在的户主回忆，这两家以前都属于董姓，其第四进院都是"楼房院"，即正房为两层楼房，如今东楼房院的正房还剩一层，西楼房院已改）。

东巷的东面，只有苍竹轩的建造水平跟上面四户是在一个等级上的。但是苍竹轩只是一个两进院，再结合东巷本身的长度和完整性，我们或许可以推测，东

---

1　清乾隆版《蔚县志》卷二十载：张邦奇，状貌魁梧，器量恢廓，由隆庆辛未（1571 年）武进士累官山西蓟昌总兵。

第九章 西古堡

图9-2 西古堡总平面示意图（清华乡土组 提供）

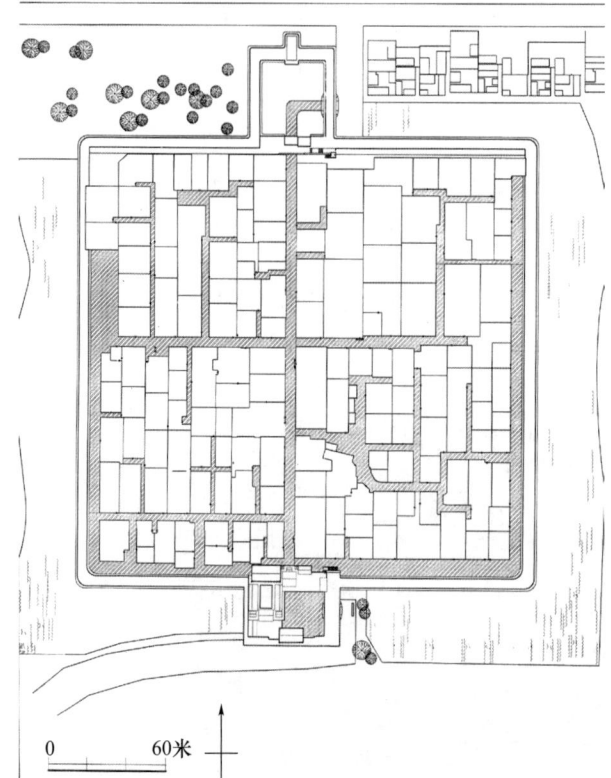

图 9-3 西古堡街道平面示意图
（清华乡土组 提供）

巷以东的地块在西古堡最初规划和建造时，只是一片待用的空地。

东北区块的分析思路，也可以用到西南区块。西南区块粗看上去比较凌乱，尤其是北半的部分。但是如果我们将注意力集中在南侧，细看会发现两个特点：第一，南侧有一条巷子，贯穿东西；第二，沿着这条巷子的北边，是大致整齐的八个院子，其中西侧的五个院子，还属于由南至北贯通的。综合这两个特点，以及更细致的尺寸，我们可以得出两个推测。

其一，南侧小巷以南，在西古堡最初规划和建造时也应该属于空地。这片空地应该是为防御而预留的，相当于加宽了的马道。清代之后随着防御压力下降，人口增加，这片空地上就盖起了房子。由于没有事先规划控制，所以这里的房子大小不等，形制也很不统一。

其二，八个院子，如果将东侧三个也按西侧五个进行补全，那么它们的进深是统一的，都是90米，而面宽分别是10米、13米、14米、13米、13米、16米和15米，总计94米。西数第一个院子，面宽较窄，厢房很少，院落的完整性较差，再结合南面有较宽的马道，我们可以推测这里原来也是加宽了的马道。于是，其余七个院子就可以分成两组：一组是西侧五个，面宽接近，为13～14米；另一组是东侧两个，面宽也接近，为15～16米。可以看出，七个院子的面宽都是明显不如东北区块那四个大户的，说明他们的实力不如后者；而在七个院子内部，也分为面宽 13/14 米和 15/16 米两个级别，后者的实力稍强于前者。七个院子中东侧的三个院子，北部变成了两个院子，应该是在后来出现了局部买卖的结果。

再把同样的思路用到西北区块。西北区块一共有六个院落，其进深分别为 61 米、73 米、72 米、76 米、53 米、82 米。53 米进深的院落，其北部明显是被东侧邻居蚕食了，原本的进深也应该在 75～82 米之间。可以看出，西北区块在南边整齐、北边不整齐这一点上，跟东北区块是一致的，而且都有从正街向两侧递减的趋势。东北区块和西北区块在北边都留出了较多的空地，应该也是作为马道之用。不过，为什么院落进深是从正街向两边递减呢？目前我们还找不到很好的解释。

最靠近正街的两个院落进深最大，或许是为了让正街立面尽保持完整性。正街越长、越完整，就越能体现城堡的气派，所以紧邻正街的住宅都有义务照顾正街的"门脸"。这个特点在东南区块也是同样存在的。东南区块的东南角显得较为凌乱，而紧挨正街的两个院落则相当规整。

再看六个院落的面宽。西北区块有两条贯穿南北的窄巷，我们现在无法判断这两条巷子是最初规划时就存在，还是后来由于产权变更和分户才形成。暂且将这条小巷并入面宽较小的院落，于是六个院落的面宽分别是 16 米、15 米、15 米、16 米、15 米、15 米。由此可见，西北区块各个院落的面宽是基本接近的，而且是介于东北区块和西南区块之间。这似乎能说明，就"区位优势"而言，东北区块胜过西北区块，而西北区块又胜过西南区块。以北、以东为尊，也符合中国人的传统观念。

最后分析东南区块。东南区块的现状看起来最为凌乱，尤其是南半部。不过，如果只看北半部分，还是能发现这里的地块划分也有规律。从西向东，一共是九个院子，面宽分别是 20 米、11.7 米、13 米、11.7 米、12.1 米、16.5 米、16.9 米、10.4 米、11.9 米。可见，就面宽而言，东南区块是跟西南区块类似的。

东南区块的南侧，看不出留有整齐空地的痕迹，所以我们暂且可以认为此处建房是一直沿到地块的南侧边缘。该区块的南北向长度达到了 110 米。那么，这九个院子是不是在进深上也达到 110 米呢？考虑到区位优势最佳的东北区块内"最豪华"的院子也只有 90 多米进深，因此东南区块内 110 米的院落进深是不合常理的，这里的院子更可能是分为南北两部分。从现状分析，这条划分南北的巷道就在中间位置，只不过它不是一条直巷，而是一条带转折的巷子，宽度为 2.5 米左右。区块内还有一条接近贯穿的南北向巷道，它的宽度也是 2.5 米左右。所以，东南区块实际上是被一条南北巷道和一条东西巷道，进一步划分成了四个小区块；

在每个小区块之内，各有四五个院落，每个院落的进深，长则 50～60 米、三到四进院，短则 40～50 米、两到三进院。

综上所述，我们可以大致还原西古堡在初建时的规划过程。首先是选定地址和圈定范围，然后是沿着地块边界建堡墙和瓮城。接下来是划出正街和横街，由正街和横街形成四个区块，并且留出马道和预留地。之后是在各个区块内划分各户的地块，在这个环节各家各户就要选择和商量了。东北区块的区位最优，所以实力最强的四户就选在了这里，他们的面宽也普遍比别家要大，并且还在东侧有面积较大的预留地。西北区块的区位次优，给了实力稍弱的六户。东南区块的区位按说应该比西南区块好，但是由于西南区块要留出面积较大的马道，可建面积不如东南区块，所以东南区块就留给了那些不需要大进深的人家，以便容纳更多的户数。西南区块还是用来建造大进深的住宅，不过这些住宅的进深和面宽大多不如东北和西北区块。

在最初规划和建设之后的数百年里，西古堡又经历了不断的局部重建、改建和扩建过程。尤其是在清乾隆年间，由于暖泉商业崛起，商户们的经济实力大增，人口也骤长，这一阶段的重建不但表现为住宅数量的增加，更体现为建筑材料从夯土或土坯替换为砖材（实则为砖土并用，外表用砖较多，土坯藏在墙内，所以看上去是青砖建筑）。不过，即便是在乾隆朝的大建设时期，我们也很难想象整个城堡在某一个确定的时间点来一次彻底的洗牌重建，更可能的情况是商户们根据自家情况，在一段时期内逐步将土房改造为砖房。在此过程中，有的人家人口增加，有的人家人口减少，于是房屋买卖出现，随着房产分割与合并，有的大院收缩为小院，有的大院扩大为更大的院。每家每户都需要单独的入口，于是一些原先没有的小巷也就此形成。从现状来看，西古堡房屋地块的完整性是得到相当程度保留的，这也是我们可以进行上述分析的前提。

## 住宅

经过明代二百多年的军屯历史，军队中等级分明、纪律森严的观念也似乎渗透到了居住建筑之中。村堡中的住宅处处透着浓浓的"官气"。注重门脸，注重装饰，讲究气派，讲究等级，是它们的共同特征。西古堡的住宅体现得尤为明显。与此同时，住宅又因主人家的个人情趣、财富多寡而产生灵活多样的变化。

与大多数北方住宅相似，西古堡（以及暖泉各村堡）的住宅也以四合院为主，讲究坐北朝南。小型住宅只有一进院。较大的住宅规模，会在纵向上（个别也会在横向上）增加院落。院落之间以院门、巷道或过厅相连，一些大户人家在巅峰时期可以达到五进大院。拥有多进大院的人家，会将第一进院设为车马院，围绕此院的倒座房和厢房通常供佣人居住或豢养骡马。通常最后一进或倒数第二进院落[1]的尺度最大，建筑规格最高，体现了"以北为尊"的观念。

每进院落通常由正房、厢房组成，第一进院落还有倒座房。房屋开间大多取单数，如三间、五间，个别有七间。正房一般采用硬山卷棚顶，屋顶梁架结构以"四檩三挂"居多，即屋顶上架设四根檩条，前后各两根，檩条上铺椽子，前后共三架。

倒座房与厢房一般为单坡顶。其中原因，一是出于等级考虑，厢房、倒座房在形制上低于正房；二是，厢房和倒座房的背墙兼作院墙，单坡顶意味着脊高即院墙高，这有利于增强防御性，也强化了家宅的向心性。东厢房通常会比西厢房略高一点，符合"青龙压白虎"的风俗。厕所通常安排在西南角。

大门以南向和东向为佳。但实际上各家各户的开门还是会根据街巷与空地灵活调整，尤其是经过近些年的加建改建，朝北、朝西开门的住宅也比以前增多了。

堡内的古宅民居以木材、砖、石和生土为建造材料，形成了以木材搭建主体结构、以砖和土坯砖建造围护结构、以石块垒码墙基的建造方式。民居建筑的墙体普遍为土坯砖砌筑、外抹草泥，也有青砖顺摆与土坯砖立砌的混合建造方式，还有一些民居建筑墙基处以垒石砌筑以抵御落水的侵蚀。[2]

据老人们回忆，历史上董、张是西古堡的两个大姓。董家盖有东楼房院，张家则拥有"九连环院"。现年[3]89岁的董治老人说，他幼时见过"九连环院"的主人张顺魁（当时张顺魁大约60岁）。"九连环院"是张氏祖先留下的房产，张顺魁在西古堡和中小堡东面的大片耕地中修建了一个占地六亩（约0.4公顷）的花园，"专供张家的小姐们赏花"，内有花厅一座（现仍在）、房屋数间（已毁）。（图9-4）

东楼房院（东巷83号），因最后一进院落的正房为两层而得名。据居住于最后一进院落的师煜庆老师（出生于1943年，2001年时在暖泉中学教语文）说，东楼房院的主人曾是捐资修建地藏寺的"董大斋"，后来又几经易手，四个院落也逐渐分属各家。1948年，师煜庆的父亲师选和母亲邢淑珍分配到暖泉中学教书，夫妇二人于1952年以20担米（2000斤）从张林玉手中购得东楼房院的最后一进院。

---

1 地位最尊的建筑可以是最北侧的正房，也可以是倒数第二进院的正房。比如佛寺，中轴线上由南至北通常是山门、天王殿、大雄宝殿和地藏殿，其中大雄宝殿的地位最高。有的北四合院，由南至北为倒座房、垂花门、正房、后罩房，其中正房的地位最高。之所以有的最北侧建筑不是地位最高，是因为它太靠外了，心理上缺乏安全感。

2 范霄鹏，石琳．河北蔚县暖泉镇生土聚落田野调查［J］．古建园林技术，2015（9）：53-56．

3 采访于2001年。

图9-4　张氏花厅
（清华乡土组　提供）

从1959年开始，该院正房的二层被生产队借用并充当粮库。1978年，生产队将正房二层归还，房屋质量仍基本完好，只是山墙的"通天柱"（脊柱）有点歪。尽管是小毛病，但师家由于无钱维修，又担心日久有倒塌的危险，在1981年将正房的二层拆除，卖了一部分木料，同时将底层屋顶补全。

东楼房院面阔五开间（前院的倒座房为七开间，但总宽度不变），20米，最后一进的正房东侧添加一小巷，使面宽增加到23.5米。其进深则由于四进院落相接，总进深达到76米。如不计东北方的小巷，则四进院落的面宽并无变化，而由南至北的院落进深却是渐次扩大，分别为10.5米、17.5米、19.5米和26.5米，反映了住宅以北为尊和注重等级的建筑观念。（图9-5、图9-6）

东楼房院大门为前院倒座房的东次间，采用"广亮式"，气势弘大，屋脊高度比中间两进院落的正房屋脊还高1.5米。大门之木雕与砖雕均十分精美，尤其是外檐柱上雕"暗八仙"的门楣，颇能显示主人家的雄厚财力和审美情趣。进入大门之后的庭院，为住宅入口的缓冲地带，同时还有一个重要功能——停放大车。第一进院落有一突出特点，即在庭院与大门的地面以及大门墙裙上铺设大面积石材。

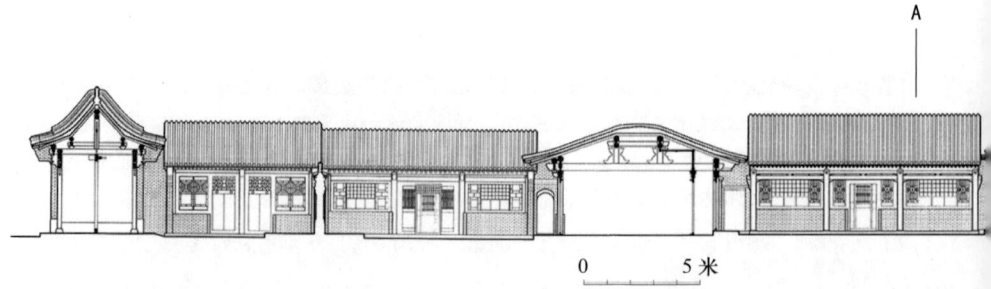

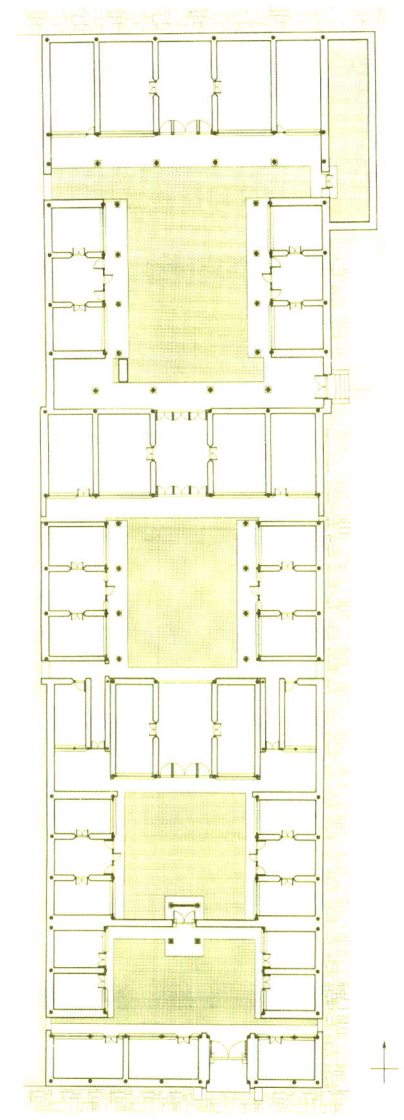

图 9-5 西古堡东楼房院一层平面
（清华乡土组 提供）  0　　6米

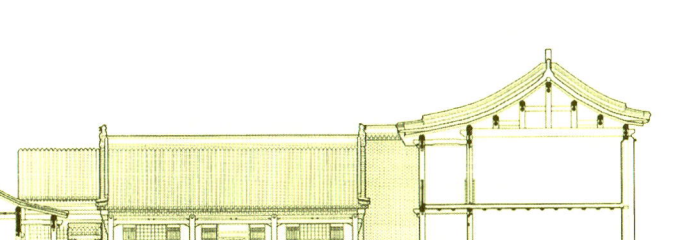

图 9-6 西古堡东楼房院纵剖面（清华乡土组 提供）

地面上铺的石材，大小从 0.5 米长、0.3 米宽至 1.0 米长、0.7 米宽不等。而大门墙裙，则在金柱与内、外檐柱之间各设一块（共四块）厚 0.04 米、高 0.8 米的矩形石材（长度分别为 1 米和 1.8 米）。大量使用石材的目的，既是为了整齐气派，也是考虑到进出和停放大车的荷载要求。（图 9-7）

一、二进院落之间还有一道院门，其作用与北京四合院中的"垂花门"类似，用于内宅和外宅之间的连通与划分，是为"二门"。此院门形式上和垂花门颇为相似，除前后檐柱均落地外（北京四合院垂花门的前檐柱不落地，且下端雕成花形作为装饰，故称垂花门），其他构件的装饰均与垂花门相同。前檐柱之前也各有抱鼓石一座，抱鼓石上雕"双狮滚绣球"。（图 9-8）

图 9-7　东楼房院门楣
（清华乡土组　提供）

图 9-8　西古堡东楼房院抱鼓石
（清华乡土组　提供）

苍竹轩（东巷88号）是西古堡内中型住宅的典型，它由两个院落组成。2001年，苍竹轩属于五家人所有。前院正房三间，郭怀和郭宅两兄弟于1971年分家，各占东、西一半（当心间为过厅，除当中留有过道外，其余空间摆放各自的家具），西厢房当心间为大门，其余两间为郭怀所有，东厢房三间与倒座廊均属郭连；后院正房三间，郭庆禄和郭连各占东、西一半，东厢房两间属郭宅，西厢房两间则为郭成所有。不过，真正常住在苍竹轩内的，其实只有郭成一家五口人，其余各户都搬到县城或者外地去了。郭成还以每月40元的价格将郭怀的房间全部租下。据郭连、郭宅的哥哥郭润[1]说，他们的父亲名为郭炳明，郭炳明有一位堂兄弟郭炳信，在郭润幼时住在苍竹轩的前院，拥有前院的所有正房和厢房的产权。20世纪40年代，郭炳信将房产全部卖给了暖泉镇太平庄一位侯姓人氏。1971年，郭宅、郭连和郭怀又合力将前院买回。从苍竹轩近六七十年来的住户分布和郭姓人对苍竹轩卖而复买的态度来看，苍竹轩在历史上很可能属于某位郭姓人所有，只是经过几次分家才导致后来各管一摊的状况。不过，这位郭姓人是苍竹轩的建房者，还是从别人手中购得此宅，却是不得而知了。

苍竹轩之大门朝西，占南院西厢房的当中一间。进入大门之后，北为正房，南为倒座廊，东厢房与倒座廊之间的院墙上还有照壁一面。正房与东厢房之间的院墙上设一小券门，小券门之东为杂物院，既为前后院落之联系（平常过厅不开时，就利用此巷作为前后院之连接），也是厕所和堆放杂物之处。（图9-9、图9-10）

苍竹轩的特殊之处有三点。

其一，无论是从建筑高度还是从门窗装饰来看，苍竹轩并不以北边的正房为尊，而是以东厢房的形制为最高。东厢房的屋脊高度是最高的，而且是唯一带檐廊的房屋（当然也有遮蔽西晒的作用）。正房只不过是普通的卷棚顶，北面院落正房与厢房相较之下更有所不及。苍竹轩的主人，显然更看重的是住宅门面，为此不惜牺牲以北为尊的"传统观念"。院内各屋的等级，首先根据它们和大门的关系而定，正对大门的前院东厢房等级最高，正房反倒退为其次。

其二，倒座廊。蔚县城堡内的民居，不管是一般人家还是豪门大户，对于门面均十分看重，因此宅门、照壁和垂花门三者缺一不可，并且都是十分考究。苍竹轩不做垂花门，采用倒座廊，恰恰是体现苍竹轩建造者匠心独运与文化品位之处。在前后相接的双院落式住宅中，中间有垂花门势必无法再容纳前院的一排正

---

[1] 2001年采访时，郭润65岁，他在苍竹轩出生并长大，1963年离家外出谋生，未分得苍竹轩的房产。

房。苍竹轩没有垂花门,就保留了前院的三间正房,也就为主人提供了更多舒适度较好的南向房间。作为补偿,苍竹轩不建倒座房,改做倒座廊。这一改动,不只改善了居住功能,在美观方面也比内设垂花门的双院落更进一步。宅门、照壁和垂花门在很大程度上都只在进入宅门的过程中起到炫耀作用,后院正房一般只有明间可以欣赏到开间不到 2 米的垂花门,而狭长的天井又使得正房次间为厢房

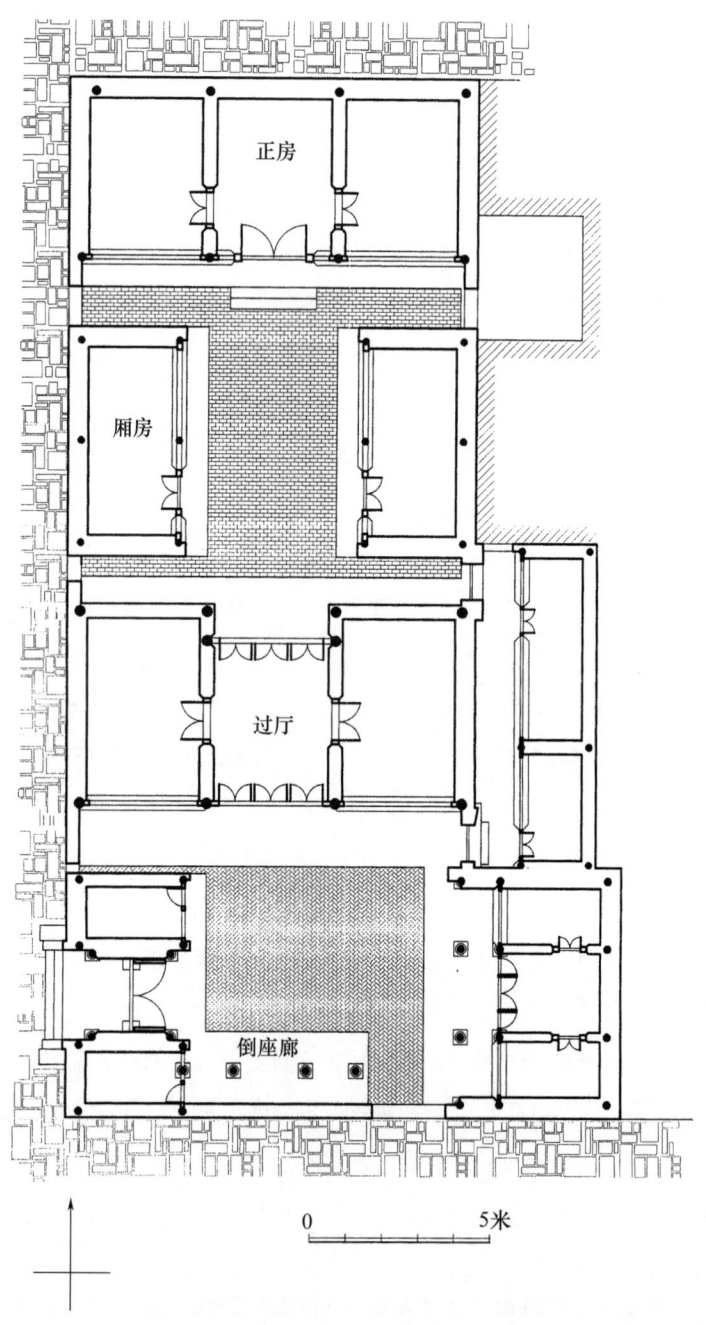

图 9-9 西古堡苍竹轩平面(清华乡土组 提供)

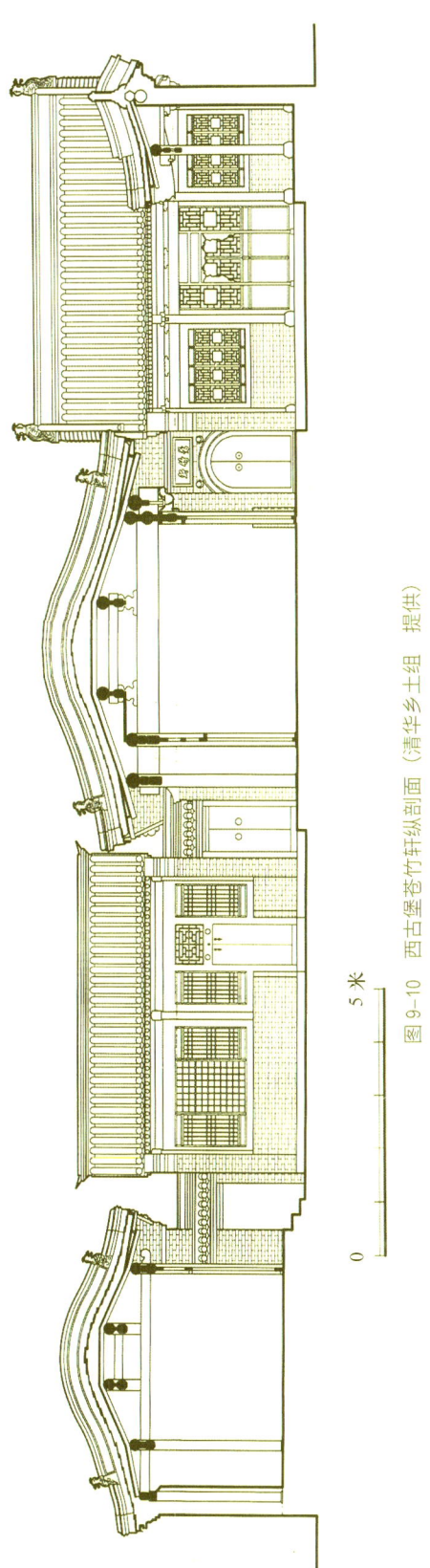

图 9-10 西古堡苍竹轩纵剖面（清华乡土组 提供）

第九章 西古堡

图9-11 苍竹轩前院东厢房木雕
（清华乡土组 提供）

所遮挡。苍竹轩的任何一间正房，都可欣赏到装饰丰富且雕刻细致的倒座廊和照壁。

其三，木雕。蔚县地方建筑以砖工和砖雕见长，木雕的水平普遍不高。但正是因为木雕难得，才越发成为大户人家标榜地位与财富之物。苍竹轩的木雕，堪称蔚县木雕之代表。其前院正房明间的两根前檐柱上，向外挑出短梁，雕成龙头状，龙头上承大柁的出挑部分（相当于官式建筑柱头科的桃尖梁头部位），龙嘴微张，须发飘然，龙颈上设一（东西向）扁长的斗，两侧垂直于龙头的方向伸出异形拱，上承挑檐檩；前院的正房内，大柁与檩条之间有驼峰、雀替和斗拱，造型较为简单；前院东厢房与倒座廊的檐下，梁枋之间有十余组雕成"连（莲）生贵子"状的梁托，分布于柱头两侧与柱间当中部位，每组梁托的造型均有所不同；东厢房明间隔扇中间镶有精致的"仙鹤蝙蝠"透雕，象征长寿和有福。[1]（图9-11）

## 庙宇

瓮城本是防御性的军事构筑。然而，入清以后，蔚县地区"二百余年风鹤无警，驿马不惊"[2]。西古堡的瓮城尤其是南瓮城，渐渐成了庙宇集中之处。根据现立于地藏寺鼓楼之侧的清康熙十五年（1676年）《重修地藏王菩萨庙宇碑记》，地藏寺创建于清顺治年间，其建造者为"乡耆董汝翠"，也就是村民口中常说的"董大斋"。到康熙十五年，"屡经地动，东窑砖券五间，空阔又无石基，摇开裂缝，兼以雨水

---

[1] 关于暖泉民居装饰的研究可参考：高琪. 蔚县暖泉镇古村落传统建筑装饰研究 [D]. 保定：河北大学，2017；冯永荣. 山西民居木雕装饰图案研究 [D]. 太原：山西师范大学，2013.

[2] 见清光绪二十三年（1897年）《重修蔚州北城玉皇阁碑记》，现立于蔚县玉皇阁内。

浸灌，车辆震地，遂至殒堕"。董汝翠的遗孙董揆叙乃捐资将东边的五间砖券房重修。与此同时，因为"元宵节男女游观，一门拥挤，非礼"，于是"另于西边修马道而分行，以易混杂之俗"。碑记中还提到因为"饮茶缺少坐处"而新盖了"茶房三间，伙房间半"，说明在当时地藏寺就已经成为村民们聚会休闲的场所，而不仅是一座供人顶礼膜拜的庙宇了。

南瓮城之内有地藏殿、鬼王殿、十阎君殿、三义殿、马王庙、观音殿等六座庙宇，此外还有戏台一座、钟楼两座、鼓楼两座以及僧寮数间。乡民们居住在大城堡，神灵们则占据着小瓮城。

这些神灵又分为两组。地藏殿、鬼王殿和十阎君殿供奉的神灵来自阴曹地府的冥界，它们在瓮城西北部倚堡墙自成一个两层的四合院，上为庙宇，下为窑洞式房屋。此四合院与其南边小院共同组成地藏寺，占据了瓮城的西半边。四合院二层的正房是地藏殿，是地藏寺中规格最高的建筑，坐北朝南，面阔五间14米，进深6.9米，梁架采用四步架抬梁式结构，并加一檐廊。地藏殿内有地藏王塑像，为近年新修；正殿当中两根檐柱上各盘旋着一条张牙舞爪的金龙，檐梁上亦有六条小金龙，均为新修之物。东西两侧各有一座配殿，面阔五间，每一间供奉着一个阎王，一共有十个，所以称十阎君殿；南房是鬼王殿，内有鬼王塑像，手持狼牙棒，面形恐怖。鬼王殿左右两侧尚有少许空地，正好设钟鼓二楼。

地藏寺下层分前后院。后院的倒座房（即鬼王殿的底层）为连通地藏寺前后院的砖券门洞。前院之正南方正对砖券门洞，有高、宽均5米多的影壁，紧贴堡墙，壁心有二龙戏珠雕刻。前院东侧是寺庙的入口，为砖作仿木构垂花门；西边有厢房三间，紧贴瓮城堡墙，供照管寺庙的居士居住及接待信徒。后院正房（即地藏殿的下面）是为逝者下葬前做法事的地方，东侧两间房是储物间，西侧两间房用于放置去世后来此"报庙"的人的棺材。

1948年以前，暖泉经济条件好一些的人家，在家人去世时都会到地藏寺"报庙"。报庙就是把人名报到阴曹地府去的意思。报庙要给管理员一点钱，后者"代表阎王"把钱收下（"报庙"的习俗现在也恢复了，一般是给20元钱）。报庙的时间，是在出殡两天前的晚上8点左右。比如，七天出殡，就要在第五天的晚上"报庙"；九天出殡，是在第七天的晚上"报庙"。穷人家不想花钱，可以去附近的五道庙"报庙"。

去地藏寺"报庙"要带上一把新笤帚，"报庙"的同时给庙里打扫卫生。这是有象征意义的，亲人出发了，把路给清扫一下，让他走得顺利。实际上也是分担了一点管理员的工作，属于一种公益行为。打扫卫生之后，由死者的大儿子（即孝子）在鬼王殿把写了死者姓名的纸牌烧掉。纸牌上的文字是"故先考某某之灵"（男性）或"故先妣某某之灵"（女性）。同时还要捎去七个面点、七个饺子、七个红枣和七枚纸钱。

观音殿、三义庙和马王庙供奉的是与乡民们亲近友善的神灵。观音是大慈大悲救苦救难的菩萨。马王爷照顾骡马等大牲畜，与生产大有关系，北方人旧时惯用大牲口数来表示人家的财富水平。三义庙内供奉刘备、关羽和张飞，借桃园三结义倡导异姓兄弟之情，常见于杂姓村内。这三座庙宇并排而置，坐落于瓮城东北方，与东面三间厢房围成一个三合院。

观音是中国民间最受欢迎的女性神。在人们的心中，观音大士慈悲为怀、救苦救难，观音殿（寺）是暖泉和蔚县数量最多的庙宇之一。其中原因，除了观音的慈悲心肠之外，还因为民间有"南海观音"的俗语——观音几乎是唯一可以名正言顺地朝北放置的神灵。在蔚县村堡，主街正对之处都会有一座寺庙或一座影壁，来禳解直冲之势，这就需要一个可以朝北的元素来放置于此。观音殿正好满足了这个需求。观音也常被看成求子的神灵。人们来观音殿求子，在还愿和许愿时都需要送一些点灯油，以示诚心祈祷。

西古堡的观音殿虽然朝北，却并不完全"倒座"。它坐落在南门之上，北面出抱厦，左右有钟鼓二楼，实际上也在扮演着南城楼的角色，因此南面同样也开门，而且殿内有两座观音像，一朝南，一朝北。观音殿平面呈方形（不含抱厦），面阔三间 7 米，进深 6.8 米，硬山顶。

观音殿东侧为三义庙，再往东则是马王庙。三义庙与马王庙均坐北朝南，硬山顶，但屋脊高度依次而降，面阔较之观音殿亦渐次变窄（分别为 6.4 米和 5.4 米）。

瓮城南墙根下有一座戏台，与观音殿正对。观音殿、三义庙和马王庙前面有一块空地，正好作为看戏时的"二层看台"。"二层看台"东侧有厢房三间，前方则为一窑洞跨院，跨院的正房即为"二层看台"下的窑洞房屋。瓮城东门为拱券门洞，地面铺条石板，石板上有马车碾过而形成的深深辙印。此门外侧之上方有石匾，阴刻楷书"永盛门西古堡"，落款为"岁康熙十九年（1680 年）"。[1]

戏台之创建不知始于何年。清康熙十五年的《重修地藏王菩萨庙宇碑记》并未提及观音殿、马王庙、三义庙以及戏台等建筑。马王庙前僧寮内墙上的光绪六年（1880 年）重修碑记，则提到"西古堡南券之上多圣祠焉，其上有观音殿，其

---

[1] 这里的"康熙十九年"，应该是堡门重修的年份。

左有地藏寺，其右三义殿并马王庙……其下又有戏楼"。碑中还说到光绪四年（1878年）的一场秋雨使堡墙突然坍塌，"将戏楼后檐冲断，众善人从而修补之"。由此可知戏台的创建年代必在光绪四年之前。戏台于1998年落架重修，硬山卷棚顶，面阔三开间6.6米，进深7.2米（前台4.2米，后台3米）。戏台两侧各有耳房一间，面阔2.2米，进深两进5.6米，其中后一进为后台之延续，前面一进较短（2.2米），与前台相连，为文武场面（即伴奏台）。台基高1.4米。如果用现代剧场建筑的观点来看，该戏台在观演功能上十分不合理。戏台左侧紧挨地藏寺的院墙，等于将观众席的一半弃而不用，而三义庙与马王庙前窑洞院落的院墙，又将剩余地面部分的一半划分出去。即使是站在观音殿前的平台上俯瞰，视线也部分为戏台屋檐所遮挡。然而，对于古人我们是不能用现代的"剧场规范"来审度的。他们要欣赏戏曲，也要求神拜佛，更要节日里的欢乐气氛。瓮城里的每一样都不能少。[1]（图9-12～图9-15）

西古堡的北瓮城原先也有庙宇群，但破损严重，只剩城堡北门、北城楼（灵侯庙）、瓮城围墙及瓮城东门。根据张德奎、宋作云等老人的回忆，瓮城北端城墙上原有背靠背的真武庙（各有一尊真武塑像，分别朝向南和北），也称九天阁，近年已重建。其南侧有一组台阶，直达瓮城内的地面。台阶之东则为看守瓮城者居住的窑洞院落。瓮城东门上原有城楼，名"梓潼庙"，内供奉梓潼帝君，即主管文运的文昌神。灵侯庙的东侧有一座三官殿，坐北朝南，内供奉天官、地官、水官三尊塑像。

北瓮城东门外南侧靠墙根还有一座五道庙。五道庙多位于丁字路口或十字路口，规模一般都较小。西古堡北瓮城外这座面宽三开间（7～8米）的五道庙，已经是暖泉镇上规模最大的一座了。"五道将军"管阳间的道路，也管阴间的道路，所以送死者上路时也要到五道庙来烧烧纸钱（村民们谓之"送往生"）。居住在西古堡的村民，至今仍然保持有"丧事走北门，喜事走南门"的习俗。娶媳妇、嫁女儿必定要从南门进出；而办丧事，不管是抬棺材还是到地藏寺做法事，都要从北门进出。[2]

---

1 王鹏龙认为，这座戏台建在瓮城内并与堡门相对，应是出于古人对中轴对称的"执着"和地方建筑的传统惯例。见：王鹏龙，刘晋萍.河北蔚县古堡与庙宇：民间演剧的空间阐释［J］.戏曲艺术.2016（8）：45-52.
2 包括近年来在西古堡南门外建有新房的居民，如果因家有死者而到南瓮城的地藏庵去做法事，也必须绕道北门进入西古堡。

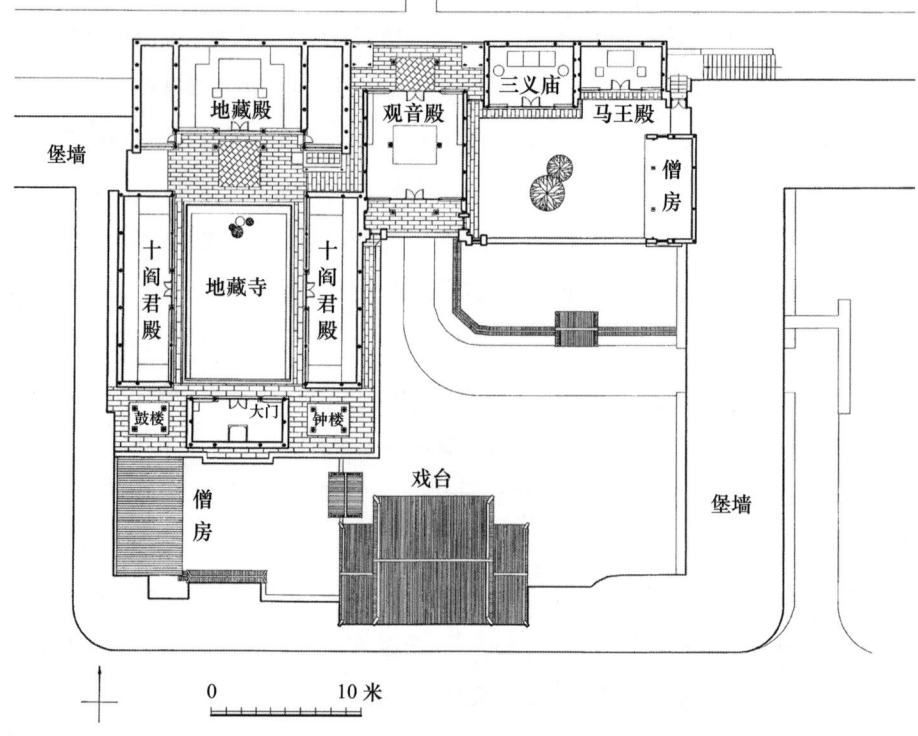

图 9-12 西古堡南瓮城二层平面（清华乡土组 提供）

图 9-13 从西古堡瓮城马王庙前看戏台（清华乡土组 提供）

图 9-14 从北瓮城的堡墙顶看西古堡（清华乡土组 提供）

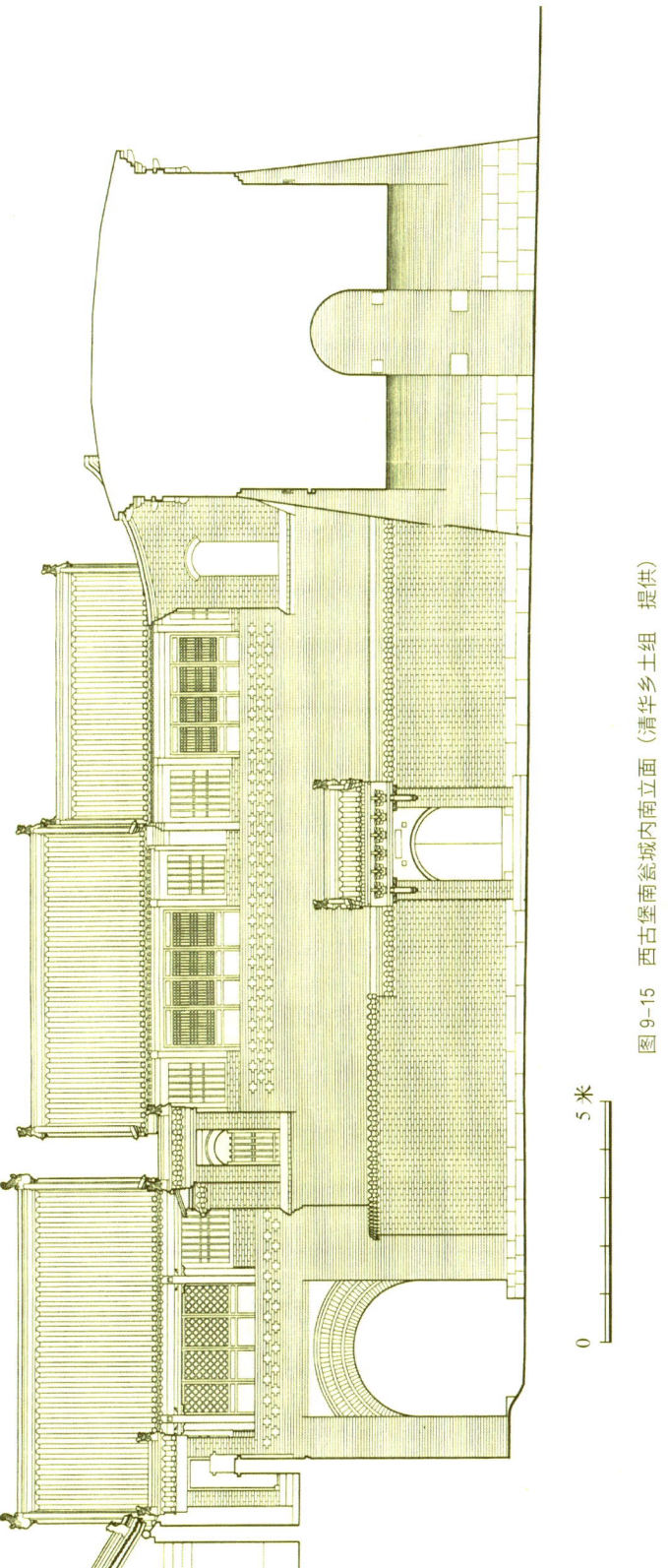

图 9-15 西古堡南瓮城内南立面（清华乡土组 提供）

西古堡完整地体现了边塞地区数百年来的生活。在其诞生之初，防御性占有非同寻常的地位，因堡墙、瓮城、护城河、街巷等建筑设施均围绕军事防御而精心设计和建造。随着时代的变迁，战事逐渐消歇，宗教、娱乐、商业等生活内容成为居民们主要关注的方面。与此同时，社会安定和商业机遇使得部分居民掌握了较多的财富，他们在堡内建造起质量较高、规模较大的住宅。

（罗德胤）

第十章

中小堡

中小堡位于暖泉镇的西南角，其西面与西古堡仅隔一条小巷，北面为下街。中小堡的建成时间晚于北官堡和西古堡，但也在明崇祯之前已建成。（图10-1）

## 内部结构

中小堡是暖泉三堡中最小的村堡，呈现出发育不完全的状态，南北向长约190米，东西向宽约90米。堡墙高约7米，以夯土筑成，断面上窄下宽，呈梯形。基础部分卵石与夯土间杂，堡墙上有砖砌睥睨[1]。现有南北两座堡门，南堡门为近年新建，历史上仅有北堡门，与下街南侧相连。

蔚县村堡一般只有一个堡门，且多数位于堡的南面。这一方面是为了对来自北方的游牧骑兵保持一种防御姿态，同时也符合坐北朝南、明堂开阔的传统风水观念。中小堡仅在北侧开门，首要原因应是堡内居民多从事商业，直接朝下街开门便于出行。第二个原因，是雨季时洪水多从南面来，不在南面开门可以减少水患。

堡门是村堡防御设施中的薄弱部分。为了提高堡门的防御性，中小堡的北堡门并没有直接朝北开，而是朝东开。这使得从下街无法直接看到堡门，进入堡内的流线也变得曲折。在堡门外正对堡门处，还建有坐东朝西的观音寺。寺门外北侧还有一棵大柳树，非常繁茂。观音寺和柳树的存在使堡门前的空间收窄，这也能减缓入侵者攻进堡内的速度。

堡门为砖砌拱形门洞，宽3米，进深6米，分为内外两层，外层砖拱券门低于内拱券门约1.5米。堡门之外，观音寺与堡门之间的堡墙有一块照壁，入堡门后堡墙上也有一块照壁，两块照壁丰富了堡门空间的视觉感受。

堡门上有梓潼庙，庙内供奉文昌神。堡门内原有一座关帝庙，坐西朝东，正对堡门，位于正街西侧，现已改为民房。庙内原有台阶可以登上堡墙，俯瞰整个中小堡村。（图10-2）

中小堡的堡内空间被南北向的主街及东西向的8条巷道划分为9个地块。主街宽约4米。中小堡主街的位置并不在堡的正中央，而是在偏西侧，它将堡内空间分为了面积约1∶2的两个部分。

9个地块中，主街东侧的3个地块较大，东西宽约60米，进深从北至南分别为42米、41米和76米。白喜庄院和刘氏武举人院这两个大型院落，分别占据了北端和南端的两个地块。主街西侧的6个地块较小，东西跨度约30米，进深从北至南分别为24米、21米、37米、35米、17米和56米。这里的民居多为独院或

---

[1] 睥睨：城墙上面呈凹凸形的短墙，亦称女墙。

图 10-1 中小堡与西古堡、
　　　　北官堡位置

图 10-2 中小堡堡门及梓潼庙
　　　　（罗德胤 摄影）

前后两进院的小型四合院。（图 10-3）

　　比较西古堡和中小堡这两座相邻的村堡，可以发现中小堡则呈现出规模小、形制不完整、居住人家财力不均衡的特点。中小堡的占地面积仅为西古堡的三分之一左右，它只有北堡门，没有瓮城、马道等军事防御设施；庙宇也仅有梓潼庙、观音寺、老爷庙这三座，在北墙上没有蔚县村堡常见的真武庙；堡内东西地块的院落形制差距明显，东侧的白喜庄院和刘氏武举人院是多个两进或三进院串联、

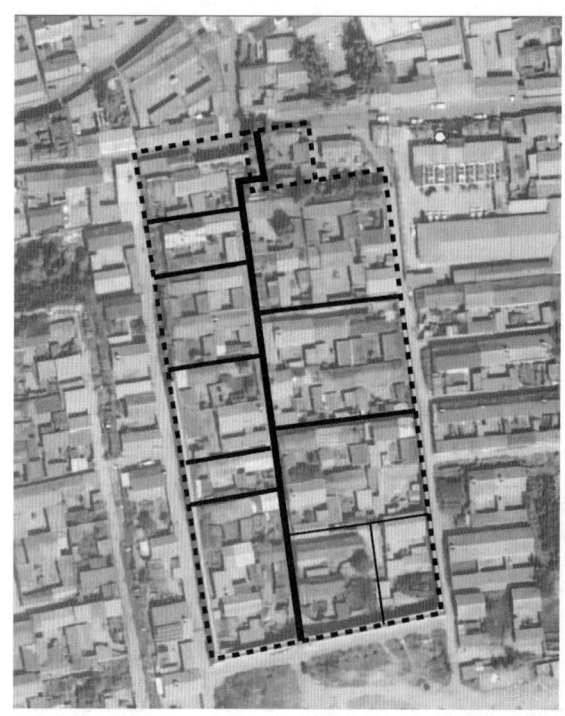

图 10-3 中小堡街巷格局图
（容欣桐 绘图）

并联而形成的连环院；西侧地块划分较碎，多是独院或小两进院；可见东侧地块的两个大户与其他居民有着显著差别。

虽然没有明确的史料说明西古堡和中小堡之间的关系，但从两堡建设时间、平面形制及居住建筑的特点推测，中小堡可能是依附于西古堡而建，甚至是由西古堡分出的大户主导了中小堡的建设。

中小堡内的传统民居与北官堡、西古堡相似，均为砖木结构，每进院落由正房、厢房及倒座房组成。正房多为硬山双坡顶或硬山卷棚顶，多三间或五间，多数坐北朝南，倒座则与之相对，厢房一般为两间或三间，高度低于正房。

## 人口与姓氏

根据中小堡村村委会主任苑宝红和副书记张庆富提供的信息，目前中小堡行政村管辖范围内户籍人口有 508 户（包括中小堡堡内和堡外的上街、下街、东市街及新村），约 1400 人，其中常住人口近 900 人；堡内人口，按户籍算大约有 200 户、500 人，现在实际常住在堡内的仅 40～50 人，其余居民大多搬迁至 20 世纪 90 年代新建的新村居住。本文的研究范围主要是堡墙之内的中小堡（也包括堡门外的观音寺）。

中小堡有着浓厚的商业氛围和久远的商业传统。按苑宝红、张庆富、周万福等人的说法，1948年以前中小堡人多"耍秤杆的"。"耍秤杆"是暖泉人对做生意，尤其是做小买卖的俗称。中小堡的许多村民会推个小车，到上下街或集市上做一些小买卖，这种商业传统与中小堡朝北开门的空间特点是相符合的。

1948年之后的一段时间，中小堡村有不少铁匠、补鞋匠、泥匠、瓦匠等手艺人。据下街开饼铺的周万福老人（生于1951年）回忆，在生产队时期（指二十世纪六七十年代），中小堡内的手艺人有住在原老爷庙内的木匠胡培立、住在中小堡门口的铁匠王佃成、住在中小堡内的泥瓦匠冯作和住在大街上的油匠蔡精贵等。这些手艺人大多没有店面，平日里给生产队种地，哪家人有需要了就请到家里工作。

商业也是中小堡姓氏高度混合的重要原因。中小堡是一个杂姓村落，根据暖泉镇派出所于2018年统计的信息，中小堡堡内有多达21个姓氏，包括张（9院）、王（7院）、董（3院）、任（3院）、郭（3院）、杨（2院）、雷（2院）、冯（2院）、裴（2院）、朱（2院）和刘、苑、蔡、郑、白、曹、周、史、贾、黄（各1院）。暖泉发达的商业环境吸引了不少外地人，他们到此经商或寻求工作机会，积累一定财富后在堡内购置房屋定居，从而推动了中小堡姓氏的多样化。（图10-4）

图10-4 中小堡姓氏分布图
（容欣桐 绘图）

中小堡居民没有"大姓"的说法，但从院落分布看，张、王两姓较多，张姓占20%（9/45），王姓占15.6%（7/45）。这可能与中小堡建设的历史有关，一巷之隔的西古堡居民姓氏以张（占比14.6%，24/164）、刘（占比13.4%，22/164）、王（占比6.7%，11/164）三姓为多。张姓和王姓在中小堡和西古堡都属于大姓，或许可以推测两堡的人口有着较多的渊源。

从姓氏分布来看，同一姓氏也并未形成明显的聚居区，堡内也没有修建祠堂，说明村民们的宗族意识较为淡薄。形成杂姓混居局面的原因与暖泉其他两堡相似，可能是代际交替时的分家继承与代内差异化发展导致的房屋买卖。刘氏武举人院的房屋买卖或许可以说明这一点。据现住于刘氏武举人院中央院落的赵万年回忆，他的爷爷在20世纪50年代买下了前院东侧部分，包括过厅的东侧、前院的戏楼和东厢房[1]，其余部分仍归刘氏后人。可以看出，在进行房屋买卖时，同属于一座大院的房屋会被拆成多个部分，而且并不按照完整的院落和房屋进行买卖，多户人家可能共同使用一进院落。

## 白喜庄院

白喜庄院位于中小堡的东北角，紧邻堡门入口。据苑宝红、张庆富等人说，这是清代商人白喜庄的故居。北官堡的张沛老人则说，"白喜庄"是山西的一个村庄而非这位商人的真名，暖泉当地人以他的故乡代称。白家自清嘉庆年间从山西迁至暖泉后在中小堡购买房屋、定居，通过油房等店铺积累财富，最终建成了白喜庄院。

白喜庄院原有11个院落，由西侧紧邻主街的两个小院和东侧三座三进院并联而成，占地面积约2200平方米。三座三进院中，西侧的面宽12米，进深42米；中间的面宽20米，进深38米；东侧的面宽12米，进深40米。（图10-5）

中间的三进院现为中小堡村委会办公场所，原本是白喜庄院中的主院。三进院落从南至北，进深逐渐变大，反映出以北为尊的观念。前院和中院之间的院墙和"二门"已拆除，合并为一个大院。前院倒座房三间五架，单坡硬山顶，西厢房两间。中院的正房为三间五架卷棚顶，西厢房三间，东厢房三间，正房明间为过厅，北面开门通向后院。后院进深11.6米，正房五间五架，双坡硬山顶；东、

---

[1] 后来赵万年的奶奶与三叔共同居住于此，而赵万年的父亲则在下街老爷庙东侧、义成德对面的楼房里租房住（老爷庙东侧、义成德对面的楼房里）。1993年，赵万年以3500元的价格从叔叔手中将这部分院落买下。

西厢房各三间，均为单坡硬山顶。（图 10-6 ~ 图 10-8）

东侧的三进院，前院有东厢房三间，西厢房两间；前院和中院之间原有垂花门，也已不存。中院正房三间，卷棚顶，东、西厢房各三间，正房明间前后均开门，作为进入后院的过厅。后院有正房三间，卷棚顶，东、西厢房各两间。

西侧的三进院，前院有倒座两间，西厢房三间；前院和中院之间有垂花门相隔。中院有正房三间，东、西厢房各两间；正房明间为过厅。后院有正房三间，东、西厢房各三间。东南角有门与主院落相连。

图 10-5　白喜庄院总平面示意图

图 10-6　白喜庄院中央院落入门照壁（姚奕然　摄影）

暖泉古镇

图 10-7　白喜庄院中央院落现状
（容欣桐　摄影）

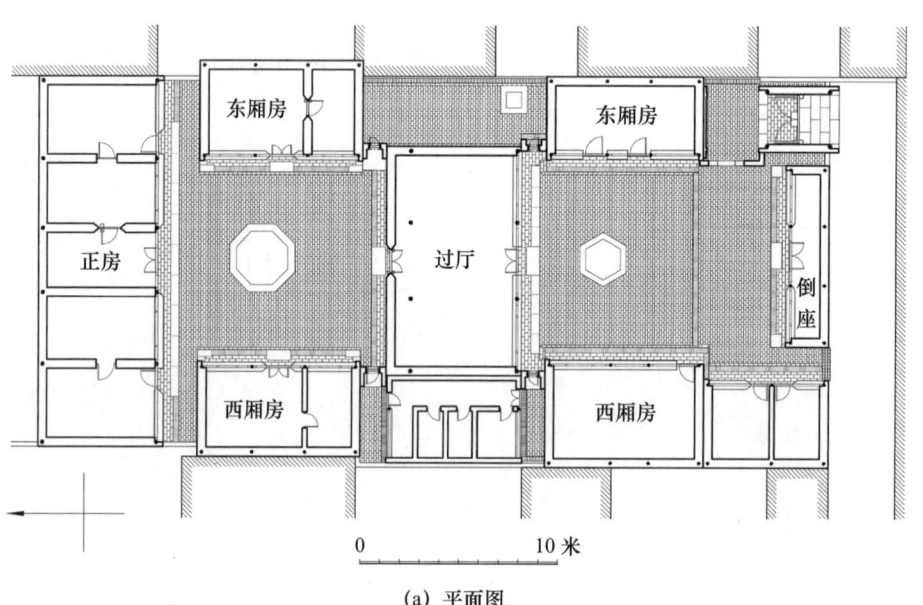

(a) 平面图

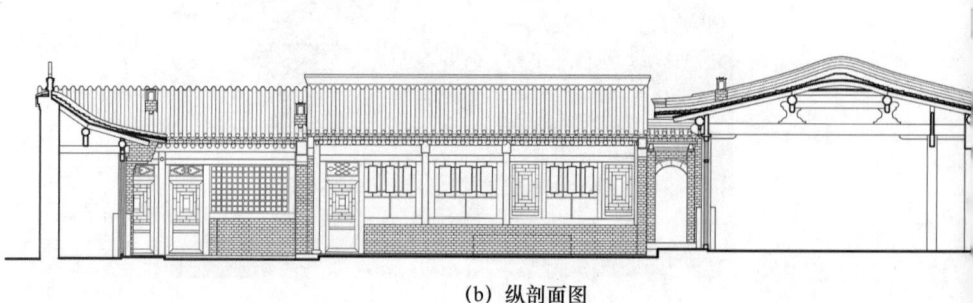

(b) 纵剖面图

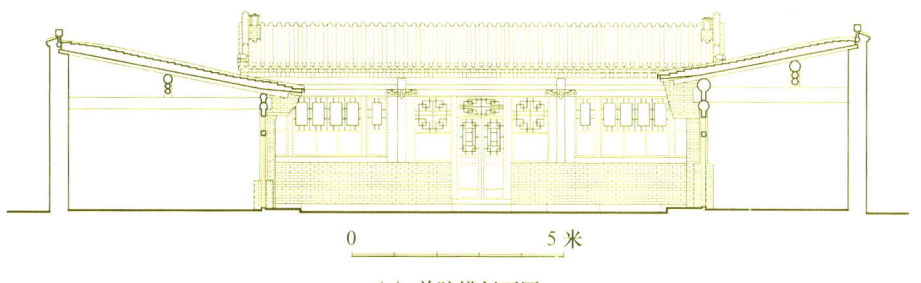

(c) 前院横剖面图

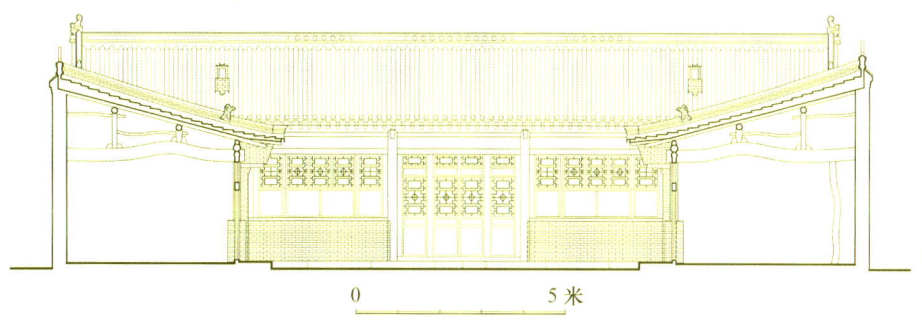

(d) 后院横剖面图

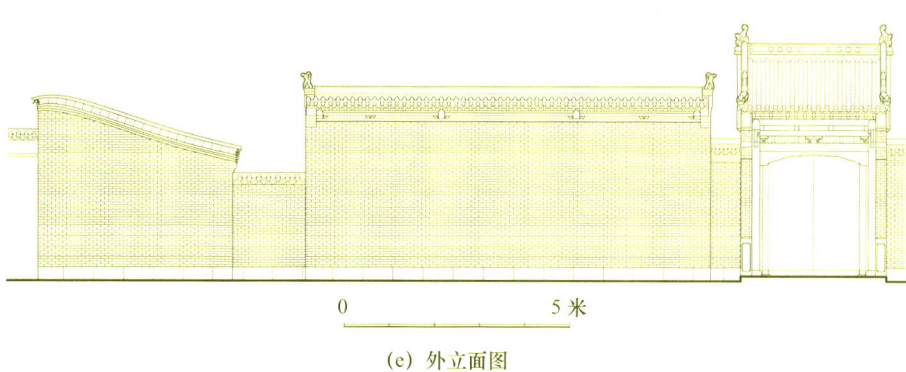

(e) 外立面图

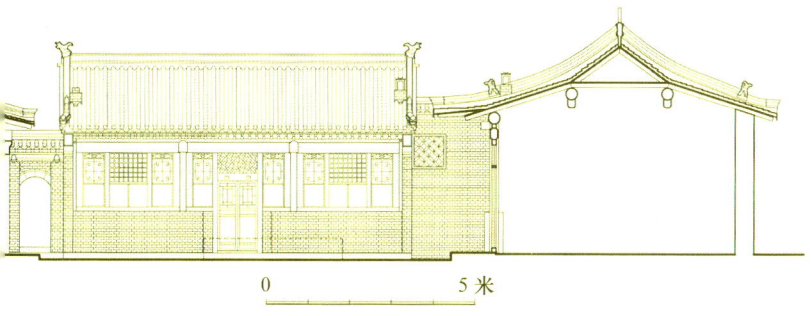

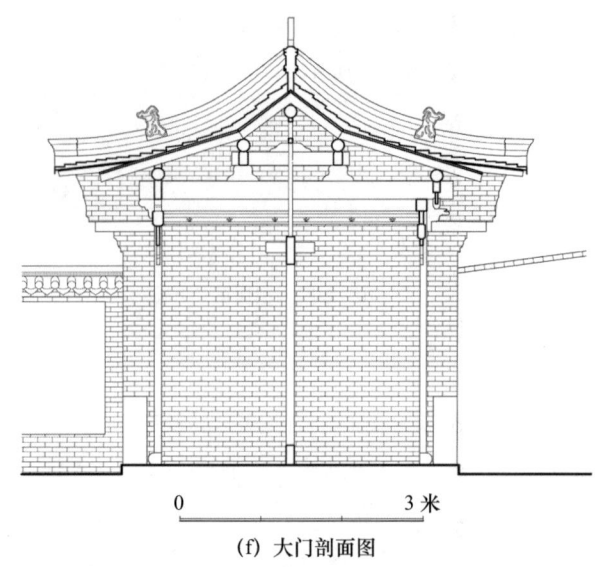

(f) 大门剖面图

图 10-8　中小堡村委会（白喜庄院中央院落）测绘图（姚奕然、刘梦凡　绘图）

西南角的独院在东南角朝南开门，有正房三间，西厢房四间，东厢房三间。西北角的独院朝西开门，有倒座两间，正房三间，东厢房三间。在东厢房的北侧有门通往东侧的院落。[1]

三座并排的三进院，均有小门相通。中间三进院与东侧三进院共用一个门楼，联系更为紧密。三座院落的房屋进深并不相同，在临街一侧也没有对齐。西侧靠近主街的两个独院均有独立的出入口，西南角的独院与主院落之间无门相通，西北角的院落与主院落的联系也并不直接。我们推测，在中小堡初建时它们可能并不属于同一户人家，可能是白家在买下这几处房产后进行了改造，增加了甬道、侧门等院落内部的空间联系。

## 刘氏武举人院

据院内住户之一的刘宝生（生于 1959 年）说，这组院落被称为刘氏武举人院的原因是，刘氏祖上曾有刘廷杰、刘廷璋和刘廷简三人均考中了举人（有文举也有武举）；另一位住户赵万年则说，刘家只在清中晚期曾考中一名武举人。查光绪版《蔚州志》所载自明代以来的武举人，明代蔚县无刘姓武举人，清代有顺治戊子科刘中刚、顺治辛卯科刘二中、雍正癸卯科刘生祺、雍正癸卯科刘飞熊四位刘

---

[1] 对白喜庄院建筑空间的分析，除调研外还参考了：金海潮. 河北蔚县暖泉镇中小堡历史文化村落遗产及其保护策略研究［D］. 天津：河北工业大学，2017：52-54，68-69.

姓武举人[1]，与两位户主的说法均不相符。"刘氏武举人院"的建造者或许是某个有实力的商人，因纳捐而获得虚衔，久之乃成讹传。

刘氏武举人院位于中小堡的东南侧，由三个二进院并排组成，进深38米。据刘宝生说，南面一巷之隔的地块，原先也是刘氏武举人家的，作为主院落的附属用房。（图10-9～图10-12）

在三个并排二进院的内部，体现了内外有别和尊卑有序。中央的二进院形制最高，面宽18米，是全院的重心，过去为武举人的内宅。前院东南角朝南开门，门楼高大宽阔。倒座为三间戏台，中央一间向外突出为舞台，两侧的次间为后台，是暖泉镇中唯一一座位于民居中的戏台。过厅面阔三间，明间北墙有六扇木门，东山墙一侧有甬道通向后院。中央这组院落，不仅有戏台，其房屋屋脊的高度也较两侧的院落更高。

东侧二进院的前院为工人院，面宽17米，西南角朝南开门，门楼较中央二进院门楼更矮、更窄，等级较低。现存倒座两间、正房三间、西耳房一间、西厢房三间，推测原应有东耳房一间及东厢房三间。后院为车马院，过去供安放车马与轿夫、马夫居住。有倒座房两间、正房五间、东厢房三间、西厢房两间，院落的入口位于西北角，西南角有侧门与中央二进院的甬道相连。

据刘宝生回忆，西侧二进院的南院过去用于接待客人，朝西侧主街开门，东侧有三间客厅，西南角有门房一间、厕所一间，东南角有门楼可以通向中央二进院。北侧的院落原为账房先生院，也朝西开门，西侧有一间门房，南、北各三间，东南角有甬道与南侧的客人院相通。

连环套院中不同功能的院落在流线上也有区分。最开放的客人院朝西侧的主街开门，来往人员较多的账房先生院也朝西侧开门，但在入门处以倒座房明间向外突出形成的山墙面及照壁对视线进行遮挡，使进入的流线有所曲折，提高了院落的私密性。而居住的院落则都面向主街延伸出来的巷道开门，免受主街干扰，同时将车马与主人、工人的流线分开。中央院落和工人院的门楼朝向南侧巷道，且在入口处都有照壁以提高私密性。车马院朝向北侧巷道开门，门内空间较大，方便车马的停放。[2]

---

1 庆之今.《蔚州志》（光绪丁丑版）[M].台北：成文出版社，1969：426-429.
2 对刘氏武举人院建筑空间及流线的分析，除调研外还参考了：全海潮.河北蔚县暖泉镇中小堡历史文化村落遗产及其保护策略研究[D].天津：河北工业大学，2017：46-50，62-67.

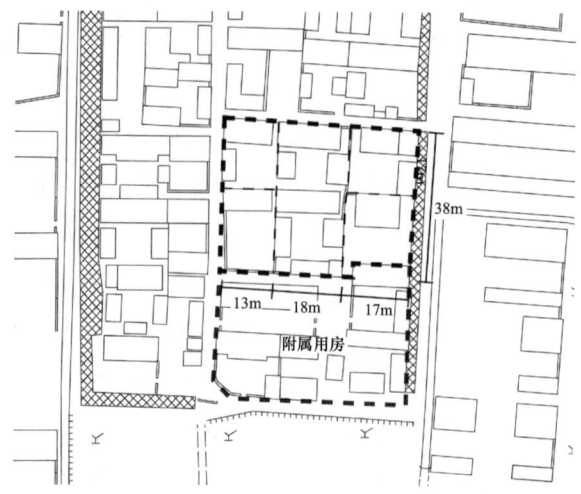

图 10-9 刘氏武举人院总平面示意图

图 10-10 刘氏武举人院现状
（张雅沛 摄影）

图 10-11 刘氏武举人院影壁与二门

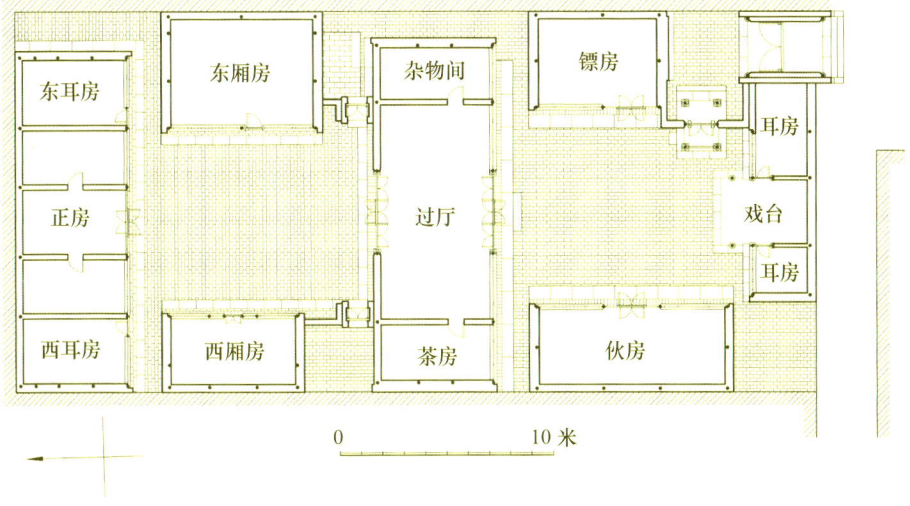

(a) 平面图

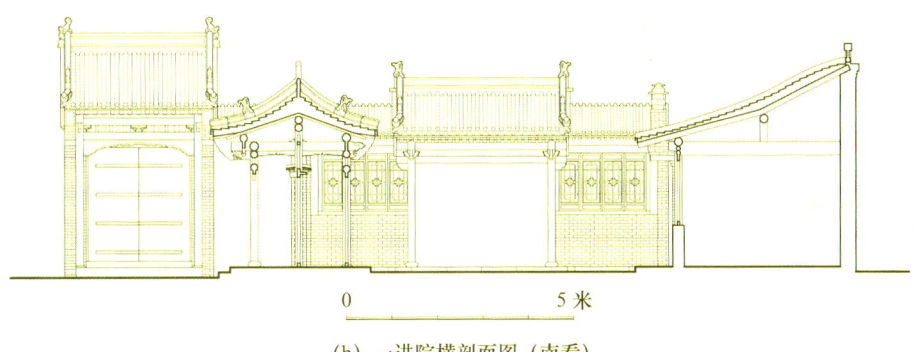

(b) 一进院横剖面图（南看）

(c) 一进院横剖面图（北看）

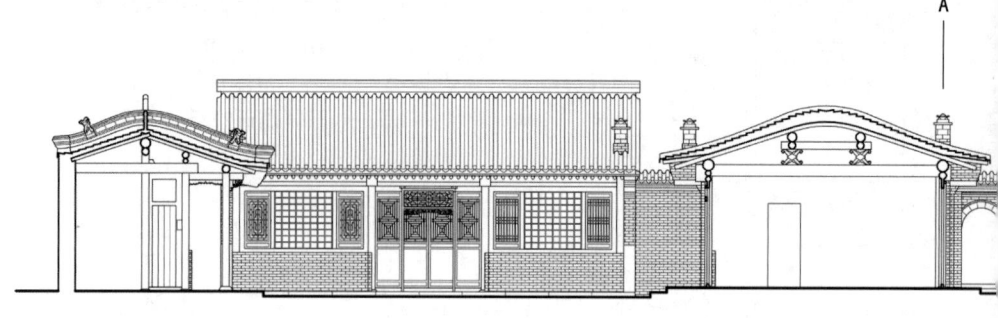

(d) 纵剖面图

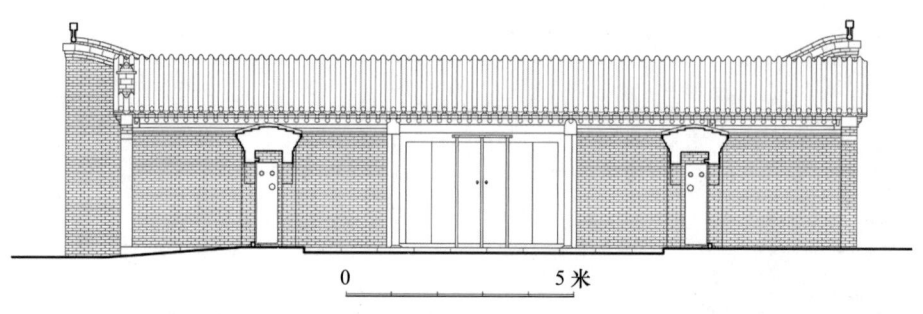

(e) 二进院横剖面图（南看）

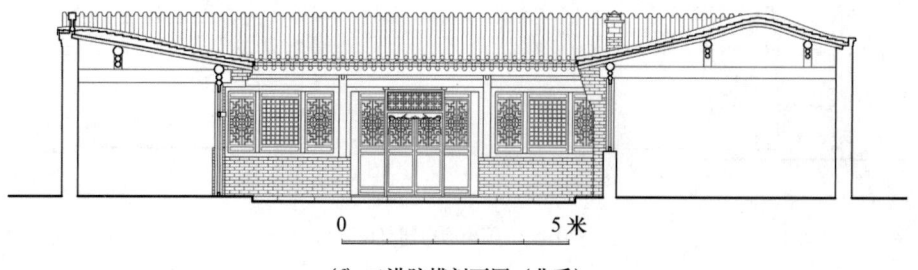

(f) 二进院横剖面图（北看）

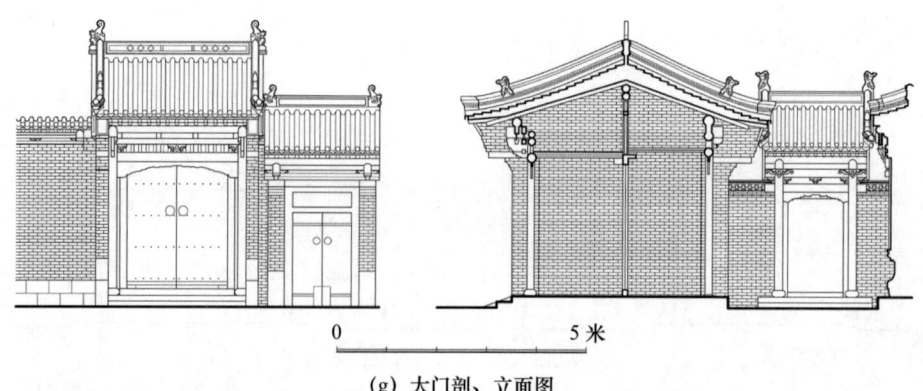

(g) 大门剖、立面图

图 10-12　刘氏武举人院中央院落测绘图（张雅沛　绘图）

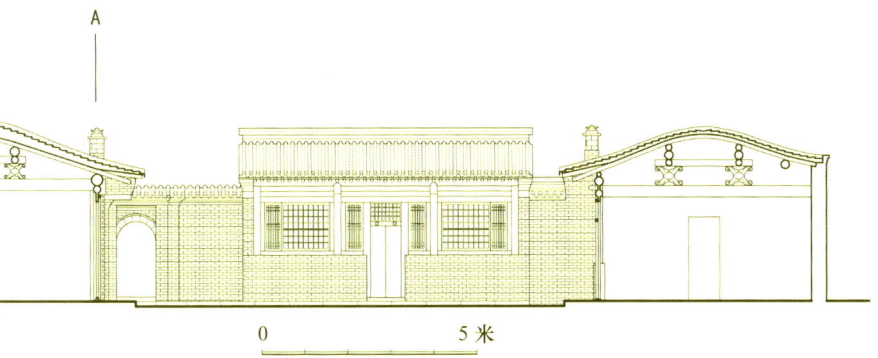

## 信仰空间与公共生活

中小堡的体量较小，信仰空间与公共空间主要集中在堡门处。这里有观音寺、梓潼庙和关帝庙。

堡外的观音寺原建筑已不存（原名白衣庵），现在的观音寺是 2009 年 8 月由中小堡人郭洪喜组织重修的，据重修碑记记载，观音寺原建于清康熙年间[1]，至今已有 300 余年。（图 10-13）

在蔚县的村堡中，主街正对的堡门外都会有寺庙或影壁，不仅为街道尽头提供视觉终点，更是缓解"直冲之势"，使洪水或军队不能直接进入堡门。堡门多为南门，庙宇则多坐北朝南，南海观音是极少数可以朝北的神灵之一，因此蔚县不少村堡在南门外建有坐南朝北的观音寺（殿）。中小堡的堡门虽开在北侧，但为提高安全性，堡门朝东而开，因此便在门外建了坐东朝西的观音寺。中小堡观音寺以前在农历二月十九日还会举办庙会。

重建的观音寺为一进院，占地 364 平方米。进入门楼后，南侧为钟楼，北侧为鼓楼，均为四角攒尖顶。正殿为观音殿，坐东朝西，面阔三间，五架梁硬山顶。观音殿北侧为知恩报恩祠，南侧为厨房。南侧厢房面阔两间，硬山顶，供奉财神及关帝，两庙各占一间。南厢房西侧为马厩，塑有马童牵着关公坐骑赤兔马的雕像。北侧厢房面阔四间，卷棚顶。北厢房用作佛堂，西侧两间为居住用房，诵经礼佛则在东侧两间。虽然是供奉佛教中的南海观音的观音寺，但却又供奉有道教的财神、关帝，反映出乡土宗教泛神崇拜和功利主义的特点。不管是佛教还是道教的神仙，只要对村民们的生活"有用"，就可以供奉起来祭祀、崇拜，甚至可以放在同一组庙宇里。（图 10-14）

---

1 《蔚县暖泉重修观音寺碑记》，2010 年立，石存蔚县暖泉中小堡观音寺内。

图 10-13 俯瞰中小堡观音寺（容欣桐 摄影）

  蔚县的村堡大多不在北侧开门，而是在北墙中央对着正街起高台、建真武庙。高高的真武庙一方面可以震慑北面来的游牧骑兵，另一方面也可用于瞭望预警和观察敌情。南堡门上的城楼，除了有瞭望作用，也常兼作主管文教的魁星阁、梓潼庙等庙宇。中小堡的堡门设置与常见村堡最大的差别是，在南侧不开门而仅在北侧开门，所以兼作梓潼庙的城楼自然也要放到北门之上。中小堡在东北缺角的做法，原本是为了让进入北门的交通有曲折（从而提高安全系数和心理上的安全感），但是这也在形式上让堡门内的空间似乎有了一种瓮城的感觉。中小堡的规模较小，堡门空间也相当逼仄，既然已经有城楼兼梓潼庙，真武庙就给省了。

  中小堡"独门堡"的形制，限制了村民的进出路线。不管是到上街、下街去做买卖，还是到南边土地上耕种，村民们都需要从北堡门出入。堡内也没有其他公共建筑作为聚集场所，因此堡门空间自然成为中小堡最重要的公共场所。时至今日，尽管堡墙已经部分坍塌，堡门不再是唯一出入口，但村民们仍然喜欢聚集在北堡门的大柳树下聊天，也有商贩来此摆摊。

  作为暖泉三堡中体量最小的村堡，中小堡所呈现出的发育不完全的状态、与西古堡在地理位置上的相邻、人口构成中大姓占比的相近，都体现出与西古堡的紧密联系乃至依附性。

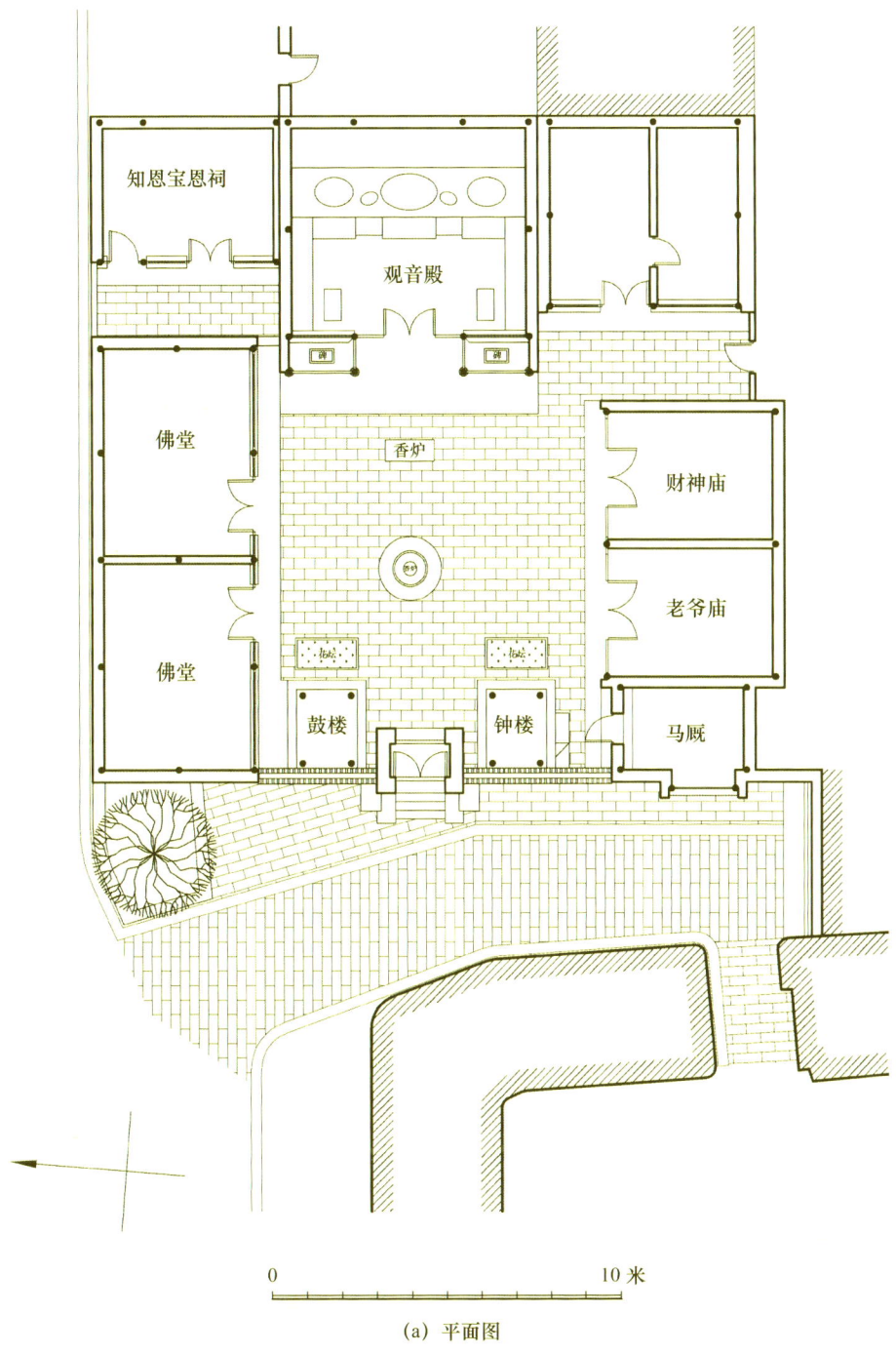

(a) 平面图

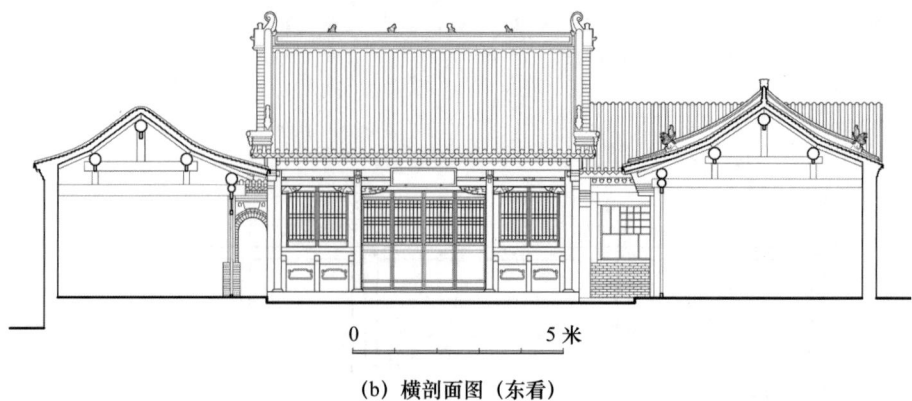

(b) 横剖面图（东看）

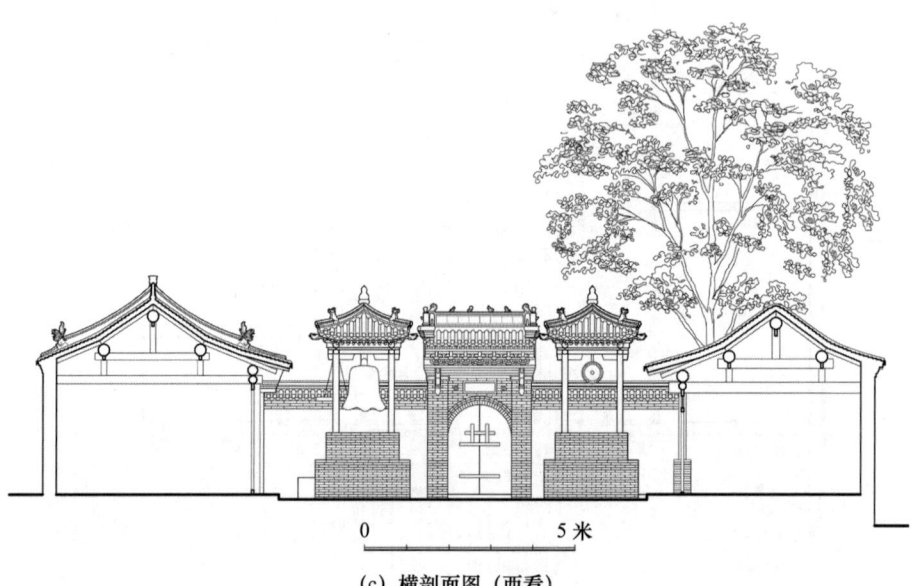

(c) 横剖面图（西看）

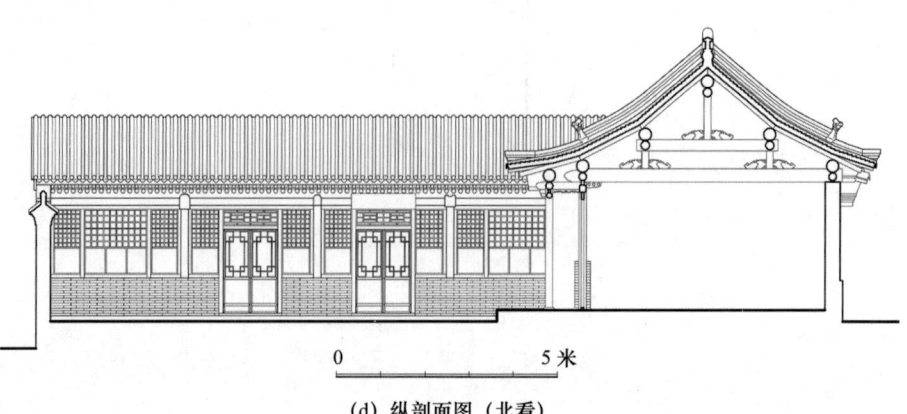

(d) 纵剖面图（北看）

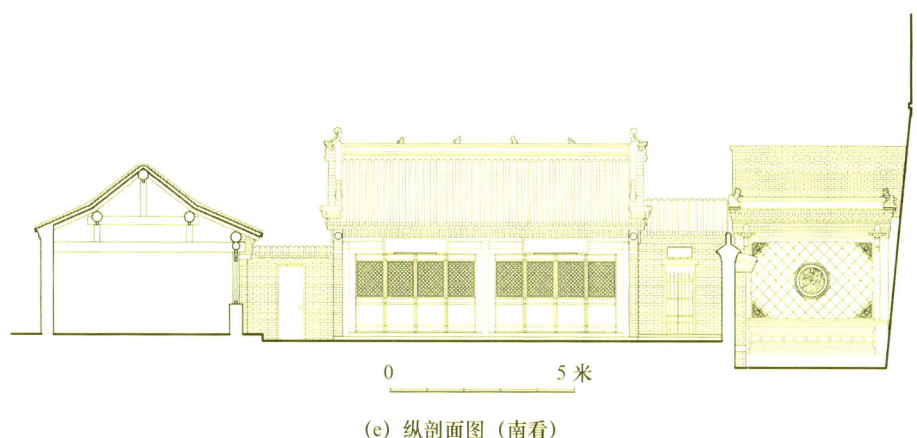

(e) 纵剖面图（南看）

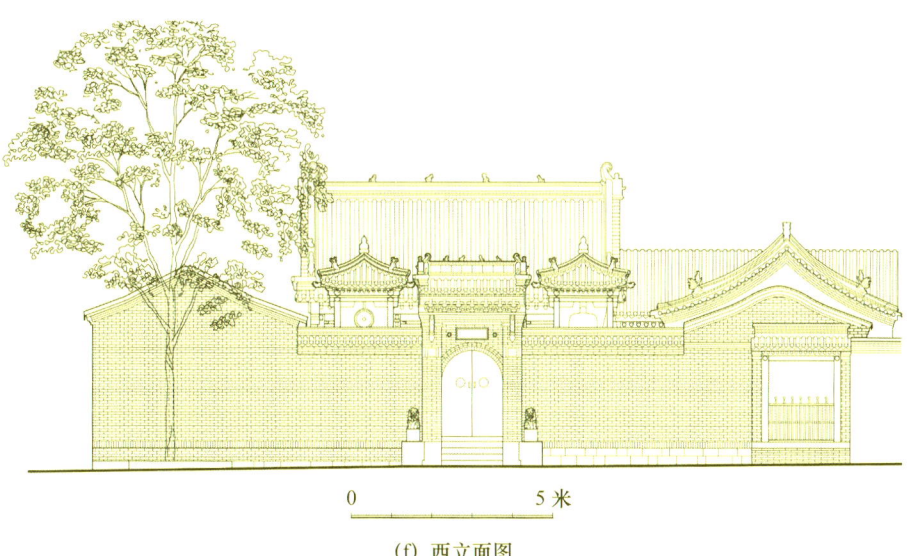

(f) 西立面图

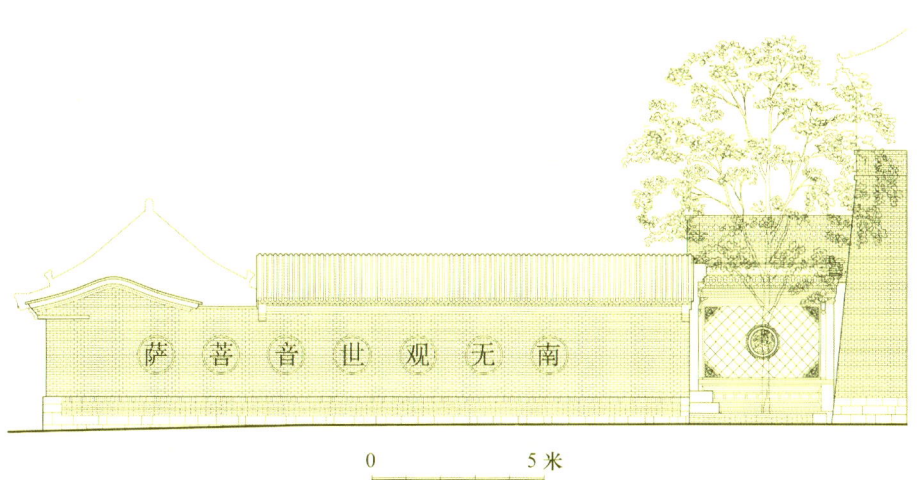

(g) 北立面图

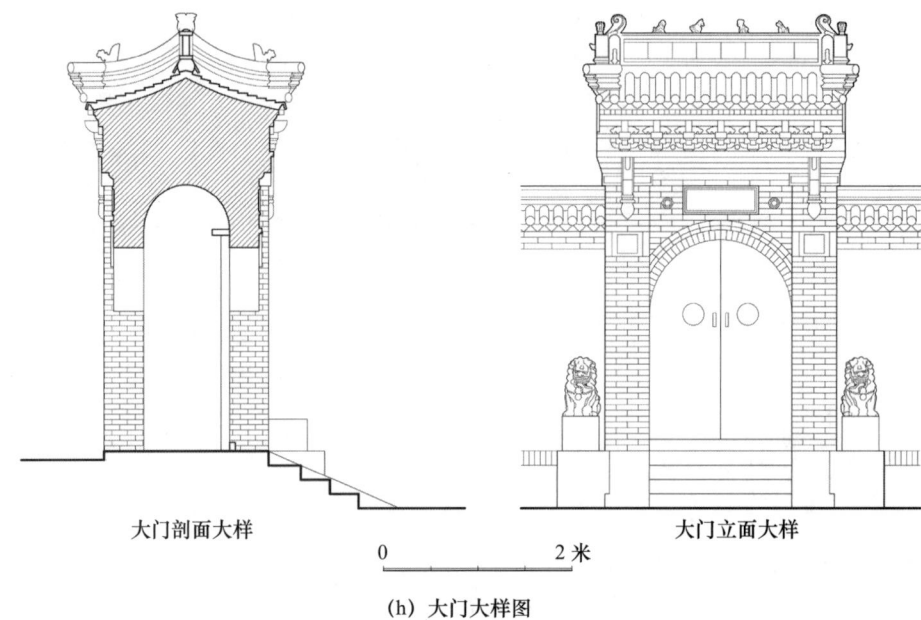

大门剖面大样　　　　　　　　　　　大门立面大样

(h) 大门大样图

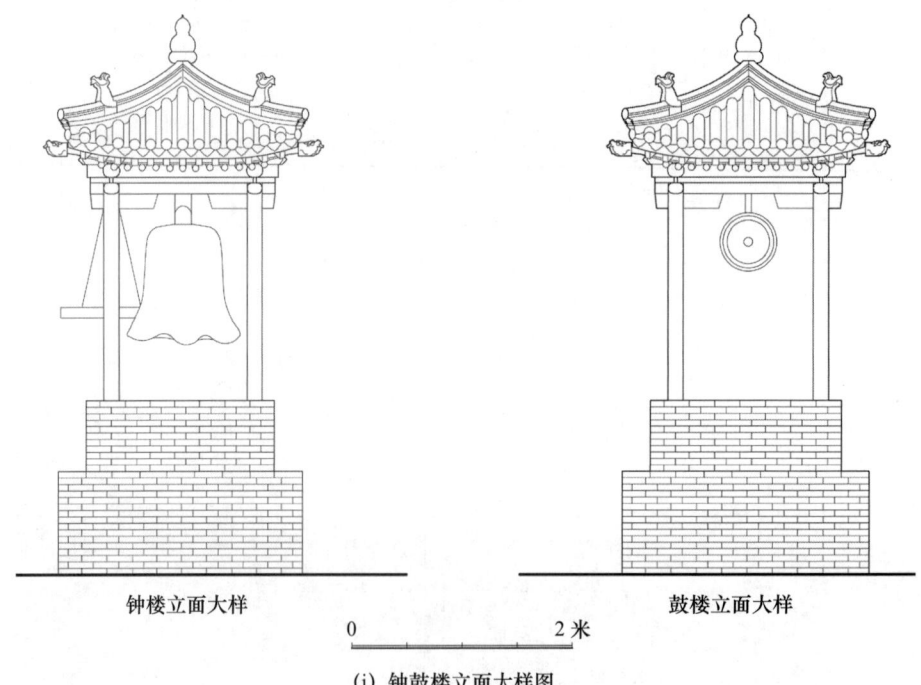

钟楼立面大样　　　　　　　　　　　鼓楼立面大样

(i) 钟鼓楼立面大样图

图 10-14　中小堡观音寺测绘图（杨翟　绘图）

依靠着暖泉镇，中小堡人发展出"耍秤杆"的商业传统。浓厚的商业氛围影响着中小堡的建设和发展。唯一的堡门开在北侧，与下街相连，虽不符合一般村堡的营建规则，但却通过堡门空间与暖泉商业形成了紧密联系，防御需求在此让位于对商业利益的追求。一部分拥有较多财富和较高社会地位的居民可能主导了中小堡的建设，使堡中空间格局形成了主街偏向西侧、地块划分不均的现状。

（容欣桐）

## 第十一章
## 西太平庄

堡外的村落和社区也是暖泉镇的重要组成部分。在这些村落和社区中，西太平庄是有代表性的一处。西太平庄的得名，"西"是表示方位，因为它在暖泉镇的西侧，之所以叫"太平"，据说是因为过去常受洪水侵扰，"很不太平"，村民们于是将"太平"作为村名，以求吉利。

　　西太平庄的南面是西古堡，其西临沙河保障堤，东面和北面与西场庄村相接。暖泉的西市街和西券门，都属于西太平庄的管辖范围。与其余村落相比，西太平庄距离三堡和街市都最近，可能正是由于这一位置上的便利，它才成为仅次于北官堡和西古堡的村落。（图 11-1）

图 11-1　西太平庄村位置及堡外各村边界

不同于拥有堡墙，因而建造时间比较确定的"三堡"，西太平庄的形成年代是相对模糊的。前文对暖泉空间格局变迁的讨论中曾提到，西古堡之所以选址在西市街以南，可能是因为当时西市街以北有坟场，而且已有一些村民和商户定居。我们不知道当时的定居者是否已经把他们的居住地视为独立村庄，但至少可以说，西太平庄雏形的产生，应当是早于西古堡的修建的。

## 村庄边界与街巷结构

堡墙包围下的村堡，平面多为矩形，它们往往在建堡之初就作了明确的规划。而堡外各村，边界划分都比较随意，更多是自然生长的结果——若有主要的街道，则以街道为界；若无街道或堡墙限定，则因循地势，以建房时所能抵达的极限为界。西太平庄村西抵沙河保障堤，南临西市街，东面和北面与西场庄的交界部分则呈不规则的锯齿状[1]。与西太平庄村类似，西古堡和中小堡以北、北官堡以西的另外三处村落——西场庄、西辛庄和砂子坡，边界都呈现出一边或两边规则、其余部分自由发展的特征。西太平庄从西市街向北生长；西场庄从上街向西北扩展，直至与西太平庄的北部和东部边界相交；西场庄的发展止于村北的一条斜街，这条街的出现可能是为了将西太平庄西北角的高地与暖泉镇的中心地带相连；街北的西辛庄村可能是由北面的山脚向南扩张，直至抵达斜街；西辛庄东的砂子坡村自北官堡的西堡墙向东发展。

西太平庄村东西最宽处约 360 米，南北约 375 米，总面积约 91500 平方米（不含飞地）。村委会临西市街而设，全村分为四个片区：以村委会为界，西侧是村委会西大场，东侧是村委会东片区；北面也按东西划分，西侧为后街片区，东侧为大坡片区。（图 11-2）

村委会东片区是与西市街关联最紧密的区域，西太平庄村三条最重要的南北向道路就集中在东片区中部：从西至东依次为要扫巷、常家巷和皮房巷。要扫巷和皮房巷相距约 28 米，中间属东片区的两列院落，面宽进深有所差异：西侧院面宽较大，约 17 米，共四个院子（总进深合约 105 米），但在临街处分出两家店铺，面宽分别为 8 米和 9 米；东侧院面宽较小，约 11 米，有六个院子，临街有店铺一家。常家巷和皮房巷相距约 47 米，这部分建筑在北面的肌理比较散乱，但在地块中部依旧能分辨出三列院落的存在，自西向东面宽分别为 12 米、17 米和 18 米，且在进

---

[1] 如今的西太平庄村，还管辖着西古堡南面的两块飞地（即南伙房片区），这发生在 20 世纪 90 年代以后，本文旨在讨论 20 世纪 40 年代前后的状况，因此全文对西太平庄村的研究，都不涉及南伙房片区。

图 11-2　西太平庄村分区
（不含南伙房片区）

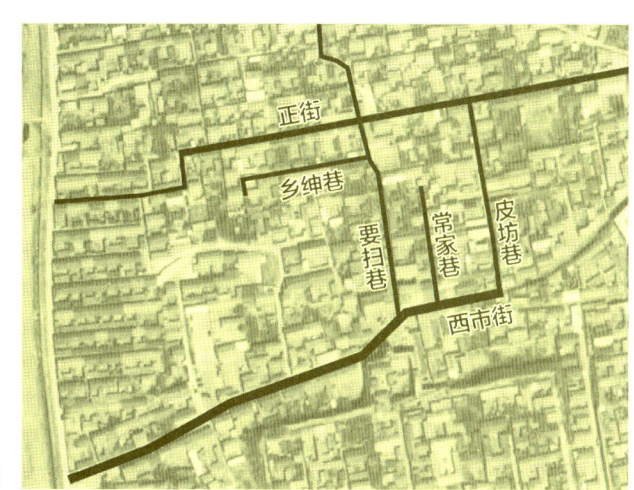

图 11-3　西太平庄街巷空间

深上存在一定的对位关系。这三列院落在距离西市街约 16 米处让位于临街的店铺，从西市街上看，靠近常家巷有两间面宽约 6.5 米的店铺，一条宽约 2 米的小巷将两家店铺与东面两座大院分开，两座大院的面宽达到了 14 米和 18 米。（图 11-3）

　　要扫巷到皮房巷之间，面宽较大、进深较深的院落都集中在这一地块的最东和最西。常家巷两侧的两列院落，面积和进深都偏小。对此我们大约可以推测，要扫巷距离西古堡堡门最近，且是三条巷道中唯一贯穿西太平庄和西场庄的；皮房巷南头则是上下街的交汇处，也即西市关帝庙的所在地（民国时期，暖泉商会就设在西市关帝庙内）。三者对比之下，要扫巷和皮房巷各有价值，可能会吸引比较有财力的住户在此建房，常家巷地位就比较尴尬，巷东还能与皮房巷的住宅取得相同进深，巷西就只在中部与要扫巷上的院落对齐留出一条小巷，别处全是小进深住宅了。从面宽来看，大概也是先建了两边大面宽的住宅，要扫巷的住宅只能填进大住宅之间的缝隙，面宽自然就小了。据西太平庄的张永元老人（生于 1947 年）回忆，要扫巷原有一处白家的三进大院，皮房巷有一家楼房院，常家巷较好的房子也有两家，但比不上白家大院和楼房院阔气，这和我们对该地块住户

经济实力分布的推测是相符的。（图 11-4）

　　要扫巷出东片区北头继续向北，与正街交汇形成一个"十"字形街口，大坡片区便以这个"十"字骨架为核心。该片区还有一条重要的街道是乡绅巷，该巷平行于正街，在其南面约 24 米。和东片区不同，大坡片区的住宅（尤其在正街以北）普遍进深对齐，形成许多东西走向与要扫巷相连的小巷；面宽从 11 米到 20 米不等，南北取齐的很少。该片区房屋只有一进院和两进院两种，二者进深在要扫巷以西无太大差别。以正街南北的两排建筑为例，北面多为两进院，进深合约 28 米，南面全为一进院，进深合约 24 米。大坡片区的结构或许说明，过去当村民们进入大坡片区时，他们更多会取道要扫巷而非正街，因此才需要留出东西向的小巷方便返家。此外，整个片区的建筑属乡绅巷和正街间的一排住宅最为规整，它们可能是周边居民在规划和建房时参考的模板。（图 11-5）

图 11-4　要扫巷到皮房巷间的建筑肌理

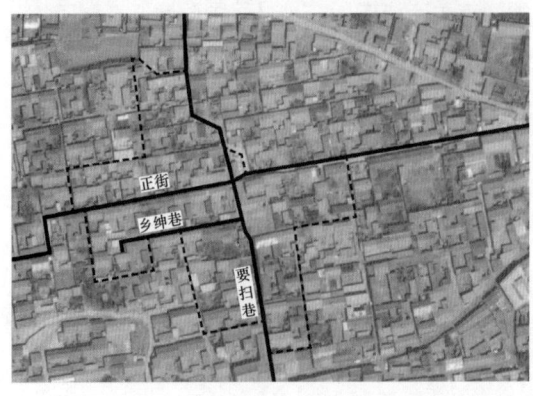

图 11-5　大坡片区建筑肌理

大坡片区西面为后街片区。大坡片区的东西向巷道在此向西延伸，直到与沙河保障堤旁的道路交汇。除五条东西向巷道之外，还有一条较明显的南北向街道，这条街道和最宽的一条东西向巷道形成了又一个"十"字形结构。仅看这个"十"字形的西半部分，似乎与南面的西大场片区关系更为紧密——二者均以保障堤道路为骨架，生长出一系列东西向道路，各道路间均建一进院住宅。后街本身最为明显地反映出这种生长关系：在靠近保障堤一侧，后街宽约 4 米，深入居住区后，则减少为约 2 米，显得与东西巷道等级相当。当然，西大场片区属现代加建，其肌理不属于本文探讨的范围。从"大场"这一名字也能猜到，过去这一地区不应有太多建筑。村支书蔡昀（生于 1979 年）回忆，过去这里是秋收的晒场，间或有一些菜地，如今村委会里的空场，原本也是菜地，后来改作骡马市场，30 多年前还很繁华[1]。（图 11-6）

西太平庄村以西券门为界，东面是住宅，西面是晒场、菜地和骡马市场。这种划分是合理的：每逢赶集日，外地人都会聚集到骡马市场进行交易，相较于有堡墙的另外三堡，没有堡墙的西太平庄更容易受到这类人员混杂场合的侵扰。把骡马市场安排在券门外，在人们的认知里有"镇内"与"镇外"之别，加之过去西太平庄的水井就位于如今村委会的前院（张永元老人回忆，这口井既提供生活用水，又用来浇菜地，村里 100 多户人都从这里取水），所以我们可以猜测，这片四面有道路环绕的空场，其实是西太平庄村在全镇的西侧入口旁设置的缓冲地带。通过骡马交易公共空间—镇区边界—取水公共空间—临街店铺—私人住宅的层级转换，西太平庄村虽然没有堡墙，但还是巧妙地将干扰因素隔离在了居住区之外。（图 11-7）

纵观西太平庄村的整体格局，最显著的特点是其主体部分以西市街为骨架，生长出各条南北向的巷道，并在巷道两侧修建住宅。这部分建筑和巷道的纵向肌理止于正街，在正街以北被垂直于要扫巷的横向肌理取代。这可能说明，西太平庄村的南北巷道，其主要目的是连接西市街与正街，再往北的居民则无需频繁前往西市街。由此我们进一步猜想，早期西太平庄村的经商人家，主要就居住在要扫巷到皮房巷一带。

---

[1] 此前对张沛老人的访谈中也提到，自从 20 世纪 50 年代草市北侧盖了房子，骡马交易便迁到了西券门外。搬迁后的交易地点，应当就是蔡昀所说的村委会空场。张沛老人说，早先每个赶集日也不过交易几头骡马，真正交易增多是在 1978 年改革开放后，运输业对骡马的需求增加，所以在蔡昀的回忆里，这里的骡马交易是很繁荣的。

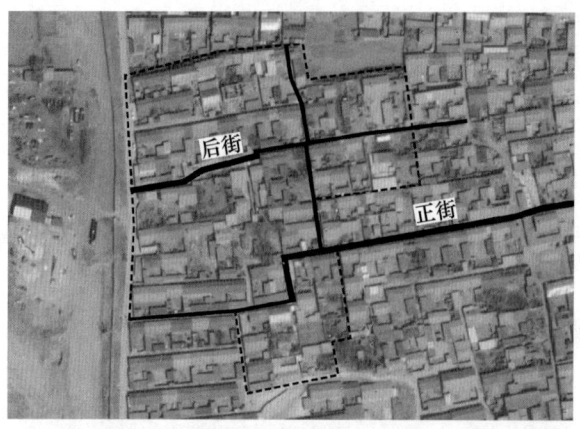

图 11-6　后街片区建筑肌理

图 11-7　西太平庄村西侧边界空间转换

## 人口与姓氏

根据村委会提供的信息，西太平庄全村户籍人口共 469 户、1213 人，常住人口 343 户、854 人。张永元老人回忆，西太平庄"是个穷村子"，村民们大多种地为生，"做生意的、有名有姓过得好的，连一成也不到"。西太平庄村的耕地在沙河对岸、砂子坡村的西北边，耕地面积在暖泉各村里也是比较少的。在张永元老人的印象中，西太平庄村有几十个姓氏，最多的是张、王二姓，加起来可占全村人口的一半；其次为刘姓，最后为其他姓氏。不过张、王、刘三姓的经济水平和其余各姓没有明显区别，贫富差距更多是小家庭经营的结果，也不存在某一姓氏相对擅长甚至垄断了某一行业的现象。

如今从村委会获取的姓氏分布情况显示，西太平庄村现有姓氏多达 65 个，分布在 295 个院落。最大的三个姓氏和张永元老人回忆的情况一致：王姓占 36 院，张姓占 28 院，刘姓占 24 院。除了这三大姓氏以外，占 5 院及以上的姓氏还有郭（16 院）、李（14 院）、宋（10 院）、白（8 院）、龙（8 院）、陈（7 院）、杜（7 院）、邱（7 院）、杨（7 院）、苑（7 院）、曹（6 院）、董（6 院）、冯（6 院）、徐（6 院）、

图 11-8 西太平庄村姓氏分布图

姚(6院)、章(6院)、梁(5院)、薛(5院)和赵(5院)。(图 11-8)

在姓氏数量和占地面积这两项指标上,西太平庄和西古堡都是相差不大的。它们的姓氏数量明显多于占地面积接近的北官堡。

张永元老人回忆了一个外地人来西太平庄的例子。这人叫陈福,南山人,住在常家巷西边。陈福在张永元老人 15 岁左右去世,他在暖泉镇当长工。暖泉镇当长工的人不算多,本地外地都有。本地长工每天干完活回自己家;陈福这样的外地长工,吃住都在地主家,挣了钱就买地,地给家里人种,自己继续当长工,这样收入逐年累积,最终实现买房,完成从外地人到本地人的身份转换。

雇用陈福的地主,绰号叫"刘大整",是西古堡人。从浪头庄以南到壶流河北岸,都有刘大整的田地,田地旁有他给长工建的住房。某年(可能是 1947 年)北山发洪水,把刘大整冲走了。刘大整还有一个赶马车的长工,名叫张立,浪头庄人。张立直到 20 世纪 60 年代还在给生产队赶车,于 20 世纪 70 年代去世。

西太平庄村和暖泉其他村堡一样，各姓氏分散居住，少有聚居。导致这种分散现象大概有两个原因，即宗族意识淡薄和分割院落进行的房屋买卖。前者在访谈中体现为，每当被询问同村某两户同姓人家是否有亲缘关系，受访者往往表示"没有关系，都不是一个地方来的"，或"只是同姓，祖上不是同一支"。每个姓氏的户数本就不多，再经此划分，自然形不成某个姓氏一家独大的情况。

至于房屋买卖，一个比较典型的例子是要扫巷的白家大院。张永元老人回忆，白家大院有三进，"（建房用的）石条都是从北山拉回来的"，"不是地主盖不成"。白家大院得名于姓白的老房东，可能是山西来的生意人。张永元老人的记忆中，住在白家大院的有三户人家：郭莹、王兴元和张白送。三人在1948年以前合力买下白家大院，郭莹独占前两院，王兴元住后院西厢，张白送住后院东厢和正房。后来王兴元又将西厢卖给了张白送，20世纪40～50年代初，整个院子都归了大队。郭莹种地，同时养了三头驴。这些驴主要用来犁地和播种，兼营运输业（春天驮粪肥，秋天运庄稼，冬天从北山拉煤）。郭莹于20世纪50年代去世。王兴元的老家在下宫村，土改时被划成地主，因为念过私塾，后来当了老师，大约在30年前去世。张白送是西太平庄人，也养了两头毛驴，他于1960年前后死于饥荒。（图11-9）

西太平庄村的几个大姓，都没有特别地从事某一行业。从行业类型上看，西太平庄村人除了种地，都是木匠、泥瓦匠、补鞋匠、铁匠等小手艺人。他们的住家兼做作坊，有的还上街摆摊，靠这些手艺很难发家致富。张永元老人回忆，西太平庄村生意做得最大的要数徐燕恒。他是张永元爷爷那一辈的人，住在后街的徐家大院，可能在1948年以前就已去世。他从内蒙古一带（口外）把马和羊贩回暖泉卖，人称"口里口外徐燕恒"。西太平庄村从事此业者仅此一家。马和羊的行走速度不同，因此徐燕恒一次只贩其中一种。马一次贩五六头，羊一次赶一百多只。贩回的马，要分散养在亲戚熟人院里，赶集日再牵到草市街北面的牲口市场售卖。羊则是事先联系好了附近的羊贩（通常是羊倌儿），一赶回暖泉就立刻转手给羊贩，再由羊贩零售。张永元听过去的老人们说，徐燕恒还在洗马庄村（在暖泉镇以西约4.5公里）有缸房，后来被日本人烧了。徐燕恒的产业没能延续到下一代，他的独子徐玉厚1948年以前就迁居坝上，不从事贩卖牲口。

## 西市街后的住宅

西太平庄村较好的住宅包括后街一家、正街一家、皮房巷一家、乡绅巷四家和要扫巷一家。后街一家即徐家大院，是徐燕恒从祖上继承下来的。要扫巷的白家大院上文已有提及，这里主要介绍正街、皮房巷和乡绅巷的住宅。

# 第十一章 西太平庄

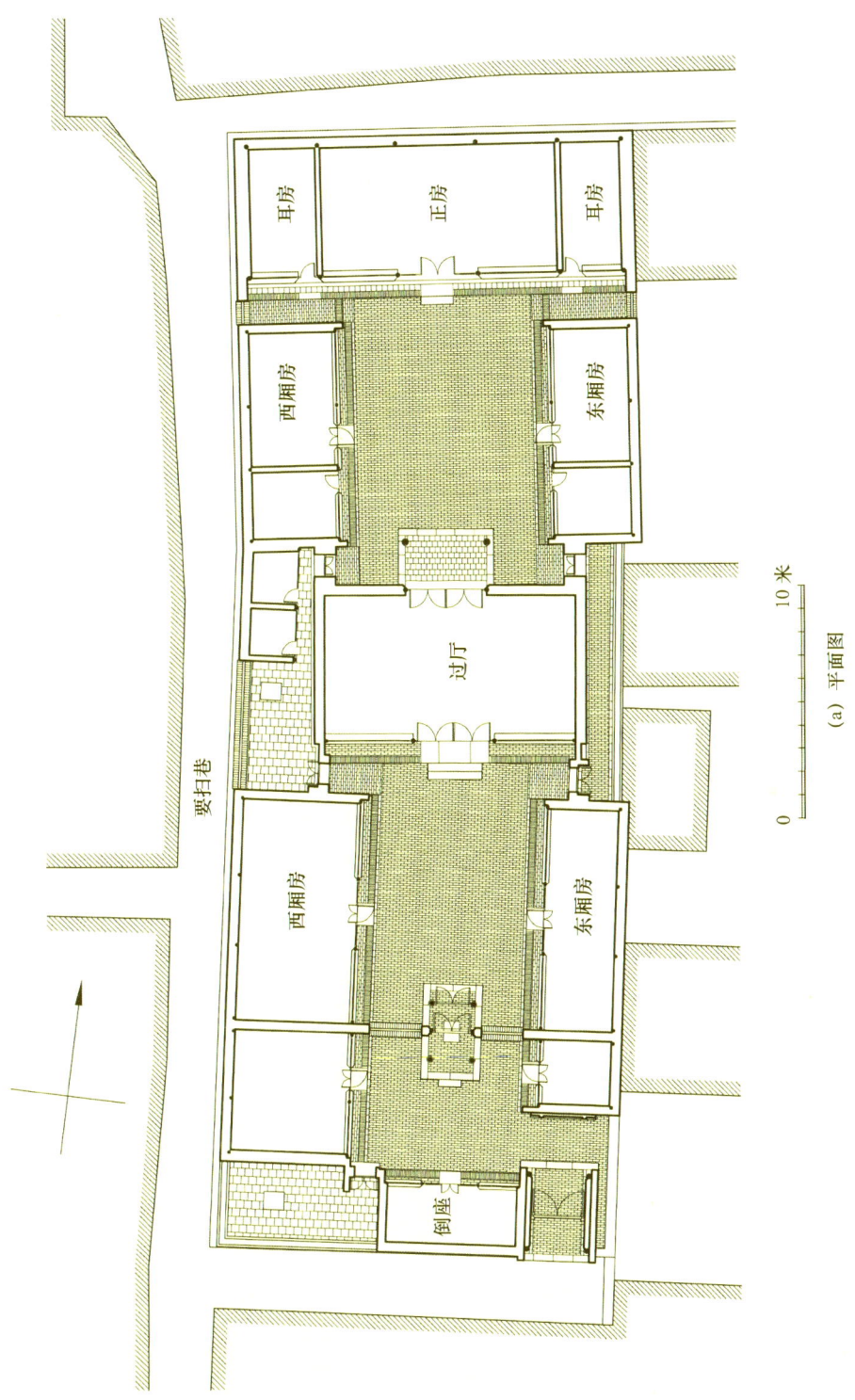

(a) 平面图

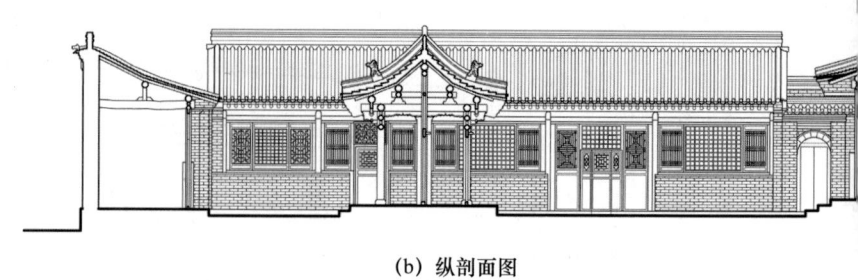

(b) 纵剖面图

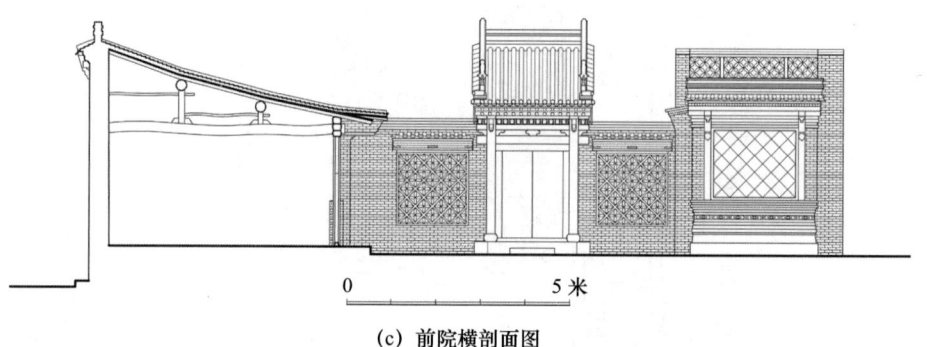

(c) 前院横剖面图

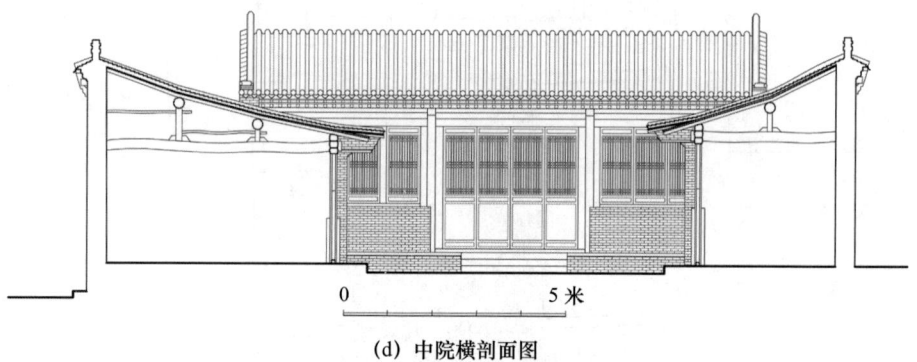

(d) 中院横剖面图

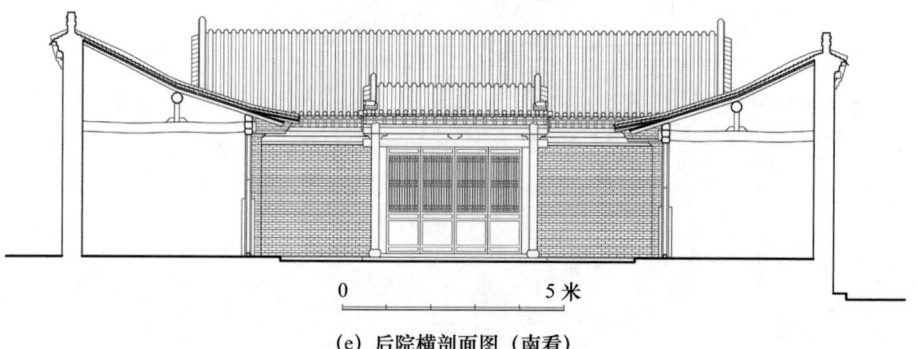

(e) 后院横剖面图（南看）

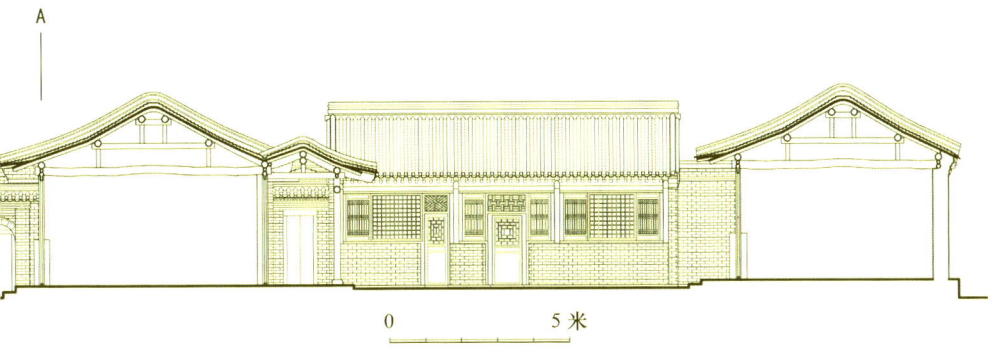

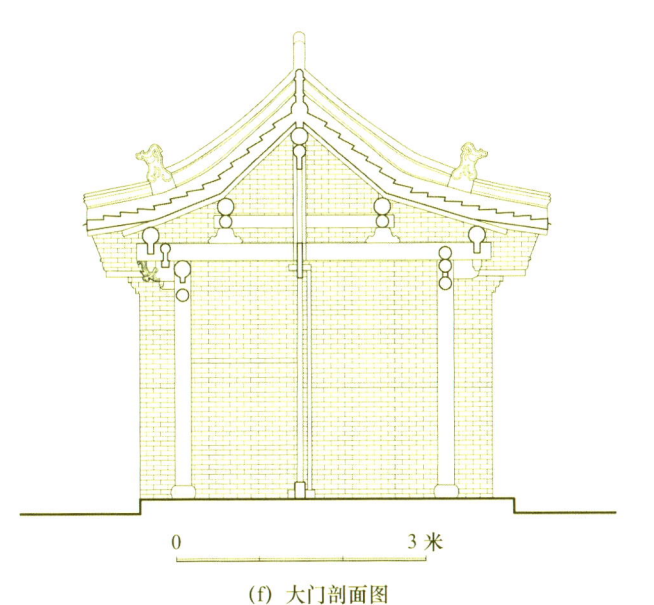

(f) 大门剖面图

图 11-9 要扫巷白家大院测绘图（陈弘轩、石佳 绘图）

正街一家的住户名叫曹培德，宅子是祖上留下来的，两进院。曹培德去世于 20 世纪 80 年代，时年 70 多岁。他的主业是种地，副业补鞋。张永元老人说，暖泉镇的补鞋匠有十多户，每村有一两户。补鞋的技术有祖传，也有师徒传承。徒弟跟着师傅学手艺需要 3 年，其间，师傅管徒弟吃住，徒弟伺候师傅生活起居。补鞋主要补的是粗布鞋，使用的工具是锥子和线绳，过去一双鞋穿半年就需要修补。补鞋匠在赶集日摆摊，地点在王敏书院南边的米粮市，各家补鞋匠不会聚集在一起，而是分散摆摊。补鞋生意不限于本村，有时会去大南山的村子。

皮房巷西面、面朝西市街的位置，过去是个楼房院。中间临街开门，前后两进院，正房为两层楼房，东、西厢房为平房。楼房院主人姓名已不可考，只知道是做大买卖的。关于这位主人，张永元老人讲了一个颇具传奇色彩的故事。此人在1948年以前去南方做生意，买了一箱白蜡，回家打开一看，白蜡里包的全是银子。他猜测是卖白蜡的那家有人在中华民国政府做官，准备撤离时处理财物，把银子藏进白蜡，但是匆忙中把货物给混淆了。楼房主人发了这笔横财，之后就不再做买卖了。1948年以后楼房院归公，用作粮库，也加工米和面；再后来出售给私人，楼房被拆除，改建成一层的平房。

在乡绅巷和正街之间，有四户彼此相邻、修建水平较高的宅院，均为一进院。张永元老人的记忆中，这四户宅院的主人依次为刘卫兵、李桂山、单宝和张清。刘卫兵是西太平庄人，他的宅院是父亲刘桂木购得的。刘卫兵只种地，40多年前去世，享年60余岁。李桂山也是只种地的西太平庄人，30多岁时自己买下这处房子。他于2019年去世，享年约75岁。单宝的房子也是自己购买的，他除种地以外还掌握了皮毛手艺（就在自己家熟皮，没有店铺）。张清今年（2022年）72岁，在张家口生活。

上面四户人家入住乡绅巷，都是近两代以内的事。虽然无法追溯到宅院修建者的身份，不过我们还是可以做一些推测。首先，虽然四处院落都只有一进，但房屋修建水平依然反映出建造者的财力。这四处住宅进深对齐，面宽都在13～15米（在大坡片区这就是最大的住宅面宽了），坐北朝南，面向乡绅巷开门。由于它们高度相似，我们猜测很可能修建于同一时期。通过把进深取齐，在四个院落南面就形成了一条平行于正街的小巷，院落统一在南侧开门，这条小巷就成了专供这几户宅院主人通行的巷道——这大概就是"乡绅巷"名称的由来。（图11-10）

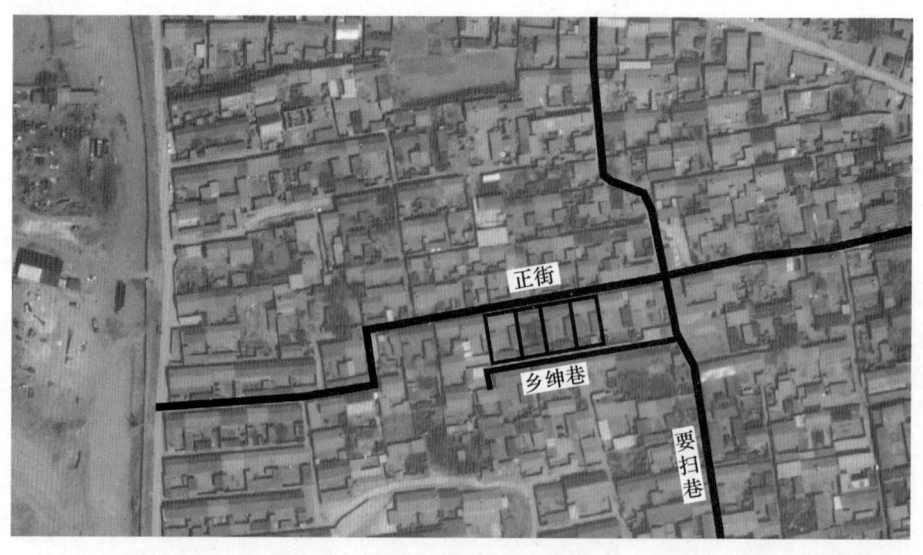

图11-10　乡绅巷四处住宅位置

如果以上假设属实，我们或许能进一步推测四个院落的修建年代。西太平庄位于三堡之外，村民的经济水平总体上是不及堡内居民的。当铺、票号和车马大店这样的大生意，经营者多是山西人或者堡内大户。在此前提下，能有四家富户同时出现在西太平庄村，或许意味着当时正值暖泉经济的高峰期。对应到碑刻资料反映的暖泉商业发展历史，也就是手工业和服务业商铺激增的清嘉庆年间。西太平庄作为最靠近西市街的村社，可能有村民抓住了商业繁荣带来的致富机会；也可能是外来的生意人要落户暖泉，但因为堡内空间有限，于是退而求其次，在临近的西太平庄落脚。张永元老人也说，西太平庄比较好的老房子，基本都在村东北边。从安全性的角度考虑，乡绅巷一带虽然不及堡内，但在堡外已经算得上最佳，其地势相对较高，与周围商业街又保持一定距离。

## 西市街上的店铺

　　张永元老人回忆西市街北的店铺[1]，最西面是现在的三合泰酒店。三合泰在民国时期是警察局，再之前是做买卖的店铺。（图 11-11、图 11-12）

　　从三合泰向东，过了要扫巷口是三间杂货铺，卖烟酒、糖、醋、火柴、纸、香、针线等杂物，铺主是仝老木。仝老木不种地，和妻子一起住在杂货铺。他去世于 1955 年前后，张永元老人小时候还见过他。

　　杂货铺东面是三间中药铺，主人是梁伟人，人称梁医生。中药铺的房是梁医生租的，他也直接住在铺里。张永元老人认为，梁医生的经济水平好于仝老木。梁医生 1948 年以前就行医，1948 年以后去了南留庄，继续卖药看病。张永元老人十几岁时找梁医生看过病，当时他已有 55 岁左右。梁医生去世于 20 世纪 60 年代。

图 11-11　老警察局
（毛葛　摄影）

---

[1] 张永元老人回忆的店铺，个别与前文张沛等人的回忆不一致，本章以张永元老人的采访信息为准。

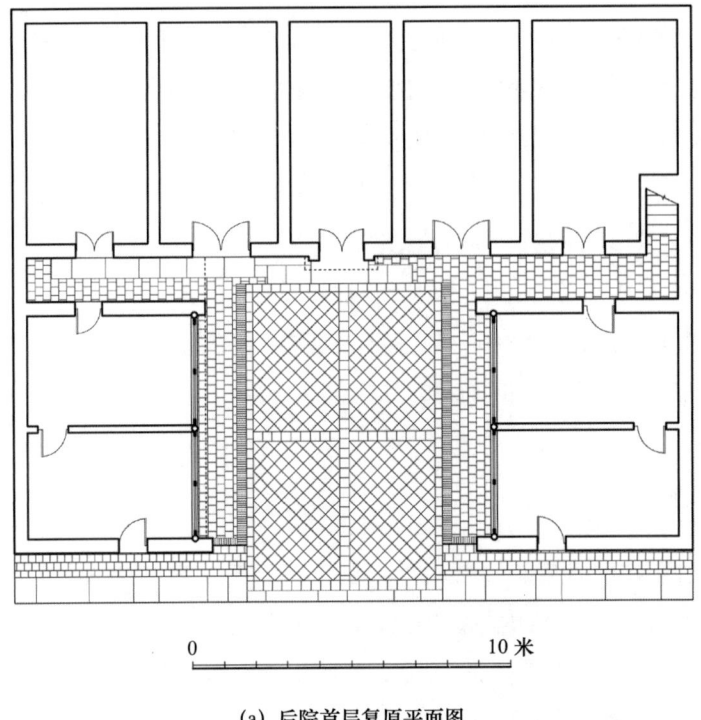

(a) 后院首层复原平面图

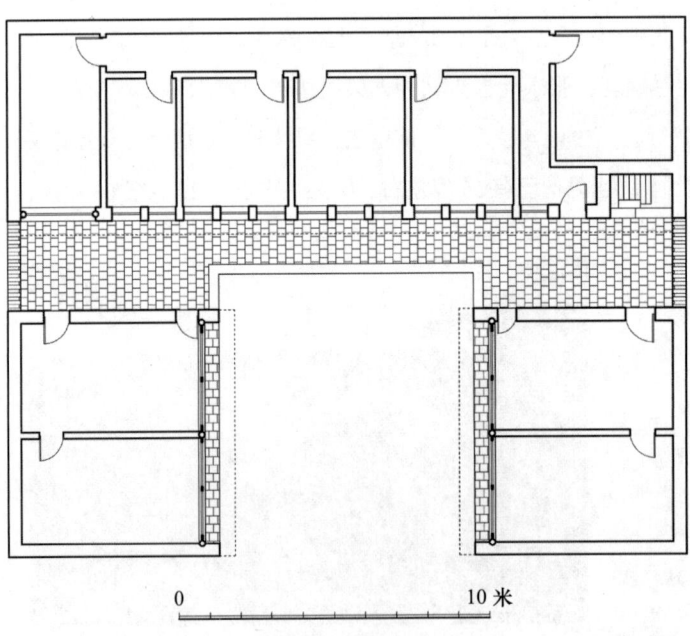

(b) 后院二层复原平面图

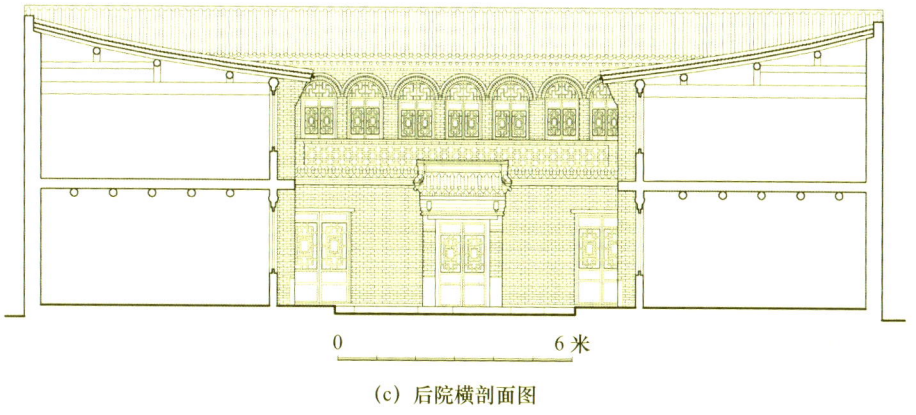

(c) 后院横剖面图

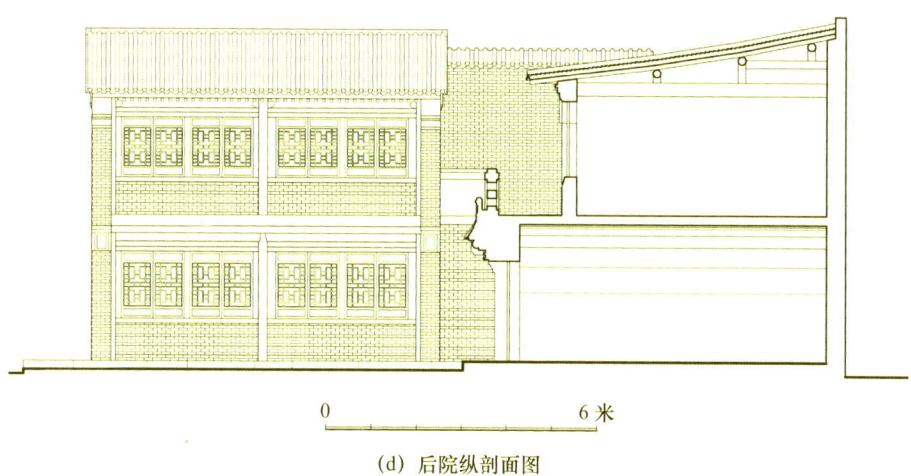

(d) 后院纵剖面图

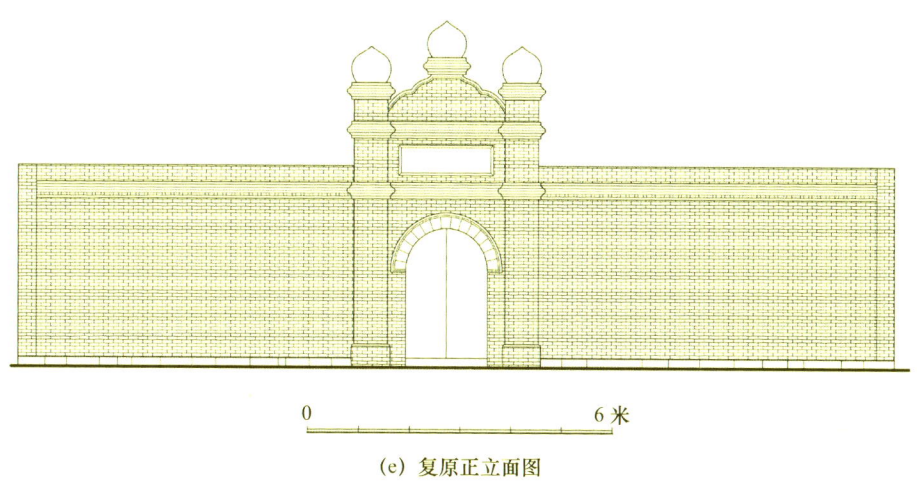

(e) 复原正立面图

图 11-12 老警察局测绘图 (柳昂 绘图)

中药铺和常家巷之间有一家面铺，主人叫杨少卿。面铺临街三间，西面一间放磨盘，有驴拉磨，另两间放面和一些磨面工具。面铺除临街店面外，后面还有一进院，杨少卿自己住正房，东西厢房储存杂物。杨少卿的经济水平与梁医生相仿。他可能是山西西石门村（距暖泉镇约8公里）人，1948年以后也离开了暖泉。杨少卿雇了一位长工，名叫张清福。张清福是西太平庄本地人，现年（2022年）89岁，住南伙房片区。他从十五六岁开始当长工。刘大整家的长工陈福的住房，就在杨少卿的面铺后面。

过了常家巷，巷东第一家住着李财。李财家卖豆面，临街两间轧面，后面三间是他夫妻俩以及弟弟的住房。豆面有莜豆面和豌豆面两种，豌豆面是蔚县特色美食粉坨的原料。李财是暖泉西半边唯一一家卖豆面的，收入也比种地高。他于20世纪50年代去世。

李财东面住的是张养致。张养致是补鞋匠，有时是在家里补鞋，有时是出门摆摊。张永元老人认为，大部分补鞋匠还是出门摆摊的，"有手艺的摆摊多，卖东西的开店多"，摆摊能见到更多的人，也就更有机会揽活。张养致的生活水平不错，他于1945年前后去世。

张养致家东侧有一条小巷，通向后面的杨文有家。杨文有家仅正房三间，他只种地，不做生意。

张养致家东面是一处两进的大院。前院正房五间，东西厢房各三间，东厢房曾被宗孝用来养马。宗孝离开暖泉之后，这座大院住的是黄精义和黄精满两兄弟，黄精义种地兼打工，黄精满做木匠。在来西太平庄之前，两人曾经在广灵县做毡帽，后来又给一位地主家看门。某次土匪作乱，地主逃走，黄家兄弟就"摸走了"地主家的钱财，到西太平庄买了这座大院。这是西市街上面积最大的一处院落，但它的西侧边界不规则，且厢房之间距离过小（约3.5米），与进深（约47米）完全不成比例，像是东、西厢房朝中间挤压、前院和正房向两侧拉伸的结果。总之，这个院落的修建多少有些"凑合"的痕迹，似乎是先有了周边房屋，再由它来填充空地，这也佐证了前文对该片区建筑生长顺序的推测。（图11-13）

大院往东是前文提到的皮房巷西的楼房院。

对于西市街南的店铺，张永元老人的记忆就比较模糊了。他主要回忆了一家油房。这家油房在义成德的东边，20世纪40~50年代，油房的主人名叫郭富生，后来卖给了一位谢姓人。

## 庙宇

西市街的西券门上,原有三座小型庙宇,分别是火神庙、河神庙与真武庙。真武庙位于北侧,坐北朝南。河神庙和火神庙在南侧,背靠背,河神庙朝西,火神庙朝东。不过,这三座庙宇与其说是西太平庄的,倒不如说是暖泉镇集的。西券门作为从西边进入暖泉的主要入口,它只是形式上在西太平庄的辖区之内,实际上是全镇的公共空间。(图 11-14)

西太平庄的社区内部,有两座五道庙。暖泉三堡五村中的五村,庙宇都极少,而且规模都很小。其中原因,一方面是它们的经济实力总体上不及三堡,另一方面是镇集上已经有比较多的庙宇,村社就没必要单独建庙了。

西太平庄村是暖泉镇的一个堡外村社。它的历史可能早于西古堡,是依托西市街而形成的一个社区。村内建筑没有大面积统一规划的痕迹,仅在局部有面宽

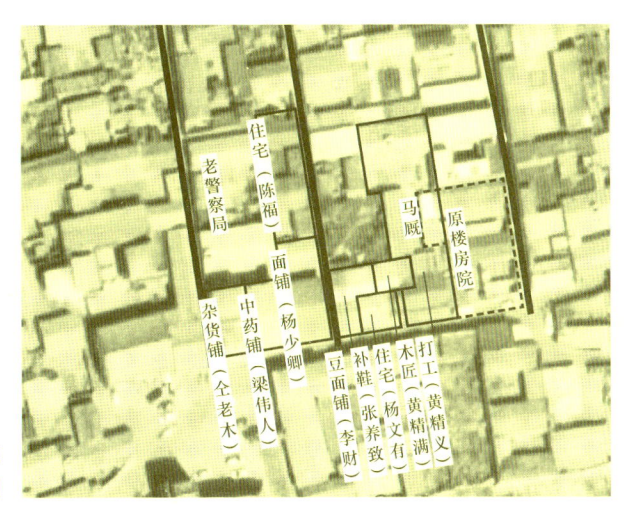

图 11-13 西市街临街建筑平面示意图

图 11-14 暖泉西券门残迹
(罗德胤 摄于 2001 年)

或进深对齐。因为缺少堡墙，村民们有意识地利用了村西的空场和村南的西市街，将住宅建筑与人群聚集的区域隔绝开。村内姓氏较多。村民以半农半商为主，商业也以小买卖或手工艺为多。

张永元老人的回忆详细甚至琐碎，我们尽量忠实地进行了记录。这些记录在一定程度上还原了西市街和西太平庄在20世纪40年代的情况，我们由此能分析当时的产业和人群特点。将这些信息和空间结构相结合，有助于我们推测西太平庄的发展历程。

（张雅沛）

# 第十二章
# 从堡门到堡门空间

堡门是重要而独特的建筑空间要素，它既是分隔和联通堡垒内外的节点，又是公共建筑最为密集和丰富的空间。暖泉镇三座村堡的堡门空间，既体现了蔚县古堡的普遍性质，又各有特质。

## 堡门空间的共同特征

根据现有研究和实地调研，蔚县村堡大多具有只设一个南面堡门和堡门空间流线曲折的特征。这跟蔚县在明代的防御性军事地位是相符合的。就防御性而言，堡门是堡垒的薄弱环节，在建造时要被重点考虑。堡门的独特位置和它的交通属性，又使之成为商贸繁盛时期村落中建筑要素最为丰富的空间。在清代，这种空间又成为聚落文化娱乐活动的载体，承担起更多维度的空间意义，这进一步增加了堡门空间的复杂性。

独门堡便于管控进出人流，有利于防御。即使是周长 4.4 公里、面积 1.6 平方公里的蔚州城，也只在东、南、西三个方向各设一个城门。在蔚县村堡中还有一个十分普遍的现象，即在北墙正中的位置修筑高台并修建真武庙，成为标志性建筑。这种做法具有登高瞭敌的作用，也满足了宗教生活的需求；同时以此与南门城楼相互呼应，也可形成完整的堡垒空间结构。真武庙所供奉的真武大帝是战神，是道教里主管北方的神仙，为明代皇帝尤其是朱元璋和朱棣所崇奉[1]；供奉真武大帝寄托了百姓借神力抵御北方游牧骑兵的希望。

在暖泉镇的三座堡中，北官堡和中小堡都采取了独门堡的形式。北官堡是暖泉镇最大的村堡，也是蔚县最大的村堡。它是独门堡，且堡门设在南侧。北官堡的北侧是十余米高的悬崖，此处不设堡门是合理的，也符合蔚县城堡的普遍模式。

蔚县村堡的堡门空间还有着曲折的交通流线。有一些堡垒采取了瓮城的形式，将城门完全遮蔽。没有瓮城的堡垒，则会通过在城门之外修建庙宇或戏台等公共建筑，形成遮蔽和转折。

堡门空间的曲折性，是多方面因素共同作用的结果。堡门空间承担了交通、防御、标识、文化传递、空间过渡等多重功能。比如，堡墙、堡门上的庙宇建筑，和平时期发挥其祭祀祈福功能，战时则用作瞭望台和指挥所；堡门上的雕饰、文字也传递和展示着村落的文化。堡门空间利用庙宇以及戏台、影壁等营造出开合

---

1　在元末农民战争中，朱元璋多次宣称作战中得到了真武大帝的帮助，以此来宣传"君权神授"，强调自己的正统地位。明成祖时期，朱棣为证明其合法性，在登基后便大力宣扬在靖难之役中得到了真武大帝的协助。见：王新磊.蔚县古堡中的真武信仰[J].河北北方学院学报（社会科学版），2017，33（4）：51-54.

有致的空间，形成蜿蜒曲折的行进路线，延长了进入村堡的距离和时间，增强了防御功能，也满足了村民在精神层面上的诉求。

曲折的堡门空间流线也符合视觉心理需求。站在堡门处，如果面对空空荡荡的旷野，会产生一种不安定感，这时就需要对面有一个标志物，来成为视觉焦点。这种标志物可以是一个影壁、一座戏台，也可以是一座庙宇。

一个典型代表是宋家庄镇的上苏庄。由于堡南有一条深沟无法开门，便将堡门设在西侧，不正对马路，而是将西墙南段外推约4米，使堡门向北开，并在堡门外设立一座坐南朝北、背对堡门的戏台；戏台北面隔着马路，是一座坐北朝南的关帝庙；行人来到上苏庄，在经过关帝庙、阎王庙、五道庙后，仍需绕道戏台背后方能看见城门。

另一个典型代表是水涧子东堡。堡门在南面，堡门空间有城门、城楼、戏台、庙宇等建筑要素，村堡北面为真武庙；堡门城楼同时也是文奎阁，两侧有钟鼓楼；南门外有观音殿和龙王庙组成的院落正对着南门，堡门外之东侧有三间庙宇，由北至南分别是财神庙、关帝庙和马王庙，堡门外之西侧为一戏台，正对这三间庙宇。暖泉镇三个村堡的堡门空间，其构成要素也同样包括许多建筑物和构筑物，如庙宇、戏台、影壁等。庙宇不仅数量多，且呈现出儒、道、释共祭的现象。（图12-1）

堡门空间的曲折性也有利于防洪。壶流河在历史上多次泛滥，暖泉位于壶流河流入蔚县的入口处，更是首当其冲。堡门处曲折的城墙边界，比笔直的墙体更能抵御洪水的侵袭。

"独门堡"的形制为堡门空间带来另一个特点，即公共性。来来往往的人流都要经过堡门这个唯一的交通节点，这种强制性使村民们在这里接触的概率大大增

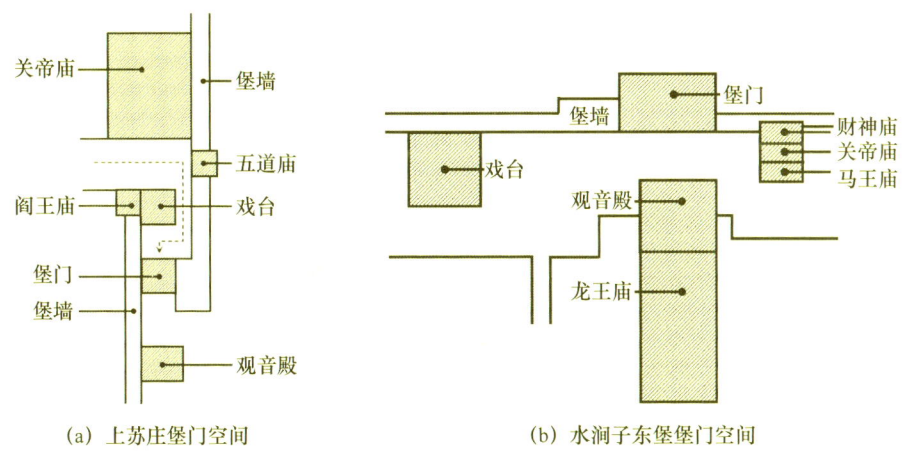

(a) 上苏庄堡门空间　　　(b) 水涧子东堡堡门空间

图 12-1　上苏庄和水涧子东堡的堡门空间示意图

加，堡门空间由此成为重要的社交节点。村民们喜欢聚集在堡门口聊天、晒太阳。庙宇也在这里集中，从而形成公共空间，进而又强化了村落的集体认同感。有两个堡门的村堡，也会以其中一个为主堡门，公共建筑相对集中在这个堡门处。

有学者认为，明清时期佛教、道教的影响力逐渐以中央政府转向民间，同时儒家思想通过政府的层层管理传递至乡土社会，因此宗教与文化的影响同时作用于村落营建，表现为追求更高的美观性与文化性；而蔚县村堡的村口空间具有脱离方正秩序的特殊性，成为官方控制与村民意志交汇的集中体现。[1]

## 北官堡的堡门广场

北官堡南门空间最大的特点是有一个广场，这在村堡之中是很不寻常的。蔚县村堡的堡门与堡门外起遮蔽作用的建筑之间，一般仅一路之隔，距离不过六七米，而北官堡堡门与其对面的观音寺之间相距近40米，加之东西两侧商铺建筑的围合，形成了一个面积不小的封闭广场。这个广场有两条路向西，都可通向镇中心。北官堡是暖泉镇三个村堡中最早出现的，它的地理位置和集镇的商业发展对堡门空间有着重要影响。（图12-2）

北官堡的堡门空间不仅有堡门、庙宇等实体建筑要素，还有着广场和向外延伸的街道，并且以位于镇中心的龙王庙为最终收束的节点。其空间范围之广，远超蔚县其他村堡的堡门空间。

北官堡堡门高约9.4米，为砖包夯土券门，门洞最高处约4.4米；堡门墙身上有仿斗拱、檐口的线脚装饰。打树花的传统民俗活动经常在此举行，北官堡堡门墙身上铁锈斑斑，显得更为沧桑、坚固。

堡门隔着广场与观音寺相对。观音寺是一个四合院，坐南朝北，正殿里有观音菩萨的塑像，观音菩萨左右两侧各有一名童子，另有十八罗汉排列在正殿山墙下；东厢房在农历二月十九观音诞辰日的时候作为伙房来用，西厢房是用于接待的客房。（图12-3）

广场的面积约700平方米，它可以看作是两个矩形广场的结合。距堡门较近者东西长约28米，南北宽约16米，由堡门处堡墙内凹造成道路空间的放大而形成。距观音寺较近者南北长约23米，东西宽约12米，由其东西两侧的店铺围合而成。前者连接着紧邻村堡外缘的东西向道路，西道宽约5米，东道宽约8米。

---

[1] 李东虹.基于礼俗活动的蔚县古村堡公共空间研究［D］.北京：北京建筑大学，2021：65.

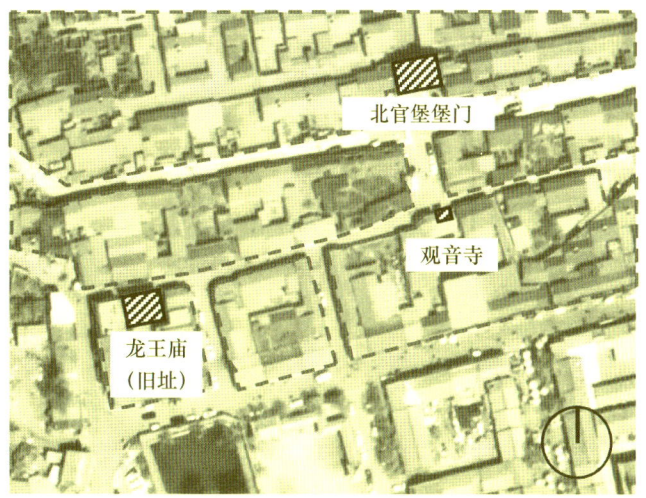

(a) 北官堡堡门空间构成

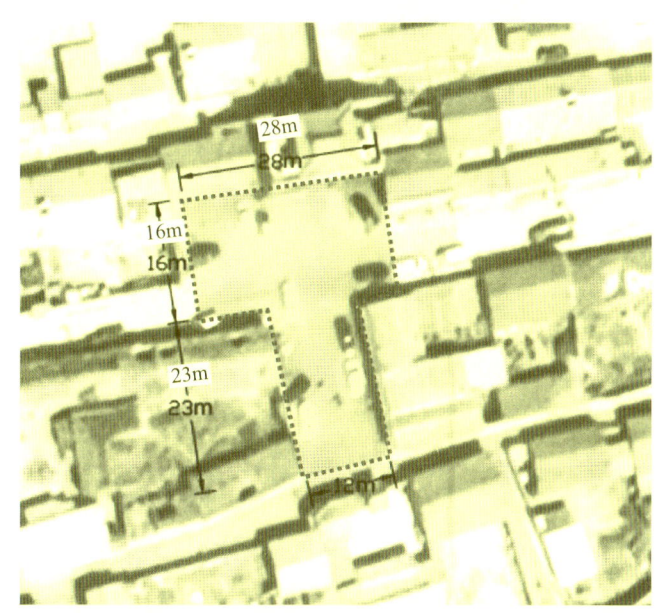

(b) 堡门广场空间尺度

图 12-2 北官堡堡门空间构成与堡门广场空间尺度

后者与龙王庙后街连接。龙王庙后街宽仅三四米，东西长约 100 米。在调研访谈的过程中得知，以前广场上有一个牌坊，位于北官堡向南延伸的中轴线上，距离堡门约二十多米，1950 年前后拆除。

北官堡南堡门与观音寺之间的广场，也是打树花的地方。这个活动在元宵节时进行，旧时要打上 3 天，即农历正月十四、十五、十六的三个晚上。(图 12-4)

打树花时，堡门广场上观看的人们摩肩接踵，十分热闹。打树花要用到炼铁炉、吹风机（旧时是拉风箱）、"火砖煲"（即耐火陶瓷盆）。炼铁炉放在距离堡墙五六米的地方，距离进入堡门的道路大约 10 米。"洒铁水"的人站在堡门前、

暖泉古镇

图 12-3　堡外的观音寺

图 12-4　堡门打树花场景
（罗德胤　摄于 2007 年）

距离堡墙五六米的地方。[1] 在元宵节寒冷的夜晚，暖泉的村民们热热闹闹地挤在北官堡前的广场上，牌坊的存在使得空间更为局促，人们需要在拥挤中寻找好的观看视角。周围的巷子里也都挤满了人，甚至有不少人爬到广场附近商铺的屋顶上。如果按每平方米容纳 3 人来估算，广场上有好视角的位置是不多的，多数人

---

1　罗德胤. 蔚县古堡[M]. 北京：清华大学出版社，2007；白佳雨. 河北蔚县暖泉古镇"打树花"调查与研究[J]. 度假旅游，2019（2）：165-166.

只能看见局部的散落烟花,有的人甚至什么也看不见,只能听到众人的欢呼声。这反而使得打树花更具有神秘感和吸引力,也让元宵节的节日氛围更加浓厚。(图 12-5、图 12-6)

北官堡堡门西去百余米,是龙王庙旧址。旧时,龙王庙是暖泉镇中极为活跃的宗教场所。它坐落在暖泉镇中心泉水的北方,占据着重要的地理位置,对暖泉镇的意义非同一般。

北官堡堡门广场的形成是有意为之,而非偶然形成。理由之一,堡门处的城墙是内凹的,而且内凹的面积相当大,达到 200 平方米左右,这说明北官堡从建立之初,就考虑到要在此处留有公共活动的场地。理由之二,堡门对面的观音寺,距离堡门也相当远(将近 40 米),这也是为了方便人们观看打树花。

图 12-5 观赏打树花的人群
(罗德胤 摄于 2007 年)

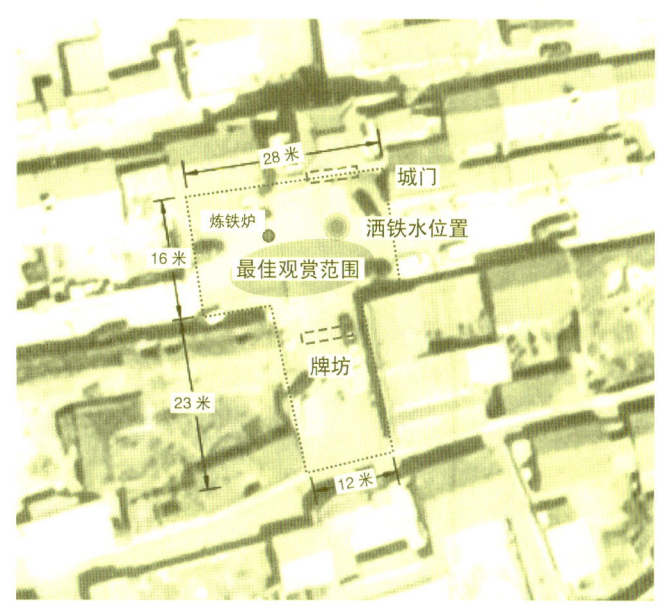

图 12-6 打树花观赏位置视线分析

在观音寺和堡门之间，原有一座牌坊。这座牌坊对于人们观赏打树花是有视线遮挡的，但是它对于堡门空间的完整性而言，是一个不可或缺的部分。打树花只在元宵节前后的那几天夜里举行，在一年之中的大部分时间，堡门广场显得有些空旷，这座牌坊就成为很重要的视觉要素，它的精巧华丽跟城墙的高大厚实形成了鲜明的反差。

　　在今天，暖泉也和全国很多地方的农村一样，出现了空心化的现象，所以这个广场在平日里就更显空荡。但是我们不能忘记，暖泉曾经是一个商业繁盛、社会宗教文化生活丰富的集镇，北官堡也是暖泉镇历史最久、规模最大的村堡。也只有北官堡这样一个体量超乎寻常的村堡，在拥有如此之大的堡门广场时，才不会显得比例失衡。

## 西古堡的南北瓮城

　　西古堡堡门空间的最大特点是有瓮城。西古堡北侧紧邻西市街，西市街的西头即是从山西方向进入暖泉的西券门。西古堡的规整布局、建造质量和地理位置，说明它是一个由商人建立的村堡。

　　西古堡平面接近正方形，其南北长约237米，东西长约239米，建造形式为"穿心堡"；西古堡南北堡墙各设一个瓮城，堡门均在瓮城东侧堡墙之上，朝向东；西古堡内有南北向主街和东西向主街各一条，构成十分规整的"田"字形街巷结构。（图12-7）

　　西古堡北瓮城，南北长约50米，东西宽约52米。瓮城内部南北长约29米，东西宽约32米。进入北瓮城的堡门位于瓮城东墙，其上有一城楼，亦为梓潼庙。瓮城南墙又有一门，系进入村堡之券门，正对正街；券门之上另有一城楼，即灵

图12-7　暖泉镇西古堡村的南北瓮城

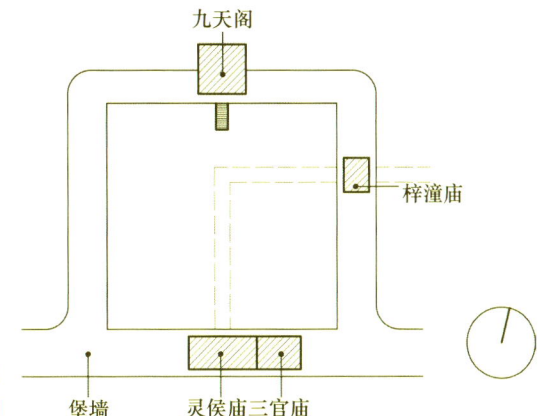

图 12-8　西古堡北瓮城二层空间构成平面示意图　堡墙　灵侯庙三官庙

侯庙，其东有三官庙。从堡内北侧墙体沿台阶可上至瓮城。九天阁位于瓮城北城墙上，南北均为真武塑像。（图 12-8）

西古堡的北瓮城很特殊。在蔚县众多村堡之中，修建瓮城的就不多，而在北侧修建瓮城的就更少。西古堡之所以有北瓮城，部分源于西古堡与西市街之间的关系：为了便于经商，西古堡需要有一个北侧的堡门通往西市街，但一个直接面向街道的堡门是不符合营建传统的，因此需要一个庙宇或戏台在对面形成遮罩。西古堡没有选择在北堡门外修建庙宇或戏台，而是修建了一个瓮城，这可能是出于村堡空间形式统一性的考虑，即和南瓮城相呼应。

西古堡的南瓮城明显是模仿了蔚州城。蔚州城西关、南关均为瓮城，且在出城右手侧有一座规模较大的佛寺（西关也是地藏寺，南关为大觉寺）。西古堡有南瓮城，并且在同样位置也建有一座地藏寺。

南瓮城呈长方形，南北长约 45 米，东西宽约 52 米。瓮城内部南北长约 30 米，东西宽约 37 米。南侧堡门空间的构成要素包括出入瓮城的堡门、瓮城内进入村堡的券门、瓮城内的双耳戏楼（戏楼两侧各有一间耳房）、地藏寺及僧房、观音殿及其钟鼓楼、马王庙、三义殿、东禅房、广慈庵，和瓮城堡门外正对堡门的影壁、位于瓮城东侧的财神庙。（图 12-9）

西古堡南侧进入瓮城的堡门建在瓮城的东墙上，进入村堡的券门建在瓮城的北墙上。瓮城内部，与券门正对而靠南城墙是双耳戏楼，邻西城墙是地藏寺，东北角为广慈庵。地藏寺的体量庞大，大幅挤占了瓮城内部空间和戏台前的观演空间。在瓮城内建地藏寺的做法，与蔚州城相同，在蔚县村堡中却无旁例，这大概也是西古堡的商人们自抬身价的一种心理表现。（图 12-10）

尽管已经有了瓮城作为南侧入口流线的转折，西古堡瓮城东侧的堡门外仍然设置了影壁和财神庙，使得进入的流线更加曲折，村堡入口更加隐蔽。

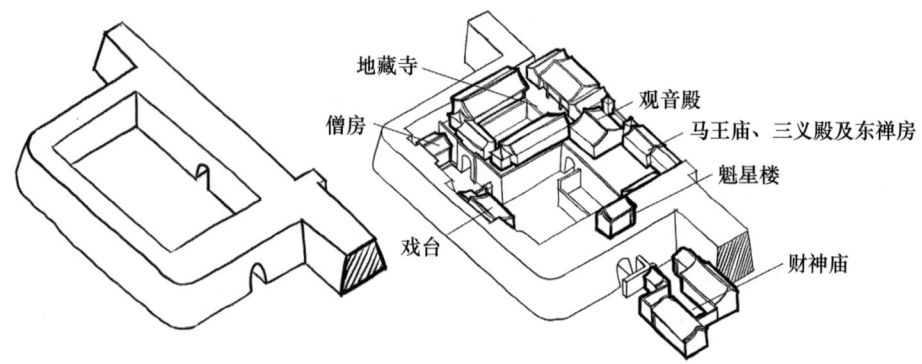

图 12-9　西古堡南瓮城堡墙基底与其中建筑要素对比图

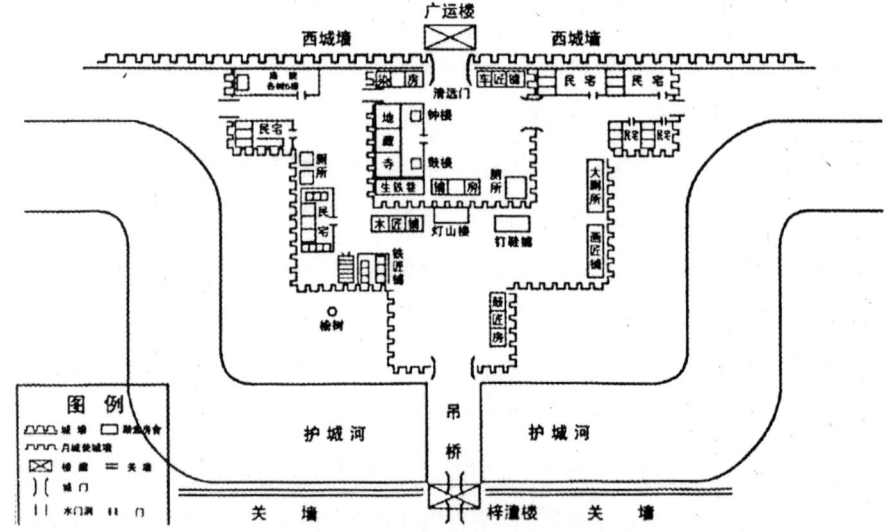

图 12-10　1937 年蔚州西瓮城平面示意图
（图片来源：河北省蔚县政协文史资料委员会，《蔚州古城》，《蔚县文史资料选辑》第 14 辑，
2006 年 4 月）

　　暖泉镇西古堡拥有南北两个瓮城，分别形成了南北两处堡门空间。纵观蔚县村堡，形态如此规整且拥有两个瓮城的堪称孤例。这两处堡门空间的平面均接近方形，边界清晰。南侧堡门空间内的构成要素非常丰富，大多在瓮城之内，这使得南瓮城显得封闭而拥挤。与之相对的是北侧瓮城内部，虽然同样有瓮城带来的封闭感，但由于建筑要素大多分布在瓮城堡墙上而非瓮城内，其空间感受较为空阔。

## 中小堡的北堡门

　　中小堡位于暖泉镇南部中间位置，其西侧为西古堡，北侧为暖泉集市的下街，南侧为田地。中小堡本身呈南北长东西短的长方形，现状有南北两个堡门，但其南堡门为近年所加,在历史上仅有北堡门。

中小堡体量很小,呈现出一种发育不完全的形态。其平面大致呈矩形,南北长约190米,东西宽约90米,面积约1.7公顷,不及西古堡的三分之一。一条南北向的正街由北至南,贯穿全堡。正街偏向西侧,形成西窄东宽的空间格局。中小堡也采用了"独门堡"的建造形式,但与一般蔚县村堡不同的是,它唯一的堡门开设在村堡北侧。北侧堡门的做法,也不是直接开在北侧堡墙上,而是在堡墙北部中间偏西的位置形成了一个转折,构造出一个向东的堡门。堡门与正街形成一个折角,也和暖泉镇的下街之间形成一个转折。(图12-11)

中小堡堡门空间的构成要素包括堡门、城楼、观音寺及其马厩、关帝庙和两块影壁。在体量较小的空间范围内形成完整而曲折的入口空间流线。

观音寺位于村堡之外,坐东朝西,面对堡门。寺门外北侧有一颗大柳树。观音寺的创建年代未知,现在的观音寺是今人在原址重修的。马厩也位于村堡外,与堡门正对,依托观音寺的围墙而建。当地传说这个马厩里的马是关公的赤兔马,和堡内的关帝庙正好相互呼应。两块影壁中的一块位于村堡外观音寺与堡门之间的堡墙上,与村堡外道路形成对景;另一块位于堡内,在北堡墙上,正对正街。还有一种说法,西市关帝庙里的关公是骑马像,叫"勒马关帝",而这里的马厩就是西市关帝庙里关公的马厩。这个说法就把中小堡观音寺跟西市关帝庙拉近了关系,使得中小堡观音寺也成为下街的公共建筑。(图12-12)

中小堡堡门空间的形态并不完全规整,其北面与街市之间形成凹凸。观音寺门前的街道略为放大,东西长约27米,南北宽约8米,转至堡门外则又骤然收缩,堡门距离观音寺围墙仅3米左右。

中小堡的北堡门朝向东方,这就使得中小堡在东北部有一个缺角,也造成西北部堡墙在视觉上的外凸感。加上堡门内与关帝庙之间的空地,这就似乎形成了一个类似于瓮城的形态。(图12-13)

图12-11 暖泉镇中小堡村北堡门空间

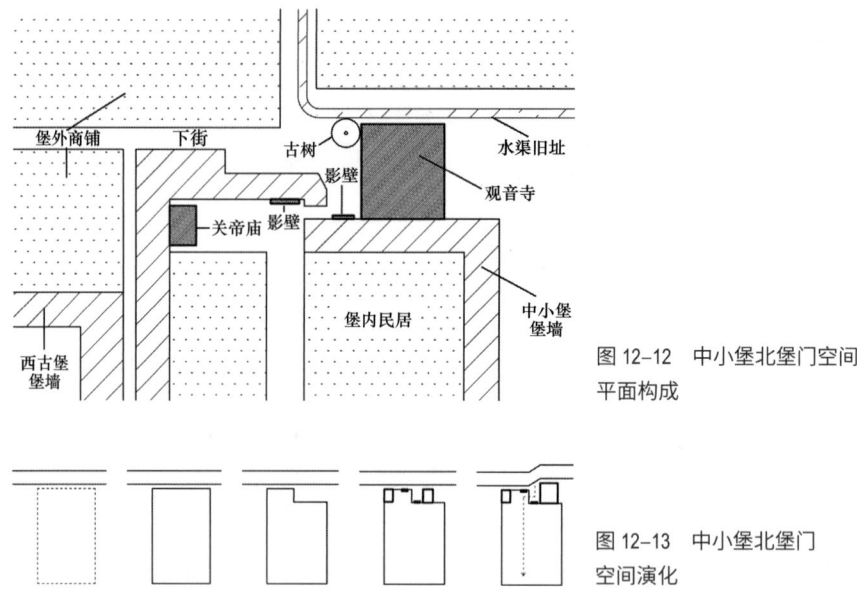

图 12-12 中小堡北堡门空间平面构成

图 12-13 中小堡北堡门空间演化

从村落营建的角度来看，一开始买来用于建造村落的地块通常是形态规整的。中小堡的体量较小，所以做"独门堡"是顺理成章的选择。又考虑到希望同商业街市有着紧密联系，而选择将堡门设在北面。如果将堡门直接对着下街开，这就过于开敞而缺乏安全感了。在东北部向内缺一角，这样可以在尽量减少损失土地的情况下营造出一个曲折隐蔽的入口堡门。从风水和视觉心理的角度，堡门之外是不能空无一物或者建造住宅的，因此建一座观音寺来做遮罩。在堡门内，再建一座关帝庙，与观音寺相互映照。

值得注意的是，观音寺是向北略凸出于中小堡的北堡墙的，这使得下街在这里也发生了轻微的转折。可能的情况是，村落营建伊始，此处所对的庙宇只是一座小庙。后来因为靠近街道，社区庙逐渐成为街道庙，观音寺既是中小堡的，也是下街的。公共性提升导致观音寺扩大，并让街道走向也发生了调整，既让下街西面走来的行人能注意到这里的特殊性，又不直接暴露堡门。

在中小堡的空间布局中还有一点十分有趣，就是正街并不在正中间，而是偏西，将村堡划分为东大西小的两部分。这可能是在设计堡门位置时考虑不周而导致的（堡门居中，进入堡门之后再转入正街，于是正街就偏西了），也可能是大户人家作为中小堡的主要修建者，要求占有更多的面积，因此划分出东大西小的格局，进而影响了堡门选取的位置。

中小堡堡门空间的独特性很大程度上来源于其位置。中小堡位于暖泉商业集镇南侧，再往南是河滩地。仅在北侧开堡门，是有利于经商和防洪的做法。但是，这种做法不符合村堡营建惯例，南侧没有堡门也不符合人们的视觉心理需求。这表明中小堡在营建时可能没有经过周密的考虑。它本身体量很小，居民也比较少，对暖泉商业集市有很强的依赖，因此形成了特殊的堡门空间。

    堡门空间对蔚县村堡有着重要意义。作为村堡最为薄弱的环节，堡门经常只有一个。这使得它成为村民进出村堡的唯一交通节点。人流在此汇集，公共活动在此发生。这种公共性使得堡门空间成为村堡建设公共建筑的最佳选择，使得堡门空间更加丰富、流线更为曲折，对村民的集体认同也有着更加重要的意义。

    暖泉三堡堡门空间的独特性，源于暖泉的商业集镇属性。暖泉镇中心的商业空间具有很强的向心力，吸引着暖泉三堡的堡门空间与之发生联系。在这个过程中，各堡的区位、规模与这种商业集镇带来的向心力相互作用，形成了不同的应答，表现出各堡堡门空间的鲜明特点。北官堡位于商业集镇的北侧，其南堡门与这种向心力相协调，于是展现出具有延展性的开阔的堡门空间。西古堡北邻商业空间，与南侧开堡门的传统做法产生矛盾。由于西古堡具有相当的体量和实力，于是出现了高规格的南北两瓮城的堡门空间。中小堡本身体量很小、发育不完全，依附商业街市和西古堡而生，当它面临这种矛盾时，只能牺牲村堡的营建传统而迎合商业街市，形成了一种不合范式的空间结构。

（杨翟）

## 第十三章

# 北官堡的住宅

就总体水平而言，北官堡住宅的建造质量在暖泉三堡五村中是首屈一指的。

北官堡内，正街和横街将卢家小堡以外的区域划分为 6 个街区。除西北角区域形状不规则外，其他 5 个区域均为规整的矩形。其中很多住宅为贯通整个街区的多进院落，这一方面反映了主人的经济实力雄厚，另一方面也说明建造时有统一规划。

我们选择了 3 个典型住宅进行了测绘和调研，它们是东南侧的张沛宅、中巷的张启才宅和西北侧的刘木匠宅。（图 13-1）

## 张沛宅

张沛宅位于北官堡东南，原有坐北朝南的五进大院，北至中街，南抵下街。面宽 16 米，总进深 77 米，占地面积 1060 平方米，呈狭长的矩形。出生于 1932 年的张沛老人现居住于北边两进院。

根据张沛老人的讲述，并结合现场的基地尺寸，我们尽可能地还原出张家大院的模样。张家大院原大门开在东南角即倒座房稍间的位置，为广亮大门。北官堡地势北高南低，张家门前的六级台阶不但强调了入口，也抬高了地势，减少了各进院子之间的高差变化。前两进院进深较小，第二进院不设正房，但有一道通

图 13-1　北官堡住宅
　　　　 调研实例分布图

往第三进院的垂花门。第三、四进院进深最大；正房均为面阔三间，每间宽3.8米，进深6.3米。第五进院也为小进深，正房五间。从现存房屋的用材和装饰水平来看，张家大院在北官堡住宅中处于中游水平。

直到张沛的曾祖父开始当家时，张家大院仍然是完整的五进大院。曾祖父是家中独子，却育有五儿六女。或许是人丁兴旺给家庭带来了沉重负担，半农半商的经营模式也存在不稳定性，曾祖父于1875年前后将前面三进院卖出。大门卖给了别人，张家便在东北角再开一扇大门，这也让张家成为北官堡为数不多的朝北开门的住宅。

为便于叙述，我们把张家剩余的两进院称为南院和北院。不久之后，这两进院也被卖了一半。北院的东半边和南院的西半边卖给了一个"当家子"[1]。这种卖房方式，可能与以东为尊的观念有关。两家都能分到东半边的院子，显得更公平。正房明间为共有空间，两家人都要由此进出里间。当地买卖房屋，尽管更倾向于找同姓亲属，但在不同姓氏之间交易的情况并不少见。在价格上，同一进院子内各房屋的价格按正房—厢房—倒座房的次序递减。

"当家子"除了买下北院的东半边，还买了东侧邻居的西半边，组合成了一个完整的院子。张家剩下的半个北院，如今成了完全开敞的场地，入口改到了西北角，建筑布局也不再是规整的合院形制。北侧沿街一间房，西侧一间厢房，西南角围出一间旱厕。

穿过两进院之间的随墙门，就进到形制规整的南院。南院因为常年有人居住，保存较为完整。院南加建了一间南屋，用作仓储。南边两侧原有两扇小门，通往第三进院，现在都已堵上。南边的三进院由于长时间无人居住，房屋年久失修，坍毁严重，大门和垂花门都只留下台基和柱础。由于多年来的买卖、重修，这三进院已经打破了原有的平面布局。据张沛老人和仅剩的两户人家回忆，这里曾经同时住着七户人家，包括赵、刘、马、王等多个外姓家庭。这应该与暖泉的商业集镇特性有关，商业能吸引人来暖泉和进驻北官堡，也会产生压力让人搬离。（图13-2）

曾祖父的11个子女中，张沛的爷爷张有（1869—1950年）是长子，他在成亲后要搬出去住，却苦于经济拮据。好在张有认识一位太平庄的邱姓好友，他为张有一家提供了一间小屋暂住。这位好友不仅帮忙解决了住处问题，还为他提供了一条生财之路：从帽铺低价收购残次品，缝补之后挑到北山去卖给挖煤的工人。

张有育有4个儿子，大儿子张启发（1898—1949年），二儿子张启宝（1901—1974年），三儿子张启得（1905—1950年）和四儿子张启才（约1910—1960年）。

---

1 "当家子"的"当"念四声，指同宗族的人。

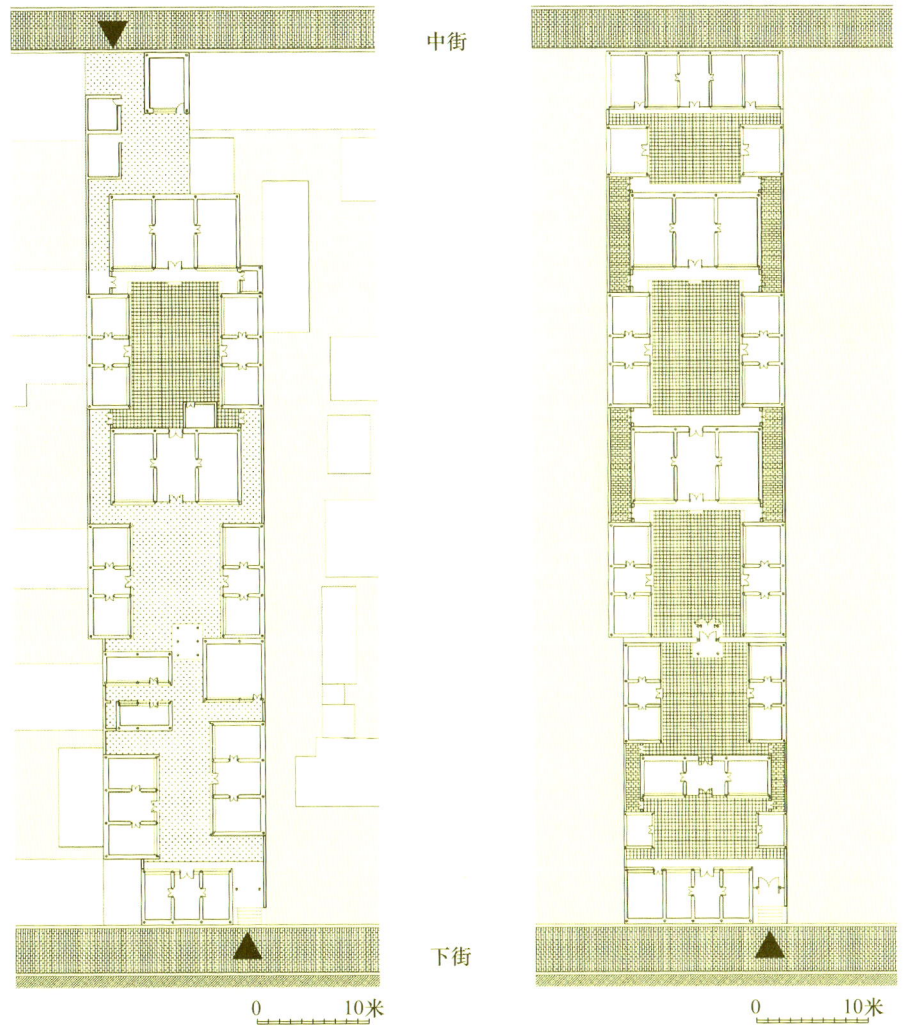

图 13-2 张沛宅现状（左）与复原（右）平面图

老大张启发是张沛的父亲，是一个憨厚老实的农民。老二张启宝头脑机灵，他大约在 1946 年注意到镇上没有卖布的店铺，而与毡帽相比，布料的市场需求更大。于是他抓住商机，做起了卖布生意。他从县城批发洋布，挑担卖到暖泉附近的村子。老三张启得做他的帮手，大哥负责种地。老四张启才，16 岁时就被过继给了风水庄[1]一位瞎眼的张姓算卦先生。这位算卦先生靠算卦攒下不少钱，晚年还在北官堡买了一座三进院的大宅（即张启才宅，见后文）。

兄弟们齐心协力，终于摆脱贫困，积累下些许资产。张沛的曾祖父、曾祖母去世后，爷爷奶奶搬进了南院正房，他们的 3 个儿子住在东厢房。（图 13-3）

---

1 暖泉八村堡之一，位于北官堡东侧。

图 13-3　张沛宅及南侧院落现状

　　1947 年，15 岁的张沛成亲，在正房办了婚事。这桩亲事是他 11 岁时，由四叔张启才主张订下的。当时爷爷张有还觉得他年纪小不同意，但四叔认为他的大哥张启发是个"愣货"（老实人），儿子又多，要在分家前把亲事定下来才好。结婚三天之后，张沛夫妻就搬进了进深不足 3 米的小耳房。不久，夫妻二人就搬出去住了。

　　1949 年，张沛父亲因"黑炉病"（肺病）去世，叔叔们决定分家，并请四叔回家主持。老四打小被过继出去，由他主持分家能做到公平公正。老四认为老二经商得力，对张家贡献最大，就把南院的正房和耳房分给了他；老三一家分到了东厢房；老大（张沛父亲）一家分得北院。

　　1950 年，张沛的三叔和爷爷相继去世，二叔正式接管了祖宅，直到 1974 年去世都一直住在这里。二叔的子孙前些年都搬去了县城，老房闲置下来，就请张沛老人回这里住。（图 13-4）

　　张沛家住宅的整体保存状况不佳，建筑的形制和建造工艺也只是中等水平。但最为珍贵的是张沛老人的讲述，为我们生动地描绘了一个家族由盛转衰，又努力奋斗的故事。家族的发展影响着住宅的分配和变迁，这也是张沛宅作为典型案例的意义所在。

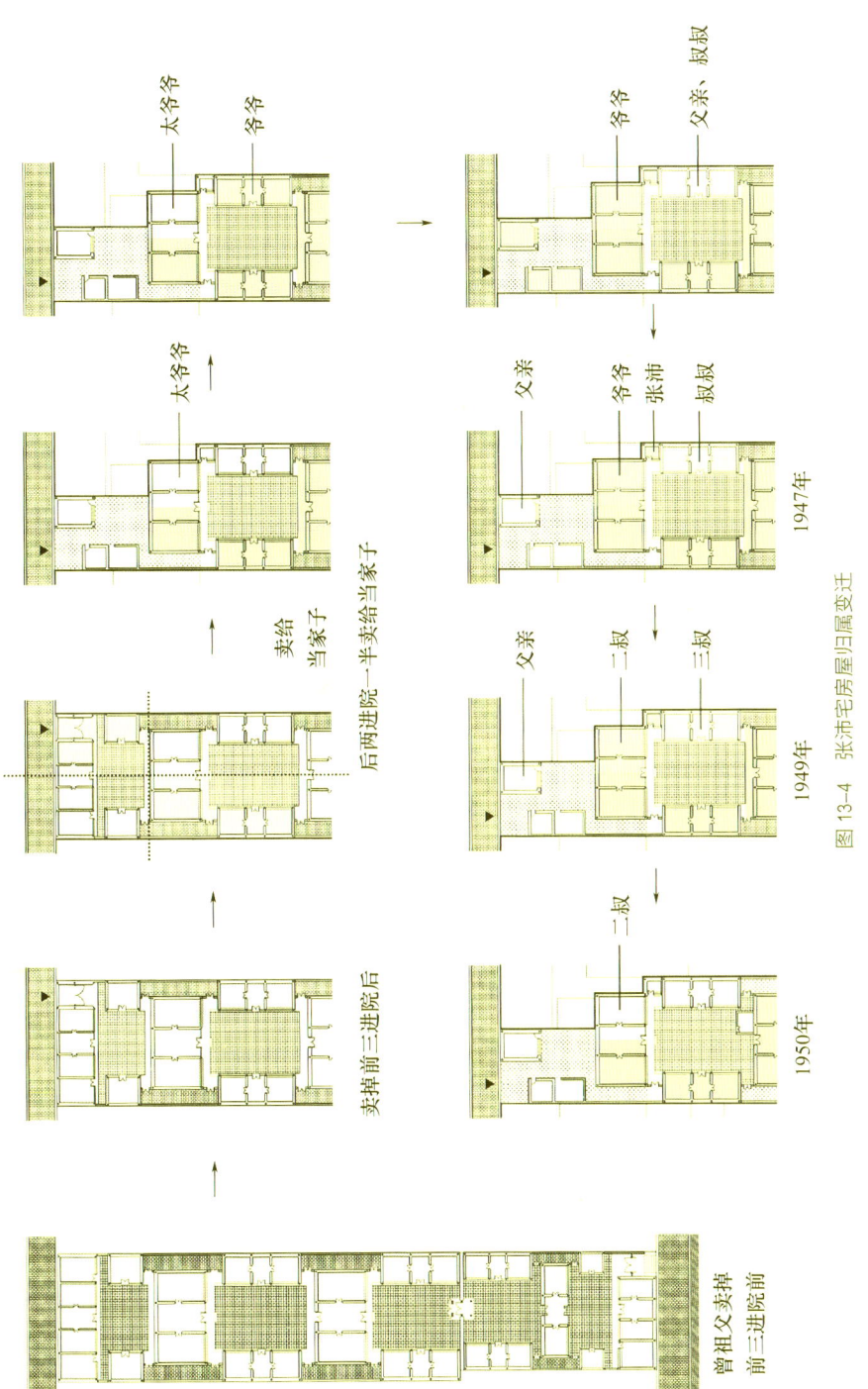

图 13-4 张沛宅房屋归属变迁

## 刘木匠宅

刘木匠宅位于上街西巷101号，原有四进大院，现存三进，占地面积约950平方米。刘木匠是张沛的三女婿，名叫刘继珍，现年55岁，居住在前两进院。第三进的住户也姓刘，但与他们不是同一支，是20世纪60年代从外地搬来暖泉，买下这处院子。由于年久失修，第三进院正房的两端分别出现了不同程度的垮塌。第三进院的西侧还有一进院子，因无人居住而荒废多年，如今已无法进入。（图13-5～图13-7）

刘木匠宅的大门位于东南，占据前院倒座房的次间，为广亮大门，梁头、雀替的处理都简洁质朴，而梁下的驼峰雕刻精致。正对大门的照壁虽然已经残损，但砖石的浮雕仍能看出工艺的精良。前院地面由30厘米×30厘米的方砖整齐铺就，两侧厢房的台明以丁头方式排列铺砖。厢房面阔仅为两开间，采用穿斗式结构，柱子直接承托檩；檐下没有飞椽，出挑不及其他房屋，椽子、斗枋的用材上也不讲究，能看出是用原木而不加雕琢。

第一、二进院之间设有二门。二门的木雕保留相当完整，尤其是承接梁头的斗拱、雀替以及驼峰，十分精致，彰显出主人的审美趣味。二门中柱前设一对抱鼓石，雕有"双狮滚绣球"。

跨过二门，来到宽敞的第二进院。平时刘木匠都在这个院子里做工。调研期间他正忙着打棺材，一边耐心地用刨子刨着木材，一边听着手机播放的奇闻逸事，妻子也不时过来递杯水，这是最有生活气息的一个场面。正房明间本来是过厅，现在后门已经堵上并装上了壁橱；正立面也在前两年经历过一次重修，不复当年模样。两侧的厢房还保留原样，做工讲究，面阔三间，西厢房进深4.6米，东厢房进深5.2米。屋内地面也铺有30厘米方砖，墙基垒有五层砖，改善了底层墙体结构，有利于加固防潮；室外墙体与柱子、室内墙体与门的交界处，都采用了倒角做法。

正房两侧有狭窄的过道，以前可以从这里进入第三进院。如今这家的主人把当年的随墙门直接改成了对外开放的大门，这样进出时就不必穿行前院。第三进院子在尺寸上是最开阔的，宽11米，进深13米。院子铺地为长方形石材，正房比较完整地保留了过去的立面，比例大气舒展。可惜两侧补间由于无人居住，年久失修，西侧屋顶塌了一半，东侧直接被拆除，改建出一间耳房。厢房的做法较第二进院要朴素一些，檐口两侧不再出挑而是直接与博风相接。第三进院在装饰上不及第二进院，或许可以由此推测过去当家的主人住在第二进院，儿女住在第三进院。

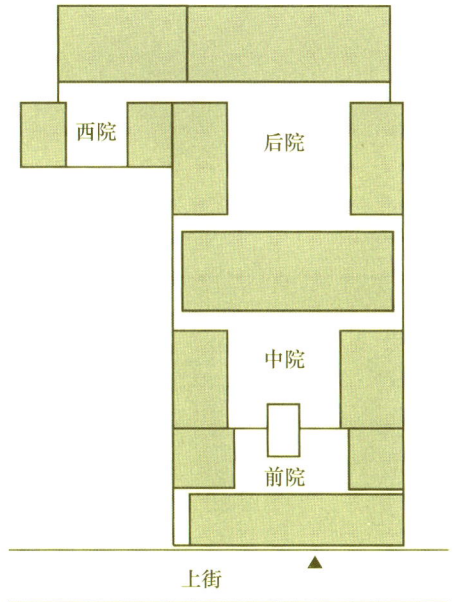

图 13-5 刘木匠宅完整平面示意图

(a) 第三进院

(b) 二门正立面

(c) 二门抱鼓石

(d) 第二进院

图 13-6 刘木匠宅现状

暖泉古镇

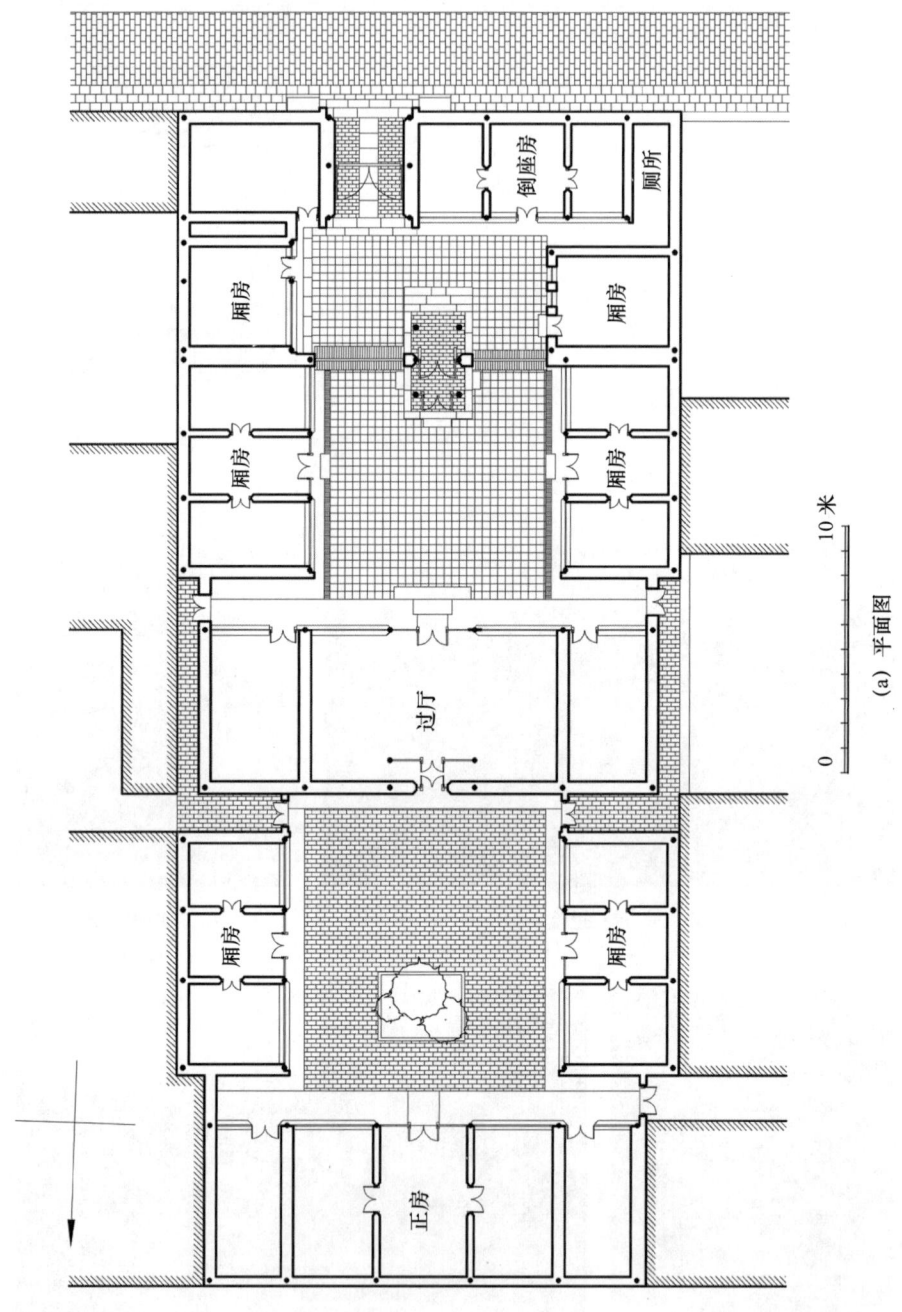

(a) 平面图

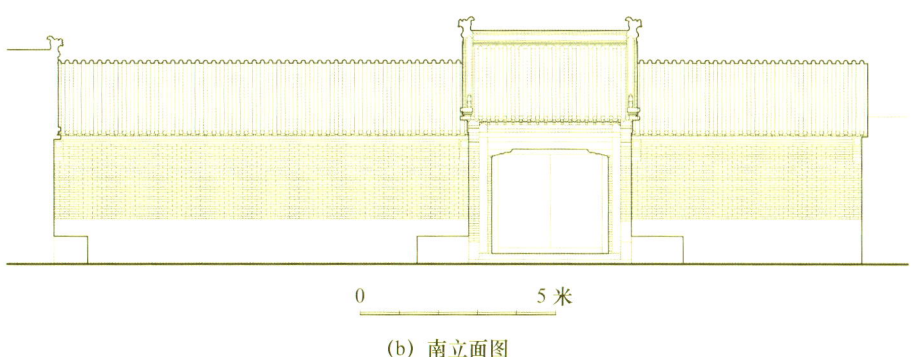

(b) 南立面图

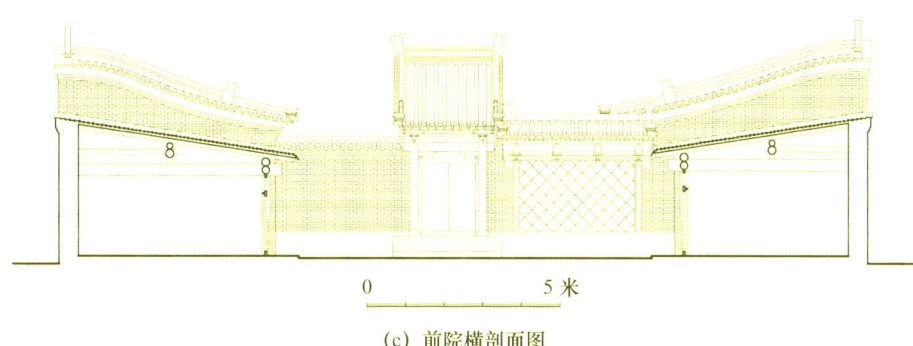

(c) 前院横剖面图

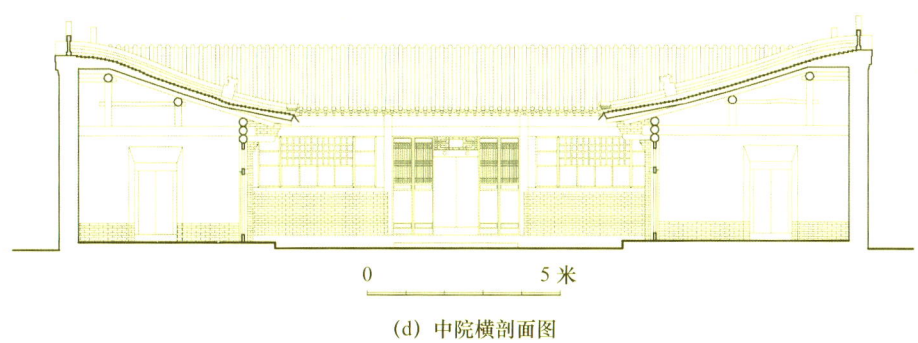

(d) 中院横剖面图

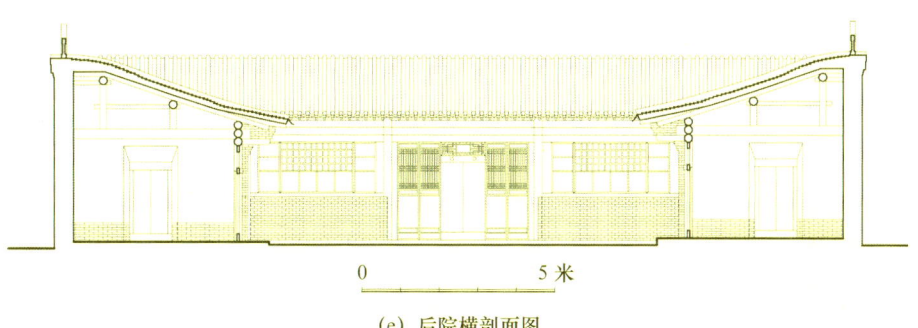

(e) 后院横剖面图

(f) 纵剖面图

图 13-7 北官堡刘家大院（刘木匠宅）测绘图（王萌 绘图）

北方传统建筑的窗户，多用几何的线体拼搭而成，呈现出单纯、质朴、稳定、直观的特点[1]。从目前保留下来的门窗来看，房屋多采用方格和"一码三箭"[2]花格，整体样式较为统一；第三进正房门上方采用套方锦花纹，代表形正心正，寓意正直、吉祥。

刘家大院的建筑水平，离不开刘家的经济实力。据张沛老人讲述，刘木匠祖上多代都是养骡马大车的。暖泉运输业发达，北官堡的刘家、王家、张家等都有从事这一行业的，刘木匠家的第一进院曾停放一辆大车。

相较张沛宅，刘木匠宅的保存完整得多，且无论是在建筑的用材还是装饰的精致程度上，都更胜一筹，体现出刘家财力雄厚。其中大门、二门分别作为沿街立面和前院的视觉重心，其细节之精致最能彰显家族的辉煌气派。

## 张启才宅

张启才宅位于中街东巷 36 号，原有三进院，占地面积 1117 平方米。

张启才是张沛老人的四叔，16 岁时过继给了瞎眼的张姓算卦先生。算卦先生从风水庄搬来北官堡，从一户同为张姓的人家手里买下这套大院。从如今残存的细部装饰看，张启才宅可能是北官堡住宅建造和装饰水平最高的。大院最早的主人经济实力雄厚，算卦先生能买下这样一套宅子，说明他靠这门"手艺"攒下了不少财富。

---

1 钟健. 明清建筑花窗中的汉字图形装饰：以江浙地区为例 [J]. 装饰，2015（2）：134-135.

2 三根横棍条为一组，共三组，分别与直棍条的上中下三处相交，直棍条、横棍条均细而长，似长箭一样，又因其图案的形象似箭插在箭囊之上，故称一码三箭。

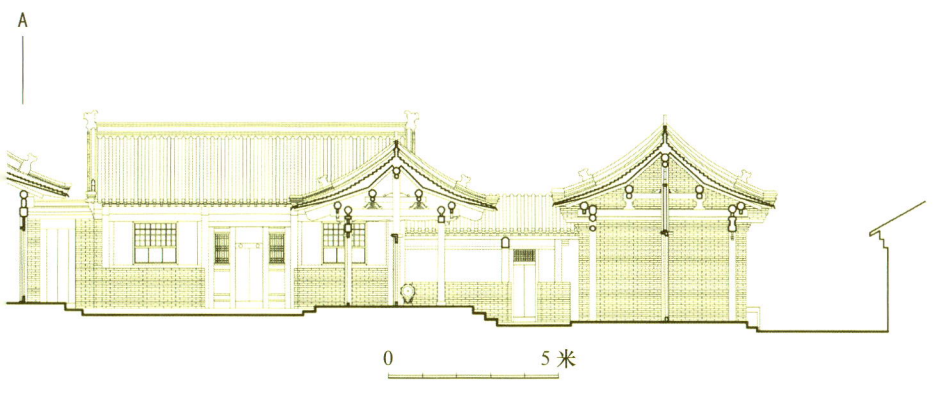

大院南侧沿街开广亮大门,位置在倒座房西次间,现已拆除。三进院落由南至北依次为:车马仆人院、老爷院、少爷小姐院。(图13-8~图13-10)

一进院为车马仆人院。西侧住家仆,东侧圈养牲畜,地面为不规则的石块铺地。东侧现已几乎全部拆毁,根据张家后人描述、现存柱础和周边住宅的外轮廓,我们绘制了复原平面。房屋柱径为120毫米,仅为后两进院柱径的一半,印证了这是等级最低的院落。正房西次间北墙上开有一道小门,通往第二进院。这可能是为了方便管家往返于住屋与主人院而设。如今院子西侧用围墙另隔出一进小院,里面住着康姓母子二人。

正门没有了,张家现在就把二门当作大门用。除了精致的木雕,二门的柱头上还隐约能看出彩画的痕迹。二门前设有五级台阶,把主人住的院落抬高了半米多,突出了主人的地位。张沛老人有一次领我们来看这座大宅子,突然来了兴致,跟我们说:"小朋友你看,我从这个门儿是这样出溜下去的。"然后他把拐杖一扔,就从台阶一侧的垂带上滑了下来。这是张沛老人在儿时常玩的游戏。

二进院为老爷院。庭院宽14.6米,进深14米,相当宽敞。院内采用条砖铺地。正房柱径达到了240毫米,柱头下都有斗拱承托,雕刻精致,门窗的镂空线条也比前两家更为复杂;厢房出檐也更深远。从这方面看,张家大院最早的主人财力比前两家都要雄厚。现在这进院里住着张家的后人。张启才有过三次婚姻,育有两儿两女。大儿子叫张圆,多年前已去世,儿媳今年也80多岁了;小儿子叫张海,已年近80。张圆的妻子住院子东半边;张海的大女婿拥有西半边,平时不住,但快到端午节时会在这里包粽子卖。热情好客的张家人经常约亲朋好友来做客,院子里时常充满欢声笑语。

穿过正房两侧的过道可进入少爷小姐院,如今这里住着张姓两兄弟。弟弟由于疾病常年卧床不起,不便进门打扰。这进院的尺寸相对老爷院略小,房屋用材

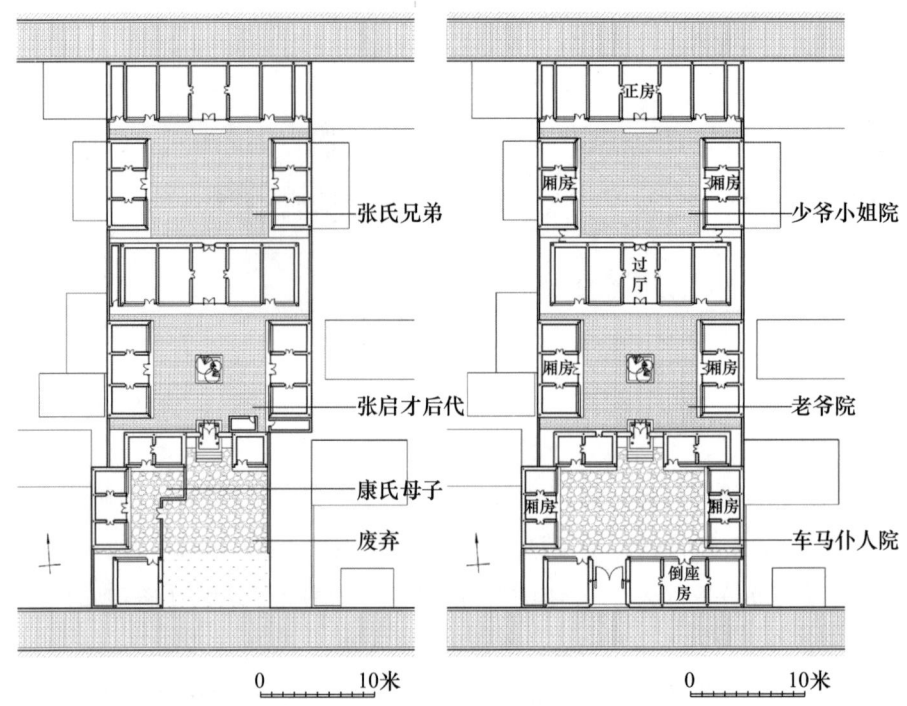

图 13-8　张启才宅现状（左）与复原（右）平面图

(a) 二门正立面

(b) 第一进院

(c) 第二进院

(d) 仆人院正房小门

(e) 第三进院

图 13-9 张启才宅现状

图 13-10 张启才宅窗户花格一览

上与前一进相同，但在做法上要简单一些。正房面阔五间，两端各设一间仅 1.7 米宽的耳房。第三进院修缮少，门窗较为完整地保留了老构件，窗格花纹精致美观，复杂程度最高，光是厢房就采用了方格、菱形纹、步步锦等不同花纹，代表着丰富的吉祥寓意。这么多纹样用在一栋住宅上，有可能是因为房屋经过多次维修替换过窗格。

除了张启才的后代，张沛的二爷爷（即二叔祖父）也曾以长工和管家的身份住在张家。二爷爷品行刚正不阿，算卦的张老先生非常信任他。张沛的舅爷爷（奶奶的兄弟），也在这里住过。

张启才宅区别于前两座住宅的显著特点是各个院落由于功能不同而在建筑空间和房屋等级等方面表现出明显差异。车马院和长工院地势最低，房屋用材最细；而老爷院和少爷小姐院气派宽敞，这种强烈对比在前两例住宅中是不明显的。这或许反映出建造这座住宅的主人，有着较强的经济实力和等级观念。

北官堡一个"官"字，虽不代表它是官方修建的城堡，但也体现了老百姓心中对权威的认可和尊重，这种心理在住宅建筑上也有着清晰的体现。北官堡住宅大多为方整的四合院，不同院落之间也会有等级差异。

三座住宅代表了北官堡中、高等的建造水平。张沛宅面宽窄，装饰朴素，伴随着复杂的房屋交易和族内搬迁过程，平面上呈现出碎片化特征；刘木匠宅保存完整，为研究北官堡住宅典型平面布局和匠作工艺提供了很好的范例；张启才宅等级划分明确，主人院木作精致复杂，体现了北官堡最高的住宅建筑水平。这三个实例代表了不同的经济实力，而其背后复杂且相互关联的家族史也生动描绘出多彩的生活图景。

（王萌）

# 第十四章
# 张沛家的故事

暖泉的商业繁荣背后，是勤劳的暖泉人。在时代动荡和环境变迁之中他们是渺小的，但是在与命运抗争的时候他们是伟大的。在暖泉调研，我们有幸遇到了90岁的张沛老人。他用质朴的言语为我们呈现了一部激荡人心的张氏家族奋斗史。张氏家族的历史，也是暖泉历史的生动写照。

## 家族人物关系

故事可以追溯到张沛的曾祖父张存枝。曾祖父是家中独子，与曾祖母育有五儿六女。张沛的爷爷张有是长子，出生于1869年，1950年去世。张沛的二爷爷（即张有的二弟），名叫张福，出生于1875年，1957年去世。三爷爷出生不久即夭折。四爷爷叫张贵，比二爷爷小四五岁；五爷爷叫张润，比四爷爷小一两岁；两人都是一辈子光棍。

张沛的爷爷和奶奶有四个儿子。张沛的父亲张启发是长子，出生于1898年，去世于1949年。二叔张启宝，大约出生于1901年，于1974年去世。三叔张启得，大约出生于1905年，于1950年去世。四叔张启才，大约出生于1910年，1960年去世。

张启才在十几岁的时候，过继给了一个同样是姓张的瞎眼算卦先生。张沛老人已经不记得他的名字，只知道是风水庄人，以给人算卦为业，在北官堡内购置了一座大三进院的豪宅。

张沛有三个弟弟。二弟出生之后，还没来得及起名字，就因为荨麻疹去世了。三弟名叫张哲，四弟名叫张森。张哲现在居住于内蒙古呼和浩特，今年（2022年）85岁。张沛说三弟运气比较好，1959年去呼和浩特的时候赶上公私合营，铁匠出身的他加入了铁匠社，由此获得呼市的正式户口，后来又在一家服务公司的人事科工作。张森今年83岁，年轻的时候在暖泉中小学教书，现居住在县城。（图14-1）

## 曾经的五进大院

张沛宅位于北官堡十字街的东南方，坐北朝南，北至中街，南抵下街，占地面积约1060平方米。

张沛老人回忆，他的曾祖父接手此宅时，仍是完整的五进大院。张沛没见过曾祖父，他在张沛出生前就已经去世。张沛的曾祖母姓施，自从嫁到张家，直到80岁去世，很少出过大门。但她在张沛眼里，却是一个颇有见识的老太太。张沛

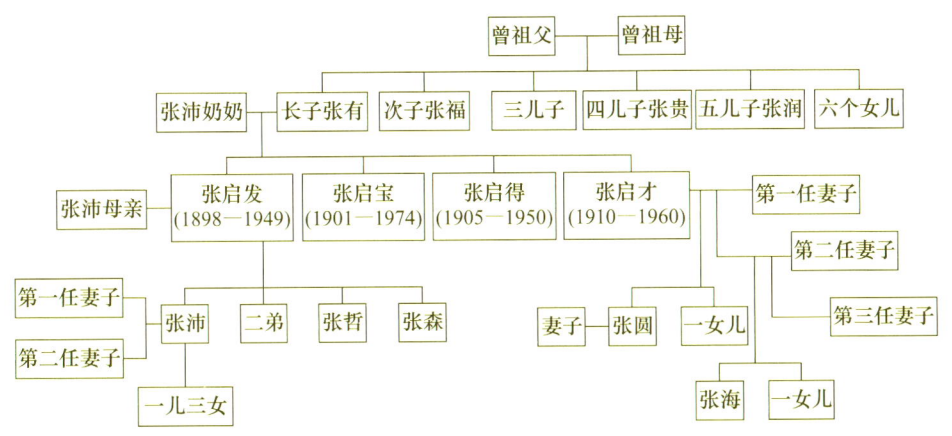

图 14-1　张家谱系图

的小名叫"水子",曾祖母喜欢在院子里逗他玩,经常喊"水子过来,我给你讲个故事"。张沛现在记得一些家族里的往事,很多都是曾祖母给他讲的。曾祖母去世的时候,一时间找不到娘家人。后来是人脉广的二叔不断打听,了解到宗孝部下雷云队长的家里有个老车倌姓施,一问之下,果然是娘家人。他来暖泉之前,家族里有个姑娘嫁到了北官堡,正是张沛的曾祖母。

曾祖父在 1875 年前后将南边的三进院全部卖出,后来第五进院的东半边和第四进院的西半边也卖给了"当家子"。

张沛的爷爷张有在结婚之后,就搬出了这座五进大院。大约在张有 67 岁的时候,他通过朋友的帮忙和引荐,做起了"改装"毡帽的生意(见前文"皮毛业"章节)。张沛老人 10 岁的时候,也就是 1942 年,爷爷带领一家人搬回了张家大院。他至今还记得当时的喜悦心情。此时,爷爷是在从曾祖父手中"买"下了房产。之所以是"买",而不是继承,是因为曾祖父的儿子比较多,房产分配时为避免矛盾,需要向父母支付一笔钱,相当于补偿了其他弟兄。曾祖父和曾祖母去世后,爷爷奶奶搬进了正房,三个儿子就住在东厢房。

## 夭折的三爷爷

三爷爷出生于 1877 年。当时医疗卫生条件差,婴儿夭折甚至母子双亡是常有的事情。临盆时,家里要准备一缸子土放在炕上,再堆上干草和草纸,让产妇躺在上面。婴儿出生后,当地有"三天风、六天风、九天风"的说法,意思是如果婴儿三天、六天、九天不着风,就有可能活下来。就像过关一样,每过一关,距离生存的目标就近了一步。张沛的三爷爷就是没过九天风,夭折了。

过了九天,婴儿就算是暂时安全了。但是喝奶还是个问题,产妇的奶不一定下得来,这时候就需要村里其他正在喂奶的妇女来帮忙。有钱人家会雇奶娘,按季度或月付钱。

## 卖布小分队

毡帽卖了几年之后,老二张启宝和老三张启得觉得不能让老母亲一直做"改装"的工作,一是挣的钱并不多,二是老人家的眼睛也受不了。大约在1946年,头脑灵活的张启宝注意到镇上很少有卖布的;而与毡帽相比,布料的市场需求更大(比如,人们夏天要穿布衣,婚丧嫁娶时需要很多布匹)。他抓住商机,做起了卖布生意。郭家帽铺的老板郭建选给他推荐了一个外号叫"牛老修"的暖泉人,此人家住苏官堡,在县城的兽医站工作。兽医站的斜对面是一家布店,老板叫岳谷生。在牛老修作中间人担保下,岳谷生让张启宝先拿一批洋布,包括黑、蓝、红三色和白布,等卖出后再把钱还上。

在牛老修的帮忙下,张启宝联系到套子车,把两大包布匹拉回了暖泉。为了卖布,张启宝还找木匠做了两个木箱子和一副榆木扁担。放满布匹时,一个木箱子是50多斤。他挑着布,去到附近的下宫、南马庄等村售卖。第一批货,只用了两天,就全部卖光,有人付现金,也有人写了欠条。当张启宝挑着空箱子回来时,全家人决定从此就专心卖布了。

拉套子车的人叫康老现。张启宝卖布的生意稳定下来之后,就不必每趟都亲自去县城提货了,而是在订货、结账的时候才去和布店洽谈,平时就由布店伙计把货交给康老现,由他拉回暖泉给张启宝。

围绕着卖布,张家后来形成了几个小分队。每个小分队的装备都是两个木箱子和一根扁担、一个拨浪鼓。爷爷和二叔是一队,三叔和二爷爷一队,四叔和舅爷爷一队(舅爷爷也是光棍,和四叔比较聊得来,于是搭伙一起卖布)。他们外出卖布有时候太晚来不及回暖泉,就住村子里的豆腐房。

第四个小分队是张沛和舅舅,主要是到舅舅家(也就是母亲的娘家)所在的杜家庄。后来舅舅不干了,张沛就在暖泉赶集时在米粮市上摆摊儿卖布。张沛的父亲不参加卖布,一是因为他比较老实,不善于吃喝做买卖;二是此时的张家在二叔的张罗组织下,靠着卖布已经买下一些耕地,这些地都由张沛的父亲负责耕种。

除了倒卖县城的洋布,张家也收购当地的土布。暖泉附近村子的妇女们纺线织布,她们的丈夫会把织好的白布送到暖泉来,卖给张家,张家把白布拿去染房,染成蓝布和黑布后出售。

## 分家之后

1949年,张沛17岁,父亲去世了,叔叔们决定分家,并请四叔张启才来主持。分家之后的第二年,爷爷和三叔也相继去世了。

从家族整体的角度看,分家之前张沛的父亲和叔叔们是靠着齐心协力,共同积累下财富的。实际生活中,家庭矛盾却是在所难免。张沛的叔叔们觉得大哥太老实,做不了生意,只能干农活,到后来由于身体不好连农活也干不了。张沛老人回忆说,一家人在逢年过节一起吃饭喝酒的时候,经常说着说着就吵起来,甚至动手打架。张沛母亲性子烈,有时候会站出来跟叔叔们对抗,有一回还跳上炕去把三叔拽到了地上。

母亲的强势,也体现在她跟张沛夫妻二人的相处上。在张沛的印象里,母亲是个苛刻的人,婚后他和妻子在家里一直过得不开心。因为婆媳关系不好,张沛的妻子好几次都要寻死觅活。小两口儿实在受不了,决定搬出去住。他们没钱买房或租房,只好四处求人,换了多个住处。张沛的母亲是在1985年去世的,去世那天正好是张沛儿子的婚礼。

二叔在1974年去世,二叔的儿孙现在都住县城,老房闲着,就请张沛老人回来住,既是帮忙看家,也是让老人回到熟悉的环境。

## 瞎眼的"大太爷"

张沛的四叔张启才,在16岁时过继给了风水庄一位姓张的瞎眼算卦先生。张沛称他为"大太爷"。张沛老人说这个算命先生没有什么突出事迹,算的卦也没听说有多神妙,他最大的特点就是通过"徒弟们的进贡"来攒钱。

张沛老人进一步解释说,瞎眼算卦先生非常善于处理和徒弟之间的关系,经常给徒弟们讲一些做人做事的道理,徒弟们也喜欢听;徒弟们对师傅很尊重,每年会从自己的收入中匀出一部分交给师傅;徒弟们甚至会轮流给师傅家挑水。在蔚县,只有盲人才能从事算卦,因此这些徒弟也都是盲人。他们挑水主要靠记忆,从师傅家里开始,数着走几步、下几个台阶就拐一个弯,一路到王敏书院东边的龙口,挑了水,再一路数着步数回来。暖泉镇上的人看见盲人挑水,也是见怪不怪,远远就打招呼说"又出来挑水了",等走近了再主动让路。这件事一方面说明,以前的盲人有生活能力,另一方面也说明暖泉镇作为熟人社会,大家都互相照顾。

"大太爷"买的院子,木料和雕工是整个北官堡最好的。原来的房主人也姓张。两家人的渊源要追溯到张沛的二爷爷。二爷爷年轻的时候,到风水庄的"大太爷"家当长工。张沛的二爷爷终生未娶,他脾气暴,容易得罪人,但是在"大太爷"家看来,这是个优点,"能护主"。张沛说二爷爷不喜欢他,他小时候跟二爷爷要点吃的喝的,都会被拒绝。他还举了个三弟的例子。张沛的三弟在5岁的时候,跟四叔家的大女儿在四叔家院子里玩。两个小孩子顺着大门口台阶旁边的石头往下滑[1],四叔的大女儿在前面,三弟跟在后面,结果撞到大女儿背上了,大女儿从地上爬起来哭。二爷爷听到之后,出来问是怎么回事,大女儿说是二弟打了她,二爷爷不由分说就揍了二弟一顿。二弟回家告诉母亲,张沛的母亲觉得二爷爷太偏心,就较上劲了,此后多年都不跟二爷爷来往。这件事对小张沛的内心也造成了影响,一直到二爷爷去世之后,张沛才开始恢复和四叔家走动。

## 四叔张启才

"大太爷"在70多岁的时候去世。为了给"大太爷"家延续香火,"太奶奶"决定从亲戚家过继一个孩子,同时也是给自己养老送终。"大太爷"一家原先住在风水庄,本来是要过继那里的一个亲戚家孩子的,但是太奶奶嫌这个孩子不够机敏,于是在二爷爷的推荐下,选了张沛的四叔。1926年,四叔16岁的时候,正式过继到了大太爷家。这件事让风水庄的那家亲戚非常不满,在1930年的时候还一纸诉状将太奶奶告到了县里。

打官司的时候,县太爷问原告理由。原告说他们家和"大太爷"才是一家人,张沛的四叔张启才虽然姓张,但不是亲戚,而且他们家孩子都已经过继了,不可以反悔。太奶奶则说,张启才虽然不是风水庄的,但北官堡张家的祖先和风水庄张家的祖上是兄弟俩,也是一家人,而且丈夫去世之后,自己作为一个70多岁的老太太,唯一的希望是把这份家产交给可靠的、信得过的人。县太爷问太奶奶,是不是选定了张启才,认为他就是这个可靠的、信得过的人。太奶奶回答说是。县太爷听完这话,就把原告驳回了。县太爷还顺便问了太奶奶,为什么瞎眼的丈夫会留下这么多财产?太奶奶说,不光是丈夫自己一个人的功劳,徒弟们都做出了贡献。

这场官司让太奶奶跟风水庄的那家亲戚关系闹得很僵,从此两家就不"走跳"了(当地人称逢年过节的亲朋走访为"走跳")。几年之后,太奶奶去世,张启才继承了"大太爷"的家产。这份家产让他在北官堡和暖泉镇都拥有一个比较高的社会地位,社区或镇上有什么公共事务,经常请他当理事。

张启才先后娶过三个妻子。第一个妻子生了一儿一女,在生女儿时死于难产。

---

1 石台阶旁边的石板,专业名称叫"垂带"。

这个儿子名叫张圆。第二个妻子是个寡妇，嫁过来的时候没有孩子，后来两人也生了一儿一女，也是在生女儿的时候难产死了。这个儿子名叫张海，今年78岁。四叔的第三个妻子，嫁过来的时候已经40多岁，是山西广灵县西加斗村的人，两人没再生育。张圆大概在30年前去世，年龄是80岁左右。

张启才喜欢喝酒。他大女儿在北京工作，有一次他去北京过生日，一高兴就喝多了。第二天身体不舒服，女儿送他去医院检查，查出来是肝癌。张启才于1960年去世。

## 张沛的生活

1947年，15岁的张沛成亲，妻子名叫门慧珍，娘家在北山的南留庄。南留庄产煤，有不少富裕的煤矿主，但是娘家的经济状况并不好，她是以童养媳的身份嫁给张沛的，比张沛大几岁。张沛夫妇在正房办完婚礼，3天之后就搬进了进深不足3米的小耳房。两人后来生有一子三女。

1949年，张沛17岁，他在恒吉顺缸房里工作了八九个月。这一年父亲去世，之后叔叔们分家，他和母亲开始在暖泉集市上摆摊卖布。

因为婆媳关系紧张，张沛夫妻俩决定搬出去住。在辗转了几个地方之后，大概在1959年，他决定把父亲留给他的房子卖了，用所得的120块钱加上媳妇养一头猪卖的60元，一共180元，都交给了四叔。他和四叔约定，用这笔钱换取在四叔家一间房的十年居住权。

张沛在四叔家住了九年半。提到这段时光，张沛很感激他的四叔。在此之前，他们夫妻俩四处求人借房子住，总是固定不下来。

张沛年轻的时候喜欢凑热闹。他参加过很多活动，也经历了很多我们今天听起来难以想象的事情。20世纪40年代末50年代初，社会管控比较严，有的犯罪行为一经举报，就会有专人调查，一旦核实，法院很快就会宣判。比如，有一对夫妇，是蔚县人，在宣化火车站卖自己手绘的假火车票，被警察现场逮住，在当时这就算重罪。他们被拉回蔚县之后，没几天就枪毙了。枪毙的地点安排在距离县城5公里的南方城村。张沛回忆说，枪毙那天人山人海，很多人都去围观。还有一个趄坡村的人，在张家口市偷自行车，运回蔚县出售，被抓住之后，警察在他家居然搜缴出50多辆自行车。因为这事，暖泉镇每家要派出一个代表去参加批斗大会。张沛作为自家代表，步行两个多小时去参加了批斗会。

1959年，暖泉人掀起了一股去呼和浩特市打工的热潮。张沛以及他三叔的儿子、四叔的儿子，也跟风来到了呼和浩特市。他在那里的工作是给一家饭店养鱼。

1961年，因为政策原因，像他这样没有呼和浩特市本地户口的人，被要求返回家乡务农。回到暖泉后，张沛给公社团支书当过助手，后来又到北山煤矿里做了10年左右的会计。

妻子门慧珍于1992年去世。1993年，张沛再婚，女方姓王，比他小10岁左右。这以后的日子，用张沛自己的话说，是"过得比以前好了"。两人一起生活了19年，也就是从张沛61岁到80岁。以前没酒瘾的张沛，在王氏的影响下，开始觉得喝酒是件开心的事，到后来居然每天要喝上半斤左右。他常喝的是蔚州酒（牛大人庄村生产的本地酒），偶尔也喝北京的二锅头，喝酒时配上猪头肉、咸菜、豆腐乳等。一直到两年前，因为身体原因，才不得不把酒戒了。我们在2021年12月份采访老人，有一次他特别高兴，还拿出一瓶酒来喝了一小碗。亲戚来看望，他也会拿酒出来招待。到现在，距离第二任妻子去世也已经10年了。张沛评价他的两个妻子，说第一个就知道忙，天天睁开眼就干活，一直到晚上累了才睡，不会动脑筋；第二个老伴儿，人聪明，日子过得有滋有味。

如今，腿脚不便的张沛每天还会开着他的电动轮椅，从老宅出发，到镇上"透风"。

## 张沛的儿女们

张沛与第一任妻子育有一儿三女。张沛的儿子叫张明星，出生于1965年。接生婆说他的头比较大，因此取了乳名叫"大头"。张明星年轻的时候是货车司机，以拉煤为生。现在在镇上开了个小卖部，帮着他的儿子带孙子。大女儿在辽宁省辽阳市的铁路局工作。二女儿住在西古堡，年轻的时候是开旅馆的。二女婿也是司机，在北山的老虎头煤矿工作，负责把煤矿工人从住地拉到矿上。三女儿一家和张沛最亲近，一直守在老人身边。我们采访的过程中，好几次看到三女儿来给老人送生活物品。三女婿现在的职业是木匠，主要做棺材。

做棺材是一个有趣的行当。张沛年轻的时候喜欢外出凑热闹，在乡村属于见多识广的人。他回忆年轻的时候，在县城南关的路西见过两三家卖棺材的铺子。其中一个老板，是五六十岁的白胡子老汉，夏天也戴着黑帽子。在他的门店里面，经常摆着四五副棺材。那时候的棺材做得比现在的简单。张沛本人曾经学过给棺材涂漆。棺材的主体部分是红色的，棺材头是黑色的。棺材一头高一头低，高的那头是棺材头。在棺材头的中间，还绘有一个金色的牌位。牌位中间空着，留着写字。暖泉宗家当铺的东北侧也有一个棺材铺，老板是西辛庄的，叫董茂成。1948年之后，董老板上岁数了，他的三个儿子都没有继承手艺，棺材铺后来就盘给一个卖豆腐的,成了豆腐房。

在暖泉,差不多每个村都有木匠。木匠在活儿少的时候,都会揽做棺材的活儿。

三女婿刘继珍,今年55岁(2022年)。他年轻时跟王敏书院附近一位叫黄贵的木匠学的手艺。这个木匠手艺好,年龄跟张沛差不多大,大约在15年前去世。三女婿的父亲叫刘绍堂,原来在老虎头煤矿打工。老虎头煤矿倒闭以后,剩下了很多木材。其中品相稍差一些的,就被三女婿的父亲以低价买回家。正好三女婿学过木匠手艺,于是就用这些木材做棺材。在20世纪40～50年代以前,棺材板的厚度是一寸(约3厘米),甚至是半寸(约1.5厘米),都是品质较差的木材。现在三女婿做的棺材,常用柏木这样的好木材,棺材板的厚度也增加到半尺(价格是7000元)或者三寸(价格是5000元)。

三女婿家的院里现在就堆了很多木材。木材主要是从山西广灵县买的,有时候也去浑源县买。他骑自行车去买木材,谈好价格之后在当地租汽车拉回来,放到院子里晒干。三女婿的客户大多数是暖泉镇上的,偶尔也有广灵那边的人来委托他做棺材,因为"广灵那边的手艺不如暖泉的细致"。

三女婿还给我们普及了做棺材如何掺假的知识。现在做的棺材,很多都要求把棺材板做得比较厚,这就给做手脚留下了空间,可以在两块大长板中间做夹层,夹层放水泥或砖块,这样就可以省去不少成本,厚度和重量都一样,外面看到的都是好木材。老人去世,家人也经常没心情仔细检查棺材内部的用材。但是这种棺材在二次葬的时候就会露馅。所谓二次葬,就是一段时间之后,老人的老伴去世,要合葬,就把之前那副棺材从土里挖出来,再把两副棺材同时入葬。这时候就会发现之前的棺材已经腐烂了,说明当时做棺材的木匠"坏了心,不地道"。

三女婿做的棺材有两种销售方式。一种是委托定做,就是跟主家把价钱和要求都谈好,然后开始做。这种方式对三女婿来说不太划算,因为主家提的要求可能会比较多,导致最后花的时间也比较多。另一种是卖现成的,就是打好棺材,等主家上门来买。三女婿更喜欢这种方式,因为主家的决定通常会比较痛快,不会有过多要求。但是这种方式就需要把一批棺材存放在自家里,占用不少地方,所以两种方式其实是各有优劣。前不久西辛庄有一家人订做了4副棺材,一共费时15天,这是一笔不错的买卖。

做棺材的活计在当地是一个比较稳定且收入不错的行业。在采访过程中我们也观察到,三女婿的生活状态是积极的,他一边干活,一边用手机放着音乐或连播小说,看起来一副很享受的样子。他和我们说话的时候,手里挥舞着斧头,脸上总挂着笑容。(图14-2、图14-3)

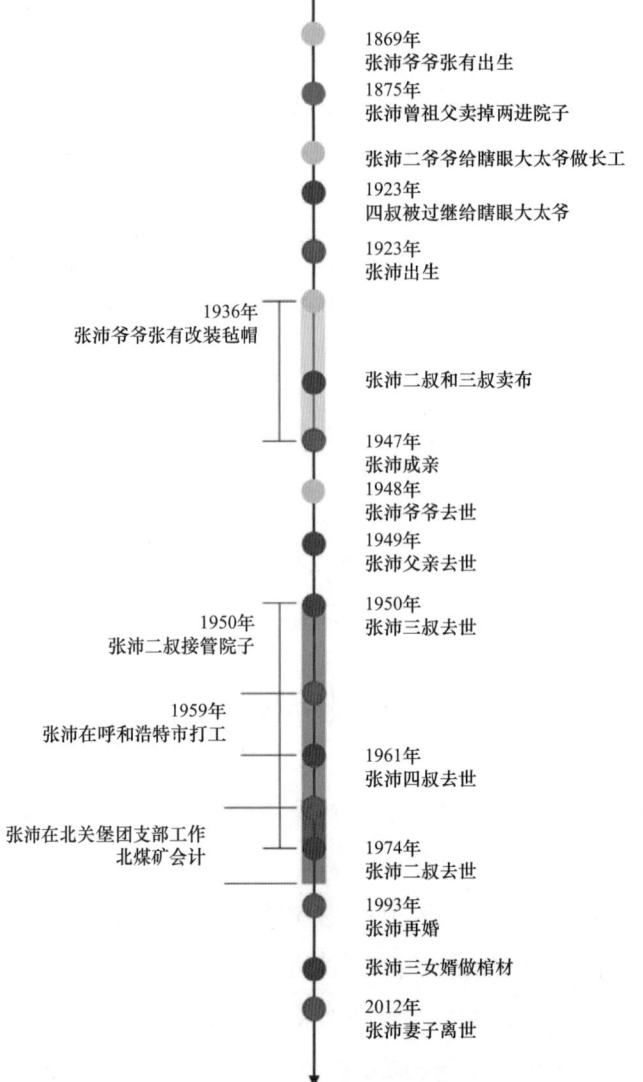

图 14-2　张沛家族年事表

图 14-3　正在接受采访的张沛老人

张沛老人为我们生动地讲述了一个家族由盛转衰，然后全家齐心协力求发展，最终归于平静的历史。张沛老人的家庭是暖泉众多平凡家庭的一个缩影。在暖泉，有很多这样勤劳而机敏的劳动人民。面对物质的匮乏、时代洪流的裹挟，他们依靠自己的劳动与智慧求变图存，甚至是夹缝求生。正是这一部部我们看得到的和我们看不到的奋斗史，将暖泉镇各行各业与风土人情编织了起来，形成了细密而又独特的暖泉文化。

（周爽）

# 第十五章

## 暖泉的庙宇

第四篇 庙宇

庙宇林立也是暖泉古镇的一个显著特点。商业聚落之所以不同于农耕聚落，根本原因在于工商业所带来的财富效应。财富效应最直观的外化表现，就是高质量的住宅建筑和庙宇、祠堂等公共建筑。相比于住宅，庙宇由于其公共属性，往往体现得更为明显。

暖泉地处桑干河流域，古时属于北魏与辽的统治范围，这两个王朝对佛教的推崇让佛教文化在这片土地上深扎根系；明代以来，蔚县地处长城边陲，出于防卫与安全的需求，加之官方对道教的推崇，以真武为代表的道教文化也在这一地区流行；到清代，随着疆域的统一，暖泉的防御属性已不再明显，取而代之的是逐渐繁荣的商业贸易，这又催生了民间信仰的兴盛。至此，暖泉形成了佛教、道教与民间信仰并存的宗教文化，与之相伴的是丰富多样的宗教建筑。抗日战争和解放战争时期，暖泉的宗教建筑损毁严重，其数量从20世纪40年代之前的60多座减少到20座左右。

## 概述与分类

暖泉镇上现有庙宇24座（包括留存的和近年重建的），加上文献记载和现场调研可以了解到的另外45座庙宇，总数为69座。其中西古堡15座，北官堡12座（不含已拆毁的天主堂），中小堡4座，暖泉街市24座（包括华严寺、十方院、老君观以及它们的附属庙宇，这些庙宇不属于任何一个堡或村），其他区域14座。[1]

中国民间信仰具有世俗性和功利性的特点，有什么愿望或遇到什么困难就拜什么神。道教作为中国的本土宗教，与中国民间信仰关系密切，民间信仰的很多神灵都已被道教纳入其神谱体系。佛教是汉代传入中国的宗教，并在其后完成了本土化。民间信仰、本土道教与佛教在中华大地长期共存，彼此影响，形成了杂糅并包的局面。

宗教建筑可以从不同角度划分。首先可以按照宗教类型，划分为佛教建筑、道教建筑、伊斯兰教建筑、基督教建筑等。这个分类法适用于范围较大的地区、国家甚至全世界的宗教建筑，但一般不用于乡土聚落。因为乡土聚落面积不大，里面的宗教建筑数量不是很多，而且在很多时候以民间信仰为主。

对民间信仰，陈志华先生和李秋香老师在《乡土建筑初探》一书中按照功能线索，将其划分为自然神、与生活有关的英雄神和与生产有关的英雄神三大类。

---

[1] 少量庙宇有重复计算。比如老君观本身算一座庙宇，其内又有真武殿、财神殿、文昌殿。又如龙王庙内有文昌阁和关帝庙，十方院内也有关帝庙和真武庙。北官堡的药王庙和武穆庙同处一个四合院。

在具体分析某一个乡土聚落中的宗教建筑时，清华乡土组经常采用的是"空间分区法"，也就是按照庙宇建筑相对集中分布的若干区域，分别进行论述。之所以不能按照自然神、生活神、生产神来划分乡土聚落中的庙宇，是因为很多庙宇都有杂糅性，在同一座庙宇内供奉着多位功能不同的神灵。而用"空间分区法"来分析这些庙宇，凸显的是它们在乡土聚落的空间布局中所起的结构作用。

暖泉镇区由 8 个村堡组成，每个村堡都有数量不等的庙宇。如果是研究其中某个村堡的庙宇，用"空间分区法"是合适的。但是把这个方法用到整个暖泉镇，就似乎失去了整体感。而且，暖泉镇还拥有 2 座正规的佛寺和 1 座正规的道观，它们规模较大，级别较高，并不适合完全纳入乡土庙宇之中。

结合我国的宗教文化和暖泉的自身特点，本文拟从释、道、儒的角度来对暖泉的宗教建筑进行分类。

暖泉的佛教建筑数量较多，而且规模最大的两座宗教建筑均属于佛教，即华严寺与十方院。这里面有暖泉本身的原因，也有佛教文化扎根桑干河流域的历史因素。

暖泉的道教建筑包括正规道观和各类民间信仰的神庙。正规道观只有 1 座（即老君观），但是占地面积大，选址特殊，在暖泉具有重要地位。考虑到这座正规道观在暖泉的存在，以及道教和民间信仰的密切关系，我们将正规道观和民间信仰的神庙归并为"道教建筑"。其特点是数量最多且功能最多样，这与暖泉丰富的社会生活是息息相关的。在暖泉，除了护佑人平安幸福的全能神（如观音、关公），还可以看到很多很有地方特色的神庙，如祈愿武力镇守的真武庙、祈愿经商顺利的财神庙、护佑手工业者的鲁班庙等。

暖泉镇还有一类宗教建筑比较特殊，这就是掌管地方文运的魁星楼、文昌阁等儒教系统的建筑。在研究中国古代文化时，常有儒释道的分类，其中"释"和"道"是基于宗教的思想学说，而"儒"并不源于宗教。儒学对中国古代社会的影响巨大，追求"读书入仕"的思想也深入人心，民间对文运的祈求也发展成信仰和祭祀，最终产生了相应的崇祀类建筑。由于其特殊性，笔者将此类建筑从道教建筑中划出，称为儒教系统的建筑。

将暖泉镇的宗教建筑分为佛、道、儒三类，可以凸显它们各自的特点，从而有助于我们较为清晰地认识暖泉镇的宗教文化。属于佛教系统的宗教建筑有华严寺、十方院、地藏寺、观音寺（殿）和安养寺等，共 15 座；属于道教系统的宗教建筑有老君观、龙王庙、真武庙、玉皇阁、三清殿、三义庙、马王庙、财神庙、五道庙、药王庙、火神庙、河神庙、瘟神庙等，共 45 座；属于儒教系统的宗教建筑有魁星楼和文昌阁（殿）等，共 9 座。

## 佛教系统

暖泉镇的 15 座佛教建筑中，华严寺位于镇集东南的佛镜北侧，十方院位于镇之西北角，地藏寺位于西古堡南瓮城内，安养寺位于西场庄内。观音寺（殿）共 11 座，每个村或堡都有 1～2 座。根据规模，这些佛教建筑又可以划分为 3 个子类型：大型的有华严寺和十方院，中型的有地藏寺、安养院、北官堡观音寺和中小堡观音寺，观音殿属于小型佛教建筑。

地藏寺和观音寺（殿）已在前文有论述，此处不再赘述。这里重点展开华严寺、十方院和安养院。

华严寺屹立于暖泉市集的东南方，位于佛镜泉水之北，占地 3400 平方米，是暖泉镇最大的宗教建筑。佛爷镜，简称佛镜，是一处因泉水而形成的圆形水池，直径约 20 米。佛镜的圆形和逢源池的方形，并非无意为之，而是来源于"天圆地方"的哲学理念。

前文已交代，关于这眼泉水，当地有"南蛮子盗泉"的传说。从这个传说，我们能看出泉水对暖泉人民生活的重要性。为了守护佛镜，暖泉人在其北侧修建了华严寺，后来又在其南侧修建了一座观音殿。观音殿的规模很小，两侧有斜向影壁，对佛镜形成保护之态。

盗泉的传说，也说明佛镜在暖泉属于"第二泉"。"第一泉"还是王敏书院北侧的逢源池。华严寺没有占据第一泉北侧的宝地，应该是在它初建时，该地已有龙王庙，所以退而求其次，选择在第二泉即佛镜的北侧建寺。这里既靠近集市，又把守暖泉东券门，有充足的香客来源，也算坐拥地势之优。

根据寺前竖立的文保石碑，华严寺创建于明洪武三十二年（1399 年），清初顺治年间改名为崇教寺。另有一通乾隆四年的石碑，记录附近乡民集资重修华严寺，石碑立于乾隆四年八月，记载了当时重修华严寺捐赠资金的村民姓名，捐赠资金数共有五档，最少是一钱，第二档是一钱五，第三档是二钱，第四档是二钱五，最高是三钱。

华严寺前是一条重要的商道，东接蔚县县城，西通山西广灵。暖泉人称此处为"东市"。华严寺西侧是财神庙与瘟神庙，这两座庙的对面建有"双棒戏楼"，即并排的两座戏楼。华严寺腊八唱戏，会"借用"这两座戏楼。戏楼不是佛寺标配，佛寺也很少在寺院内设戏楼，但可以设在寺外，比如蔚县的重泰寺。华严寺南门之外有佛镜，不适合再放一座戏楼，所以才会"借用"其他庙的戏楼。这也反映了佛寺和世俗生活之间的关系，要有距离，但是又不能完全脱离。

华严寺有着严谨的中轴对称结构，沿轴线从南至北，原有天王殿（山门）、过殿和大雄宝殿，两侧有钟鼓楼、配殿、禅房等，现存过殿和大雄宝殿。天王殿两侧的围墙上有砖雕垂花小山门，可通前院。前院北侧是过殿，单檐歇山顶，面宽三间，进深两间，通高8米，外檐置五踩单昂斗拱，殿内天花板有龙凤彩绘，殿前明间檐下挂匾额，上书"无上士"；其东西两侧设钟鼓楼，钟鼓楼平面呈方形，为上下两层，通高约7米，首层有12根粗木支撑，二层缩为4根支撑，重檐歇山顶；过殿东西有两间配殿。

过殿往北是后院。后院北侧是大雄宝殿，面阔五开间，梁架用材硕壮，外檐置重昂五踩斗拱；殿内由西向东供有阿弥陀佛、毗卢遮那佛、药师佛。后院两侧有东、西配殿各三间，东配殿供奉千手观音，西配殿供地藏菩萨，其南侧各有三间厢房，东边是伙房，西边是客房。

华严寺前院东南角有一处小门，从这里可以进到禅房院。禅房院以前是僧人住处，现已无存。华严寺后院西北角也有一处小门，可通往北边的杏树林。杏树林东面是青菜园，租给村民种菜，租金供僧人生活。（图15-1）

据村民回忆，民国时期的华严寺在每年腊八那天会给穷苦人施粥和发放棉裤。煮粥的粮食由暖泉居民捐献，棉裤则由信徒们在平时缝制。暖泉居民供养了华严寺，华严寺又惠及居民。正是这样的寺庙，发挥着实际的福利作用。

华严寺平时只有一两个庙祝。张沛老人见过一个名叫阮兆清的华严寺和尚。在阮兆清之前，有两个老和尚打理华严寺。阮兆清到华严寺出家之后，老和尚不久就去世了。阮兆清原是风水庄人，家里是开肉房的，有兄妹共八人（七男一女）。阮兆清大概是在1943年去世的，时年约70岁。

虽然寺庙只有一两个和尚常驻，但在每年腊八时，暖泉居民会自发形成临时团队，来寺庙做开伙、收账、登记等劳动。普通民众也会在这一天给华严寺送来小米等粮食。张沛老人回忆，他在十二三岁时曾受二叔安排，在这天背了一斗小米送到华严寺，当时在寺里帮忙的村民给他做了登记，领着他去把粮食倒进粮库，然后让他去厨房吃了一顿斋饭。

华严寺如此规模，却只有一两个庙祝，这是很不匹配的。在华严寺初建和鼎盛时期，应该有比较多的僧人。

十方院现已毁，位于暖泉镇西辛庄村北的一个山崖上，东、西两侧临沟，是暖泉的制高点。十方院建于清乾隆二十五年（1760年），此时华严寺和龙王庙已经分别占据暖泉两座泉眼的北侧，选址于暖泉西北方的这块"高地"，也能彰显寺庙的地位。

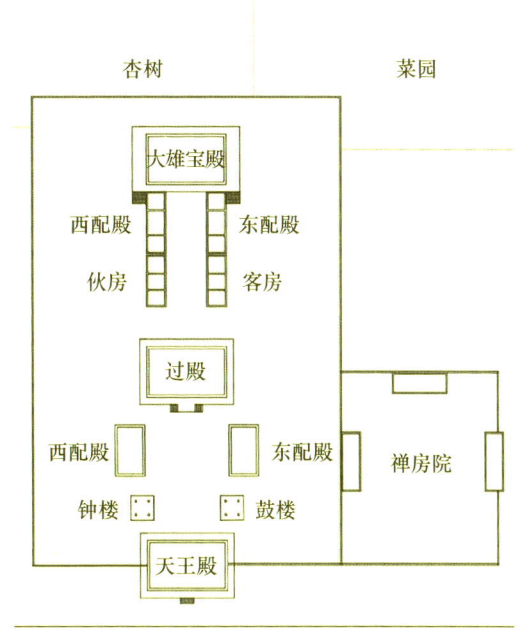

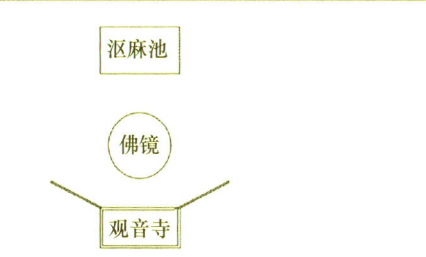

图15-1 华严寺平面复原示意图
(潘一航、毛葛 绘图)

据幸存的一块塔铭记载:"该寺为小西安城人源祥和尚于清乾隆二十五(1760年)所创建。"结合前文乾隆四年八月的碑刻,我们大约可以猜测,华严寺的重修体现了暖泉浓厚的佛教氛围和深厚的群众基础,这也让其他佛教人士看到了机会,于是有了清乾隆二十五年建的十方院。

十方院坐北面南,有四进院落,占地面积约2240平方米。山门前有两棵松树,两侧墙上开有圆窗,山门的两侧各有一个小山门。从山门进入前院,可见前院东、西两侧空地上有钟鼓楼,院内有五棵松树,两边分别是知客房与僧寮;前院的北侧是过殿;过殿两侧有墙,墙上开门可进入二进院。二进院北侧是大雄宝殿,供奉释迦牟尼佛、药师佛与阿弥陀佛;大雄宝殿两侧各有三开间的配殿。从大雄宝殿东侧可以进入东禅房院,东禅房院北侧是三开间禅房,东侧为三开间伙房;从大雄宝殿西侧可以进入西禅房院,北侧是三开间禅房,西侧是三开间客房。山门南侧紧邻悬崖,有1座砖木结构的南天门,内供和合二仙。在南天门的东侧,原

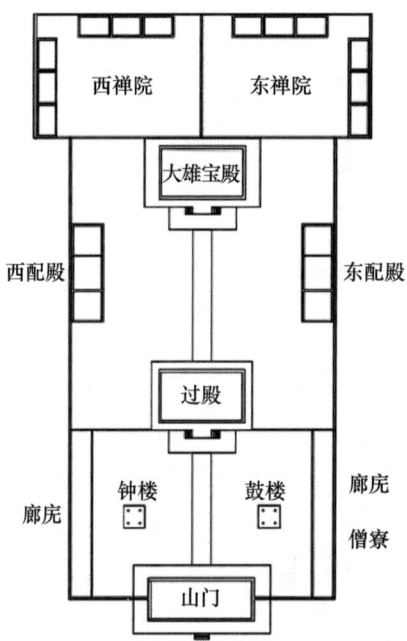

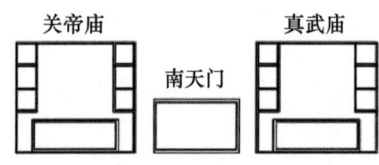

图 15-2 十方院平面复原示意图（潘一航、毛葛 绘图）

建有 1 座真武庙，正殿面宽三间；南天门的西侧则有 1 座关帝庙，形制与真武庙相似。十方院旧时每年农历三月初三、七月十五办庙会，周边善人在寺内一起吃斋饭，不唱戏，七月十六晚放焰火。最后一任方丈为辨师傅。[1]（图 15-2）

　　十方院本是佛教寺庙，这里却引入了两组道教神（真武是道教神；关帝在佛教也被封为护法，但是在道教更受重视，所以一般被认为是道教神；和合二仙是从寒山、拾得两个和尚演变而来，属于佛教系统）。虽然是佛门清修之地，但佛寺仍需要香火钱来维持运转，因此在不占据区位优势的情况下，十方院需要增加一些"引流品"。关羽是广受民间崇拜的全能神，他在佛教里也有"伏魔护法"的尊号，所以供奉在此也还属合理。和合二仙寓意美满幸福，他们在成仙之前也为僧人，供奉在此是合适的。之所以引入真武庙，是因为真武作为战神在蔚县拥有极为重要而特殊的地位。

---

1　十方院已毁，上述信息主要参考：蔚县地方志编纂委员会. 蔚县志［M］. 北京：九州出版社，2020（6）：1438-1439.

十方院地势高，易守难攻，在解放战争期间成了敌我双方的一个斗争焦点。1946—1948 年，土匪宗孝所属保安团雷云部驻扎在该寺。十方院在战火中遭受重创。1965 年，最后一座残存的大殿也被彻底拆除。后来在十方院的原址上，建起了暖泉中学。

为什么在暖泉一个镇上就出现了两座占地面积两三千平方米的正规寺院？原因可能在于：一是历史上的几个朝代尤其是北魏和辽对佛教文化的大力弘扬，在桑干河流域留下了深深的烙印，使得这里拥有超出其他地方的佛教传统；二是暖泉作为一个商业发达的集镇，对佛寺有较强的供养能力。

安养寺位于西辛庄村的一处民宅里，始建于清光绪四年（1878 年），由释昌净女法师买地建立，占地面积约 700 平方米，两进院落。前院北侧是过殿，当中供奉文殊菩萨，文殊菩萨背面则是一座观音像。后院北侧是后殿，过殿和后殿都是面阔三间。前后院的东西两侧，是储藏室与尼姑居住的地方。安养寺每年农历二月十九观世音菩萨圣诞日、六月十九观世音菩萨成道日、九月十九观世音菩萨出家日，举办佛事活动。[1]

暖泉人称安养寺为"姑子庵"，因为这里是尼姑主持的佛寺。安养寺也收容孤寡老年妇女，让她们有地方安度晚年，具有社会福利的性质，与佛寺普度众生的属性契合。

## 道教系统

道教在吸纳民间神灵的同时，也对庞杂的民间诸神起到了某种秩序化和层级化的作用。在此过程中，部分民间神灵由朝廷出面，列入官方认可甚至鼓励的"正祀"。

从全文角度，宗教建筑是不能按照功能来分类的，但是在道教系统之内，基本上可以回到功能线索。本文将暖泉的道教神灵分为全能神、自然神及生产生活神三类。

全能神指玉皇、真武、城隍、关帝等神灵，他们可能有某项主要功能，但管辖范围比较宽。古代的生产水平较低，对命运缺乏掌控，于是人们将丰收、平安等希望寄托于与自然相关的各路神灵。蔚县常见的自然神包括山神、河神、火神、风神等，其中掌管雨水的龙王具有重要地位。其他生产生活神包括与福寿、生死

---

1 安养寺已毁，上述信息主要参考：蔚县地方志编纂委员会.蔚县志［M］.北京：九州出版社，2020（6）：1439.

相关的大小神灵，如送子娘娘、马王爷等。

在暖泉，功能不同的庙宇散布于村堡和集市，寄托着村民对平安美好生活的向往。北官堡、西古堡、中小堡的庙宇前文已有交代，此处不再赘述。龙王庙和老君观后文有详述，这里主要讲关帝庙、五道庙、奶奶庙等庙宇。

暖泉镇的关帝庙有9座。这些关帝庙可以分为三类：一是村社保护神的神庙；二是代表商业的公共建筑；三是作为某个规模较大的庙宇中的配享神庙。第一种类型的关帝庙，在北官堡、西古堡、中小堡、西太平庄和西辛庄内各有1座；东券门上关帝庙所供奉的关公，也可视为暖泉镇的保护神。第二种类型的只有1座，即西市街的关帝庙。第三种类型的关帝庙，分布在龙王庙和十方院。

西市街关帝庙正对西券门，坐东朝西，有前后两进院。第一进院的北侧有三间厢房，是为僧寮，南侧是围墙。两进院落之间有七步台阶，从前院走上台阶，穿过一个小门楼可以进入后院，后院比前院宽敞，其东侧是三开间的正殿，正殿面宽三间，南北两侧各有一座耳房，以前正殿内供奉关羽、关平和周仓三座塑像，现已损毁，殿内墙上绘有壁画，如今还有依稀印迹。正殿两侧各有三开间的厢房。在民国时期，关帝庙成为暖泉商会所在地，后院的北厢房被作为暖泉商会的办公室，南厢房则成为伙房和会议室。（图15-3）

关帝庙院落中有清代重造供器碑记4通。其内容均为前半段阐述供器重造的原因与过程，后半段记录捐助善款的商号名或个人。这几通碑记说明西市关帝庙的香火是相当兴盛的，商户们对关帝庙造供器之事尤为踊跃。这应该和当时暖泉商业的繁华有着密切关系。

关公是武财神。老君观中也有财神庙，供奉的是赵公明。在暖泉镇，这两位财神是有所分工的。西市街关帝庙更像是商人的"会所"，而老君观更像是手艺人的"会所"。

暖泉镇的五道庙有13座，是规模最小、数量最多的庙宇。其中西古堡2座，北官堡有2座，西场庄1座，砂子坡2座，西太平庄1座，西辛庄2座，风水庄1座，暖泉街市2座，基本上每个村级社区都配有1—2座五道庙。

五道庙供奉五道将军，通常选址于路口。在等级上，五道将军低于阎王、城隍和地藏。在暖泉，有钱人去世后是到地藏寺"报庙"，而普通人去世后是去五道庙"报庙"。这种"报庙"活动都是在社区内部进行的，五道庙因此就有了社区属性，往往是社区形成的标志。

奶奶庙位于草市北侧，坐北向南，由前后两进院组成。按刘国权先生在2021年版《蔚县志》中的描述，奶奶庙前院北侧是过殿，内塑四大力士，南侧是山门，

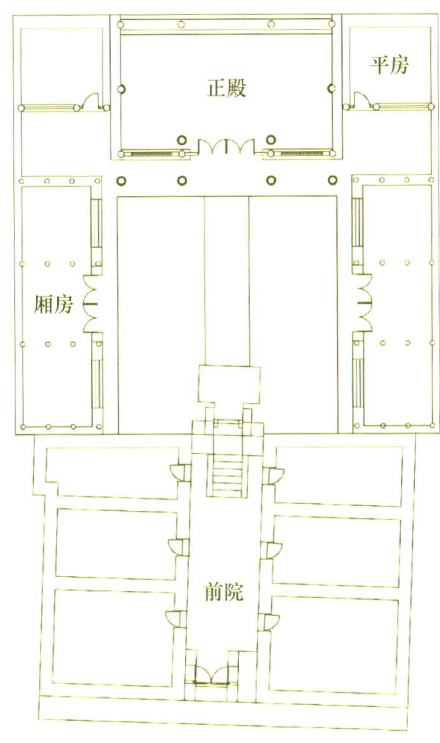

图 15-3 关帝庙平面示意图
（潘一航 绘图）

山门外有一座牌楼。从过殿可进入后院。后院北侧是正殿，面阔三开间，正中塑有恒山大帝，东西两间则有奶奶塑像。后院东西两侧有配殿。配殿中有各式各样的女性形象的泥塑，有做饭与照顾孩子的不同姿态；另外还有孩子嬉戏玩耍的形象。殿内窗台下有斑哥、痘姐的塑像，人们以此祈求孩子不要沾染天花。正殿东西各有角门，可进入东西跨院，院内各有两间房。每年农历四月初八是奶奶庙的庙会，人们在面对奶奶庙的草市戏楼唱戏助兴。[1]

从上述文字看，奶奶庙的主要功能是保佑新生儿无病无灾、健康成长。奶奶庙中的神灵众多，以女性神为主，所以被称为"奶奶庙"。不过在众多女性神之中，位居正殿主位的却是"恒山大帝"，让人费解。我们曾就此问题向张沛老人求证，张沛老人的说法是没见过"恒山大帝"，只知道奶奶庙中有很多女性神灵的塑像。我们怀疑这是碧霞元君被误以为是"恒山大帝"了，因为碧霞元君在民间被称为"泰山娘娘"，与"奶奶庙"的名称相符，而四月初八也是碧霞元君的生日。

抗日战争期间，奶奶庙被改为镇公所。20 世纪 70 年代，奶奶庙被改建为暖泉卫生院门诊部，这也是以另一种方式延续着原先的功能。

暖泉的道教神庙还包括瘟神庙和海子庙。瘟神庙位于暖泉草市南侧，华严寺

---

[1] 蔚县地方志编纂委员会. 蔚县志[M]. 北京：九州出版社，2020（6）：1441.

西侧的路北。海神庙位于西辛庄的海子旁（北方把面积较大的池塘称为"海子"）。这座海神庙的等级要远小于龙王庙，大概跟土地庙是一个等级的。庙中无塑像，只有壁画，其内容也已不可考。

## 儒教系统

严格来说，儒教并不算正统的宗教。本文为便于与佛教建筑与道教建筑相对应，而借用"儒教"之名。

儒教系统的神灵有两类：圣贤类和文运考试类。圣贤类如孔子、孟子；文运考试类一般借取道教神灵，如文昌（即梓潼神）、魁星。

暖泉镇属于儒教系统的庙宇有文昌阁（也称梓潼庙；位于高处为阁，位于低处为殿）和魁星楼。北官堡东侧堡墙上的文昌阁、龙王庙中的文昌殿、中小堡北堡门上的魁星楼和堡墙东南角的文昌阁都已毁，其余5座是北官堡南城楼（魁星楼）、西古堡的南瓮城东城楼（魁星楼）、西古堡北瓮城东城楼（文昌阁）、王敏书院内的魁星楼和老君观中的文昌殿。

儒教系统的庙宇数量不多，规模也不大，其原因大概是科举之路虽好，终究是太窄。基层社会能取得科举成绩的人是极少的，所以跟科考相关的事务在暖泉人的生活中占比不大。人们推崇科考，向往科考，也仅限于将文昌阁、魁星楼这样的小型建筑放在比较显眼的位置，来象征性地表达重视。

儒教庙宇的选址有三种情况，一是作为书院或更大庙宇的附属建筑，二是在东南方位，三是位于堡门之上。

书院内的附属建筑，是王敏书院的魁星楼，旨在祈祷书院学子文运昌盛，考取功名。老君观中也有一座文昌阁。王敏书院的魁星楼位于正房东侧和逢源池的东南方，老君观的文昌阁是后院的东配殿，也大致是东南方位。

堡门之上的儒教庙宇，多为城楼与魁星楼或文昌阁的合体。儒教庙宇兼作城楼，具有标志作用。魁星和文昌这对主管科举文运的神灵，在暖泉是经常伴随出现的。西古堡有南、北两个堡门，所以魁星楼和文昌阁分别作为南门城楼和北门城楼。北官堡只有南堡门，堡门上为魁星楼，于是在东堡墙上正对中巷的堡墙上就安排了文昌阁。中小堡只有一个北堡门，上面有魁星楼，堡墙东南角也安排了文昌阁。王敏书院内有魁星楼，龙王庙内有文昌殿，也算是成对出现的一组。

儒教庙宇有三种建筑形制。第一种是作为配殿，出现在其他建筑之中，通常是三开间、硬山顶的小型建筑，比如老君观中的文昌阁。第二种是兼作城楼，出现在堡门上，通常是一开间、攒尖顶的小型建筑，比如北官堡南门城楼、西古堡

图 15-4 王敏书院魁星楼

北瓮城的东门城楼等。第三种是王敏书院内的魁星楼，是一座三层的楼阁式建筑。（图 15-4）

儒教建筑虽然规模小、等级不高，但形态都很美观灵巧，有明显的景观化倾向。在中国各地，主管文运的文昌阁、魁星楼、文峰塔等建筑都具有景观属性。

## 庙会和演戏

很多庙宇都有庙会活动。暖泉的庙宇多，庙会也多。我们在调研中了解到的庙会有：

1. 正月初八，北官堡承办的祭祀玉皇阁庙会；

2. 正月十五，全镇社火表演、花灯会；

3. 正月二十、二十一，西古堡举办的观音殿庙会；

4. 西场庄举办，正月二十小添仓唱戏和正月二十五老添仓唱戏；

5. 二月十五，百工社举办的老君观庙会；

6. 二月十九，北官堡和中小堡各自举办的观音寺庙会；

7. 三月初三，西辛庄举办的真武庙庙会；

8. 三月初三，佛教信徒举办的十方院庙会；

9. 三月十二，风水庄举办的五道庙庙会；

10. 四月初八，河滩奶奶庙庙会；

11. 六月初六，西太平庄举办的西券门河神庙庙会；

12. 六月十三，全镇举办的龙王庙庙会；

13. 六月二十三，西太平庄举办的西券门火神庙庙会；

14. 六月二十四，暖泉商户举办的西市街关帝庙庙会；

15. 七月十五，佛教信徒举办的十方院中元节会；

16. 九月初九，老君观庙会（真武大帝飞升日）；

17. 十二月初八，佛教信徒举办的华严寺腊八会。

庙会是塑造集体认同感的重要媒介。上述庙会，有的是暖泉三堡五村各自举办的，有的是某个行业组织或群众组织举办的，还有的是全镇人民一起举办的，它们在不同的层级上起到联结作用。

唱戏是很多庙会中的重要环节，因此重要的庙宇都建有戏台。蔚县被誉为"古戏楼之乡"，中华民国十五年（1926年）和2005年的普查结果是全县有802座和210座。[1] 暖泉镇上的戏台曾有7座之多，分别是龙王庙戏台、河滩"双棒戏楼"（2座）、草市街奶奶庙戏台、西券门外河神庙戏台、西古堡南瓮城戏台和老君观戏台。后2座戏台保留至今，其余5座已毁。7座戏台中，有4座是位于集市上，这是为了"最大化利用"集市的场地。（图15-5）

图15-5 暖泉庙会空间分布图（杨翟 整理）

## "大刀会"

抗日战争期间，暖泉镇是日伪团长宗孝的地盘。他将2000多人的部队驻扎在镇上，还通过开赌场等手段来敛聚财物，成为独霸一方的"土皇帝"。1945年日本

---

1 李新威，郭瑞海等. 蔚县古戏楼[M]. 北京：科学出版社，2014：3.

投降后，宗孝又投靠了察哈尔军阀傅作义，依靠手下武装力量继续盘踞在蔚县和暖泉。解放战争期间，宗孝为了保住自己在暖泉的统治地位而选择了跟解放军对抗。为壮大实力，宗孝还以宗教信仰为名，发动和成立了"大刀会"，将不少暖泉商人和手工业者发展为会员。

据张沛老人回忆，当时大刀会的主要成员在家里都设有佛堂。佛堂位于堂屋，即正房的中间。堂屋有屏风，屏风前供着白色的观音像，观音像约高 1.5 米，像前设案条，案条前有拜垫，"这种拜垫特别厚，是普通垫子的五到六倍"。

大刀会在每个堡或村都设有团主和副团主。为了发展信徒，大刀会还制作了"神符"，宣传说神符挂在身上，可刀枪不入。为了让大家相信神符的神力，宗孝还特意安排几个贴了神符的人（其实是他的手下）去到沙河边，然后往他们中间扔了一颗类似炮竹的假手榴弹。"手榴弹"炸开后，众人果然安然无恙。

1948 年以后，当地政府成立了"反大刀会"，专门清剿大刀会成员。当时蔚县的县委在西合营，那里设有监狱。大刀会成员被逮捕后，会被送到西合营的监狱。一段时间之后，大刀会被清除殆尽，"正团长"被执行枪决，"副团长"与普通信徒被释放，体现了政府的赏罚分明。

庙宇建筑是暖泉乡土建筑的重要组成部分。庙宇建筑的多样性与丰富性反映了暖泉人民对美好生活的向往，也体现了暖泉人民的生活方式和生活观念。

暖泉的宗教信仰与中国广大地域的乡土信仰有一致之处。很多在北方地区流行的神庙，如真武庙、玉皇阁、关帝庙、观音殿等，都在暖泉镇上出现。作为商业重镇，暖泉还有不少体现当地商业和手工业的神庙，比如马王庙、财神庙、老君观等。

儒教建筑和佛教建筑也在这里生长。暖泉人重视文教，建有王敏书院，同时魁星楼与文昌阁也成为暖泉三堡的标配。暖泉古时属北魏和辽，这是两个对佛教极为推崇的朝代。时至今日，我们在暖泉仍然能看到人民对佛教的重视。

（潘一航）

## 第十六章
## 龙王庙

龙王庙是一座消失了 41 年的庙宇。它于 1982 年拆除，当时并未留下照片、碑刻、题记等图像与文字资料。蔚县历史上的各版方志也没有关于它的记载。对这么一座实物和文献都缺乏的庙宇，我们通过广泛的考察和深入的调研，还是能做出综合而立体的分析，使其成为一个鲜活的乡土研究案例。

龙王庙的始建年代已不可考。明初，暖泉所在的地域发生社会重组，大量人口以屯兵的方式进入这里。考虑到龙王庙位于镇区中心，我们推测它应该是较早出现的庙宇。

在农耕社会，种植业是影响社会稳定和人民安居的重要行业，而降水量又是决定种植业的一个关键因素。穿过华北地区北部、西北地区中部、西南地区西藏中东部的 400 毫米等降水量线，基本代表了农耕地区最北部的边界线。蔚县所在的华北北部紧邻 400 毫米等降水量线，靠近农耕极限。在这个区域，干旱是常态，旱灾也时有发生，地方民众格外需要祈雨这样的活动和仪式来缓解心中的"降雨焦虑"。

暖泉龙王庙不仅有以龙祈雨的常规功能，还有其独特意义。龙王庙紧邻逢源池。从空间关系看，龙王庙具有看护泉水的功能。大约在清中期，逢源池的南侧增添了一座规模不小的"学宫"（即王敏书院）[1]，从而形成一条由神庙、泉水和书院组成的、长约 120 米的轴线空间序列。龙王庙也是暖泉唯一一座全镇居民共同举办庙会的庙宇。龙王庙内供奉有龙王塑像，同时 8 个村堡又各有专属的龙王塑像，举办庙会时，各村龙王都汇聚在龙王庙内。这种特殊的庙会形式，反映出暖泉龙王庙在地方认同中扮演的重要角色。

## 龙神信仰

龙神信仰是蔚县民间信仰中不可忽视的一部分。清顺治版《蔚州志·祀典志》记载"龙神庙……今各乡俱祀之"[2]，乾隆版《蔚州志·补》也记载"龙王庙，各州邑祀同"[3]。可见在清朝时期的蔚州，龙王崇祀十分普遍。

根据已有的研究[4]，可将龙神信仰的发展总结为四个阶段。

---

1 王敏书院在此前就已存在，但是规模小，远不到"学宫"的规制。
2 李英《顺治蔚州志》，清顺治十六年刻本。
3 王育榞，李舜臣.中国方志丛书·乾隆蔚县志［M］.台北：成文出版社，1968.
4 参见：李娴，赵伟华.河南省现存龙神庙与龙神信仰论略［J］.濮阳职业技术学院学报，2019，32（1）：6-9；张强.论中国以龙求雨习俗中"龙"由兽向人的转变［J］.华北水利水电学院学报（社会科学版），2012，28（6）：25-28.

第一阶段：在汉族传统观念里，龙是通天潜渊的致雨神兽。[1] 汉代有行土龙招雨之术[2]，结合阴阳五行学说而形成早期的祈雨仪式。

第二阶段：佛教传入后，佛教中的"龙"（名为"那伽"）与中国本土的龙融合，并开始人格化。《法华经》最先出现了"龙王"。[3] 随着佛教传播，"龙王"愈发为中国人所接受。唐代时民众崇奉龙神，以此祈雨，不过其地位仍然不高。

第三阶段："龙"作为民间俗神，得到官方册封。民间信仰达到一定程度时，会得到统治阶级的认可，这反过来又促进了民间信仰的发展。宋徽宗封龙为王，一度使各地出现龙王庙营建热潮。[4]

第四阶段：龙王的地位进一步提升。明清时期各地供奉龙王，官方也在各地敕封龙神，春秋致祭。龙神的内涵不局限于治雨，还成为被民众广泛认可的水神，承担和水相关的种种事务。

## 龙王庙和祈雨

龙王的主要作用是兴云布雨。暖泉有泉水，不过当旱情发生时，泉水还是远远无法满足灌溉需求。此时人们会举行祈雨仪式，祈求龙王行雨。

暖泉龙王庙的祈雨仪式由8个村堡共同举行。祈雨仪式开始前，由各村堡选出一个"礼仪"，由他出面募捐。按张沛老人的说法，"这个人要能说会道，而且品行端庄，是大家都信得过的人"。活动结束之后，捐款人名单会写到一张黄纸上，并张贴于公开显眼之处（经常贴的地方是龙王庙的外墙）。

华北地区龙王庙的祈雨仪式可以分为两类，一类是定期举行的，另一类是不定期举行的。不定期的祈雨类似于"临时抱佛脚"，成本相对较低；定期举行的祈雨，通常要花费更多的财力和人力，但也更能展示虔诚。在暖泉，祈雨仪式是没有固定日期的，不过龙王庙具有定期的庙会。龙王的主要作用就是布雨，因此暖泉龙王庙的庙会其实包含有定期祈雨的意图。

---

1 有学者认为，龙作为致雨神物的形象起源于殷商时期。参见：裘锡圭《古文字论集》，第224页。

2 《淮南子·说林训》载："旱则修土龙。"《淮南子·地形训》称："土龙致雨。"参见：刘安《淮南子》。

3 《法华经》为成书于魏晋南北朝时期的汉译佛经，记载了八位龙王。参见：王彬译注《法华经》，第3页。

4 宋大观四年（1110年）八月，宋徽宗赵佶将传统五方龙正式封王，"封青龙为广仁王，赤龙为嘉泽王，黄龙为孚应王，白龙为义泽王，黑龙为灵泽王"。参见：徐松《宋会要辑稿》，第465页。

暖泉龙王庙的建筑现已不存，其位置与范围仍大致可知。龙王庙坐落于暖泉镇中心、集市北侧，占地面积约 1000 平方米。建筑坐北朝南，面对逢源池和大戏楼。（图 16-1、图 16-2）

通过采访张沛等老人，我们复原了暖泉龙王庙的建筑布局。龙王庙有两进院，前院大，后院小。前院的山门有三个砖券式门洞，中间门洞比侧门宽大，其上方刻有"水晶宫"三个大字。山门外有两棵大柳树，山门内有钟鼓楼分列东西。自山门进入前院，当中有一座四面开敞的长方形供厅，南北长约 15 米、三开间，东西宽约 10 米、一开间。供厅又称龙厅、献殿。其北是正殿，单檐歇山顶，面宽三间，内供五座龙王像（俗称"五海龙王"），檐下悬挂着清同治年间知州李秉衡题赠的匾额"泽我民生"。殿内墙上有彩绘壁画，正北为雷公电母，东西绘龙王出宫图、回宫图。前院的两侧为配殿，东配殿为梓潼庙，西配殿为关帝庙，皆是卷棚顶，面阔三间、进深一间。

正殿的北面是后院。后院又分为东、中、西三个小院。中间的小院，北侧是龙王庙后殿。由前院的东北小门可进入东侧的小院，由前院的西北小门可进入西侧的小院。东、西小院，各有小门通向街道。看庙人住在东侧小院，那是一位"梳着发髻、插着簪子的老道"。

关于后殿供奉的神灵，有两种说法。一种说法是供奉龙母（来自刘国权先生），即龙王的母亲，也叫龙奶奶。[1] 这种说法比较符合华北地区的龙母信仰传统。另一种说法是后殿供奉老龙王（此说法来自张沛老人），也就是五海龙王的父亲。东侧小院的正房里供奉的是龙母。（图 16-3）

龙王庙中除龙王之外，龙母也是个比较重要的神灵。[2] 供奉龙母及老龙王，或许隐含着人们对当地干旱气候的"解释"：龙王性情乖张，因此当地经常滴雨不下，有时又暴雨成灾，而龙母或老龙王则是管教龙王的长辈；风调雨顺时，是龙王服从了管教；出现旱情时，则是龙王不听管教。将人间的家庭关系映射到龙王家族，可以让龙王信仰更容易理解和传播，同时也让民众在遭遇旱灾、也就是龙王"不听话"时有了心理缓冲，不至于因为短期失效而放弃龙王信仰，从而也对未来继续保持希望。这种塑造多重人格神以寻求心理安慰的信仰方式，本质上是源于人们对严酷自然现实的无奈。

---

1　参见刘国权先生所写《蔚县志》（2021 年版，第 1440 页）中相关内容。

2　龙母常被安置在后殿神台中间，她既是一个视觉中心，也是一个以血缘关系为纽带建立起来的龙王家族的权力中心。民间故事中，有些布雨指令就是通过她颁布的。参见：范利. 华北地区龙王庙配祀神祇考略[J]. 西北民族研究，2002（2）：158-168.

图 16-1 暖泉镇区与龙王庙、泉水

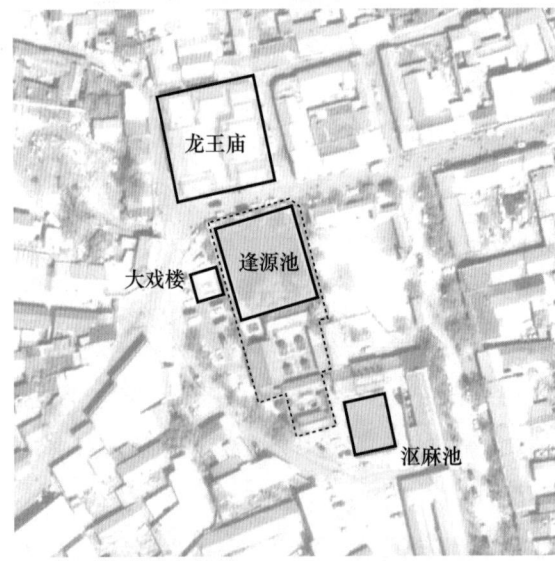

图 16-2 龙王庙与大戏楼旧址位置

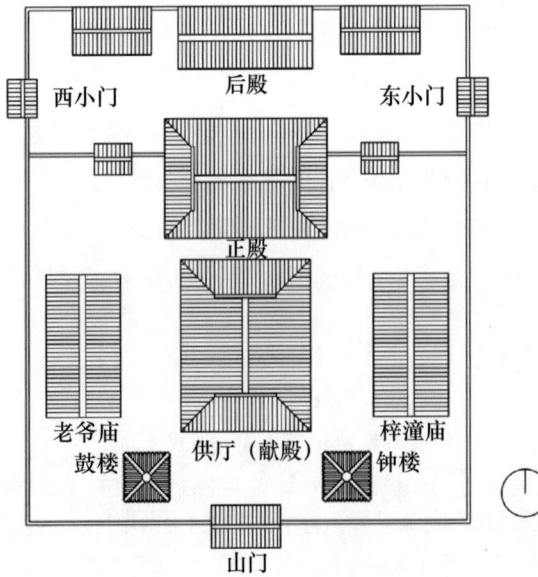

图 16-3 龙王庙建筑平面示意图

暖泉的龙神信仰和祈雨仪式跟华北地区其他地方基本一致。有学者对将龙王祈雨的仪式归纳为祈祷、游行、暴晒、掣签、酬神这五个步骤。在举行祈雨仪式时，人们会根据旱情的严重程度决定进行哪些环节。

（1）祈祷。首先要在龙王庙内进行祈祷仪式，这是最基本的环节。有些地方的祈祷仪式有设坛祭祀、僧道诵经、持香跪祷、擂鼓呼天等活动。

（2）游行。第一天有龙王游行，即将龙王庙中的龙王、龙母塑像抬出来游街。按张沛老人的说法，龙母塑像较小，要两人抬，龙王塑像较大，要四人抬。游行的路线是从龙王庙门前的广场出发，经上街到下街，再折回到龙王庙。（图16-4）

在求雨的游行队伍中，所有人不许戴草帽。"戴草帽就表示避雨，意思就是雨已经下得太多了，这就给龙王传递了一个错误的信号"（张沛老人语）。华北地区属季风气候，夏季本就炎热，如果遭遇大旱，骄阳之下更是酷暑难耐。村民们想出一个替代之法，就是用柳条编成圈儿，连着叶子一起套在脑袋上，也能勉强遮阳。民间也有传说，龙王策马于空中，以柳枝洒水，化成甘霖降落于人间。柳枝和祈雨的主题也相契合。

（3）暴晒。龙王游行结束后，如果没下雨，就要将龙王塑像置于庙前广场上暴晒，"让龙王也尝一尝干旱的滋味儿"。

（4）掣签。将龙王暴晒了几天，如果仍然不下雨，就要抽签。这些签上写的是就近有泉水的地名，抽中哪个地方，就要去那里取一些泉水回来。最近的是佛爷镜，即逢源池东南方的另一眼泉水。以前也曾到逢源池，后来据说是因为有人在这里跳水自尽，"不吉利"，村民们不到这里取水了。真正原因可能在于，逢源池距离龙王庙太近，对祈雨来说没有缓冲时间，"无效"的概率太高。

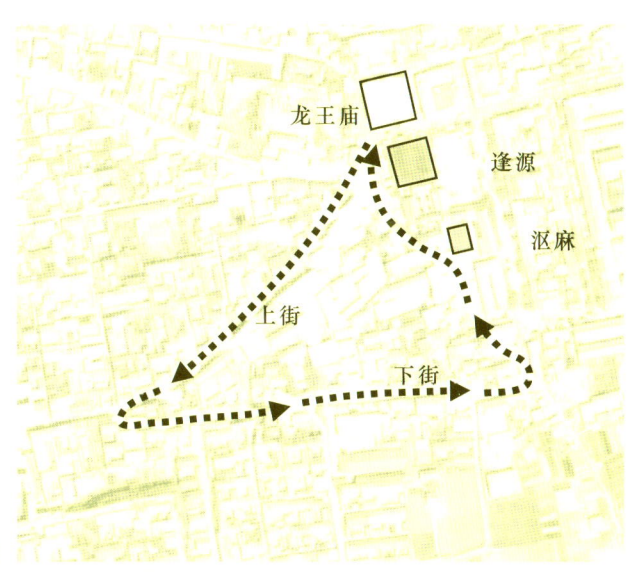

图 16-4　龙王巡游路线

抽签所到之地也经常有龙王庙，到这里要再抽一次签。这时抽出的签，上面写着三天雨、两天雨、半路雨、回头雨之类的话语。用张沛老人的话，这是"逼着龙王说出什么时候下雨"。这样一整套流程跑下来，耗时多日，可能就到下雨的时候了。

龙王庙求雨的抽签取水，有一个大致的范围，就是在蔚县南北山之间，向东最远到代王城镇以西，向西最远到广灵县城。这样一个区域，可以称为当地的祈雨文化圈。这些地理环境和气候条件相似的村镇，面对共同的难题，相互之间感同身受。掣签取水是各个村镇之间相互支撑、延续耐心等待雨水的行为，在这个过程中也逐步构建起地区的文化认同。（图 16-5）

（5）酬神。祈雨仪式期间通常没有唱戏的环节，这是实现风调雨顺后的酬神节目。在暖泉龙王庙，唱戏是举办庙会活动时的重要环节。祈雨成功之后也可能会组织唱戏，但规模不及庙会期间。龙王庙对面有一座大戏楼，是暖泉最大的戏楼之一。它坐落在王敏书院西侧，坐南朝北。

根据蔚县月降水天数的统计（因为之前无数据，故以近年的数据作为参考，降水量在百年以来应无大变化），公历 7 月（即农历六月）是降水天数最多的月份。此时正是庄稼最需水的生长期，也是华北地区大多数龙王庙举行祈雨的时期。暖泉龙王庙也会在公历 6 月祈雨，但是频次上少一些。暖泉龙王庙的庙会日在农历六月十三，这是全镇最隆重的庙会，需要耗费大量人力物力，而庙会本身也包含有祈雨的意图，所以在旱情不是很严重的时候，可以减少甚至不举行祈雨。（图16-6）

在华北地区，关公有时候也兼有行雨的功能。这和关公磨刀用雨的民间传说有关。关老爷在农历五月十三要磨刀，而磨刀需要用水。关老爷的地位高，天公也会配合，在这天下雨。暖泉西市街也正有一座关帝庙。

已经有龙王管行雨，为何还要让关公来"多管闲事"呢？说到底，还是为了缓解人们心中的"降雨焦虑"。根据长期的实践经验，人们已经明白一个道理：向龙王求雨，在大多数时候是"有效"的（这段时间为雨季，大概率会下雨），但并不总是有效（不下雨的小概率事件仍会发生）。一旦在庄稼生长需水时没下雨，后果将非常严重，这个小概率事件对村民而言仍然是难以接受的，因此要想办法"去除"。去除的办法就是再增加一个"后备神"，以便在求龙王不灵验时仍有其他选择。此时，作为全能神的关公就派上用场了。关公的诞辰日是农历六月二十四，这个日期虽然在雨季之内，但是已经接近庄稼生长所需的末尾，等办完求雨仪式，即使下雨可能也作用不大了。于是，人们就"发明"了农历五月十三关公磨刀的

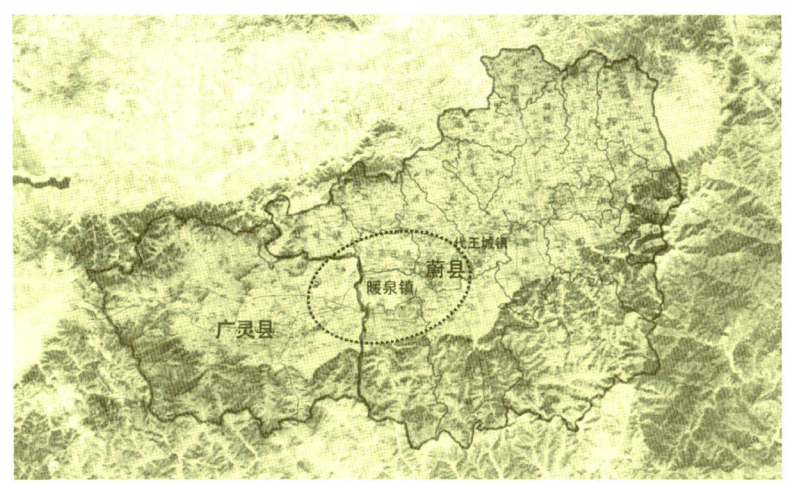

图 16-5 祈雨文化圈范围示意图

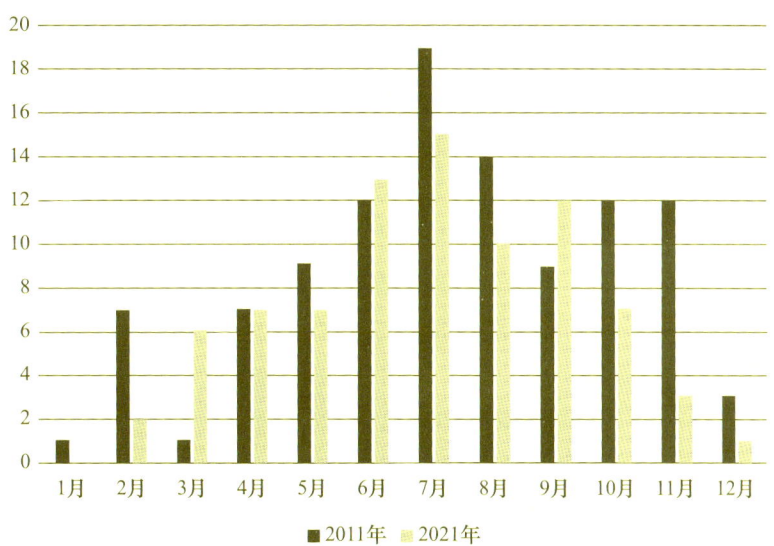

图 16-6 蔚县月降水天数统计图（以 2011 年和 2021 年为样本）

说法。如此一来，在五月和六月这两个月里，人们在何时求雨、向谁求雨、求几次雨等问题上就有了选择权，从而在一定程度上缓解了心理焦虑。

暖泉有俗语："五月旱，是小旱；六月旱，是大旱。"小旱的问题一般不严重，所以暖泉在关公"磨刀日"的祈雨并非一定要办。到六月，对雨水的需求就很急迫了。如果龙王庙庙会之后的一段时间还不下雨，那可能在六月底或者七月初，抱着最后希望举行一次求雨。

民众为祈雨设置了三重保险。第一重是五月十三的关公磨刀日，第二重是六月十三龙王圣诞的庙会，第三重是专门的求雨活动。

如果这么多仪式都办了，还没下雨，该怎么办？张沛老人说，这是难免的事。

暖泉的年降水量大约是 400～500 毫米，出现旱情是常态。面对这种局面，民众通过种植小米、黍子这类耐旱的粮食作物，尽可能保证一年下来有口粮。作物的选择是小米（当地称谷子，也就是粟）第一，黍子次之。小米比黍子更易于肠胃消化，也是旱地作物中对水分的有效利用率最高的，但是生长周期也比黍子长，受旱灾影响的概率也更高；黍子的消化难度较大，但是更耐旱，生长周期也较短，可以较晚播种。如果小米的幼苗干旱枯死，此时抢种黍子，还能赶上种植期。小米作为耐旱作物，适当灌溉还利于增产。按张沛老人的说法，同样种小米，暖泉水地产量是旱地的 2～3 倍。

小米和黍子在六月最需水，是植物为适应环境而进化出来的随机结果。龙王生日安排在农历六月中旬，则是人类社会的有意选择。这既是一种心理安慰，同时也增加了人们对环境的耐受力和对未来的信心。

对食物的改良也是一种应对手段。蔚县有一种特色的黄糕，用黍子制成。黄糕抗饿，但口感不佳，人们就改良吃法，将其配上白菜豆腐炒肉沫等佐菜，久而久之，反而成为当地的一种"美食"。蔚县俗语说"三十里饸饹四十里糕"，这是两种既抗饿又好吃的食物。

暖泉人对待农业，是既搞迷信，也抓科学。迷信体现在祈雨和庙会，科学体现在作物选择、种植梯度、灌溉设施和食物改良等方面。

## 庙会与地方认同

暖泉龙王庙的祈雨仪式不是很隆重，一定程度上是因为已经有庙会。龙王庙的庙会很隆重，在 20 世纪 70～80 年代还成为颇为盛大的物资交流会，其间"王敏书院逢源池前后大门全部敞开。院内各种货物琳琅满目，书院面山靠水，风景宜人，赶会者甚众"[1]。

暖泉镇区有"三堡六巷十八庄"，总计二十来个大小村庄，在清代、民国时期，这些社区就已经自发地归并为 8 个社区，即前文所说的三堡五村。在暖泉的诸多庙会中，仅有龙王庙庙会是由全镇八大村堡共同举办，其他都是有某个村堡或某个行业举办。

关于暖泉龙王庙的龙王塑像以及它们在庙会期间的安排，在调研中收集到了两种说法。张沛老人的说法是，龙王庙正殿内有 5 个大龙王（即"五海龙王"），供奉在中间的供台上；每个龙王还有一个"配套"的小龙王塑像，是庙会时用来

---

[1] 刘国权先生所写《蔚县志》（2021 年版，第 1448 页）中相关内容。

抬出去游行的，平时放在龙王庙的配殿；暖泉 8 个村堡都有自己的龙王塑像，平时放在各村的某个庙里，庙会时则抬到龙王庙的龙厅内；北官堡有龙王塑像和龙奶奶塑像，放在药王庙；西古堡的龙王平时放在地藏寺南面入口的禅堂，中小堡的龙王塑像放在堡门内的关帝庙；五海龙王各自的小龙王塑像，在庙会时也会被抬入龙厅。

刘国权先生的说法则是，龙王庙正殿正中供奉的是海神，两边山墙下列有 18 个龙王，其中有 8 个分别属于暖泉的 8 个村堡。

两种说法的共同点在于 8 个村堡都有自己的龙王，而龙王们在庙会时会齐集于龙王庙。这是暖泉镇特有的一种庙会形式。

张沛老先生对龙王庙的庙会记忆深刻，以下是他回忆的庙会大致过程。

(1) 龙王齐聚。各村堡把龙王集中在龙王庙的龙厅内。有的村子的龙王雕塑特别小，"像个小孩儿，往那儿一摆就没了"。北官堡的龙王就比较气派，有 1 米多高，木胎泥塑，色彩鲜艳。龙奶奶雕塑"打扮得很美，头上的发饰很好看"。龙厅的建筑体量大且装饰丰富，这里除了供奉龙王之外还摆满供品。龙厅的东西两侧形成 2 个院子，这里也摆满供品。暖泉的各个行业，比如说缸房（即酿酒业）、油房，会以行为单位出供品。

(2) 淋神仪式。庙会历时 3 天。六月十一买好猪、羊。六月十二的上午要举行一个叫"淋神"的仪式。将猪、羊牵到龙王庙正殿的供桌前，用开水淋在它们身上，猪和羊被烫得浑身发抖，这就叫"淋神"。当天下午，将猪、羊宰杀，整猪整羊放在正殿供桌上（其他庙会无此待遇）。六月十三，将猪、羊再放一天，傍晚时撤下，给各家各户分食。

(3) 唱戏。庙会期间，在大戏楼唱戏 3 天。每天早、中、晚各唱一场，六月十三日的夜里或凌晨还要加一场，是专为龙王演的"请神戏"。唱戏的剧种丰富，有西边来的山西梆子、东边来的天津评剧、本地的蔚县梆子，还有口外来的罗罗腔。商路即戏路，暖泉商业之繁荣也由此可见一斑。

## 龙王庙、泉水和书院的互动

暖泉有大小庙宇六十多座，龙王庙的面积位列第四，不及华严寺、十方院和老君观。因为其他 3 座庙宇都位于镇区的边缘地带，因此就位置而言，龙王庙是最为显要的。（图 16-7）

龙王庙首先是一座护泉之神庙。水崇拜是人类社会普遍存在的一种原始崇拜。

图 16-7　暖泉华严寺、十方院、老君观、龙王庙位置

人类对水的依赖超过万物。龙和水有莫大关联。[1] 早期的龙，是上天入水的使者和坐骑。文人眼中的龙则有缥缈俊逸的形象，正所谓"山不在高，有仙则名；水不在深，有龙则灵"。

　　华北北部地区水资源较为匮乏，是否有稳定、优质的水源往往决定了村落的形成与发展。暖泉镇正因为有了泉水，而且水温常年保持在16摄氏度左右，才使得这里成为宜居之处。龙王庙南侧的泉水，名为逢源池，当地人也称之为"凉亭"[2]。镇东南方华严寺前的泉水，叫作"佛镜"或"佛爷镜"。第三处泉水在西辛庄内，叫"海子"。根据《蔚县志》记载，逢源池泉水的流量是0.017立方米/秒，换算过来大约是每天1470立方米的出水量。按照人均日生活用水量0.18立方米[3]估算，这个出水量能供近万人日常生活。在普遍干旱的地区，这样的泉水无疑非常珍贵。

　　关于逢源池和佛镜，当地流传着"南蛮子盗泉"的故事。这个故事隐含了两个信息。第一，在暖泉人心中，佛爷镜的泉水源自逢源池，逢源池具有源头的地位。第二，华严寺对于佛爷镜具有某种程度的"守护权"，因为是和尚敲钟警报才使得葫芦掉落此处而出泉水。

　　泉水是公共资源。为了保护泉水，村民们不直接从逢源池和佛爷镜取水和用水，而是修建水渠将泉水引入旁边另建的水池供大家使用。由于祈雨的重要性，暖泉人也需要在镇中心位置修建一座龙王庙。这座龙王庙就选址于泉水之北，它

---

[1]　龙"欲小则化如蚕蠋，欲大则藏于天下，欲尚则凌于云气，欲下则入于深泉，变化无日，上下无时"。参见：《管子》，第135页。
[2]　由于池中的水向南通过暗渠流入王敏书院凉亭内的八角井，故名。
[3]　根据国家统计局网站数据，2020年我国人均日生活用水量为179.40升。

在满足村民祈雨的同时，也具有了守护泉水的作用。

之所以说龙王庙具有护泉的作用，是基于两个理由。首先，从民俗传统看，民间对于重要之物常请神灵来坐镇。暖泉的三处泉水中，佛爷镜有华严寺守护，西辛庄的"海子"也有海神庙守护。暖泉人最为珍视的逢源池，附近除了龙王庙以外没有其他与水信仰相关的庙宇，因此只能由龙王庙来扮演守护神的角色。其次，从空间方位看，位居泉水之北代表龙王庙的崇高地位，也表明它和泉水之间的紧密关系。

暖泉人以逢源池为中心来安排居住、耕作和贸易。随着商贸发展，暖泉成长为一个集镇，形成包括西市街、上街、下街、草市街、米粮市和东市街在内的商业街市。草市街和米粮市是两个重要的露天集市，它们分布在逢源池东、西两侧。

龙王庙的空间轴线相对于逢源池，是略为偏西的。这可能是因为龙王庙的对面有一座戏楼。龙王庙坐北朝南，其对面东侧为水源，西侧为戏楼，三者共同形成稳定而对称的空间格局。戏台和泉水都很重要，如果让其中一个完全正对戏台，就会使另一个边缘化。

后来，在逢源池的南侧出现了王敏书院。泉水的存在为王敏书院提供了一个践行理想书院模式的机会[1]。逢源池被纳入王敏书院，并修整为方塘，其北、东、西三面再立起围墙，由此形成南为建筑、北为水池的空间结构。这个设置完善了王敏书院的布局，同时也使得泉水与人群隔绝开，尽量减少了污染。但是，这也意味着龙王庙与泉水之间出现了分离，二者从一个完整体系变成隔街相望的两个部分。（图16-8）

王敏书院最初只是一座面宽三间的房子，后经几次扩建，增加了厢房、前院、牌坊、泮桥、泮池、奎楼等建筑。如此一来，在暖泉镇的中心地带就形成了一个包括龙王庙、逢源池和王敏书院在内、全长约120米的空间序列。不过，王敏书院和龙王庙的轴线并不完全对位。王敏书院是坐北朝南的院落式建筑，其轴线是基于泉水而顺势向南生长，相对于龙王庙的轴线是向东发生了偏移。这种偏移，反映了不同阶层的心理需求。龙王庙产生于民间信仰，它代表了村民生产生活所必需的水，在地方民众的心中最为重要。王敏书院则代表了官方对科举制度和儒家思想的尊崇，象征着统治阶层的权力和意志。

明崇祯版《蔚州志》中对暖泉书院有记载："暖泉书院，在城西三十里，元工

---

1　宋朝理学家朱熹有诗云："半亩方塘一鉴开，天光云影共徘徊。问渠那得清如许？为有源头活水来。"

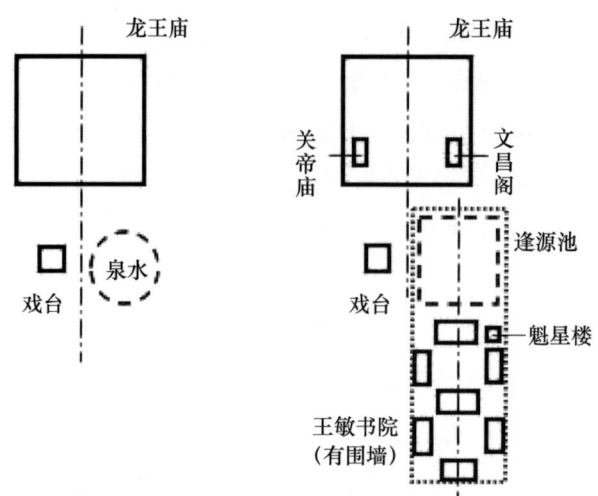

图 16-8 龙王庙与泉水的空间格局演化示意图（杨翟 绘图）

部尚书王敏建，遗址犹存。"[1] 清乾隆《宣化府志》和光绪版《蔚州志》，都说暖泉书院"在州西三十里，元建"[2]。州志、府志都强调王敏书院是"元建"，这是以年代之久远来提升书院地位。

清朝光绪版《蔚州志》收录了乾隆年间知州靳荣藩所写的一篇文采飞扬的《游暖泉记》[3]。乾隆年间，暖泉商业崛起，地方官开始重视这个税收重地，并刻意抬高书院。在官宦文人眼中，成为书院的一部分乃是泉水之幸。正是因为有了书院，才使泉水成为"足以娱嘉客而骋高会"之所，不至于"与他水之不温不暖者等"。

---

[1] 来临纂修《崇祯蔚州志四卷》卷之四，第2页，明崇祯抄本。参见：殷梦霞选编《日本藏中国罕见地方志丛刊续编（第1册）》。

[2] 吴廷华修，王者辅，等.中国方志丛书·乾隆宣府志·卷十二[M].台北：成文出版社，1968：66.

[3] "乾隆三十九年（1744年）夏四月，与吴江顾东岩游暖泉。暖泉者，元尚书王公敏之旧塾也。稚时风日晴和，南山苍翠，如落几席，锦麟五色，唼喋于荇藻柳浪之中。予与东岩顾而乐之，既而曰：'是泉也，夏凉而冬暖，四时不竭，盖昔人之所谓有本者。'顾予闻塞上一带，类多温泉。忆官龙门时，往来宣府，冬月中见赵□堡之东南，有水溢在井上，积气如蒸，诧为奇绝。惜僻处旁隅，居民或稍藉以溉田而吟赏之□盖寡，且冬月以其水溢冰也，民或病涉转，不能与他水之不温不暖者等，水何其不幸耶。是泉遇尚书而缭以周垣，分以涵洞，有亭翼然，以为登临凭眺之所。意其时□滨之戏，南皮之游，既已逸兴湍飞，足以娱嘉客而骋高会，而复建书院于具上……斯水何其幸耶。则谓是泉由尚书而传也。案元史无七□表，尚书之氏号世代都无可稽。阅志乘，亦不□其荐举宦游之自。予欲表厥宅里，惟暖泉书院岿然灵光，而金谷之池台，平泉之花木，莫有识其处者，故甲第连云，有不足恃。而半仞之墙，数楹之宫，转与灵源，同其不朽，则谓尚书由暖泉而传亦可也……"参见：庆之金、杨笃《中国方志丛书·光绪蔚州志》卷五，第28—29页。

文人看重泉水，是因其清澈的品质，这也代表了文人该有的品格。文人写暖泉，即是在写书院。文人也看重龙，却是因其灵异和飘逸，这跟民间用来祈雨的龙是两个概念。清康熙年间曾任刑部尚书的魏象枢，在年轻时一次游历暖泉后曾写下"傲骨潜龙护"[1]的诗句。时值清初（清顺治十六年），这首诗体现了诗人忧郁、隐忍的心志。暖泉水中有潜龙，可守护诗人的傲骨。关于龙王庙，当地的府志、县志记载极少。靳荣藩的文章对逢源池的描写相当细致，对旁边一座规模可观的龙王庙则是只字未提。

魏象枢曾两次游暖泉。清康熙二十年，他在听闻蔚州乡试有六人上榜后，特意赋《暖泉逢源池生瑞藻》诗二首，其中对泉水可谓极尽描绘之能事。[2] 清光绪二十七年（1901年），时任察哈尔都统的升允曾到暖泉王敏书院并为之题写楹联一副。其上联为"汨汨其来悟词源之出峡"，下联为"明明在上毋坐井以观天"。同治五年，知州李秉衡为暖泉龙王庙题字"泽我民生"。为什么李秉衡会为龙王庙题字？村民传说，这是知州大人路过暖泉时，未曾入庙叩拜，惹恼了龙王，于是在他返程时，便施展法力，把官轿的轿顶给吹翻了。这个"惩罚措施"，可以说是轻得不能再轻了。地方官不拿龙王庙当回事，龙王也无可奈何，反而是知州大人的题字被暖泉人当成了值得夸耀的荣誉，郑重其事地做成匾额，悬挂在龙王庙正殿的屋檐之下。

王敏书院、泉水和龙王庙之间错开的轴线，正是官方正统思想和底层民间信仰之关系的写照。在建立王敏书院时，倘若直接遵循了原先龙王庙—泉水的轴线，就会使得龙王庙位于王敏书院的正北头，此时书院就俨然成为龙王庙的前导空间。在偏东侧的位置形成新的轴线，并且将泉水纳入自身体系，则使王敏书院具有了不亚于龙王庙的地位。这也是官方无法撼动龙王庙在百姓心中的地位，而设法抬高王敏书院地位的均衡策略。

面对泉水，龙王庙和王敏书院代表了两种不同的视角。民间看水，看到的是农业。官员看水，看到的是教化。龙王庙和王敏书院的空间关系，实际上反映了民俗信仰与文教观念之间的互动。

在暖泉龙王庙中，除了龙王，还供奉有梓潼和关公。这是颇不寻常的。中国

---

1 《游暖泉值凌十斋初度》，参见：魏象枢《寒松堂全集》，第137页。
2 其一："曾闻十步草恒丰，对尔真堪课治功。树艺王风今宛在，如虹霸气旧称雄。千条绿锁烟光裹。一本青滋地德中。我欲临流思口泽，满头霜雪路偏劳。"其二："暖水寒英簇簇奇，溯洄风起荡涟漪。仙槎客泛凌霄影，异卉谁栽太液池。花甲苍茫追往迹，芸荪馥郁斗芳时。回看榜蕊联翩盛，补入环滁醉后诗。（前登秋榜五，春榜一。）"《蔚州暖泉瑞藻生二首》，参见魏象枢《寒松堂全集》，第273页。

民间有传说，关公在解州盐池斩杀作恶之蛟龙，所以一般龙王庙里不供奉关公。梓潼作为一个文教神，也很少见于龙王庙。暖泉龙王庙的特殊性，可能就是来源于附近有一座王敏书院。

根据1918年《重修暖泉凉亭并买地址麻潢记》碑文记载，王敏书院"初皆为元尚书王公敏之别业，后乃为阖镇之学宫……凉亭之胜境，其初仅有一亭耳，后数十年而始增东西厦屋焉，又数十年而始建亭前之坊与池外之槛焉，又复数十□而始修泮桥、作泮池，后久之乃起奎楼三层焉。初□为书院，继改为义学，后又为学校……"[1]

最初，书院是王敏的"别业"，"仅有一亭"。所谓"亭"，其实就是书院的三间正房，因为在水塘边，文人乘凉读书，所以称其为"亭"。几十年后增加了"东西厦屋"，形成义学；又几十年之后建了牌坊和池槛，将泉纳入书院；再几十年后，修建了泮桥、泮池，增添了文庙属性；之后又建起兼具风水意义和文教意义的奎楼。可见，王敏书院是在长达100多年的时间里逐渐增建而成的，其地位也在不断提高。这段时间也正好是暖泉商业崛起的阶段，地方官在对暖泉重视程度提高的同时，也将科举观念注入王敏书院，并将其称为"阖镇之学宫"。

王敏书院有一座魁星楼。在文教建筑中，魁星和梓潼往往是成对出现的，在暖泉的北官堡和西古堡也是如此。龙王庙中"恰好"有一座梓潼庙，其对面又是一座关帝庙。关公是一个多能神，当它和梓潼神一起出现时，即是在发挥"武圣"的属性，与梓潼作为"文神"相对应。梓潼庙和关帝庙的设置，或许隐含着龙王庙跟王敏书院之间的呼应关系。随着王敏书院发展为"学宫"，龙王庙也在寻求与之互动，二者虽然代表着不同阶层的观念，但最终整合为一个融洽体系。

暖泉龙王庙具有我国华北地区龙王庙的普遍特征。它坐北朝南，由两进院构成，这是华北地区常见的龙王庙形制。暖泉龙王庙举行祈雨和庙会，这些活动在华北地区也具有典型性。

暖泉龙王庙也具有鲜明的独特性。它紧邻一眼泉水。龙的来源跟水关系密切，龙王庙与泉水相得益彰。在行雨之余，龙王庙又具有守护泉水的功能。暖泉的农业耕作和商业集市又是围绕泉水而展开，龙王庙和泉水同处于镇区中心。

随着商业发展，暖泉成为繁华集镇，并发展出有一定规格的文教建筑。王敏书院也选址于泉水之畔，它在逐步扩建中将泉水纳入自身体系，并使得龙王庙和

---

[1] 赵世瑜，邓庆平．蔚县碑铭辑录［M］．桂林：广西师范大学出版社，2009：521．

泉水发生了分离。这一变化反映了科举文教背后的国家意志和龙王庙所代表的地方信仰之间的微妙关系。王敏书院既有属于它自己的空间轴线，也在一定程度上延续了龙王庙的轴线，而龙王庙中也设置了与文教相关的梓潼神和武圣关公，它们共同形成了一个完整的长轴线空间结构。

暖泉龙王庙还象征着暖泉八大村堡的团结。庙会时 8 个村堡将各自的龙王塑像集中供奉在龙王庙的龙厅之中，这种形式的祭祀仪式反映了龙王庙在当地的独特地位，更体现了龙王庙在地方文化认同中所扮演的重要角色。

（杨翟）

## 第十七章

# 老君观

老君观原名老君庙，位于砂子坡村东北方的一处高台上。此处海拔约960米，四面临沟，高台地坪较东侧道路高出约15米。

在老君观三清殿窗前挂有一个木牌，上面手书"始建于金代中泰和年间，初修于元代元贞年间，重修于明代隆庆年间，复修于清代乾隆年间，抢修于公元2003年9月"。当地人口口相传，老君观与蔚县另一古观万安宫的前身均为金国四太子金兀术的前哨行辕，建于金兀术南下扼守蔚州之时。

从老君观现存建筑来看，其基本格局可能奠基于明代。后殿（真武殿）是老君观中规模最大的建筑，其地基也略抬高，实际地位已不亚于作为主殿的三清殿。有明一代，真武信仰在宣大地区极为盛行。老君观将真武殿置于如此重要的地位，与这一风气相吻合。道教也有真武大帝为太上老君的第八十二化身的传说，为此提供了"理论依据"。

老君观历经清末至中华民国年间的连绵战火和"文化大革命"期间的人为破坏，加之风雨侵蚀、缺乏维护，至21世纪初已损毁严重，戏楼于1993年失火焚毁，观内还停满附近老人为自己准备的空棺材。2003年刘理真道长来到老君观，在他的筹募下对老君观进行了抢修，恢复为戏楼—山门—前殿—后殿及东西四个配殿的空间序列。之后十几年，老君观又有多次规模不大的修缮和改造活动。

三清殿是老君观改制的第一步。老君观的主殿原为老君殿。相传与老君观同为金兀术行辕的万安宫于中华民国九年（1920年）在旧址上改建为三清观，出身于万安宫的刘理真来到老君观后，便同样将老君殿改为三清殿，供奉道教三位尊师。但此举遭致村民不满，为平息争议，刘道长几年后又将三清殿改回老君殿，单祀太上老君，但三清殿的叫法却一直沿袭至今。目前三清殿中央石供台上供奉的是太上老君塑像及左右童子。

2004年，老君观的戏台重修。同年，刘理真道长还将王敏书院东侧的奶奶庙的旧木尽数买下，并用这些旧木在老君观山门以东的位置，新修了一座奶奶庙。刘理真又将老君观内的斗姆元君移祀至新奶奶庙，在原斗姆殿内改祀窑神。此举正逢蔚县北山煤矿大举开发之际，吸引了众多煤矿老板、工人及家属前来进香祈福。老君观原本就有的财神殿和祖师殿，亦顺势吸引来商人和手工艺人。老君观从此一改原本的破败倾颓之势，变得香火鼎盛。据刘理真道长及附近村民回忆，其中以祖师殿最为红火，拜谒者最多，收到善款也最多，盖因其受众较其他神殿更广之故。

2013年，砂子坡老君观被国务院公布为第七批全国重点文物保护单位。

## 建筑

老君观坐南朝北、东西对称，占地面积2890平方米，建筑面积1930平方米，现存戏楼、山门、钟楼、鼓楼、正殿（三清殿/老君殿）、后殿（真武殿）、第一进东配殿（祖师殿）、第一进西配殿（财神殿）、第一、第二进之间的东西厢房、第二进东配殿（文昌殿）、第二进西配殿（斗姆殿/窑神殿）、后殿西耳房以及山门外奶奶庙，后殿东耳房已倒塌不存。（图17-1）

老君观东、北、西三面是陡峭的土崖，南侧为一斜坡。东侧有平台可俯视下方，崖高沟窄。戏台西南方有27级台阶与下方道路相连，为老君观主入口，现不常开，在西侧新修一坡道为临时出入口。据村民回忆，观南的斜坡曾经较为平缓，坡前有一个院子为碾房，碾房外才是道路。"文化大革命"期间碾房被拆除，改为民房并向北扩张，斜坡一再退让，变得越来越陡。

南面的倒座戏台，坐南朝北，正对山门，面阔三间10.38米，进深五椽10.10米，六檩双坡卷棚硬山顶，台基高于地面约1.2米。被焚毁前的戏台台面青砖包边，内为三合土铺地，三面墙壁为土墙抹白灰。重建后的戏楼，台基为砖砌，台面水泥硬化，墙壁改为青砖。

山门面阔一间，进深两间四椽，五檩双坡悬山顶。门外18级台阶，台阶东、西各蹲一昂首石狮，为旧物。门内北侧设木照壁，上绘黑白阴阳太极图。（图17-2）

钟鼓楼分列前院东西两侧，均面阔一间，进深一间，双坡悬山顶，落于台基之上，有6级台阶与院内青砖地面相连，登之可眺望暖泉全境。此二楼原已倒塌，为2003年抢修时重建。

钟鼓楼以北分别为祖师殿和财神殿，面阔三间5.40米，进深三椽3.94米。两殿以北为一二进之间的厢房，面阔三间8.37米，进深三椽3.31米，内部作两明一暗布置。东西厢房以北分别为文昌殿和斗姆殿（窑神殿），面阔三间6.18米，进深三椽3.40米。此四殿二房均为四檩单坡硬山顶，殿内曾经都有壁画，现仅有财神

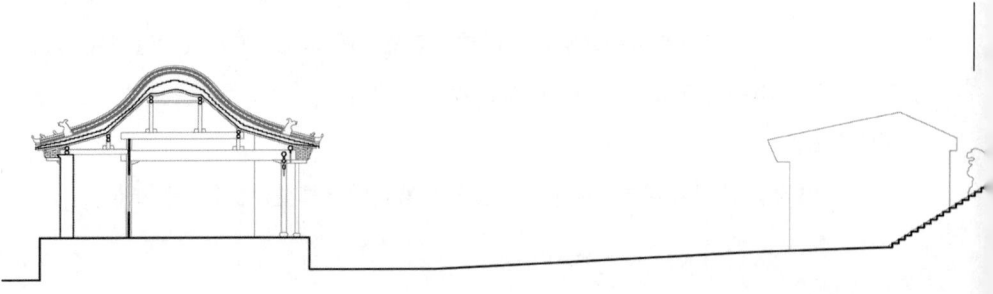

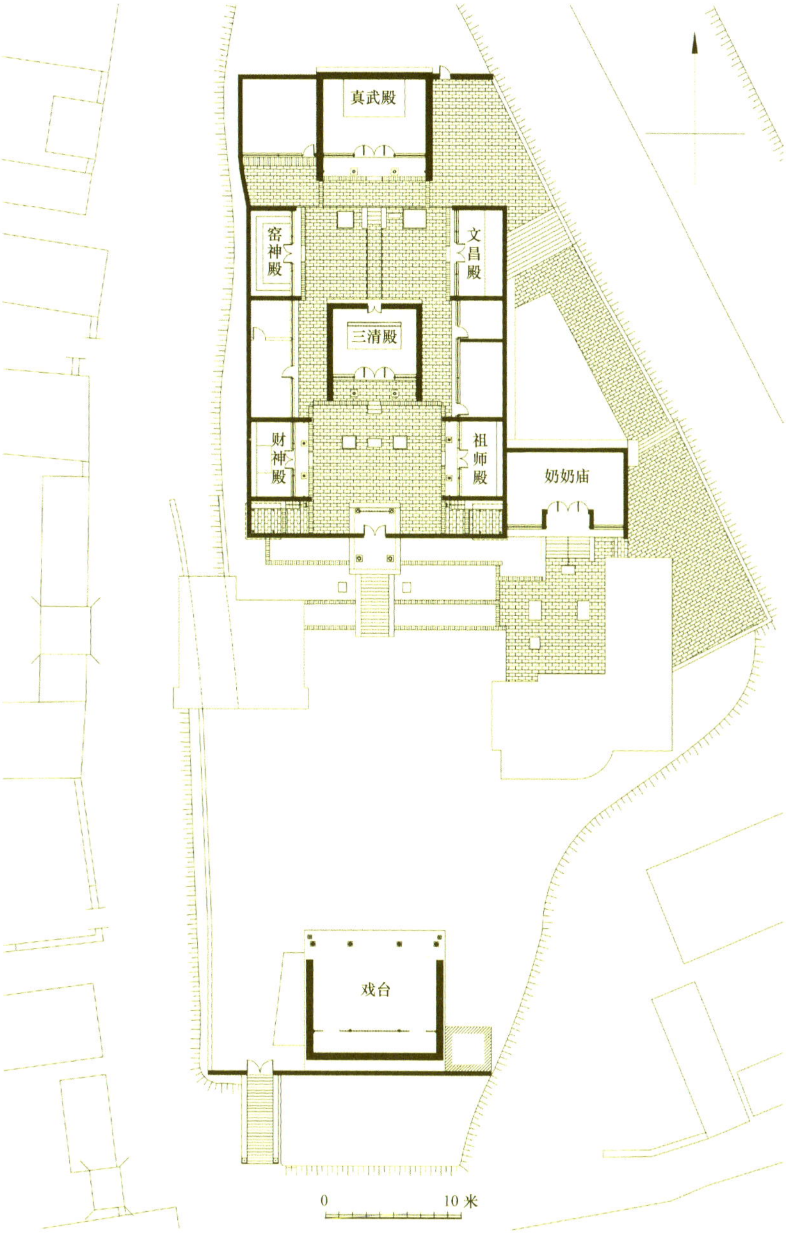

# 第十七章 老君观

(a) 平面图

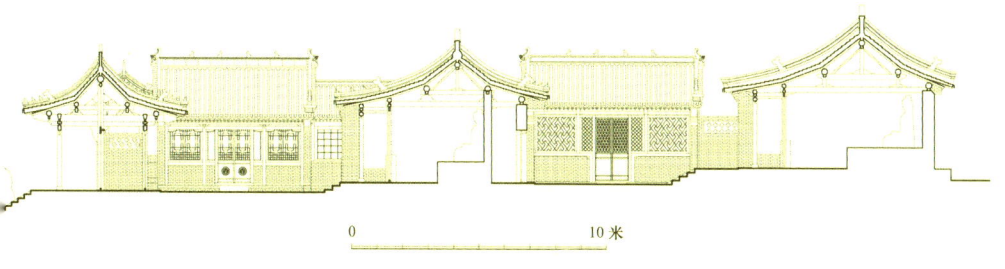

(b) 纵剖面图

暖泉古镇

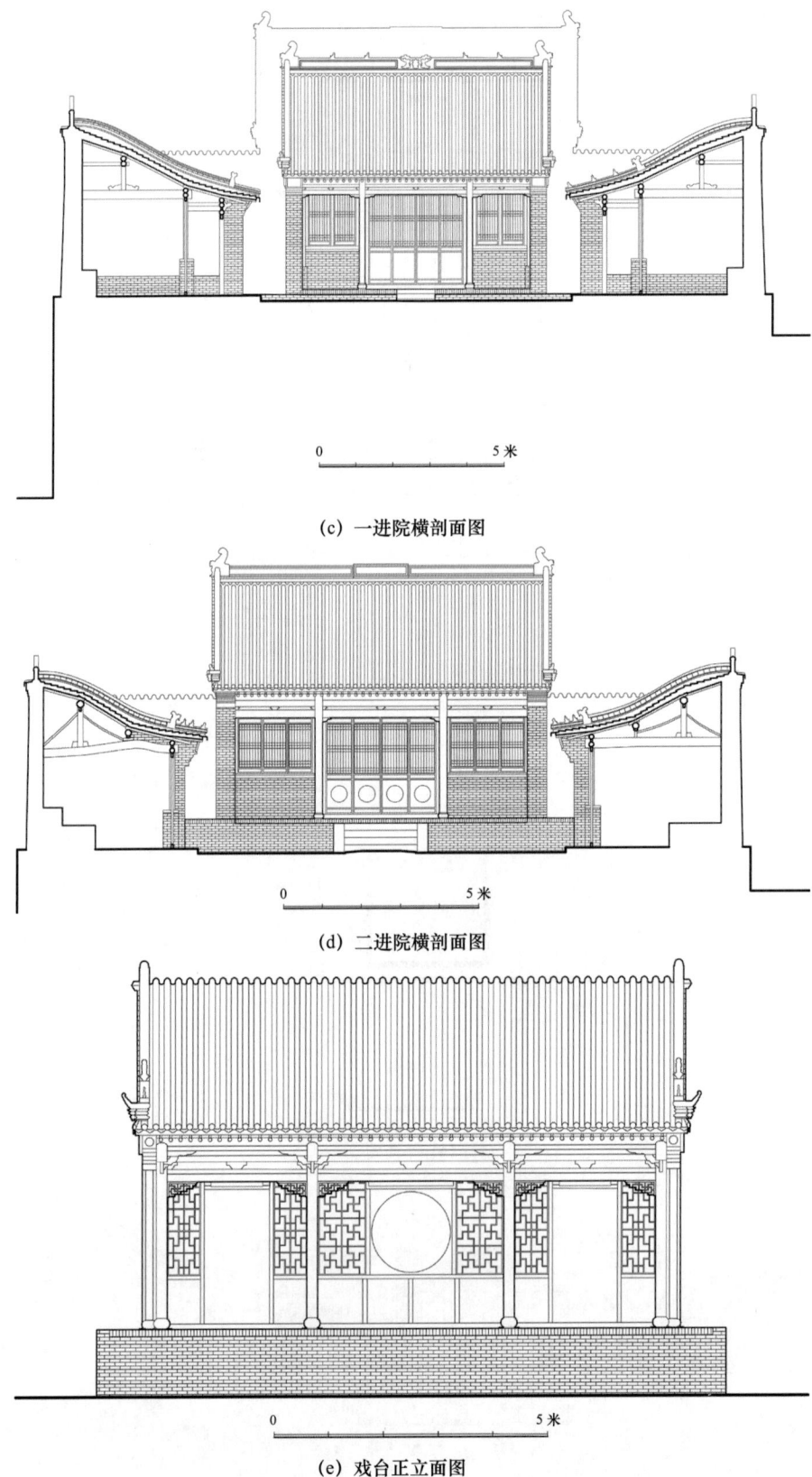

(c) 一进院横剖面图

(d) 二进院横剖面图

(e) 戏台正立面图

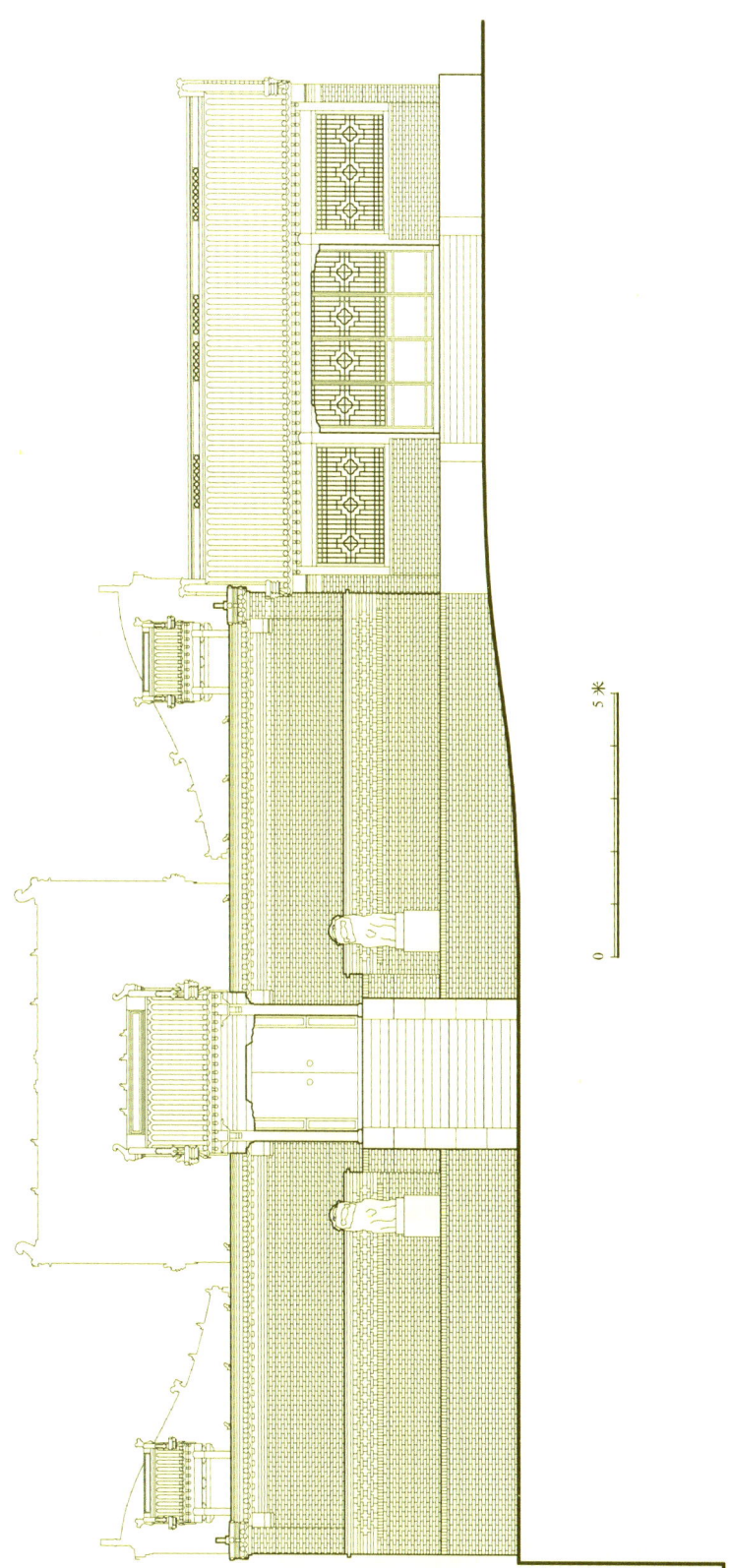

(f) 大门立面图（右侧为后加的奶奶庙）

图17-1 老君观测绘图（曲图良睿、曲仲杨 绘图）

第十七章 老君观

殿和祖师殿有遗存。

前院北侧为三清殿/老君殿，面阔三间 6.15 米，进深五椽 6.08 米，六檩双坡硬山顶，殿前有廊，殿内各壁均有绘画。

后院北侧为真武殿，面阔三间 7.50 米，进深五椽 6.63 米，六檩双坡硬山顶，殿前有廊，廊前出平台，有 4 级台阶与院内青砖地面相连。左右各有一耳房，面阔两间，进深一间，现东耳房已倒塌不存。（图 17-3、图 17-4）

奶奶庙紧贴老君观东院墙，面阔三间 8.58 米，进深两间 5.37 米，五檩双坡硬山顶，庙前设 6 级台阶。（图 17-5）

图 17-2　老君观山门及院墙

图 17-3　老君观三清殿

图 17-4　老君观真武殿

图 17-5　老君观奶奶庙及住持房

　　老君观的建筑布局有一个耐人寻味之处。前院的正房是供奉主神太上老君的老君殿，后院的正房是供奉真武大帝的真武殿；真武殿的面宽和进深都比老君殿大，地基也更高。也就是说，从建筑形式上看，真武殿才是老君观的主神。为什么会出现"名不副实"的现象？这恐怕还是要归根于明清时期在宣大地区极度兴盛的真武信仰。我们甚至可以揣测当初老君观建庙者的"心机"：老君观作为一座道观，如果不供奉真武大帝，则香火钱将大受影响；如果供奉真武大帝，则以他在当地民众心中的崇高地位，作为配神是不合适的，需要设法让他跟主神享有同等地位；实现这个"同等地位"的方法，就是把真武殿放置于后院正房，并且让它的建筑规模要略大于老君观，地基也要略高。如此一来，老君观的建筑群就形成了事实上的双中心：从总平面看，几何中心是老君观；从外观形式上看，建筑中心是真武殿；两者各得其所。

## 塑像和壁画

　　三清殿（老君殿）内石神台上曾供元始天尊、灵宝天尊、道德天尊3尊坐像，后改为老子（即道德天尊）坐像及左右童子像。石台背屏后绘有等人高赵公明像，红脸黑髯，手持钢鞭。背屏正对殿北壁，壁上共描绘10位真人祖师像，每位上方都有题榜书写名号。殿东、西壁上绘"老子八十一化图"，东壁为第一至第四十一化，其中第四十一化仅有题榜文字而无图，西壁为第四十二至第八十一化。此八十一图上下四排，自东壁下排北侧向南依次呈"S"形上升，西壁排列方式与东壁镜像。[1]

　　财神殿有壁画，无神像。正壁绘折屏背景，屏前绘文财神和两位利市仙官，

---

1　参见：崔晨阳，丁玉琦，刘晗. 河北蔚县古建筑壁画调查分析及价值评价研究[J]. 自然与文化遗产研究，2019，4（8）：100–103.

每位神像身旁或身后配四位侍从。主尊文财神端坐中央，双手持笏，正前方摆放聚宝盆。财神身后左右各有俩侍从。殿南、北壁上绘百工图，每壁三排，每排四幅，无题榜文字，观图画内容可辨认者如药铺、米铺、衣铺、帽铺、酒铺、豆腐铺、包子铺等。祖师殿传言为供奉鲁班，但殿内正壁绘有 3 位祖师像。南、北壁上绘百商图，每壁 3 排，每排 4 幅，无题榜文字。财神殿正壁中绘"乾隆通宝"钱币一枚，据此推测壁画绘制时间为乾隆年间或嘉庆初年。[1]（图 17-6、图 17-7）

文昌殿、斗姆殿、真武殿内，原亦有壁画，"文化大革命"期间用作库房，刷上黄土白灰掩盖，现已不存。真武殿内有近年重绘壁画。

## 信仰活动

老君观的信仰活动有庙会、求雨、拜灯山和道场等。

据村民回忆，老君观一年中有 3 个庙会日，分别为农历二月十五、四月初八、九月初九。二月十五是太上老君的诞辰，九月初九是真武大帝的飞升日，都是与老君观信仰联系紧密的日子。四月初八是泰山奶奶碧霞元君的诞辰，这是奶奶庙"迁来"老君观之后才有的庙会（斗姆元君的诞辰日是九月初九）。

到庙会日，村民们自发在观外聚集并办起集市贸易。不光暖泉临近的村庄，住在蔚县北山、南山的村民，甚至阳原、广灵的百姓都会慕名前来。这一天，老君观内的戏台特别活跃，为节日添彩助兴。暖泉本地没有成熟的戏班，老君观请来的都是外地戏班，籍贯纷杂。台上唱戏一般为两人，最多有四人同台共演。演出曲目包括《走西口》《打连成》《卖菜》等。

除赶集、唱戏外，老君观的庙会日有办道场诵经作法、点灯烛摆字祈福等活动。

砂子坡村没有龙王庙，在很长一段时间里老君观承担了砂子坡村的求雨功能，而代替龙王的则是真武殿真武大帝神像背后雷部诸神中的雷公、电母、风伯、雨师，其中以雨师为主。

与蔚县的众多龙王庙类似，老君观也会在农历六月十三龙王诞辰这天对雨师进行祭祀。如遇旱年，则会在传统祭祀日外再择日举行祈雨仪式，具体日期由占卜确定。

拜灯山是每年元宵节的民俗活动，从农历正月十四至十六共 3 日，在老君观

---

1 参见：胡春涛. 河北蔚县暖泉老君观三清殿壁画的考察与相关问题的研究[J]. 艺术探索，2012，26（1）：67-72+5.

图 17-6 老君观财神殿壁画

图 17-7 老君观祖师殿壁画

戏台南侧的缓坡及坡前道路上举行。灯山是指摆放灯碗的木质梯架，元宵期间村民们会借助地势将其立于老君观前，在一条条横木杠上放盛有灯捻和麻油的灯盏，并摆成一些具有美好祝愿的文字或图案。活动开始后，有艺人手持蜡烛将灯盏一一点燃，于是诸如"五谷丰登""国泰民安"此类的祈福语就浮现在观者眼前。据村民回忆，其中最受欢迎的是一幅"老爷看春秋"的图画。

老君观曾经有着自己的法事道场人员，称为"诵经班"，一般由观内道士带领几个邻近村民组成，人数从七八人到十几人不等。诵经班不仅负责本村的庙会祈福、红白喜事、求雨送瘟等事宜，也在北官堡三清阁办过道场，与蔚县县城的财神庙、玉皇阁也有法事往来，在蔚县境内影响颇大。

老君观占据着暖泉镇的制高点，其规模在暖泉诸庙中名列前茅。作为镇上唯一的正规道观，老君观的建筑空间严谨有序，采用道教宫观常见的布局，按中轴线前后递进、对称展开，并在主祀神太上老君之外置入了其他多位神灵。

太上老君在民间神话中是一个炼丹高手，他被窑匠、铁匠、金银业等行当奉为祖师。暖泉恰是一个百工汇聚的商业集镇，老君观中出现财神殿、祖师殿以及百工图壁画可以说是历史发展的结果。

除提供信仰参拜空间外，老君观热闹活跃的庙会活动也极大程度地丰富了暖泉人民的生活。一年3次的庙会，声势浩大的节日集市，生动有趣的民间社火活动，都使老君观深植于暖泉乡土社会的群体记忆中。

（龙奕）

# 第十八章
# "苏家"四堡

"苏家"四堡是指暖泉镇南面的4个村堡，包括苏官堡、苏邵堡、苏贾堡和苏田堡。暖泉镇与"苏家"四堡隔着壶流河，前者在北，后者在南。四堡之中，苏官堡距离暖泉镇最近（不到3公里），其东侧紧邻沙河。其余三堡位于苏官堡西南方约1.5公里处，三堡形成紧密相连的组团；苏田堡的东侧是苏贾堡，南侧是苏邵堡。

## 概况

"苏家"四堡位于暖泉镇和大南山之间，距离石门峪约5公里，是从石门峪来暖泉镇的必经之处。石门峪是蔚县通往华北平原的路径之一，但是这条山路不好走，雨季常发洪水，沿途遍布被洪水冲下山的大石头。蔚县骡帮往南运输货物时，更多是走东面的飞狐峪，较少走石门峪。（图18-1）

"苏家"四堡以前被称为"苏家疃"。明成化年间编撰的《山西通志》中，第一次出现了苏家疃的记载："广灵县，在州西五十里，东抵蔚州苏家疃，西抵浑源州乱岭关……"明正德年编撰的《大同府志》中记载的大同府民堡，有苏家疃。此时的苏家疃应该还只是一座村堡，四个村堡是后来人口增加的结果。

"苏家"四堡目前没有苏姓家族居住，为何都以"苏"字打头，我们所采访的老人都表示不知其原因。按张玉吉等老人的说法，"苏家"四堡的名称还是和堡内姓氏有关的。苏官堡建堡时，以郭姓居多，因而取了苏官堡之名（官、郭音相近）。苏贾堡的贾、苏田堡的田和苏邵堡的邵，都取自建堡时的大姓。后来随着人口的流动和混合，"苏家"四堡目前已经变成杂姓居住，姓氏多且分散。（图18-2、图18-3）

"苏家"四堡选址于壶流河南岸，这里的雨水条件不及暖泉镇。暖泉镇虽然降雨也一样少，但有流量稳定的泉水，可以种植蔬菜和白麻，甚至少量水稻。不过，南岸的土壤却比北岸的要好一些，原因是大南山的植被好，雨季时从大南山冲下来的水流带有较多的营养成分。

"苏家"四堡村民们种植的作物有谷子（小米）、黍子（黄米）、高粱、山药、土豆等。21世纪初，"苏家"四堡开始种烟叶，一度发展到几乎家家户户都种。种烟叶比种粮食的难度大，需要花费更多的时间和精力，但是利润也高得多。后来由于销售价格不理想，很多村民不再种植，现在是有几家大面积土地承包人在种烟草。

1948年以前，"苏家"四堡也有些人家通过卖骡驹子来增加收入。据苏邵堡的张玉吉老人（生于1946年）回忆，他的爷爷张进孝（出生于19世纪90年代）曾经养过母马，平时用来下地干活，到繁殖期就牵到暖泉镇上找公驴配种；下一

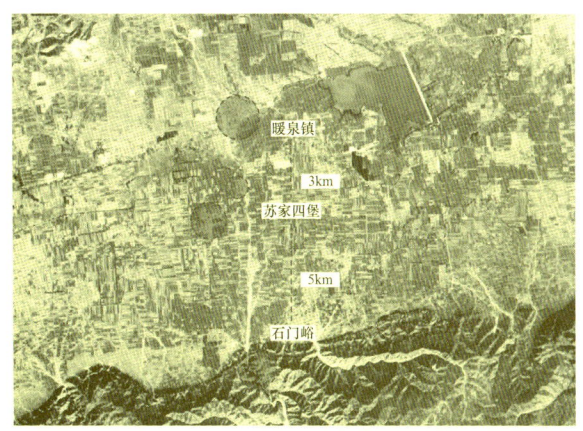

图 18-1 "苏家"四堡整体区位

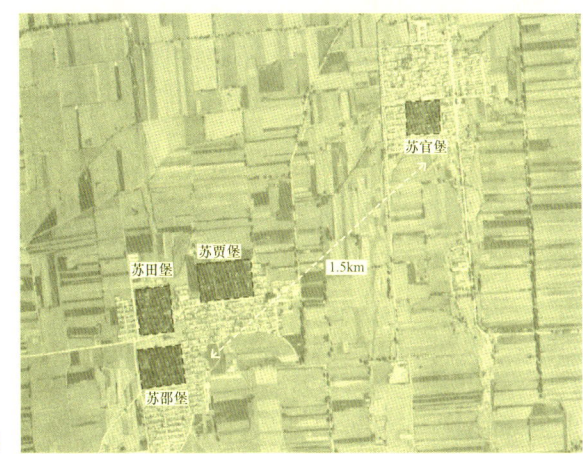

图 18-2 "苏家"四堡空间格局

图 18-3 苏邵堡，苏贾堡和苏田堡

头骡驹子之后，在家养一个月，再牵到暖泉集市上卖掉。一头母马通常能活二十多年，其中的十几年基本上每年能生下一头骡驹子。当母马不能生育时，就会卖给下一家用来耕地。民国时期苏邵堡养母马的还有几家人，比如邵禄、任占奎和陈怀善。养马除了需要一定的财力，还要耗费不少的时间和精力。平时喂干草和秸秆，受孕期间需加强营养（比如黑豆），遛马也是天天要做的"功课"。村里养马的人家，都是只养一头，再多就没人力了。20世纪50年代成立合作社之后，村里不再有人养母马。

苏官堡、苏贾堡和苏邵堡还有各自的优势副业。苏官堡的柳编结实耐用，除了销售到暖泉和南山，甚至可以卖到保定、涞源和山西广灵等地。苏邵堡有不少擅长钉马掌的铁匠，蔚县西合营、阳原县、广灵县都有苏邵堡的铁匠。苏贾堡人擅长做麻绳和毡帽，这些产品会拿到暖泉集市、南山和北山去销售。"苏家"四堡也有些人去到张家口、大同等地开染房和饭店。

"苏家"四堡的村民常去暖泉镇购买物品。暖泉镇上的饭店和零食，尤其受"苏家"四堡人的喜爱。不过，尽管距离很近，"苏家"四堡和暖泉镇上联姻的情况并不多见。按杨常福老人的说法，"暖泉人不实在"，所以不愿意将自家的闺女嫁过去。"苏家"四堡反倒是跟南山有比较多的联姻，通常是南山的闺女嫁到"苏家"四堡来（"苏家"四堡的闺女则不会嫁到南山去）。南山人去暖泉赶集，有时会在"苏家"四堡的亲戚家借宿。"苏家"四堡也会从南山购买一些物品，比如柳条、荆条、豌豆、玉米和扁豆等。

## 苏官堡

苏官堡现有住户1102人，378户，常住580人，279户。苏官堡是杂姓村，以郭姓和王姓为多，其次为赵姓和仲姓。

苏官堡的外形呈规整的矩形，东西宽152米，南北长143米。北部原先有瓮城，堡墙仅留存西北角和东北角。堡内有南北向的正街和东西向的两条横街，正街宽约5米，横街宽约2米。街道将划堡内空间分成基本相等的6个区块。苏官堡内以民居建筑为主，没有商业建筑。庙宇主要分布在北瓮城内外和东北方的沙河岸边。从这些庙宇的选址看，它们显然是沿着苏官堡和暖泉镇之间的道路而分布的，这有利于吸引客流、增加香火。

堡内民居均为四合院，多为前后两进。位于堡西南部是郭家宅院，是堡内最大的宅院，也是两进院落。据李林（69岁）、王正玉（65岁）等老人讲述，中华民国时期郭家宅院的主人是革命烈士郭树柏，目前由其外甥居住。堡内东北区块，据说在清代是有钱人家的宅院，村民曾在那里挖出过银圆，现在的宅院是火灾烧毁后重新建造的。

苏官堡的信仰空间相当丰富，庙宇的数量和种类均是"苏家"四堡之最。苏官堡原有北瓮城，瓮城的北堡墙之上是真武庙，北堡墙之下是观音庙，关帝庙位于西堡墙之下。北瓮城朝东侧开堡门，堡门外路北侧并排的奶奶庙（西）和三官庙（东），两庙的建筑形制相同，硬山顶，面阔三间。它们的南侧是1座戏台。堡外往北约 300 米，是中华严寺，当地人称为大寺。华严寺的东北方有 1 座河神庙，东南方有五道庙和马王庙，这 3 座庙都在沙河西岸。在沙河东岸，与五道庙隔河相望，还有 1 座龙王庙。（图 18-4）

苏官堡的庙宇大多已拆毁，仅龙王庙和中华严寺的三个大殿留存。蔚县一共有 3 处华严寺，上华严寺位于南山里的南马庄，下华严寺则位于暖泉镇。据当地老人叙述，中华严寺在 20 世纪 60 年代被用来养牲口，但当时还基本完好；它有前后三进院，其主殿分别为天王殿、大雄宝殿和地藏殿。龙王庙距离苏官堡约 200 米，它在 20 世纪 60 年代仍是完好的，也是被用来养牲口，目前处于严重破损的状态。（图 18-5、图 18-6）

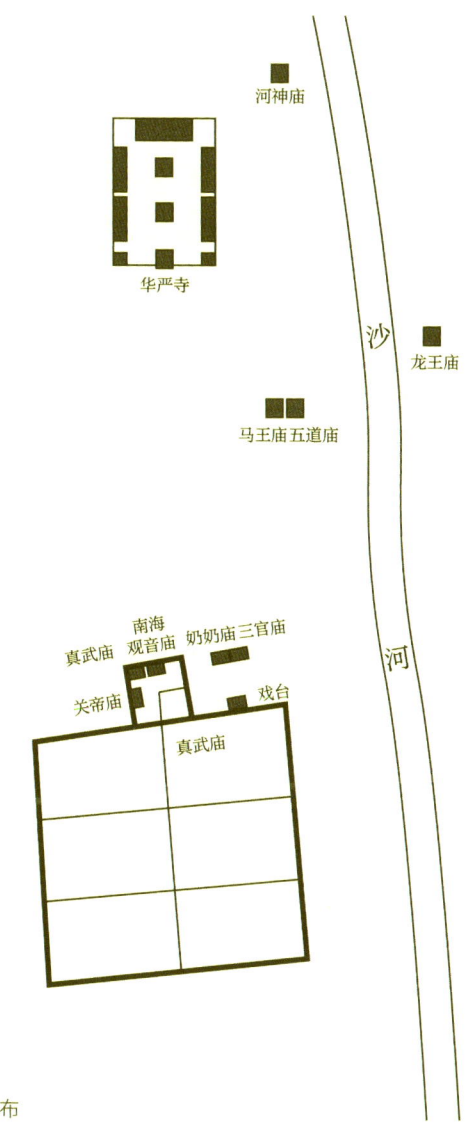

图 18-4　苏官堡庙宇分布

图 18-5　苏官堡龙王庙

图 18-6　苏官堡华严寺

苏官堡以柳编闻名。据 80 岁的老人张红宝说，1948 年以前苏官堡八成的人都是掌握柳编手艺的"柳条匠"，20 世纪 60 年代还成立过柳编组。在张红宝的记忆中，柳条匠中手艺最好的要数一个叫杨明的人。我们也采访到了杨明的儿子杨常福老人。据他说，杨家的柳编手艺是祖传的，他的爷爷和二爷爷都从事此业。爷爷名叫杨进林，外号"杨老象"，有 3 个儿子和 3 个女儿。父亲杨明，1922 年生，排行老二，是兄弟中唯一学了柳编手艺的。柳编是个需要耐心的工作，老大和老三经常偷懒，最终就没学成。柳编手艺只传给男性，杨家的女儿和儿媳都没做过柳编。

苏官堡的柳编以簸箕、笸箩、水斗 3 样为主。其中水斗是最难制作的，簸箕其次，笸箩最简单，村里只有几个"大柳条匠"可以制作水斗。附近的东下关村和西下关村，过去也是以柳编闻名，但只能做簸箕和笸箩。柳编的笸箩分成 3 种类型，一种是放草喂牲口用的，一种是种田用的，一种则是家里放粮食用的。水斗是当地用来挑水的工具，由于使用较频繁，一般几个月就会损坏，因此销量比较大。杨家的柳编以水斗为最多。（图 18-7 ~ 图 18-10）

图 18-7　柳条匠在编织簸箕（陈建军　摄于暖泉镇东下官庄村）

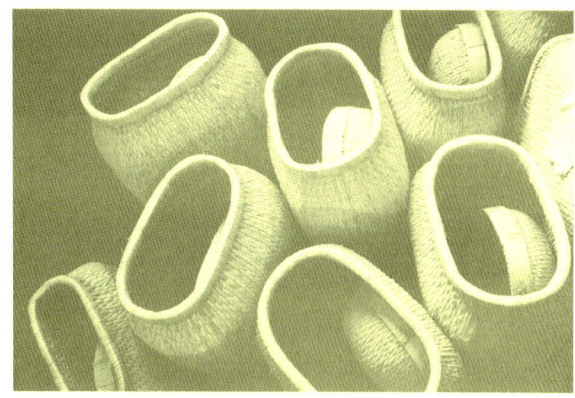

图 18-8　从井里拔水用的柳编水斗（陈建军　摄影）

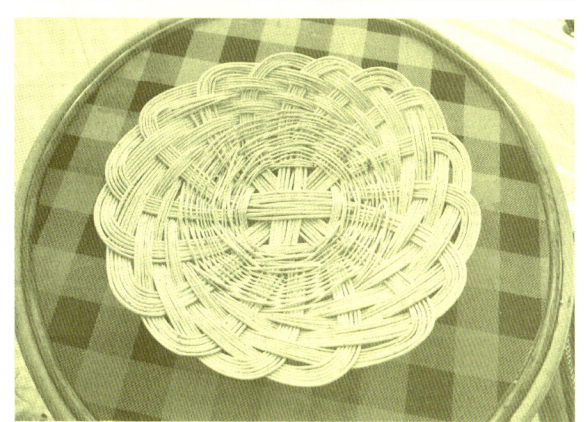

图 18-9　盛饭用的饭笸箩（陈建军　摄影）

图 18-10　柳筐（陈建军　摄影）

杨常福说，柳编是个很耗精力的手艺，不但手要巧，眼力也得好。簸箕、笸箩或水斗，每天只能编一两件。爷爷杨进林和父亲杨明都是在十二三岁时，就开始做柳编了。过了四十岁，视力开始下降，编的速度也慢下来。到六十多岁就没法再编了。1948年以前，柳编是个赚钱的手艺，且不受季节的限制，一年四季都可以做。爷爷就是靠卖柳编赚到的钱，买下了现在的宅院。柳编手艺比种地收益大，爷爷的田地都是雇长工来种的。不过到父亲做柳编时，赚钱就没那么容易了，起初家里还能雇长工种地，后来就要自己种地。20世纪60年代，父亲进了柳编组工作。最近几十年，随着铁制家具的普及，柳编不如铁具耐用，逐渐退出了市场，杨家也不再做柳编，杨常福和他的兄弟都没有学过柳编手艺。（图18-11）

柳编制作所需要的空间不大。杨家是四合院，正房六间，正房中间有隔墙，分割为东西各三间，最东边的一间用于柳编制作。制作柳编需要泡发柳条，泡发时味道十分难闻，在制作过程中还要避免风吹日晒，因此做柳编的房间需设置成接近密闭的状态。

柳编最主要的材料是柳条和荆条，主要产自南山。过去南山村民会背着柳条、荆条来村里，卖给柳条匠。柳编还需要一些麻坯子，即单股的麻绳，是由白麻制作的。白麻种植以及沤麻都需较多的水，苏官堡基本不种植白麻，杨家是去暖泉集市上购买麻坯子。柳编还需要少量的草条和小木头棒子，这些都比较容易得到。柳编用到的工具也比较多，包括锥子和一些特殊用具。

苏官堡的柳编都是在村民家里制作的，没有专门的店铺。按杨常福老人的说法，杨家的柳编手艺远近闻名，大部分产品在自家院里就被人买走了，购买者包括"苏家"四堡、暖泉镇、南山和北山的村民；只有少量卖不完的货，才会拿到暖泉集市上摆摊出售。我们对这个说法存疑，因为村民到镇上赶集并购买生活所需是常态，多半不会为了买一两件柳编而专门多走几里地。可能这只是老人们为了强调苏官堡柳编做得多、做得好而选择的一种表达方式。

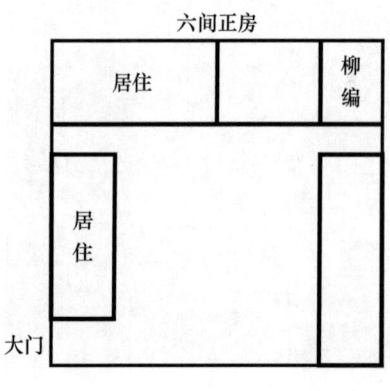

图18-11 杨常福家平面示意图

## 苏邵堡

苏邵堡村现有住户 720 人、240 户，其中常住人口 250～260 人。目前村中姓张的人数最多，有 158 人；其次是胡姓，有 78 人；伊姓有 52 人；邵姓和王姓，各有 40 多人。

苏邵堡的外形呈规整的矩形，东西宽约 192 米，南北长约 160 米。目前北堡墙和东堡墙留存。堡内包括南北向的正街和东西向的三条横街，正街宽约 4.5 米，横街宽约 2 米，街道将堡内空间划分成大体相等的 8 个区块。

苏邵堡的民居与苏官堡的类似。普通宅院大多是一进院，经济状况较好的是二进院。据张玉吉老人说，1948 年以前他家是两进院；前院有倒座房五间，东、西厢房各三间；后院有正房五间，东、西厢房各三间；前后院之间有院墙和院门；还有两处小房子在堡内的其他地方，分别用来给家里雇的长工住和养牲口。张玉吉的太爷爷曾经在山西广灵开盐店，挣了钱回到苏邵堡，买下此处宅院，在当时属于有钱人家。村里还有几户住两进院的人家，其中有一个叫刘文礼的，原本住在苏邵堡，后来搬到广灵去了。

苏邵堡的庙宇也有 9 座之多，其中过半数分布在堡外南侧。北堡墙的高台上有一组庙宇，包括真武庙、关帝庙和地藏殿。与之相对的南堡墙上，则有背靠背的魁星阁和梓潼庙（魁星朝北、梓潼朝南）。（图 18-12）

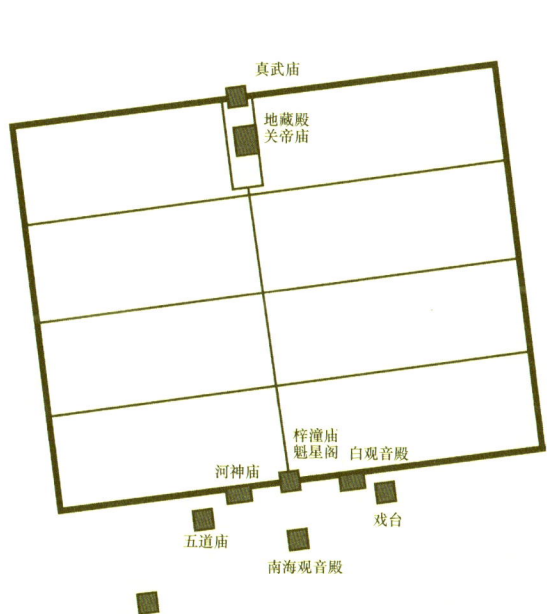

图 18-12　苏邵堡庙宇分布

南堡门外正对的是南海观音庙，坐南朝北。出了南堡门向西，有坐西朝东的五道庙和坐北朝南的河神庙。再往西南，有财神庙，坐西朝东。戏台位于南堡门外的东侧，坐东朝西。南堡门的东侧还有白观音殿，紧贴着南堡墙，坐北朝南。苏邵堡外的东北角也有一座庙宇，是苏邵堡的马王庙，坐落在一个小高台之上。（图18-13、图18-14）

苏邵堡北部高台的庙宇形成了紧凑而有秩序的空间序列。这组庙宇群的面宽约7米、总进深约40米。从南面的大门进入庙宇，首先是一个面积比较宽敞的院落，其北侧是关帝庙，面阔三间，坐北朝南。地藏殿与关帝庙背靠背。地藏殿

图 18-13　苏邵堡堡门

图 18-14　苏邵堡堡门外的戏台

的北侧是真武庙，两者之间是一个进深很浅的小院落。真武庙是一间的小殿，设置在二层高台上；从一层的屋内爬上一段垂直的梯子，才能到达真武庙。这组庙宇通过进深和高差的巧妙安排，实现了两个目的。第一，面阔三间的关帝庙设置在前方和低位，而面阔一间的真武庙设置于后方和高位，使得两者的表现有明显差别但是重要性却一样，村民们对两位大神是"谁都不得罪"。第二，站在地藏殿前向北望时，要相当高的仰角才能看到真武庙，这导致真武庙的建筑规模虽然很小，却很容易让人产生敬畏之心。（图 18-15、图 18-16）

图 18-15　从苏邵堡真武庙向南看

图 18-16　苏邵堡真武庙

苏邵堡有不少钉马掌的铁匠，还有一两家做豆腐的。他们没有店铺，都是在自家制作。据张玉吉老人回忆，堡内曾经有雷家、张家、韩家、康家、蔡家、班家这 6 家铁匠，每家都有人会钉马掌，其中蔡家和韩家是最早开始从事此业的。张玉吉的三叔张尚势，1931 年生，曾经跟随铁匠蔡尚学习钉马掌的手艺，张尚势的双胞胎兄弟张满势则是铁匠韩朗的徒弟。

这些铁匠都在外地做生意。班铁匠和康铁匠在西合营，雷铁匠在阳原县，韩铁匠、蔡铁匠和张铁匠则在广灵县。相传蔡铁匠是手艺最好的铁匠，他生于 20 世纪 20 年代。

所谓钉马掌，其实不只给马钉，还给牛、骡子和驴钉掌，又以驴居多。在给驴、马和骡子钉掌的时候，需要一个人抱着牲口的腿，另一个人蹲着，把铁掌打进去。给牛钉掌要麻烦一些，因为牛的肚子大而且腿短，抬一条腿就无法站立，因此先要将牛放倒，然后再钉掌。在没有钉马掌生意的时候，铁匠一般会提前打好各种型号的马掌。当某家人需要钉马掌时，就把牲口牵到铁匠家里，这样就可以直接钉上马掌。

### 苏贾堡

苏贾堡村现有居民 200 多户，人口约 700 人，以贾姓和陈姓为主。

苏贾堡的外形呈横长的矩形，东西宽 250 米，南北长 162 米。堡内有南北向的正街，宽约 4.5 米，处在堡偏西约 1/4 处，距堡西墙约 68 米，距东墙约 178 米。堡内有三条横街，宽约 3 米。根据贾荣老人（生于 1947 年）的回忆，苏贾堡和苏田堡原本也都是正方形，大约在 20 世纪初，两个堡因为人口增长而扩建成为长方形。（图 18-17）

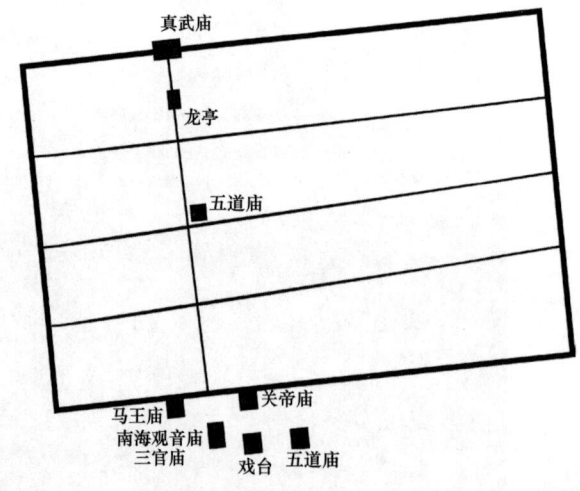

图 18-17　苏贾堡庙宇分布

苏贾堡内的民居也都是以一进院或二进院。据陈喜春（67岁）、李万财（70岁）、张有（75岁）等老人回忆，最大的一处院子属于陈良田，他在暖泉镇上街的一家粮店做掌柜。

在苏贾堡和苏田堡之间，有一座三教寺。三教寺的平面布局呈南北狭长的矩形，其轴线与东堡墙平行。寺内有两座大殿。南边的大殿是正殿，也称三教殿，面阔三间，殿内供佛祖、老子和孔子。北边的大殿是后殿，为玉皇殿和阎王殿的合体，玉皇朝南，阎王朝北。三教寺在1948年以后改为学校，包括小学和中学，"苏家"四堡的学生都来到这里上学。三教寺的南侧原本有一座坐南朝北的戏台，现已拆毁。

苏贾堡北堡墙之上也是真武庙，村民称为北庙。庙门口原有一座龙亭，已拆毁。苏贾堡的庙宇大多分布在南堡门外。正对南堡门的是南海观音庙，坐南朝北，20世纪70年代时庙内还有石碑留存，现在已经找不到了。与观音庙背靠的是三官庙，坐北朝南，内有清乾隆时期的石碑。戏楼位于观音庙和三官庙的东侧。南堡门的西侧是马王庙，东侧是老爷庙，两座庙都紧贴堡墙。在苏贾堡的西南方，有一座龙王庙。苏贾堡曾经有两座五道庙，一座位于南堡墙外的戏楼的东侧，另一座位于堡内中心十字路口处。（图18-18）

**图18-18　苏贾堡真武庙**

除了种地，苏贾堡也有部分村民从事手工业，其中以编麻绳为多。过去村里有六七家做麻绳的，包括贾家、陈家、张家和余家。贾荣老人（生于1947年）说，他们家从爷爷起，到他父亲、哥哥以及他本人，都从事麻绳制作，一直做到20世纪90年代。苏贾堡的麻绳都是在自家编的，然后在自家或拿到外面销售，没有店铺。贾荣本人曾于1985—1987年在西合营镇开过麻绳店，其余时间都在苏贾堡的家里做麻绳。不同粗细的麻绳有不同的用途。单股的称麻坯子，可以用于柳编；多股的才是麻绳。在贾荣的父亲和更早的时候，最粗的麻绳有5～6股，用于牲口驮运货物。后来最粗的麻绳增加到8股，用于绑扎汽车运输的货物。麻绳主要销往暖泉镇和南山，其中南山的量更大，因为南山村民养的牛、马等牲口比较多，对麻绳的需求量较大。

除了编麻绳，苏贾堡还有毡帽匠，以及少数做柳编和钉马掌的人家。老人们回忆，1948年以前村里有郭自如（10世纪20年代生）、张喜英（20世纪30年代生）、陈连宝（20世纪40年代生）等帽匠。帽匠也都是在自己家里制作和销售，没有店铺。"苏家"四堡和附近村庄的人在需要时，会来苏贾堡毡帽匠的家里购买。熟人还会提前预订。家里卖不完的存货，毡帽匠也会拿到北山煤矿和暖泉集市进行售卖。

## 苏田堡

苏田堡的外形呈狭长的矩形，东西宽约118米，南北长约200米，占地23600平方米。堡内中间有东西向的主街，宽约4.5米。堡的北半部，中间有南北向的正街，宽约3.5米；还有两条东西向的横街，宽约2.5米；它们将堡的北半部划分成六个区块。堡的南半部，有两条南北向街道，各宽约3米，将南半部划分成了三个大体相等的地块。苏田堡开东堡门，堡门匾额上书"安宁堡太平门"，匾额的两侧未记载修建时间。苏田堡村的田地在堡外西边，因此去地里要绕门而行。（图18-19）

苏田堡现有户籍人口341人、105户，常住人口160人、80户（数据截止2023年），人口规模不大。苏田堡在1950年以前是田姓的人最多，现在有田、郑两大姓，其次为常姓和张姓。

按照村支书郑占德（生于1965年）及其他老人的说法，最早是杨姓的人来此地居住并建堡，田姓后来但取代杨姓成为主人。关于苏田堡与田家的渊源，村

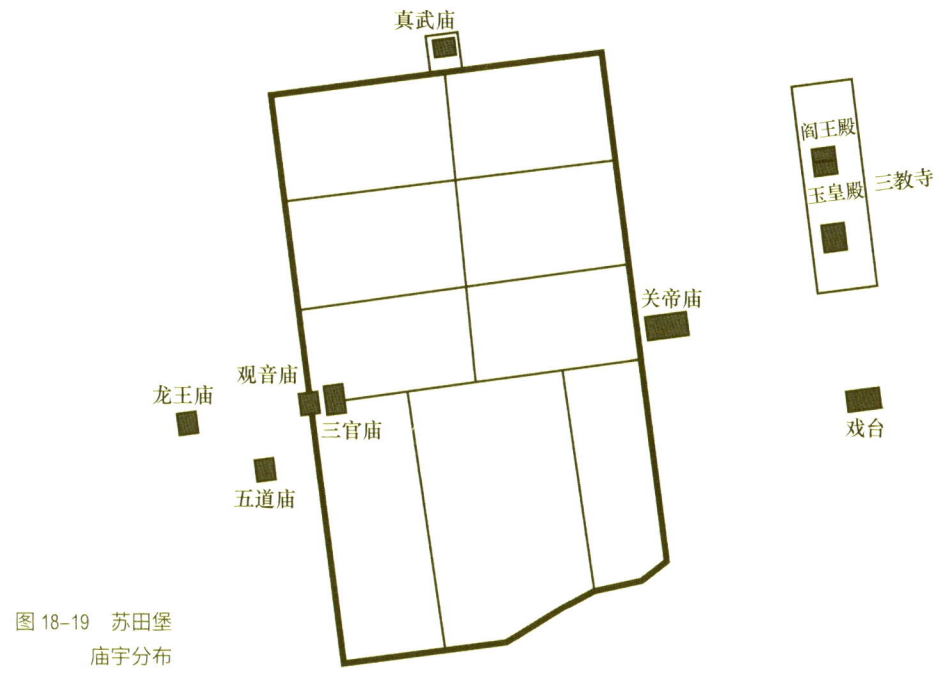

图 18-19　苏田堡庙宇分布

里已故老人田之喜[1]做过整理：田家祖籍是"小宰[2]人氏宫里九甲"，于"大明嘉靖十三年先祖田登来此村，查该堡原是杨家小庄，堡内只有句、杨二户，人家不多"，因为"在这年限完纳不讫粮草，故向蔚州州衙申请腾空堡"，后由"田登完纳数年，由此该堡修补有田姓负责经理"[3]，这与郑占德书记所说的杨姓建堡，田姓后来相符合，而田家在负责交纳整堡粮草数年以后，便成为了堡的实际负责人，之后主导了东堡门楼、真武庙等的修缮。

苏田堡人大多以种地为生，以前种植谷子、黍子，人民公社时期还种过白麻、高粱、豆子等。在20世纪80年代，村民开始种植烟叶。烟叶比粮食挣钱，所以当时有点劳力的家庭基本都种，每户有五六亩地。种烟叶需要用水灌溉，20世纪70年代下宫村乡修建了高架水渠，覆盖了下宫村乡西半部，村民用水管从大井里抽水，送到十多米高的水渠里，再顺应地势由水渠将水送往田间地头。水渠系统

---

1　2005年去世，时年76岁，生前是村会计。

2　小宰村同样位于蔚县下宫村乡，距苏田堡村13公里。

3　田之喜整理原文抄录如下：盖闻查我户原籍是小宰人氏宫里九甲，移居原因是在大明嘉靖十三年有先祖田登来此村，查该堡原是杨家小庄，堡内只有句、杨二户，人家不多，在这年限完纳不讫粮草，故向蔚州州衙申请腾空堡，但我户先人田登侄男田世文在州衙任座都史老爷，耳闻触目心伤，当时承攒该堡粮草系是该堡所占面积三十六亩，皇粮是干草贰千斤，小米黑豆各三百斤，有先人田登完纳数年，由此该堡修补有田姓负责经理，於嘉靖二十一年重修东堡门楼，大清康熙十五年改修真武庙，功德主田、兼元经理，至此以后，堡债不明谨持。

除了浇灌烟叶外，还用于浇灌谷黍、山药、玉米等，现在苏田堡还是以玉米和烟叶种植为主。

除了种地，以前苏田堡有钉马掌的一家、做麻绳的一家、做柳编的一家，还有木匠五六家。在20世纪60年代，村里有磨房、碾房、豆腐房、粉房、饼铺等。

钉马掌的这户人家在本村活动时间不长，主要是在北山。以前北山煤窑遍布，出煤需要骡子下窑，钉马掌的在北山找一间小房，拉煤牲口需要钉掌的就找到这里。除了钉马掌，还钉牛掌、骡子掌。牲口不同，马掌的形状也不同。

郑占德书记的父亲郑永胜，是苏田堡早先的木匠。郑永胜老人去世于1986年，时年73岁。郑永胜老人为什么做木匠呢？郑书记说他家里共有弟兄六个，他本人排第六，要是父亲光种地，是养不活他们的，因此需要有门手艺。木匠属于三教九流的上九流，社会地位比较高。郑永胜老人的木匠手艺，是从他舅舅那里学来的。舅舅在广灵县东加斗村。郑永胜一共有13个徒弟，其中本村有五六个，余下的有来自邻村苏邵堡、暖泉千字村和西下关的，还有南山的。郑永胜老人领着徒弟盖房、做棺材、做大红柜等。棺材用柳木，盖房主要用杨木。杨树、柳树村村都有。他们除了在周边村落干活以外，更多的是去往南山盖房。南山人家种植山药、莜麦、胡麻、菜籽，有钱的人家盖房给现钱，没钱的就给这些杂粮。上山以后，就住在人家家里，这家房子盖好了，再去下一家。1990年前后，村里自发组织修缮真武庙，郑永胜老人和他在本村的五六个徒弟，都作为木匠参与其中。

苏田堡的北堡墙上也建有真武庙。苏田堡以东西为主街，庙宇主要集中在东堡墙外和西堡墙外。紧靠东堡门外原有关帝庙一座，坐北朝南，一进院。西堡门外有龙王庙，坐西朝东，面对堡门。龙王庙的东南侧为五道庙。东西向主街的最西端是三官庙，从东堡门进入便可看到这座庙宇。在三官庙西侧的堡墙上，有一座观音庙，可以通过三官庙旁边的阶梯抵达。三官庙和观音庙均坐西朝东。[1]

苏田堡的真武庙在苏家疃四堡中是属最大的。沿台基东侧台阶北上，来到楼梯转台，转台上方墙壁为一照壁，上塑金色"道"字；从楼梯转台向西，为一甬道，甬道为拱顶，下方亦有踏步，进甬道沿踏步缓步而出，便觉豁然开朗，这时就来到真武庙台基之上。台基北侧是真武庙，硬山双坡顶，三开间，且中间开的宽度大致是两侧开间的两倍。与别的村落真武庙不同的是，这里的檐柱与山墙之间还装有木质门扇，殿内正中壁画为真武大帝，手执蓝鞭，两侧为三十六图，记录了真武大帝从人修炼成神的过程。台基南侧分别为钟楼、鼓楼，钟鼓楼中间为砖砌券门，即南天门。真武庙的空间布局疏密有致，站在台基之上，如果不是

---

[1] 此处信息结合了对郑志福（70岁）、葛有福（59岁）、田俊山（59岁）等村民的采访。

有意向下看地面，根本发现不了庙的入口。真武庙台基内，以前修有地道，后来由于经年下雨，塌毁严重。1990年前后，村里组织修缮，对土台基进行包砖处理，同时复建了钟鼓楼和南天门，大殿也进行了砖墙重砌，但其梁架等木构和部分瓦当仍为以前物件。现在村里唱戏就在真武庙前，于台基下方搭建临时戏台。每年农历正月初一和十五，还会在庙上挂一大圈红灯笼，以示喜庆，由此也可见真武庙在乡民心中的重要地位。真武庙左前方还建有碾房，以前村里人常在此碾谷子和黍子。（图18-20）

观音殿位于主街西头的一个高台上，坐西朝东，正对东堡门。沿台阶拾级而上，便来到观音殿，单开间，硬山双坡顶，殿内正中墙壁为观音画像，两侧山墙为十八罗汉。观音殿前面紧挨着三官庙，三开间，硬山双坡顶，主立面门窗已无旧貌。三官庙以前做过学校，后来村里也在这进行一些节目表演。（图18-21）

图18-20　苏田堡真武庙

图18-21　苏田堡观音庙

"苏家"四堡属于集群堡。集群堡在蔚县的数量不是很多，但也占有一定的比例。除了"苏家"四堡之外，我们所知道的还有暖泉镇三堡、阳眷镇三堡、"张家"三堡（张中堡、张南堡、张北堡，位于代王城镇）、"白家"六堡（白后堡、白南堡、白南场堡、白宁堡、白中堡、白河东堡，隶属南留庄镇）、水涧子三堡（水东堡、水中堡、水西堡，隶属南留庄镇）等。相比于单独的村堡，集群堡显然更有复杂性，是值得深入研究的现象。本文所写的"苏家"四堡，或许能作为此项研究的一个铺垫。

作为暖泉镇的外围村堡，"苏家"四堡中的3个堡都形成了各自的优势副业。位于大南山和暖泉镇之间的苏官堡，把柳编做成了一项有规模的产业。苏贾堡有村民擅长做麻绳和毡帽；麻绳一部分在暖泉集市上销售，更多的是卖给南山村民；毡帽则大多销往暖泉镇和北山。苏田堡的木匠比较多，他们也主要是为南山村子盖房。苏邵堡钉马掌的产业虽然没有直接服务于暖泉镇，但这项手艺显然是受暖泉运输业的辐射而产生的。"苏家"四堡还曾有多家养骡驹的，这也是暖泉运输业的一个组成部分。

"苏家"四堡的形状各有特点。苏邵堡有近似正方形的堡墙，并在南侧开堡门，这是蔚县最常见的平面形制。苏官堡在方形的基础上增加了北瓮城，这明显是为了方便与暖泉镇的往来。苏贾堡和苏田堡均呈现长方形的轮廓。苏贾堡向东扩张，形成了东西长、主街偏在一侧的格局。苏田堡向南扩建，堡门则移到了东侧，并出现了东西向的主街。"苏家"四堡的不同空间格局，是顺应经济发展和人口增长的结果。

"苏家"四堡的庙宇数量多且质量较高。苏官堡的庙宇最多，有10座；苏邵堡其次，有9座；苏贾堡和苏田堡各有7座庙宇。其中苏官堡北侧的中华严寺和苏贾堡西侧的三教寺，可能属于四堡共用的中等规模庙宇。这些庙宇是"苏家"四堡曾经产业发达、文化繁荣的佐证。

从上述关于建筑和产业的分析可知，"苏家"四堡的形成与发展除了以农业生产作为基础外，主要受到两方面的作用力：一是暖泉镇的辐射，二是它们作为暖泉镇和大南山之间的连接点。暖泉镇的辐射尤其体现在运输业上，比如，"苏家"四堡有养骡驹的人家、苏邵堡以钉马掌为主要副业、苏贾堡以编麻绳为主要副业；也体现在苏官堡的空间布局上，比如，朝北开瓮城、庙宇分布在瓮城内外及北侧路边。暖泉镇和大南山之间的连接点，主要体现在苏官堡的柳编业，其原料由南山提供，手艺可能来自暖泉镇，产品销往南山和暖泉；也体现在苏贾堡的麻绳业，麻坯子来自暖泉，而麻绳大多销往南山。

（唐文、李岩）

# 参考文献

[1] 白佳雨.河北蔚县暖泉古镇"打树花"调查与研究[J].度假旅游,2019(2):165-166.
[2] 曹森.家乡暖泉如周庄[C]//文史资料征集委员会.蔚县文史资料选辑:第13辑:2003:174-180.
[3] 察哈尔农林厅技术推广所.察哈尔蔚县白麻(大麻)栽培典型调查[J].中国农业科学,1952(4):27-28.
[4] 察南政厅资料科,晋绥社会经济调查统计社.民国时期社会调查资料续编:7[M].北京:国家图书馆出版社,2015.
[5] 陈志华.中国古村落:张壁村[M].石家庄:河北教育出版社,2002.
[6] 陈志华.古镇碛口[M].北京:中国建筑工业出版社,2004.
[7] 陈志华,李秋香.中国乡土建筑初探[M].北京:清华大学出版社,2012.
[8] 程长进,尚珩,关琪.蔚县真武庙调查报告[J].文物春秋,2014(5):39-46.
[9] 邓庆平.蔚县碑铭辑录[M].桂林:广西师范大学出版社,2009.
[10] 范霄鹏,石琳.河北蔚县暖泉镇生土聚落田野调查[J].古建园林技术,2015(9):53-56.
[11] 房玄龄.管子[M].上海:上海古籍出版社,1989.
[12] 冯永荣.山西民居木雕装饰图案研究[D].太原:山西师范大学,2013.
[13] 苟登瀛.古蔚概况[C]//文史资料征集委员会.蔚县文史资料选辑:第8辑,1999:179-180.
[14] 高琪.蔚县暖泉镇古村落传统建筑装饰研究[D].保定:河北大学,2017.
[15] 蔚县地方志编纂委员会.蔚县志[M].北京:中国三峡出版社,1995.
[16] 民国时期文献保护中心,中国社会科学院近代史研究所.民国文献类编续编 经济卷:444[M].影印版.北京:国家图书馆出版社,2015.
[17] 河北新闻网.美丽河北 人文之美|麻乡纸歌[EB/OL].(2020-07-24)[2022-06-16].http://hebei.hebnews.cn/2020-07/24/content_8012633_0.htm?spm=zm1018-001.0.0.1.XPql3Z,2020-07-24/2022-04-17,2020.
[18] 贺登崧.真武神志:察哈尔乡土传统的流变[J].历史人类学学刊,2006(2):127-170.
[19] 胡春涛.河北蔚县暖泉老君观三清殿壁画的考察与相关问题的研究[J].艺术探索,2012,26(1):67-72.
[20] 金海潮.河北蔚县暖泉镇中小堡历史文化村落遗产及其保护策略研究[D].天津:河北工业大学,2017.
[21] 姜乖妮,王方.蔚县暖泉镇传统村落门户空间特征解析[J].河北建筑工程学院学报,2021,39(2):69-76+95.
[22] 来临.蔚州志[M]//殷梦霞.日本藏中国罕见地方志丛刊续编:第1卷.北京:北京图书馆出版社,2003.
[23] 赖永海.法华经[M].北京:中华书局,2010.
[24] 李晗菲.明清蔚县传统村堡与军事聚落比较研究[D].邯郸:河北工程大学,2019.
[25] 李东虹.基于礼俗活动的蔚县古村堡公共空间研究[D].北京:北京建筑大学,2021.
[26] 李新威,吴素琴.河北省传统村落图典·张家口蔚县卷[M].石家庄:河北教育出版社,2017.
[27] 李新威,郭瑞海.蔚县古戏楼[M].北京:科学出版社,2014.

[28] 李娴,赵伟华.河南省现存龙神庙与龙神信仰论略[J].濮阳职业技术学院学报,2019,32(1):6-9.

[29] 李严,张玉坤.明长城军堡与明、清村堡的比较研究[J].新建筑,2006(1):36-40.

[30] 李英.蔚州志[M].刻本.[出版者不详],1659(清顺治十六年).

[31] 栗丽,崔磊磊.暖泉镇传统民居的文化内涵[J].住宅科技,2014,34(9):34-36.

[32] 梁勇,安宁.近代张库大道上的商帮[J].文史精华,2016(21):39-45.

[33] 刘国权.佛寺与蔚州传统文化[M].北京:中国文史出版社,2006.

[34] 吕不韦,刘安.吕氏春秋·淮南子[M].长沙:岳麓书社,2015.

[35] 刘青.河北省蔚县暖泉镇西古堡研究[D].天津:天津大学,2007.

[36] 刘文炯.从真武庙到玉皇阁:以明清以来蔚州西北乡村庙空间规制的变迁为中心[J].美术观察,2019(4):45-52.

[37] 刘秋根,杨伟东.清代中后期暖泉镇商业概况及其变迁:暖泉镇中小堡村关帝庙碑文研究[J].保定学院学报,2017,30(1):13-18.

[38] 陆雨婷.蔚县暖泉镇西古堡传统村落的保护与传承研究[J].门窗,2017(3):196-197.

[39] 罗德胤.西古堡[J].小城镇建设,2003(11):48-51.

[40] 罗德胤.蔚县古堡[M].北京:清华大学出版社,2007.

[41] 茅铂.暖泉镇:温泉围绕的燕赵古镇[J].档案天地,2014(8):60-63+44.

[42] 梅洁.商道(节选)[C]//文史资料征集委员会.蔚县文史资料选辑:第11辑,2001:66-72.

[43] 牛国祯,梁学诚.张库商道及旅蒙商述略[J].河北大学学报(哲学社会科学版),1988(2):6-11.

[44] 庆之金,杨笃.中国方志丛书:光绪蔚州志[M].台北:成文出版社,1968.

[45] 青西.花轿、驮乘、趟子车[C]//文史资料征集委员会.蔚县文史资料选辑:第6辑,1994:128-129.

[46] 裘锡圭.古文字论集[M].北京:中华书局,1992.

[47] 宋濂.元史[M].北京:中华书局,1976.

[48] 梁建章.察哈尔通志[M].上海:文海出版社,1966.

[49] 史玉发.近代察哈尔地区手工业、工业发展状况初探(1840—1952)[D].呼和浩特:内蒙古大学,2010.

[50] 实业部中国经济年鉴编纂委员会.中国经济年鉴:第三编[M].北京:商务印书馆,1936.

[51] 谭立峰.河北传统堡寨聚落演进机制研究[D].天津:天津大学,2009.

[52] 田永翔.飞狐古道的今昔[C]//文史资料征集委员会.蔚县文史资料选辑:第2辑,1988:5-12.

[53] 王君,周总印.曾经蜚声中外的"塞外皮都"[J].档案天地,2019(5):58-62.

[54] 王鹏龙,刘晋萍.河北蔚县古堡与庙宇:民间演剧的空间阐释[J].戏曲艺术,2016(8):45-52.

[55] 王新磊.蔚县古堡中的真武信仰[J].河北北方学院学报(社会科学版),2017,33(4):51-54.

[56] 王新磊,赵公智.清代商镇暖泉初探[J].唐山师范学院学报,2017,39(6):113-117.

[57] 王兴亚.清代北方五省酿酒业的发展[J].郑州大学学报(社会科学版),2000(1):14-20.

[58] 王肖艳.蔚县军事堡寨聚落形态研究[D].北京:北京建筑大学,2018.

[59] 王阳.河北蔚县暖泉老君观勘察与保护研究[J].建筑与文化,2018(7):234-235.

[60] 王育椒,李舜臣.中国方志丛书:乾隆蔚县志[M].台北:成文出版社,1968.

[61] 魏象枢.寒松堂全集[M].北京:中华书局,1996.

[62] 武贞,曹雪.河北蔚县暖泉镇[J].文物,2015(9):93-97.

[63] 徐松.宋会要辑稿[M].北京:中华书局,1957.

[64] 王者辅.中国方志丛书:乾隆宣化府志[M].台北:成文出版社,1968.

[65] 杨世昌,吴廷华.蔚州志补[M].台北:学生书局,1969.

[66] 杨佳音.河北省蔚县历史文化村镇建筑文化特色研究[D].天津:河北工业大学,2012.

[67] 中国国家图书馆.原国立北平图书馆甲库善本丛书:第807册[M].影印本.北京:国家图书

馆出版社，2013.
[68] 殷梦霞.日本藏中国罕见地方志丛刊续编：第1卷［M］.北京：北京图书馆出版社，2003.
[69] 苑利.华北地区龙王庙配祀神祇考略［J］.西北民族研究，2002（2）：158-168.
[70] 蔚县地方志编纂委员会.新蔚县志［M］.北京：九州出版社，2021.
[71] 中国人民政治协商会议河北省张家口市委员会文史资料研究委员会.张家口文史资料：第十三辑（工商史专辑）［M］.出版者不详，1988.
[72] 张学津.北方地区传统手工造纸工艺研究［D］.上海：复旦大学，2013.
[73] 张子儒，杨建军.蔚县交通道路纪略［C］//文史资料征集委员会.蔚县文史资料选辑：第10辑，2000：46-61.
[74] 张强.论中国以龙求雨习俗中"龙"由兽向人的转变［J］.华北水利水电学院学报（社会科学版），2012，28（6）：25-28.
[75] 赵立国，赵清深.蔚县煤炭［C］//文史资料征集委员会.蔚县文史资料选辑：第4辑，1990：132-133.
[76] 赵斌.北方地区泉水聚落形态研究［D］.天津：天津大学，2017.
[77] 郑圆圆，郭思彤，苏筠.我国北方农牧交错带的气候界线及其变迁［J］.中国农业资源与区划，2014，35（3）：6-13.
[78] 钟健.明清建筑花窗中的汉字图形装饰——以江浙地区为例［J］.装饰，2015（2）：134-135.
[79] 周州.蔚县昔日骡帮［C］//文史资料征集委员会.蔚县文史资料选辑：第5辑，1992：90-92.
[80] 周洲.昔日蔚州白麻运销之路［C］//文史资料征集委员会.蔚县文史资料选辑：第7辑，1996：139-141.
[81] 周清溪.蔚县交通运输史话［C］//文史资料征集委员会.蔚县文史资料选辑：第10辑，2000：62-69.
[82] 周立军，高艳丽.河北暖泉镇传统民居空间形态构成的探讨［J］.中国名城，2009（2）：40-45.

# 后 记

  2021 年，在一个下着大雪的初春之日，我和刘文炯博士带领 3 名本科毕业班的同学，住进了蔚县县城蔚州镇的一家小旅馆。我们此行的目的，是对蔚州镇开展乡土建筑测绘和调研。刘博士是蔚县古堡的一名资深研究者，他在中央美术学院取得民俗学博士学位，论文写的就是蔚县的一个村堡——水中堡，后来又去北京大学历史系做了博士后，研究对象仍旧是蔚县古堡。因为有这些共同基础，刘博士很爽快地答应了我的邀请，加入了蔚州的研究小组。蔚州镇是一个建筑遗产极为丰富的古城，在 1.6 平方公里的范围内，光是国家级文物保护单位就有 9 处之多，还有数量众多的历史建筑和传统民居。

  从规模和建筑遗存的角度看，蔚州镇是一个相当好的研究案例。但是等我们真正开展工作时，却发现一个棘手的问题——居然找不到能提供口述史的老人了。偌大一个县城，怎么会完全找不到了解情况的老人呢？原来，蔚县作为一个县城，在过去的几十年经历了很大程度的人口置换，如今住在老城区里的居民大都是近几十年内迁入的；一些人家虽然是县城的老住户，但是老一辈已经去世，只剩下对历史几乎完全不了解的中年人和青年人（蔚县 1948 年解放，能提供中华民国时期历史信息的老人基本上要在 85 岁以上）。

  没有口述史，完整的聚落研究就很难开展了，因为大量基本的社会历史信息在地方文献里是很少记录的，需要研究者从当地老人口中一点点地采集、拼接和织补，才能形成相对完整的研究成果。不过，这也并不意味着一点工作都不能做。县城的好处是规模大，志书的记载也相对较多。做不了完整的聚落研究，选其中有特点的、有史料记载的环节，还是能形成小专题的。

  我们确定了三个小专题。专题一是蔚州城的庙宇。庙宇的数量很多，有 100 多座，对它们进行分类统计和分析，就足以完成一篇不错的论文。专题二是蔚州的民居建筑，蔚县文物局将几十处民居列入"三普"文物点，并且收集了一些基本信息；我们以此为基础，再增加建筑测绘和分区的比较研究，也是很好的研究对象。专题三比较特殊，是蔚州常平仓。蔚州常平仓是国内现存规模最大、最完整的古代粮仓之一，各版《蔚州志》对它也有记载，这就完全符合王国维先生说的文献结合实物的"二重证据法"。三个小专题，分别交给了倪千惠、吴浩伟和龙癸这三位毕业班同学。经过一学期的努力，他们都写出了很好的毕业论文。

刘博士在我们结束蔚州的考察之后，又去暖泉镇做了一番调研。暖泉不是县城，这里一直以原住民为主，或许还具备做口述史的条件。果然，几天之后刘博士就给我们发回了好消息，说在暖泉镇上遇到一些老人，还能回忆不少以前的事情，尤其是一位名叫张沛的北官堡老人，已经89岁（出生于1932年），头脑清晰，也喜欢跟人聊天。

2021年的秋天，趁着新型冠状病毒感染疫情（以下简称"疫情"）管控稍有缓和，我和刘博士领着新一届的6名毕业班同学来到了暖泉镇。此行还有清华同衡规划院遗产中心的设计师毛葛，她负责指导同学们做建筑测绘。此次现场工作为期约两周，同学们一半时间做测绘，另一半时间根据分配的题目做调研和采访。采访的主要内容，就是来自张沛老人。暖泉也有其他八十多岁的老人，但是他们要么健康状况不佳，要么比张沛小上四五岁到八九岁。表面上看，这只是个位数的年龄差，但是还原到1948年这个年份，就很关键。1948年，16周岁的张沛已参加工作，他亲身经历过很多事情并且能清楚地记在头脑之中；而其他小上几岁的老人，这时候都不到10岁，对社会的认知还很少。

此轮现场工作结束之后，同学们回到学校，先是完成各自的测绘图，然后撰写了论文的初稿。初稿出来，哪些内容该补充、哪些信息要核对，也就比较清晰了。我们计划在2021年12月的上旬去暖泉做第二次调研，这样可以赶在秋季学期末把论文基本完成。但是就在我们返校之后，疫情管控政策再次趋严，一直到12月都不见放缓。所有人都没法出京，怎么办？我们决定试一试新方法——"云采访"。刘博士请张沛老人的三女儿帮忙，专门给老人配了一部手机，并且安装上App，然后用腾讯会议来做线上采访。"云采访"的效率自然大大不如现场采访，但也不全是坏处。最大的好处是让我和同学们有了消化的时间，可以在比较充分地整理完上次的采访内容之后，再列出下一次需要了解的问题。这大大有利于优化采访的系统性和深度。

到2022年1月，同学们通过"云采访"都补充和修改了论文初稿。过完春节，春季学期开始后，疫情管控政策依然是严控，在校师生还是无法出京。不过刘博士略有自由度，于是他提前去蔚县住下，经过一周的隔离观察，得以前往暖泉。我们还是要用"云采访"，不过情况有明显好转，因为是刘博士在现场采访之后，再跟我们用腾讯会议做复述和讨论。刘博士在社会学和民俗学方面所积累的知识和采访经验，在两轮"云采访"中都发挥了重要作用。依靠这个办法，同学们在2022年6月底都完成了各自的毕业论文。到这个阶段，暖泉课题的书稿已经完成了大部分。

乡土组 2021 年 9 月在暖泉调研
（左起：倪千惠、杨翟、王萌、曾艳阳、罗德胤、刘文炯、毛葛、张雅沛）

乡土组在暖泉测绘调研合影
（2022 年 7 月，左起：龙奚、唐文、崔致远、郝天泽、罗德胤、
刘文炯、容欣桐、张雅沛、曲图良睿、毛葛、曲仲扬）

口述史的信息来源过于单一，无疑是暖泉课题的最大遗憾，因为个人回忆不可能全面和准确，主观偏见也在所难免。对这个已经无法从根本上解决的问题，我们在研究过程中采取了几个措施来尽量弥补。首先是对每个问题都尽可能刨根问底。一般而言，能把事情说得越具体，把细节说得越清晰，真实程度就越高。这一条对于乡土建筑研究本身也是最重要的，否则就无法挖掘到足够信息来完成一部成熟的书稿。其次是对每一件事都力求逻辑自洽。随着采访次数的增加，很多事情和人物都会不止一次地谈到，其中就会出现前后不一致的地方，这正是发现记忆不准确并进行校正、补充的好机会。有的信息跟生活常识或既有知识做核对时，就会发现不一致，这也需要做再次访谈。第三个措施是持续而反复的讨论。按照教学要求，毕业班是每周上两次课，每次 4 个课时。一开始我们还有点担心，这种上课法对于论文写作是不是过于频繁了，后来发现正是这样高频率的课堂讨论，才使得很多问题得以暴露，也让很多思考得以深化。

2022 年 7 月至 9 月，在疫情管控有所缓和的间隙期，我们到暖泉进行了 3 次补充调研，完成了 5 个小专题，分别是中小堡、西太平庄、老君观、豆腐房和"苏家"四堡。

上述关于暖泉的调研和写作汇集起来，就是读者们现在看到的著作——《暖泉古镇》。

罗德胤
2023 年 9 月